Europa als Rechtsgemeinschaft – Währungsunion und Schuldenkrise

Herausgegeben von

Thomas M. J. Möllers und Franz-Christoph Zeitler

Europa als Rechtsgemeinschaft – Währungsunion und Schuldenkrise

Herausgegeben von

Thomas M. J. Möllers
und Franz-Christoph Zeitler

Mohr Siebeck

ISBN 978-3-16-152174-4

Die Deutsche Nationalbibliothek verzeichnet diese Publikation in der Deutschen Nationalbibliographie; detaillierte bibliographische Daten sind im Internet über *http://dnb.dnb.de* abrufbar.

Das Buch wurde von Computersatz Staiger in Rottenburg/N. aus der Garamond gesetzt, von Gulde-Druck in Tübingen auf alterungsbeständiges Werkdruckpapier gedruckt und gebunden.

Für Herrn Kurt F. Viermetz,
Hochschulrat a.D. und Ehrensenator
der Universität Augsburg

v. Bogdandy, EuR 17, 487 ; Wunderlich, EuR 19, 557

Vorwort

Die vorliegende Sammlung von Beiträgen ist das Ergebnis der Tagung „Europa als Rechtsgemeinschaft – Währungsunion und Schuldenkrise" im Mai 2012 an der Juristischen Fakultät Augsburg (hierzu auch *Seidenschwann*, JZ 2012, 1011). Die seit 2007 zu beobachtende Finanz- und Bankenkrise hat zu einer Krise der öffentlichen Finanzen (Staatsschuldenkrise) im Euroraum geführt, die auf Dauer die Währungsunion selbst in Mitleidenschaft ziehen könnte und Grundfragen der rechtlichen Ordnung und des institutionellen Rahmens der Währungsunion aufwirft. Gerade in Krisensituationen muss sich das Selbstverständnis der Europäischen Union als Rechtsgemeinschaft bewähren. Die Instabilität und fehlende Berechenbarkeit der Finanzmärkte darf nicht zu Zweifeln an der Verlässlichkeit des Rechts führen.

Ausgehend von grundsätzlichen Überlegungen zur europäischen Rechtsgemeinschaft will die Tagung den rechtlichen Rahmen der Währungsunion beleuchten und die Frage beantworten, warum in der Praxis die rechtlichen Vorgaben in vielfacher Wiederholung missachtet wurden. Sodann wird erörtert, wie der institutionelle Rahmen weiterentwickelt werden muss, um einen regelgebundenen Weg aus der Krise aufzuzeigen und künftigen ähnlichen Krisen vorzubeugen. Wir freuen uns, dass wir namhafte Referenten aus Wissenschaft, Politik und Justiz gewinnen konnten, die mit unterschiedlichen Denkanstößen verschiedene Lösungsansätze unterbreiten, um die Schuldenkrise zu bewältigen und die Integration in Europa weiter voranzutreiben und zu verstärken.

Unser Dank gilt dem *Augsburg Center for Global Economic Law and Regulation (ACELR)*, der *Kurt und Felizitas-Viermetz-Stiftung* und der *Deutschen Bundesbank*, durch deren großzügige finanzielle Förderung die Ausrichtung der Tagung ermöglicht wurde. Danken möchten wir zudem den wissenschaftlichen Mitarbeitern des ACELR, Frau Dipl.iur.oec.univ. *Elisabeth Steinberger* und Herrn Dipl.iur.oec.univ. *Erasmus Faber*, M.IB&L. (Sydney), für die organisatorische Vorbereitung und Durchführung der Tagung. Ebenso danken wir den studentischen Hilfskräften des Lehrstuhls und des ACELR für den reibungslosen Tagungsablauf. Für die tatkräftige Unterstützung bei der Konzeption, der Vorbereitung, der Durchführung und der Nachbereitung gilt unser besonderer Dank der wissenschaftlichen Mitarbeiterin Frau Dipl.iur.oec. univ. *Linda Fedchenheuer*. Durch ihr Engagement leistete sie einen großen Beitrag zum Gelingen der Tagung. Den studentischen Mitarbeitern des ACELR, Frau BSc. *Daniela Pfau* und Frau stud.iur. *Martina Paun* danken wir für die

Hilfe bei der Erstellung des Tagungsbandes, Herrn stud.iur. *Dominic Kauk* danken wir besonders für das Layout und die einheitliche Formatierung der Beiträge.

Augsburg im November 2012

Professor Dr. Thomas M. J. Möllers
Professor Dr. Franz-Christoph Zeitler

Inhaltsverzeichnis

Lösungsvorschläge – Die Rückkehr zum Recht

Neue Gefahren – Rechtliche Grenzen einer Transferunion

Die Rolle des Rechts im Rahmen der Währungsunion und Schuldenkrise*

Thomas M. J. Möllers

I. Die Werte der Europäischen Union

1. Europa als Friedens-, Wirtschafts- und Rechtsgemeinschaft

Wir suchen nach einer europäischen Identität: Was macht Europa aus? In der Vergangenheit dominierten vier Ideen den europäischen Einigungsprozess: Als vor einem halben Jahrhundert Europarat und NATO und dann ein knappes Jahrzehnt später am 1. Januar 1958 die Europäische Wirtschaftsgemeinschaft mit ihren sechs Mitgliedern ihre Arbeit aufnahm, war der Wunsch nach *Frieden* die Triebfeder dieser Gründungswellen. Die hierdurch begonnene, mehr als sechzigjährige Friedensperiode ist beispiellos für einen Kontinent, auf dem sich die Völker Europas in zahlreichen Schlachten über die Jahrhunderte hinweg bekämpft haben oder besser: bekämpft hatten. Staatsmänner wie Konrad Adenauer und Charles de Gaulle in den 50-er und frühen 60-er Jahren, Willy Brandt und Helmut Schmidt in den 70-er Jahren, die den Wandel durch Annäherung mit dem Ostblock vorantrieben[1] und dann das Gespann von Helmut Kohl und François Mitterand in den 80-er und 90-er Jahren, trugen erheblich dazu bei, dass die Grenzen zwischen den europäischen Völkern durchlässiger und die Mauern in den Köpfen abgebaut wurden.[2]

Nicht von ungefähr hieß die Europäische Union bis zum Maastrichter Vertrag von 1992 noch „*Europäische Wirtschaftsgemeinschaft*", denn von Anfang an war die Friedensidee mit der wirtschaftlichen Freiheit als einem der Pfeiler des EU-Vertrages kombiniert. Bei der ursprünglichen Vision von *Robert Schuman* standen vor allem sicherheitspolitische Interessen im Vordergrund. Er hatte die faszinierende Idee, die nationalen Rüstungsindustrien zu vereinheitlichen und vor allem unter eine neu zu schaffende supranationale Institution zu stellen, der

* Ich danke wiss. Mit. Frau Linda Fedchenheuer für tatkräftige Unterstützung.

1 In diese Zeit fällt auch die Zusammenarbeit von *d'Estaing* und *Schmidt*, die zum Europäischen Währungssystem (EWS) führte.

2 Art. 3 Abs. 1 EUV nennt die Förderung des Friedens als Ziel der Union; s. *Wägenbaur*, Europa: Eine Rückbesinnung auf die Wurzeln tut Not!, EuZW 2000, 737, 737.

Europäischen Gemeinschaft für Kohle und Stahl – die „Montanunion".[3] Der Machtausdehnung der Kommunisten sollte eine politisch geeinte, militärisch gewappnete und wirtschaftlich starke Union gegenüber stehen.[4] Die EWG enthielt dann Regelungen einer Zollunion (Abschaffung der Binnenzölle, Anpassung der Außenzölle und Vereinheitlichung des Zollrechts), eines Gemeinsamen Marktes (freier Verkehr von Waren, Dienstleistungen, Personen und Kapital) und eine Pflicht zum Abbau nicht-tarifärer Handelshemmnisse (indirekte protektionistische Maßnahmen, die den Wettbewerb beschränken).[5]

Europa als Rechtsgemeinschaft bildet ein drittes sinnstiftendes Element. Diese Idee geht auf *Walter Hallstein* zurück, der Europa als „Schöpfung des Rechts" bezeichnet.[6] Die Europäische Gemeinschaft, oder heute: die Europäische Union existiert aufgrund eines „schöpferischen Rechtsakts" und ist damit „eine bewusste, rechtlich geordnete Gestaltung unserer europäischen Welt", die zugleich „Quelle des Rechts" und Verwirklichung einer ideellen Rechtsidee ist.[7] Die Gemeinschaft bildet eine autarke Rechtsordnung, die auf völkerrechtlichen Verträgen und der westeuropäischen Tradition der Rechtsstaatlichkeit beruht.[8] An die Stelle von Politik und Macht tritt die „Herrschaft des Rechts".[9] Das Recht ist das „einigende Band"[10] wie das Mittel der europäischen Einigung.[11] Weil die Europäische Union keine Vollzugsorgane, keine eigene Polizei oder Staatsanwaltschaft besitzt, ist sie darauf angewiesen, dass europäisches Recht von allen Mitgliedstaaten beachtet wird.[12]

---

[3] *Oppermann/Classen/Nettesheim*, Europarecht, 5. Aufl. 2011, § 2 Rdn. 9; *Schroeder*, Grundkurs Europarecht, 2. Aufl. 2011, § 2 Rdn. 7; *Thiel*, Die Europäische Gemeinschaft, 4. Aufl. 1989, S. 15 f.

[4] *Hallstein*, Die Europäische Gemeinschaft, 5. Aufl. 1979, S. 17, 19; *Thiel*, Die Europäische Gemeinschaft, 4. Aufl. 1989, S. 14.

[5] *Schroeder*, Grundkurs Europarecht, 2. Aufl. 2011, § 2 Rdn. 9.

[6] *Hallstein*, Die EWG – eine Rechtsgemeinschaft, Rede zur Ehrenpromotion vor der Universität Padua am 12. März 1962, in: Oppermann, Walter Hallstein: Europäische Reden, 1979, S. 341, 343; *ders.*, Angleichung des Privat- und Prozessrechts in der Europäischen Wirtschaftsgemeinschaft, RabelsZ 28 (1964), 211, 228.

[7] *Hallstein*, in: Oppermann, Walter Hallstein: Europäische Reden, 1979, S. 341, 343 f.

[8] *Mandry*, Europa als Wertegemeinschaft, 2009, S. 141; *Ullerich*, Rechtsstaat und Rechtsgemeinschaft im Europarecht, 2011, S. 174 f.

[9] *Hallstein*, Die EWG – eine Rechtsgemeinschaft, Rede zur Ehrenpromotion vor der Universität Padua am 12. März 1962, in: Oppermann, Walter Hallstein: Europäische Reden, 1979, S. 341, 344, 348.

[10] *Zuleeg*, Die Europäische Gemeinschaft als Rechtsgemeinschaft, NJW 1994, 545, 548.

[11] *Calliess*, Das europäische Solidaritätsprinzip und die Krise des Euro – Von der Rechtsgemeinschaft zur Solidaritätsgemeinschaft?, Vortrag an der Humboldt-Universität zu Berlin am 18. Januar 2011 (FCE 01/11), S. 10 f.

[12] Das entsprach dem Willen der Mitgliedstaaten, vgl. *Hirsch*, Europäischer Gerichtshof und Bundesverfassungsgericht – Kooperation oder Konfrontation?, NJW 1996, 2457, 2463.

2. Die Besonderheiten der Rechtsgemeinschaft: Kommission, „effet utile" und „Rechtsneuschöpfungen" des EuGH: Vorrang des Unionsrechts, unmittelbare Wirkung von Richtlinien, Staatshaftung

In der Folgezeit haben der EuGH[13], aber auch das BVerfG[14] den Begriff der Rechtsgemeinschaft übernommen. In der Entscheidung *Les Verts*[15] taucht der Begriff erstmals in der Judikatur des EuGH auf.[16] Dabei stellt der EuGH bestimmte Merkmale fest, die einer Rechtsgemeinschaft zuzuordnen sind. Darunter fällt ein umfassendes Rechtsschutzsystem, das mit den Artikeln 173[17], 184[18] und 177 EWG-Vertrag[19] in der EWG verwirklicht sei.[20] Später bezeichnete der EuGH die Wahrung der Rechtmäßigkeit als allgemeinen Grundsatz einer Rechtsgemeinschaft.[21] Auch die Rechtsbindung der Mitgliedstaaten an die europäischen Verträge zeichnet den „Typus Rechtsgemeinschaft" aus.[22] Die Mitgliedstaaten unterliegen einer aktiven Verpflichtung zur Einhaltung der Verträge und vorgesehenen Verfahren. Rechtliche Verfahren vor dem EuGH sichern die Umsetzung und die einheitliche Rechtsanwendung der Verträge und der hierauf beruhenden Rechtsakte. Die Europäische Kommission ist dabei Hüterin der Verträge (Art. 17 Abs. 1 EUV).

Daneben schärfte der Europäische Gerichtshof die Idee der Rechtsgemeinschaft, verstand er sich doch bisher auch als „Motor des Unionsrechts"[23]. Da die Gemeinschaft seit Anbeginn der Formel „Integration und Zusammenhalt durch Recht" folgt[24], ist die europäische Rechtsfortbildung auf supranationa-

---

[13] EuGH, Urt. v. 23.4.1986 – Rs. 294/83, Slg. 1986, 1357 Rdn. 23 – Les Verts/Europäisches Parlament; EuGH, Urt. v. 29.4.2004 – Rs. C-496/99 P, Slg. 2004, I-3835 Rdn. 63 – Kommission/Cas Succhi Di Frutta; EuGH, Urt. v. 22.10.2002 – Rs. C-241/01, Slg. 2002, I-9108 Rdn. 50 – National Farmers' Union.

[14] BVerfG, Urt. v. 12.10.1993 – 2 BvR 2134/92 und 2 BvR 2159/92, BVerfGE 89, 155, 202 – Maastricht.

[15] EuGH, Urt. v. 23.4.1986 – Rs. 294/83, Slg. 1986, 1357 – Les Verts/Europäisches Parlament.

[16] *Ullerich*, Rechtsstaat und Rechtsgemeinschaft im Europarecht, 2011, S. 136.

[17] ex-Art. 173 EWG-Vertrag = ex-Art. 230 EGV = Art. 263 AEUV.

[18] ex-Art. 184 EWG-Vertrag = ex-Art. 241 EGV = Art. 277 AEUV.

[19] ex-Art. 177 EWG-Vertrag = ex-Art. 234 EGV = Art. 267 AEUV.

[20] EuGH, Urt. v. 23.4.1986 – Rs. 294/83, Slg. 1986, 1357 Rdn. 23 – Les Verts/Europäisches Parlament.

[21] EuGH, Urt. v. 29.4.2004 – Rs. C-496/99 P, Slg. 2004, I-3835 Rdn. 63 – Kommission/Cas Succhi Di Frutta.

[22] EuGH, Urt. v. 22.10.2002 – Rs. C-241/01, Slg. 2002, I-9108 Rdn. 50 – National Farmers' Union.

[23] *Terhechte*, Der Vertrag von Lissabon: Grundlegende Verfassungsurkunde der europäischen Rechtsgemeinschaft oder technischer Änderungsvertrag?, EuR 2008, 143, 170.

[24] *Kirchhof* spricht vom Europarecht als „Recht auf Rädern", *Kirchhof*, Verfassungsnot!, FAZ v. 12.7.2012, S. 25.

ler Ebene in einem ganz besonderen Maße legitimiert.[25] So erfand der Europäische Gerichtshof das Prinzip des „effet utile", des effizienten Unionsrechts[26] und präzisierte dieses in pausenloser Rechtsfortbildung, wie dem Vorrang des Unionsrechts[27], der unmittelbaren Anwendung von Richtlinien28 oder dem europäischen Staatshaftungsanspruch.[29]

3. Finalität und Politische Union

Ein viertes Ziel ist schließlich zu nennen: *Hallstein* hat die Rechtsetzung der EWG per se als integrationsfördernd bezeichnet, ihr zum Teil einen Selbstläufereffekt zugesprochen.[30] Art. 1 Abs. 2 des EU-Vertrages spricht von „einer immer engeren Union".[31] Die Hoffnung auf einen „spill over effect" der Wirtschaftsgemeinschaft als zweite Idee scheint bei der Einführung der Währungsunion Pate gestanden zu haben, weil einige Politiker glaubten, dass einer wirtschaftlichen Union auch alsbald die *Politische Union* folge. *Sarrazin* bringt es auf den Punkt, wenn er sagt, dass eine gemeinsame Währung „historisch gesehen noch nie die Ursache, sondern immer die Folge von Staatenbildung" war.[32] Gleichwohl bleibt festzuhalten: Die Finalität der Europäischen Union ist weiterhin offen. Der Maastricht-Vertrag schuf 1992 eine Währungsunion, nicht aber eine Wirtschaftsunion; das Ziel einer Politischen Union wurde gerade nicht verwirklicht.[33]

---

[25] *Calliess*, Grundlagen, Grenzen und Perspektiven europäischen Richterrechts, NJW 2005, 929, 930.

[26] *Streinz*, in: Streinz, EUV/AEUV, 2. Aufl. 2012, Art. 4 EUV Rdn. 33. S. auch *Degenhart*, S. 86 Fn. 8.

[27] EuGH, Urt. v. 23.4.1986 Rs. 294/83, Slg. 1986, 1339 Rdn. 23 – Les Verts/Europäisches Parlament.

[28] EuGH, Urt. v. 15.7.1964 – Rs. 6/64, Slg. 1964, 1251 – Costa/ENEL.

[29] EuGH, Urt. v. 19.11.1991 – C-6/90 und C-9/90, Slg. 1991, I-5357 – Francovich; EuGH Urt. v. 5.3.1996 – Rs. C-46/93 und C-48/93, Slg. 1996, I-1029 – Brasserie du Pêcheur.

[30] Obwohl auch er einem blinden Automatismus nicht das Wort redete, *Hallstein*, Angleichung des Privat- und Prozessrechts in der Europäischen Wirtschaftsgemeinschaft, RabelsZ 28 (1964), 211, 228 ff.; s. auch *Haas*, The Uniting of Europe, 1968, S. 105, 301. Europäisches Recht zur Förderung einer gemeinsamen Identität fordern schon *Kramer*, Europäische Privatrechtsvereinheitlichung, JBl. 1988, 477, 487; *Drobnig*, Ein Vertragsrecht für Europa, in: Bauer, FS Steindorff, 1990, S. 1141, 1148 f; *Meyer-Cording*, Die europäische Integration als geistiger Entwicklungsprozess, in: Greiß/Meyer, FS Müller-Armack, 1961, S. 291 ff.

[31] *Pechstein*, in: Streinz, EUV/AEUV, 2. Aufl. 2012, Art. 1 EUV Rdn. 19: spricht von Fundamentalziel.

[32] *Sarrazin*, Geburtsfehler Maastricht, FAZ v. 17.7.2012, S. 25.

[33] So deutlich auch *Degenhart*, S. 88 f.; Ohler, S. 278.

II. Wirtschafts- und Währungsunion und die Grenzen des Rechts – Ursachenforschung

1. Erste Sündenfälle

Die Pflicht zum Vollzug von Unionsrecht ohne eigene europäische Vollstreckungsorgane qualifiziert die EU zur Rechtsgemeinschaft.[34] Würden sich die Mitgliedstaaten weigern, Unionsrecht anzuerkennen, wäre die Union in Gefahr. Ist dieser Zustand bei der Währungsunion nicht eingetreten? Warum scheinen Recht und Währungsunion nicht zusammenzupassen?

Inzwischen ist hinreichend bekannt, dass die ersten Sündenfälle schon bei der Aufnahme einzelner Mitgliedstaaten in die Währungsunion begangen wurden[35]: Griechenland, Italien und Belgien erfüllten nicht die Voraussetzungen des Stabilitätspaktes, weil „eine auf Dauer tragbare Finanzlage der öffentlichen Hand ohne übermäßiges Defizit" bei diesen Mitgliedstaaten nicht bejaht werden konnte.[36] Kurz darauf verstießen Deutschland und Frankreich gegen die Vorgaben des Stabilitätspaktes. Die Kommission mühte sich zwar redlich, gegen die Verstöße vorzugehen. Der Rat nahm die Empfehlung der Kommission, die Sparauflagen zu verschärfen, aber nicht an. Der Finanzministerrat sprach lediglich Konsolidierungsempfehlungen aus.[37] Daraufhin erhob die EU-Kommission eine Nichtigkeitsklage gegen die Entscheidung des Finanzministerrats. Letztlich scheiterte das Verfahren vor dem Europäischen Gerichtshof.[38] Auf Drängen Deutschlands und Frankreichs wurde der Stabilitätspakt[39] schon früh

---

[34] *Zuleeg*, Die Europäische Gemeinschaft als Rechtsgemeinschaft, NJW 1994, 545 ff.; *Ulmer*, Vom deutschen zum europäischen Privatrecht?, JZ 1992, 1 ff.; *Grimm*, Braucht Europa eine Verfassung?, JZ 1995, 581, 585; *Hirsch*, Europäischer Gerichtshof und Bundesverfassungsgericht – Kooperation oder Konfrontation?, NJW 1996, 2457, 2463; *Schorkopf*, Gestaltung mit Recht, AöR 136 (2011), 323, 325 ff.; *Calliess*, Perspektiven des Euro zwischen Solidarität und Recht – Eine rechtliche Analyse der Griechenlandhilfe und des Rettungsschirms, ZEuS 2011, 213, 222 ff.; jetzt allgemeine Meinung.

[35] Zu den Vorgaben des Stabilitätspaktes s. VO (EG) Nr. 1466/97, ABl. Nr. L 209, S. 1 und VO (EG) Nr. 1467/97 v. 7.7.1997, ABl. Nr. L 209, S. 6.

[36] Art. 140 Abs. 1 S. 3 2. Spiegelstrich AEUV (ex Art. 109j EGV); s. *Degenhart*, S. 87 Fn. 33; *Häde*, Staatsbankrott und Krisenhilfe, EuZW 2009, 273, 273; *ders.*, Die europäische Währungsunion in der internationalen Finanzkrise – An den Grenzen europäischer Solidarität?, EuR 2010, 854, 863; Europäisches Währungsinstitut, Konvergenzbericht nach Artikel 109j des Vertrages zur Gründung der Europäischen Gemeinschaft vorgeschriebener Bericht, 1998, S. 101, 168.

[37] Gerichtshof der Europäischen Gemeinschaften, Pressemitteilung Nr. 57/04 v. 13.7.2004 zum Urteil des Gerichtshofes in der Rechtssache C-27/04; ausführliche Darstellung des Ablaufs bei *Streinz/Ohler/Herrmann*, Totgesagte leben länger – oder doch nicht? – der Stabilitäts- und Wachstumspakt nach dem Beschluss des Rates vom 25.11.2003 über das Ruhen der Defizitverfahren gegen Frankreich und Deutschland, NJW 2004, 1553, 1553 ff.

[38] EuGH, Urt. v. 13.7.2004 – C-27/04, Slg. I-6679, Rdn. 31, 34, 36 – Kommission/Rat.

[39] Zu den Vorgaben der Reform des Stabilitätspaktes s. VO (EG) Nr. 1056/2005 v. 27.6.2005, ABl. EU Nr. L 174, S. 5.

durch eine Reform deutlich verwässert, indem man vom Ziel des ausgeglichenen Haushalts abrückte, den Ausnahmekatalog für die Defizitquote erweiterte sowie die Fristen zum Defizitabbau verlängerte. *Waigel* spricht von einem „Schlag gegen die Fundamente der Stabilitätskultur".[40]

Zu Recht kritisiert *Kotzur*, dass Verstöße gegen die Haushaltsdisziplin nicht justiziabel sind, da ein Vertragsverletzungsverfahren nach Art. 258 AEUV in diesem Bereich nicht vorgesehen sei.[41] Die Konvergenzkriterien, einschließlich deren Sanktionierung, wurden letztlich politisiert, um das vertragliche Ziel einer Währungsunion zu verwirklichen.[42]

2. *Weitere Verstöße: Das Ignorieren des europäischen Primärrechts in der Schuldenkrise*

Fast wie ein roter Faden lassen sich weitere Verstöße seit der Finanzkrise 2008 feststellen. Die „Non-Bail-Out-Klausel" des Art. 125 AEUV verbietet Haftungsübernahmen durch die Union und durch die Mitgliedstaaten. Problematisch ist insoweit, inwieweit ein Rettungsschirm auf Art. 122 Abs. 2 AEUV gestützt werden konnte.[43]

Eine Ansicht lässt die Staatsverschuldung als Folge der Wirtschafts- und Finanzkrise als außergewöhnliches Ereignis zu. Die derzeitige Krise zeichne sich durch ihre Unüberschaubarkeit und die beschränkte Kontrollierbarkeit internationaler Finanzmärkte aus und entziehe sich damit der mitgliedstaatlichen Kontrolle.[44] Der Ausnahmetatbestand des Art. 122 Abs. 2 AEUV verlange gerade nicht, dass die Schwierigkeiten insgesamt unverschuldet zu sein hätten.[45] Aller-

---

[40] *Waigel*, S. 78.

[41] *Kotzur*, S. 65 nach Fn. 119.

[42] *Nettesheim*, Der Umbau der europäischen Währungsunion: Politische Aktion und rechtliche Grenzen (Stand: 22.7.2011), in: Kadelbach, Nach der Finanzkrise: Politische und rechtliche Rahmenbedingungen einer neuen Ordnung, 2012, S. 29, 50.

[43] Kritisch *Degenhart*, S. 96 Fn. 65 und S. 96 Fn. 77; *Zeitler*, S. 162. Bejahend dagegen *Calliess*, Perspektiven des Euro zwischen Solidarität und Recht – Eine rechtliche Analyse der Griechenlandhilfe und des Rettungsschirms, ZEuS 2011, 213, 247; *Häde*, Die europäische Währungsunion in der internationalen Finanzkrise – An den Grenzen europäischer Solidarität?, EuR 2010, 854, 860. Zum EFSM s. VO (EG) NR. 407/2010 v. 11.5.2010, ABl. EU Nr. L 118, S. 1; zum EFSF s. Rat-Dok. v. 10.5.2010, Nr. 9614, S. 10.

[44] *Häde*, Haushaltsdisziplin und Solidarität im Zeichen der Finanzkrise, EuZW 2009, 399, 401; *Oster*, Zwischen Solidarität und Eigenverantwortung – Die Vereinbarkeit der EU-Finanzierungshilfen mit der No-Bail-Out-Klausel des Vertrags der Europäischen Union, online verfügbar unter http://www.infopoint-europa.de/aktuell/beitraege/778-beitrag-franziska-oster, Abruf v. 29.2.2012; *Sonder*, Solidarität in der Währungsunion: Griechenland, Irland und kein Ende?, ZRP 2011, 33, 34; im Ergebnis *Frenz/Ehlenz*, Der Euro ist gefährdet: Hilfsmöglichkeiten bei drohendem Staatsbankrott?, EWS 2010, 65, 68; *Herrmann*, Griechische Tragödie – der währungsverfassungsrechtliche Rahmen für die Rettung, den Austritt oder den Ausschluss von überschuldeten Staaten aus der Eurozone, EuZW 2010, 413, 414.

[45] *Bandilla*, in: Grabitz/Hilf/Nettesheim, Das Recht der Europäischen Union, 46. Er-

dings sei dabei auf das Ereignis, nicht auf dessen Folgen abzustellen. Die gegenwärtige Wirtschafts- und Finanzkrise müsse folglich für die Begründung der finanziellen Notlage überwiegen.[46] Der finanzielle Beistand der Union bleibe unter Auflagen insoweit zulässig als er erforderlich und unumgänglich ist, die akute Krise zu überwinden.[47]

Nach Ansicht von *Häde* sei die Anwendung des Art. 122 Abs. 2 AEUV dagegen strikt abzulehnen. Bei Problemen, die auf unsolide Haushaltspolitik zurückzuführen sind, könne gerade nicht auf die Ausnahme des außergewöhnlichen Ereignisses nach Art. 122 Abs. 2 AEUV zurückgegriffen werden.[48] Jeder Staat habe umfassende Machtbefugnisse für eine solide Gestaltung der Haushaltspolitik, wie die Besteuerung und die Reduzierung von Staatsausgaben. Eine „verantwortliche Staatsführung" müsse deshalb einer allgemeinen globalen Wirtschaftskrise gewachsen sein.[49]

Im Hinblick auf den mitgliedstaatlichen Beistand muss indes etwas anderes gelten, da Art. 122 Abs. 2 AEUV in diesem Fall nicht anwendbar ist.[50] Konkret bedeutet das: Ein außergewöhnliches Ereignis kann nicht als Ausnahme zum „Bail-Out-Verbot" zwischen den Mitgliedstaaten herangezogen werden. Es bleibt folglich bei dem absoluten Beistandsverbot des Art. 125 Abs. 1 AEUV. Seine Grenze findet das mitgliedstaatliche Beistandsverbot jedoch in seinem eigentlichen Zweck: dem Schutz der Gemeinschaftswährung. Den Mitgliedstaaten muss es möglich bleiben, die von der Zahlungsunfähigkeit eines anderen Mitgliedstaates ausgehende Gefahr für die gemeinsame Währung und den europäischen Wirtschaftsraum dadurch abzuwenden, dass sie den Mitgliedstaat finanziell unterstützen. Insoweit ist das Beistandsverbot der Mitgliedstaaten nach Art. 125 Abs. 1 AEUV teleologisch zu reduzieren. Dies sei im Fall der griechischen Hilfsmaßnahmen durch die Mitgliedstaaten geboten.[51] Allerdings

---

gänzungslieferung 2011, Art. 122 AEUV Rdn. 18; *Häde*, in: Calliess/Ruffert, EUV/AEUV, 4. Aufl. 2011, Art. 122 AEUV Rdn. 9.

[46] *Calliess*, Perspektiven des Euro zwischen Solidarität und Recht – Eine rechtliche Analyse der Griechenlandhilfe und des Rettungsschirms, ZEuS 2011, 213, 243.

[47] *Häde*, Haushaltsdisziplin und Solidarität im Zeichen der Finanzkrise, EuZW 2009, 399, 403; *ders.*, Rechtsfragen der EU-Rettungsschirme, ZG 2011, 1, 15.

[48] *Faßbender*, Der europäische „Stabilitätsmechanismus" im Lichte von Unionsrecht und deutschem Verfassungsrecht, NVwZ 2010, 799, 800 f.; *Häde*, in: Calliess/Ruffert, EUV/AEUV, 4. Aufl. 2011, Art. 125 AEUV Rdn. 7; *Kube/Reimer*, Grenzen des Europäischen Stabilitätsmechanismus, NJW 2010, 1911, 1914.

[49] *Häde*, Rechtsfragen der EU-Rettungsschirme, ZG 2011, 1, 5; *Seidel*, Der Euro – Schutzschild oder Falle?, ZEI Working Paper B01–10, 2010, S. 8.

[50] Vgl. Wortlaut des Art. 122 Abs. 2 AEUV; ausdrücklich *Seidel*, Der Euro – Schutzschild oder Falle?, ZEI Working Paper B01-10, 2010, S. 8 f.

[51] *Häde*, Die europäische Währungsunion in der internationalen Finanzkrise – An den Grenzen europäischer Solidarität?, EuR 2010, 854, 860 f.; *ders.*, in: Calliess/Ruffert, EUV/AEUV, 4. Aufl. 2011, Art. 125 AEUV Rdn. 8; *ders.*, Rechtsfragen der EU-Rettungsschirme, ZG 2011, 1, 7. Kritisch *Calliess*, Perspektiven des Euro zwischen Solidarität und Recht – Eine rechtliche Analyse der Griechenlandhilfe und des Rettungsschirms, ZEuS 2011, 213, 268.

sei eine Begrenzung der mitgliedstaatlichen Finanzhilfen in Dauer und Höhe dringend erforderlich.[52]

Schließlich verstieß auch die Europäische Zentralbank mehrmals gegen das Recht. Ein Verstoß gegen Art. 123 und 127 Abs. 5 AEUV lag vor, als sie Staatsanleihen ankaufte[53], als sie den 3-Jahres Tender auflegte oder Forderungen aufkaufte, um die Zinslast einiger Marktteilnehmer zu subventionieren.[54] Dies stelle keine Maßnahme der Geldpolitik dar, sondern ein Verstoß gegen das Verbot der Staatsfinanzierung. Art. 123 AEUV verbiete zwar nur den unmittelbaren, nicht jedoch den mittelbaren Erwerb über den Sekundärmarkt.[55] Dieser sei jedoch lediglich eine eng begrenzte Ausnahme. Der Sekundärmarkt dürfe nicht zum Durchleiten der Schuldtitel genutzt werden, um das grundsätzliche Verbot zu umgehen.[56]

3. Tieferliegende Probleme – die Rechtsnatur des Stabilitätspaktes

Möglicherweise liegen die Probleme allerdings noch viel tiefer und hier möchte ich drei Schlagworte nennen. Erstens: Als früherer Bundesfinanzminister betont *Waigel*, dass die Verhinderung des Sanktionsverfahrens ein „eklatanter Verstoß gegen Geist und Buchstabe von Maastricht und des Stabilitätspaktes“[57] gewesen sei. Aber stimmt das? Oder entsprach die Flexibilität in der Handhabung der Kriterien (…) durchaus der Absicht des Vertrages“? Waren die in den Normen angelegten umfangreichen Gestaltungs- und Ermessensspielräume, politisch gewollt, wie dies bei Haushaltsfragen so oft der Fall ist?[58] Oder, um eine dritte Ansicht aufzuzeigen, fand das Recht in dem machtvollen Handeln des Rates seine Grenzen?[59]

Zweitens: Juristen glauben zwar gerne an die Idee des Rechts, also an Recht als imperative Sollenssätze, die das menschliche Verhalten idealtypisch zu len-

---

[52] *Seidel*, Der Euro – Schutzschild oder Falle?, ZEI Working Paper B01-10, 2010, S. 8 ff.

[53] *Herrmann*, EZB-Programm für die Kapitalmärkte verstößt nicht gegen die Verträge – Erwiderung auf Seidel, EuZW 2010, 251, EuZW 2010, 645, 646; *Zeitler*, S. 162; *Blankart*, S. 271.

[54] Ausführlich *Siekmann*, S. 149 ff. und *Sester*, S. 180 ff.

[55] *Bandilla*, in: Grabitz/Hilf/Nettesheim, Das Recht der Europäischen Union, 46. Ergänzungslieferung 2011, Art. 123 AEUV Rdn. 9; *Häde*, in: Calliess/Ruffert, EUV/AEUV, 4. Aufl. 2011, Art. 123 Rdn. 10; *Herrmann*, EZB-Programm für die Kapitalmärkte verstößt nicht gegen die Verträge – Erwiderung auf Martin Seidel, EuZW 2010, 521, EuZW 2010, 645, 646; *Kempen*, in: Streinz, EUV/EGV, 2. Aufl. 2012, Art. 123 AEUV Rdn. 5.

[56] *Siekmann*, S. 149.

[57] *Waigel*, S. 78.

[58] So *Degenhart*, S. 94 f., 99; *Nicolaysen*, Der EuGH zum Defizitverfahren nach Art. 104 EGV und dem „Stabilitätspakt“, DVBl. 2004, 1321, 1326.

[59] So *Schorkopf*, Gestaltung mit Recht, Prägekraft und Selbststand des Rechts in einer Rechtsgemeinschaft, AöR 136 (2011), 323, 332.

ken vermögen.[60] Nur, kann man mit den Mitteln des Rechts Haushaltsdisziplin oder eine Haushaltspolitik ersetzen? Oder muss man vielmehr umgekehrt formulieren: „Recht herrscht nicht, es dient?"[61] In der Literatur wird die „Alternativlosigkeit"[62] des Handels mit der Rechtsfigur des „Unionsnotstandes" begründet[63], gemäß dem Motto „Not kennt kein Gebot".[64]

Und drittens: Rächt sich nun der Befund, dass man mit dem Maastricht Vertrag 1992 keine Wirtschaftsunion eingeführt hatte?[65] *Degenhart* spricht gar von einem „fundamentalen Konstruktionsfehler"[66] und führt weiter aus: Die Währungsunion stellte keinen folgerichtigen Schritt in der europäischen Integrationsentwicklung dar. Mit ihr sollte vielmehr eine bestimmte Entwicklung angestoßen werden, die unwiderruflich zu dem gewünschten Ergebnis der politischen Union wie der vollständigen Wirtschaftsunion führen sollte.[67]

III. Die Rückkehr zum Recht

Damit stellen sich aber schon die nächsten Fragen: Wie soll man nun auf das Versagen der Regeln der Währungsunion reagieren? Mit besserem, effektiverem Recht? Oder, etwa mit einer notwendigen Angleichung der nationalen Wirtschaftssysteme? Das Recht bietet die Chance, auf Krisen durch Rechtsetzung zu reagieren.[68] Weil das Recht das Fundament für jede Form des gesellschaft-

---

[60] *Thon*, Rechtsnorm und subjektives Recht, Untersuchungen zur allgemeinen Rechtslehre, 1878, S. 8; *von Ihering*, Der Zweck im Recht, Bd. 1, 1877, elfter Abschnitt.

[61] *Lorz*, Euro-Krise und Rettungsschirm – Weicht das Recht der Politik?, Legal Tribune Online v. 14.5.2010, http://www.lto.de/recht/hintergruende/h/euro-krise-und-rettungsschirm-weicht-das-recht-der-politik/ (aufgerufen am 7.5.2012). Noch drastischer in der Diskussion die Formulierung „Recht als Hure".

[62] Deutsche Bundesregierung, Regierungserklärung von Bundeskanzlerin *Angela Merkel* zu den Maßnahmen zum Erhalt der Stabilität der Währungsunion und zum bevorstehenden Sondergipfel der Euro-Länder am 7. Mai 2010 in Brüssel vor dem Deutschen Bundestag am 5. Mai 2010 in Berlin, Bulletin 48-1 vom 5.5.2010, online verfügbar unter http://www.bundesregierung.de/Content/DE/Bulletin/2010/05/48-1-bk-bt.html, Abruf vom 24.4.2012.

[63] *Schorkopf*, Gestaltung mit Recht, Prägekraft und Selbststand des Rechts in einer Rechtsgemeinschaft, AöR 136 (2011), 323, 342.

[64] *Koller*, Not kennt kein Gebot, 2009; vgl. auch *Böckenförde*, Kennt die europäische Not kein Gebot?, NZZ v. 21.6.2010, online verfügbar unter http://www.nzz.ch/-nachrichten/kultur/aktuell/kennt_die_europaeische_not_kein_gebot_1.6182412.html (aufgerufen am 7.5.2012).

[65] *Degenhart*, S. 99 f.

[66] Vortrag *Degenhart*, S. 88, 92.

[67] Vortrag *Degenhart*, S. 88 f.

[68] *Schorkopf*, Finanzkrisen als Herausforderung der internationalen, europäischen und nationalen Rechtsetzung: 2. Referat, VVDStRL 71 (2012), 183, 186 f.

lichen Zusammenlebens bildet, ist eine „Instabilität des Rechts“ in jedem Fall abzuwenden.[69]

1. Weiterentwicklung des institutionellen Rahmens der Währungsunion

Vizepräsident a.D. *Zeitler* schlägt drei Wege vor: Die Wiederherstellung eines funktionsfähigen Stabilitäts- und Wachstumspaktes, die Akzeptanz von „Rettungsschirmen“ und die Einführung eines Staatsinsolvenzrechts.[70] Kritisch weist er aber darauf hin, dass auch nach den Six-Pack-Beschlüssen für die Eröffnung des Defizitverfahrens weiterhin die qualifizierte Mehrheit im Rat notwendig ist.[71] Immerhin geht der Fiskalpakt weiter, weil jetzt eine qualifizierte Mehrheit einem Defizitverfahren widersprechen muss.[72] *Zeitler* kritisiert in diesem Rahmen die zahlreichen Ausnahmen, die den Kompromiss weiter abschwächen. So wird sich zeigen, ob durch die neuen Normen wirklich etwas gewonnen wird oder letztlich doch wieder politisches Ermessen dominiert.

Sester konzentriert sich in seinem Beitrag vor allem auf die Rolle der Europäischen Zentralbank und verdeutlicht, wie sie inzwischen mit Anleiheprogrammen und Refinanzierungsoperationen fiskalpolitisch agiert. Über das Anleiheankaufprogramm unter *Trichet* und der langfristigen Refinanzierungsoperationen unter *Draghi*, wurde die EZB Hauptgläubiger Griechenlands und spanischer Banken. Dies ließ die EZB-Ansprüche gegen Banken um 762 Mrd. EUR ansteigen.

Während die Ausgabe gemeinsamer Schuldtitel laut *Angela Merkel* mit ihr nicht durchsetzbar ist[73], gewinnt ein anderer Vorschlag immer mehr an Aktualität. So fragt Bundesbankchef *Weidmann*: „Wenn wir ohnehin alle die Lasten tragen müssen, ist es da nicht besser, die Risiken auch gemeinsam zu beaufsichtigen und eine gemeinsame Haftung vorab ordentlich zu regeln?“[74] Logische Vorstufe einer Fiskalunion sei eine Bankenunion, über die das Vertrauen in die Kreditwürdigkeit wieder hergestellt werden könnte. Dies erfordert v.a. eine zentrale unabhängige Bankenaufsicht, die mit entsprechenden Kompetenzen ausgestattet werden müsste, eine gemeinsame Einlagensicherung und einen Rettungs- oder Abwicklungsfonds.[75] Im Raum steht die Einführung einer neuen effektiven Sanktionsmaßnahme: Die nationale Souveränität soll in dem

---

[69] *Kirchhof*, Verfassungsnot!, FAZ v. 12.7.2012, S. 25.

[70] *Zeitler*, S. 166.

[71] *Zeitler*, S. 167.

[72] *Zeitler*, S. 166f.; Art. 7 S. 2 Vertrag über Stabilität, Koordinierung und Steuerung in der Wirtschafts- und Währungsunion.

[73] Regierungserklärung von Bundeskanzlerin *Angela Merkel* zum Europäischen Rat am 28. und 29. Juni 2012 in Brüssel.

[74] *Weidmann*, Alles fließt? Zur künftigen Rolle der Geldpolitik, Rede beim ZEW Wirtschaftsforum 2012 v. 14.6.2012.

[75] Europäischer Rat, Auf dem Weg zu einer echten Wirtschafts- und Währungsunion,

Ausmaß an die europäischen Institutionen verloren gehen, wie die Haushaltsvorgaben nicht eingehalten werden.[76] Als weiterer Bestandteil einer stabilen und wohlhabenden WWU ist eine haushaltspolitische Integration im Gespräch.[77] In diesem Zusammenhang wird über einen EU-Finanzminister mit Haushaltsgenehmigungspflicht und Vetorecht diskutiert.[78] Von Bedeutung sei zudem die wirtschaftspolitische Integration als „wesentliches Gegenstück zu dem Finanz- und Haushaltsrahmen".[79]

Eine Fiskalunion muss sich jedoch mittelfristige Risiken entgegen halten lassen. Die Finanzmärkte würden ihre Disziplinierungswirkung verlieren, was den Anreiz zu Reformen in der nationalen Wirtschaftspolitik deutlich sinken ließe. Ebenso ginge mit dem Gefühl der ungerechtfertigten Bevorteilung einzelner Länder die politische Akzeptanz verloren.[80] Es ist zu erwarten, dass die fehlende Risikokontrolle und der fehlende Einfluss auf die europäische Aufsichtsbehörde der gemeinsamen Einlagensicherung der Banken entgegenstehen werden.[81]

2. *Geordnete Staatsinsolvenz*

In seinem Vortrag betont *Paulus* die Interessenkonflikte, denen Politiker im Rahmen des Rettungsschirmes ausgesetzt sind.[82] Hier müsse erst einmal neues Recht entwickelt werden: Die Insolvenz eines Mitgliedstaates verlangt ein geordnetes Verfahren. Ein solches Resolvenzverfahren müsste eine Vertragsklausel, ein Resolvenzgericht und eine Verfahrensordnung umfassen.[83] Und eine Antragstellung des maroden Staates dürfe nicht missbräuchlich sein.[84] Umgekehrt müsse ein solches Verfahren eine glaubhafte Drohung darstellen.[85]

Bericht des Präsidenten des Europäischen Rates *Herman Van Rompuy* v. 26.6.2012, EUCO 120/12, S. 4 f.

[76] *Weidmann*, Alles fließt? Zur künftigen Rolle der Geldpolitik, Rede beim ZEW Wirtschaftsforum 2012 v. 14.6.2012.

[77] Europäischer Rat, Auf dem Weg zu einer echten Wirtschafts- und Währungsunion, Bericht des Präsidenten des Europäischen Rates *Herman Van Rompuy* v. 26.6.2012, EUCO 120/12, S. 5 f.

[78] Forderung von *Wolfgang Schäuble*, Perfekte Lösungen brauchen lange, Der Spiegel 26/2012 (25.6.2012), S. 28, 28.

[79] Europäischer Rat, Auf dem Weg zu einer echten Wirtschafts- und Währungsunion, Bericht des Präsidenten des Europäischen Rates *Herman Van Rompuy* v. 26.6.2012, EUCO 120/12, S. 6.

[80] *Weidmann*, Alles fließt? Zur künftigen Rolle der Geldpolitik, Rede beim ZEW Wirtschaftsforum 2012 v. 14.6.2012.

[81] *Frühauf*, Menetekel Bankenunion, faz.net v. 22.6.2012; vgl. Regierungserklärung von Bundeskanzlerin *Angela Merkel* zum Europäischen Rat am 28. und 29. Juni 2012 in Brüssel.

[82] *Paulus*, S. 211.

[83] *Paulus*, S. 213.

[84] *Paulus*, S. 221 f.

[85] *Paulus*, S. 224 f.

3. Ausscheiden aus der Währungsunion

Das Unionsrecht sieht bisher keine ausdrücklichen rechtlichen Regelungen für den Austritt oder den Ausschluss aus der Währungsunion bei gleichzeitigem Verbleib in der EU vor.[86] Grundsätzlich ist der Aufnahmebeschluss aufgrund der ursprünglichen Nichterfüllung der Stabilitätskriterien anfechtbar.[87] Fehlende Austritts- und Ausschlussregeln implizieren jedoch eine garantierte, bedingungslose gegenseitige Unterstützung der Mitgliedstaaten. Den Mitgliedstaaten fehlt folglich der Anreiz für eine disziplinierte Finanzpolitik. Dieses Verhalten hat einen negativen externen Effekt auf die anderen Mitgliedstaaten, die so zur finanziellen Unterstützung gezwungen sind.[88]

Unter engen Grenzen wird daher ein Ausscheiden als rechtlich zulässig erachtet: Für den einseitigen Austritt eines Mitglieds entwickelte *Herdegen* das sog. „Überforderungs-" und „Frustrationsszenario".[89] Das „Überforderungsszenario" lässt den Austritt bei einem dramatischen Wirtschaftsabschwung aufgrund unvorhersehbarer Umstände zu. Für die erforderliche Unzumutbarkeit müsse der BIP-Rückgang innerhalb eines Jahres deutlich höher als 2 % sein.[90] Im Fall Griechenlands lag der BIP-Rückgang für 2011 laut der nationalen Statistikbehörde bei 6,8 %.[91] Jedoch dürften die griechischen Probleme nicht als unvorhersehbar zu qualifizieren sein. Sie erscheinen eher „hausgemacht".[92] Demgegenüber greift das „Frustrationsszenario" bei massiven Vertragsver-

---

[86] *Häde*, in: Calliess/Ruffert, EUV/AEUV, 4. Aufl. 2011, Art. 140 AEUV Rdn. 59 f.; *Herdegen*, Die Währungsunion als dauerhafte Rechtsgemeinschaft – Ausstiegsszenarien aus rechtlicher Perspektive, Deutsche Bank Research, EWU-Monitor Nr. 52, 1998, S. 3; ifo Institut, Austritt Griechenlands aus der Europäischen Währungsunion, 2012, S. 2; *Seidel*, Ausscheiden aus der Währungsunion? – Rechtliche Fragen, EuZW 2007, 617, 617.

[87] *Behrens*, Ist ein Ausschluss aus der Euro-Zone ausgeschlossen?, EuZW 2010, 121, 121.

[88] *Fahrholz/Wójcik*, The Eurozone Needs Exit Rules, CESinfo Working Papers No. 3845, 2012, S. 17 f.

[89] *Herdegen*, Europarecht, 14. Aufl. 2012, Rdn. 56.

[90] *Herdegen*, Die Währungsunion als dauerhafte Rechtsgemeinschaft – Ausstiegsszenarien aus rechtlicher Perspektive, Deutsche Bank Research, EWU-Monitor Nr. 52, 1998, S. 9.

[91] Welt Online, Einbruch des BIP: Sparkurs würgt griechische Wirtschaft ab, WELT ONLINE v. 14.2.2012.

[92] Die Finanzkrise fungierte als Katalysator vgl. *Calliess*, Perspektiven des Euro zwischen Solidarität und Recht – Eine rechtliche Analyse der Griechenlandhilfe und des Rettungsschirms, ZEuS 2011, 213, 270; *ders.*, Finanzkrisen als Herausforderung der internationalen, europäischen und nationalen Rechtsetzung, VVDStRL 71 (2012), 113, 117; *Sarrazin*, Geburtsfehler Maastricht, FAZ v. 17.7.2012, S. 25. Zur Vielfältigkeit der nationalen Gründe für die Griechenlandkrise vgl. Athener Ausgaben: Wie Griechenland das Geld verschwendet, faz.net v. 2.5.2010; Zählung: Das kleine Griechenland hat 768.000 Beamte, WELT ONLINE v. 30.7.2010; Millionenbetrug: Griechenland hat mutmaßlich 21.000 Phantomrentner, Spiegel ONLINE v. 26.11.2011; *Pick*, Steuerhinterziehung und Schattenwirtschaft in Griechenland: Anzeichen für die Krise gab es schon lange, www.tagesschau.de v. 3.3.2010.

stößen anderer Mitgliedstaaten.[93] Auf ein solches Szenario kann sich der Mitgliedstaat, der die Pflichtverletzung begeht, jedoch gerade nicht berufen.

Ein Ausschluss aus der WWU erscheint nur bei „beharrlicher Missachtung der Haushaltsdisziplin" möglich, soweit, aufgrund notorischer Nichterfüllung der Stabilitätskriterien, eine Rückkehr zu rechtmäßigem Verhalten in absehbarer Zeit nicht zu erwarten ist.[94] Dies erfordere die Ausschöpfung aller vertraglichen Mechanismen.[95] Ist diese hohe Schwelle bei der momentanen Sanktionierung Griechenlands bereits erreicht? Zeichnet sich diese nicht eher durch ein großes Entgegenkommen der europäischen Kontrolleure aus?[96]

Aber ergibt sich aus der Unumkehrbarkeit der WWU nicht auch die Unumkehrbarkeit des Eintritts in die WWU?[97] Dagegen wird angeführt, dass der Austritt eines Mitgliedstaates den Integrationsschritt an sich nicht rückgängig macht.[98] Kann dem ohne weiteres zugestimmt werden? Die Einführung einer nationalen Währung birgt durchaus Vorteile. Über eine nominelle Abwertung kommt es zu einer realen Abwertung der neuen Währung. So können vorhandene Leistungsbilanzdefizite ausgeglichen werden. Dies führt zu einer Verbesserung der nationalen Wettbewerbsfähigkeit.[99] Es steht zu befürchten, dass alle betroffenen Mitgliedstaaten diese vergleichsweise einfache Ausgleichsmöglichkeit für sich in Anspruch nehmen wollen. Dann würde im Ergebnis auch der Integrationsschritt als solcher zur Disposition gestellt.

Auf der anderen Seite könnten klare Austrittsregeln die Unumkehrbarkeit der WWU sichern statt sie zu gefährden. Klare Austrittsregeln könnten die externe Marktdisziplin, die Durchsetzungsbefugnisse und die nationale Haushaltsdisziplin stärken und würden die herrschende Unsicherheit hinsichtlich ungeregelter Austrittsszenarien beenden.[100] Ein Ausscheiden soll zumindest im Einvernehmen aller Mitgliedstaaten in den Fällen möglich sein, in denen dies

---

[93] *Herdegen*, Die Währungsunion als dauerhafte Rechtsgemeinschaft – Ausstiegsszenarien aus rechtlicher Perspektive, Deutsche Bank Research, EWU-Monitor Nr. 52, 1998, S. 9.

[94] *Behrens*, Ist ein Ausschluss aus der Euro-Zone ausgeschlossen?, EuZW 2010, 121, 121; *Herdegen*, Die Währungsunion als dauerhafte Rechtsgemeinschaft – Ausstiegsszenarien aus rechtlicher Perspektive, Deutsche Bank Research, EWU-Monitor Nr. 52, 1998, S. 10.

[95] *Herdegen*, in: Maunz/Düring, Grundgesetz-Kommentar, 64. Ergänzungslieferung 2012, Art. 88 GG Rdn. 27; *ders.*, Die Währungsunion als dauerhafte Rechtsgemeinschaft – Ausstiegsszenarien aus rechtlicher Perspektive, Deutsche Bank Research, EWU-Monitor Nr. 52, 1998, S. 10.

[96] Nachverhandlungen: Euro-Zone will Spardiktat für Griechenland lockern, WELT ONLINE v. 13.6.2012.

[97] *Häde*, in: Calliess/Ruffert, EUV/AEUV, 4. Aufl. 2011, Art. 140 AEUV Rdn. 59, 61; *Herrmann*, Griechische Tragödie – der verfassungsrechtliche Rahmen für die Rettung, den Austritt oder den Ausschluss von überschuldeten Staaten aus der Eurozone, EuZW 2010, 413, 417.

[98] *Behrens*, Ist ein Ausschluss aus der Euro-Zone ausgeschlossen?, EuZW 2010, 121, 121.

[99] ifo Institut, Austritt Griechenlands aus der Europäischen Währungsunion, 2012, S. 19.

[100] *Fahrholz/Wójcik*, The Eurozone Needs Exit Rules, CESinfo Working Papers No. 3845, 2012, S. 19 f.

berechtigten Interessen der EU entspricht.[101] Mit diesem Parameter bleibt aber die Frage unbeantwortet, ob ein Austritt wegen der erforderlichen Einstimmigkeit letztendlich scheitern wird.

IV. Neue Gefahren und rechtliche Grenzen einer Transferunion

1. Kompetenzschranken – Budgetrecht und Demokratieprinzip

Abschließend möchte ich meinen Blick noch auf die Kompetenzschranken richten. Sehr kritisch sind in diesem Zusammenhang die Ausführungen von *Häde*. Da einige der Rechtsakte gegen die primärrechtlichen Vorgaben in Art. 121 und 126 AEUV verstoßen, wird der neu eingeführte Art. 136 AEUV als unzureichende Kompetenzgrundlage für die Six-Pack-Beschlüsse erachtet.[102] Wie *Huber* und mit ihm das Bundesverfassungsgericht betont, können die verfassungsrechtlichen Grenzen der Integration nicht umgangen werden, indem auf das Völkervertragsrecht ausgewichen wird.[103] Im Ergebnis seien das Währungsunion-Finanzstabilitätsgesetz und das Euro-Stabilisierungsmechanismus-Gesetz jedoch zu billigen.[104] Insbesondere für das Einstehen der Gewährleistungen und die Abschätzung der künftigen Tragfähigkeit des Bundeshaushalts und des wirtschaftlichen Leistungsvermögens komme dem Gesetzgeber ein erheblicher Einschätzungsspielraum zu.[105] Gleichzeitig betont *Huber*, dass zur Wahrung des Demokratieprinzips ein Gesetz, das in die Identität der Verfassung eingreift, einer Volksabstimmung bedarf.[106]

---

[101] *Herdegen*, Die Währungsunion als dauerhafte Rechtsgemeinschaft – Ausstiegsszenarien aus rechtlicher Perspektive, Deutsche Bank Research, EWU-Monitor Nr. 52, 1998, S. 8; *Herrmann*, Griechische Tragödie – der verfassungsrechtliche Rahmen für die Rettung, den Austritt oder den Ausschluss von überschuldeten Staaten aus der Eurozone, EuZW 2010, 413, 417; *Seidel*, Ausscheiden aus der Währungsunion? – rechtliche Fragen, EuZW 2007, 617, 617.

[102] *Häde*, S. 255; *ders.*, Art. 136 AEUV – eine neue Generalklausel für die Wirtschafts- und Währungsunion, JZ 2011, 333 ff.

[103] *Huber*, S. 240; BVerfG, Urt. v. 7.9.2011 – 2 BvR 987/10, 2 BvR 1485/10, 2 BvR 1099/10 = BVerfG 129, 124, 169 f. – Griechenlandhilfe und Euro-Rettungsschirm.

[104] BVerfG, Urt. v. 7.9.2011 – 2 BvR 987/10, 2 BvR 1485/10, 2 BvR 1099/10 = BVerfG 129, 124, 184 ff. – Griechenlandhilfe und Euro-Rettungsschirm.

[105] *Huber*, S. 241; BVerfG, Urt. v. 7.9.2011 – 2 BvR 987/10, 2 BvR 1485/10, 2 BvR 1099/10 = BVerfG 129, 124, 180 f. – Griechenlandhilfe und Euro-Rettungsschirm, unter Hinweis auf BVerfG, Urt. v. 30.6.2009 – 2 BvE 2/08, 2 BvE 5/08, 2 BvR 1010/08, 2 BvR 1022/08, 2 BvR 1259/08, BvR 182/09 = BVerfG 123, 267, 356 ff. – Lissabon.

[106] Zur Einführung einer demokratischen Drei-Stufen-Theorie siehe *Huber*, S. 237 ff.; siehe auch *Möllers/Redcay*, Das Bundesverfassungsgericht als europäischer Gesetzgeber oder als Motor der Union?, in: Stelmach/Schmidt, Krakauer-Augsburger Rechtsstudien, 2013 (im Erscheinen), C.III.4.

Wie steht der völkerrechtliche Fiskalpakt zu dem bisherigen Europarecht? Sollte man das Instrumentarium des Europa der verschiedenen Geschwindigkeiten (Art. 20 EUV) nicht nutzen?[107] Und bewegen wir uns auf eine politische Union zu?

2. *Ökonomische Risiken der Gemeinschaftssolidarität*

Die Frage, ob Gemeinschaftssolidarität ökonomisch sinnvoll ist oder nicht, beantwortet *Blankart* skeptisch. Er sieht insofern schwarz, sollte man versuchen, Gemeinschaftssolidarität über öffentliche und damit unteilbare Güter zu erzwingen.[108] Die Beibehaltung des status quo mit Korrekturen durch ESM und Fiskalvertrag sei laut *Ohler* langfristig nur sinnvoll, wenn die Mitgliedstaaten ein hohes Maß an finanzpolitischer Disziplin befolgen.[109] Eine Alternative bestünde in der Verstärkung des Integrationsprozesses zu einer richtigen Wirtschafts- und Währungsunion. Dies entziehe den Mitgliedstaaten die Verwirklichung des nationalen Gemeinwohls und stelle die Wirtschafts- und Währungsunion zudem vor eine organisatorische Mammutaufgabe.[110] Die dritte Alternative liege im Rückbau der Währungsunion, der im Ergebnis zu einer unkontrollierbaren Desintegration führen könne.[111]

V. Recht und Politik: Europa – quo vadis?

Drei Überlegungen sollen das bisher Gesagte zusammenfassen. Zuerst die ökonomischen Fragestellungen: Gemeinsames Recht verlangt eine gemeinsame Kultur und ein gemeinsames Denken und Walten. Brauchen wir nicht sogar eine gelebte „europäische Stabilitätskultur"?[112] Wir alle kennen das italienische *„dolce vita"*, das auch den Griechen und Portugiesen nicht ganz fremd ist. Können und wollen wir aus Italienern und Griechen Deutsche machen? Wie vermeidet man *„moral hazard"* und schafft die notwendigen Anreizsysteme? Sollte anstatt einer ex-post, nicht viel lieber eine ex-ante-Kontrolle eingeführt werden? Reicht der Anreiz aus, dass Staaten mit einer gesunden Haushaltspolitik sich besser refinanzieren können als solche mit einer unsoliden Haushaltspolitik? Optimistisch stimmt insoweit das Urteil des Verfassungsgerichtshofs in

---

107 Ebenso *Müller-Graff*, Die rechtliche Neujustierung der Europäischen Wirtschafts- und Währungsunion, ZHR 176 (2012), 1, 9.

108 *Blankart*, S. 273 f.

109 *Ohler*, S. 295.

110 *Ohler*, S. 296 f.

111 *Ohler*, S. 297.

112 Diese fordert Bundesbankpräsident *Weidmann*, Alles fließt? Zur künftigen Rolle der Geldpolitik, Rede beim ZEW Wirtschaftsforum 2012 am 14.6.2012.

Nordrhein-Westfalen, das eine pauschale Begründung durch die Wirtschafts- und Finanzkrise für eine Erhöhung der Kreditaufnahmen im Nachtragshaushalt nicht genügen lässt.[113]

Die zweite ökonomische Fragestellung zielt auf den Austritt Griechenlands aus der Währungsunion: Stellt dieses Vorgehen überhaupt eine gangbare Alternative dar? Durch die Einführung der griechischen Drachme käme es zu einer Währungsabwertung durch Wechselkursanpassungen.[114] Verbindlichkeiten würden zu Fremdwährungsschulden, wobei griechische Forderungen in der neuen Währung bewertet würden (sog. negative Bilanzeffekte). Auf diese Weise seien potentiell 293 Mrd. EUR (136 % des griechischen BIP) gefährdet.[115] Eine reale Abwertung der griechischen Drachme birgt jedoch die Möglichkeit, das vorhandene Leistungsbilanzdefizit (derzeit bei 9,8 %) auszugleichen. Der reale Abwertungsbedarf wird dabei auf 50 % geschätzt.[116]

Und mit einer staatsrechtlichen oder rechtsphilosophischen Fragestellung möchte ich schließen: Können und dürfen Politiker uns und unsere Kinder mit Milliardenausgaben belasten, ohne uns Bürger zu fragen? Bedarf es also jetzt schon einer Volksabstimmung in Deutschland?[117] Diese Forderung wurde ja vom Bundesverfassungsgericht und von etlichen Referenten aufgeworfen.[118] Nach der Ansicht von Bundesfinanzminister *Schäuble* sollten die deutschen Wähler bald über eine neue deutsche Verfassung abstimmen.[119] Die Frage nach der Plebiszit lässt sich variieren: Sollten alle europäischen Völker abstimmen, spätestens, wenn die Fiskalunion eingeführt wird? Das Bundesverfassungsgericht hat in seiner Entscheidung vom 19.6.2012 die Informationsrechte des Bundestages gestärkt und damit die Beteiligung der Bevölkerung zumindest indirekt sichergestellt. In Angelegenheiten der Europäischen Union verpflichte Art. 23 Abs. 2 S. 2 GG zu einer umfassenden und frühestmöglichen Information, auch wenn diese lediglich in Zwischenergebnissen oder Vertragstextstufen

---

[113] VerfGH NRW, Urt. v. 15.3.2011 – VerfGH 20/10 = LKV 2011, 363. Bei den Wahlen schien das Urteil dagegen keine Rolle zu spielen.

[114] *Herrmann*, Griechische Tragödie – der verfassungsrechtliche Rahmen für die Rettung, den Austritt oder den Ausschluss von überschuldeten Staaten aus der Eurozone, EuZW 2010, 413, 417.

[115] ifo Institut, Austritt Griechenlands aus der Europäischen Währungsunion, 2012, S. 44.

[116] ifo Institut, Austritt Griechenlands aus der Europäischen Währungsunion, 2012, S. 17, 27, 29 f.

[117] So die Forderungen von *Kahl/Glaser*, Nicht ohne uns, FAZ v. 8.3.2012, S. 8, *Degenhart*, S. 97.

[118] *Degenhart*, S. 97 f., *Sester*, S. 196; BVerfG, Urt. v. 30.6.2009, BVerfGE 123, 267 Rdn. 228 – Lissabon: „...unwiderrufliche Souveränitätsübertragung auf ein neues Legitimationssubjekt allein dem unmittelbar erklärten Willen des Deutschen Volkes vorbehalten".

[119] Interview mit *Wolfgang Schäuble*, Perfekte Lösungen brauchen lange, Der Spiegel 26/2012 (25.6.2012), S. 28, 28; im Ergebnis ähnlich der Präsident der Bundesbank *Weidmann*, Alles fließt? Zur künftigen Rolle der Geldpolitik, Rede beim ZEW Wirtschaftsforum 2012 v. 14.6.2012.

bestünde. Nur auf diese Weise könne der Bundestag an der inhaltlichen Diskussion mitwirken.[120] Zudem empfahl das Bundesverfassungsgericht Bundespräsidenten *Gauck*, das Gesetz zu ESM und Fiskalpakt bis zur vollständigen Prüfung durch das Gericht nicht zu unterzeichnen.[121]

Ein Ende der negativen Entwicklung scheint nicht absehbar, haben mit Spanien und Zypern erneut zwei europäische Staaten Hilfsanträge für ihre maroden Banken gestellt.[122] Oder muss man skeptisch fragen, ob die Finanz- und nun Staatskrise nicht nur durch vermeintliche Zufälle ausgelöst wurde oder aber das kapitalistische System auf dem Spiel steht.[123] Statt demokratisch legitimierter Politiker regieren Ökonomen, wie *Monti* in Italien oder ehemals *Papademos* in Griechenland, die beide nicht vom Volk gewählt wurden.[124] Wenn man weiterdenkt: Bedarf es autokratischer Herrschaftsformen, wie in China oder Singapur, die unabhängig von der Demokratie agieren, weil die Demokratie teure Wahlgeschenke verlangt und letztlich an ihren eigenen Schulden erstickt?[125] Dieser Trend zum Populismus zeigt sich in den jüngsten Wahlergebnissen erschreckend deutlich.[126] Der neue französische Staatschef *Hollande* stellt sich offen gegen den von seinem Vorgänger *Sarkozy* ausgehandelten Fiskalpakt und verspricht weniger Sparen, aber für mehr Wachstum zu sorgen.[127] Als eines der ersten Wahlgeschenke wurde das Rentenalter wieder gesenkt.[128] Nach den ersten Wahlen in Griechenland Anfang Mai fand sich keine Mehrheit zur Regierungsbildung. Das radikale Linksbündnis – die Syriza – ist Umfragen zu Folge die stärkste Partei. Sie plädiert zwar für einen Verbleib in der Eurozone, allerdings ohne jegliche Zahlungsverpflichtungen.[129] Die zweiten Wahlen in Griechenland brachten zwar eine regierungsfähige proeuropäische Koalition hervor, jedoch kündigt auch diese eine Aufweichung der Sparpolitik an. Dieses Ziel

---

120 BVerfG, Urt. v. 19.6.2012 – 2 BvE 4/11.

121 Entscheidung über ESM: Verfassungsrichter wollen Gauck bei Euro-Rettungsschirm um Aufschub bitten, Süddeutsche.de v. 21.6.2012. In Sachen „ESM/Fiskalpakt" sind derzeit mehrere Anträge auf Erlass einer einstweiligen Anordnung anhängig, Rs. 2 BvR 1390/12; 2 BvR 1421/12; 2 BvR 1438/12; 2 BvR 1439/12; 2 BvR 1440/12; 2 BvR 6/12.

122 FAZ v. 26.6.2012, Anträge Zyperns und Spaniens, S. 1 f.

123 *Schmidt*, Finanzkrise und Wirtschaftsrecht – Überlegungen über die Aufgabe von Juristen in Anbetracht des aktuellen Krisengeschehens, in: FS Hellwig, 2010, S. 311, 312 ff.

124 *Paulus*, S. 202.

125 Die Wahlen in Frankreich und Griechenland v. 6.5.2012 haben die europakritischen Parteien gestärkt.

126 *Kornelius*, Vor der Wahl, SZ v. 9.5.2012, S. 4.

127 *Kläsgen*, Weniger Gehalt für Minister, mehr Steuern für Reiche, SZ v. 8.5.2012, S. 19; Süddeutsche.de vom 13.5.2012, Streit um Fiskalpakt, online verfügbar unter http://www.sueddeutsche.de/politik/streit-um-fiskalpakt-hollandes-sozialisten-kritisieren-merkel-scharf-1.1356458; *Ulrich*, Francois' Welt, SZ v. 10.5.2012, S. 7.

128 FAZ v. 8.6.2012, Frankreich möchte Entlassungen verteuern: Auch der Mindestlohn soll steigen/Rentenreform von Sarkozy teilweise aufgehoben, S. 9.

129 FAZ v. 14.5.2012, Keine Einigung auf Koalition in Griechenland, S. 2.

wird sie aus eigener Kraft jedoch nicht erreichen können.[130] Unweigerlich denkt man an Huntingtons Werk „*The Clash of Civilizations and the Remarking of World Order*" (1998). Vielleicht sollten wir aber den Glauben an die Demokratie als Herrschaftsform noch nicht ganz aufgeben und nur die Bürger künftig besser einbinden? Etwa mit der Forderung, der Staat dürfe die künftige Schuldenbremse nur dann wieder umgehen, wenn er die Bürger vorher gefragt hat und diese durch Volksentscheid zustimmen. Fragen über Fragen, aber es lohnt sich nachzudenken, über Europa und unsere jetzige Form der Demokratie.

---

130 FAZ v. 25.6.2012, Griechische Koalition verspricht Aufweichung der Sparpolitik, S. 4.

Grundlagen – Europa als Rechtsgemeinschaft

Rechtsprinzipien des EuGH zur Durchsetzung des Europäischen Rechts

Rudolf Streinz

I. Einleitung

Gemäß Art. 19 Abs. 1 S. 2 EUV sichert der Gerichtshof der Europäischen Union (EuGH)[1] „die Wahrung des Rechts bei der Auslegung und Anwendung der Verträge". Diese Aufgabe war dem EuGH bereits durch die Römischen Verträge von 1957 übertragen worden.[2] Damals erfolgte dieser weite Auftrag des EuGH verbunden mit einer relativ großen Kompetenzfülle als Ausgleich gegenüber der schwachen Rolle des Europäischen Parlaments, das noch „Versammlung" hieß und im Rechtsetzungsverfahren auf seine Anhörung beschränkt blieb.[3] Dieser spezielle Aspekt verlor mit der Installierung des Parlaments als Mitgesetzgeber durch den Vertrag von Maastricht[4] und dem Ausbau des Mitentscheidungsverfahrens bis hin zum ordentlichen Gesetzgebungsverfahren gemäß dem Vertrag von Lissabon[5] an Bedeutung. Die Notwendigkeit gerichtlicher Kontrolle stieg dagegen mit der Zunahme von Kompetenzen der Gemeinschaft bzw. jetzt der Union, da damit erhebliche Eingriffe in die Rechte und Freiheiten der Bürger ermöglicht wurden. Sie ist jetzt umso mehr geboten, als die Achtung vor dem Recht schwindet, das Recht mehr oder weniger als „Störfaktor" betrachtet wird. Dies betrifft vor allem die rechtliche Basis der Wirtschafts- und Währungsunion. Griechenland wurde – um es sehr

---

[1] Diese Bezeichnung wird auch nach der neuen Terminologie des Art. 19 EUV beibehalten, und zwar für den „Gerichtshof der Europäischen Union" (Court of Justice of the European Union) insgesamt sowie für den „Gerichthof" (Court of Justice), während für das „Gericht" (General Court), früher Gericht Erster Instanz (jetzt nicht mehr, weil zweite Instanz gegenüber den Fachgerichten – specialised courts) weiterhin die Bezeichnung EuG verwendet wird.

[2] Vgl. Art. 164 EWGV, nach dem Vertrag von Amsterdam Art. 220 EGV.

[3] Vgl. zum Motiv der Sicherung der Rechtsstaatlichkeit der Verbandsgewalt der Gemeinschaften durch eine starke Rechtmäßigkeitskontrolle durch den EuGH *Hummer*, Die Konstituierung der EU als Rechtsgemeinschaft und die Rolle der Gemeinschaftsgerichte in: B. Rill (Hrsg.), Die Dynamik der europäischen Institutionen, 2011, S. 19, 19.

[4] Art. 189 EGV, nach dem Vertrag von Amsterdam Art. 251 EGV.

[5] Art. 289 Abs. 1, Art. 294 AEUV. Europäisches Parlament (Art. 14 Abs. 1 S. 1 EUV) und Rat (Art. 16 Abs. 1 S. 1 EUV) als gleichberechtigte Gesetzgeber der Union.

vorsichtig auszudrücken – ohne hinreichende Prüfung in die Euro-Gruppe aufgenommen.[6] Der Stabilität- und Wachstumspakt[7] wurde nicht eingehalten, und als dessen Anforderungen selbst durch Frankreich und Deutschland, das seine Einführung initiiert hatte, nicht erfüllt wurden, aufgeweicht.[8] Kein Wunder, wenn Romano Prodi, damals Präsident der Kommission, den Pakt als „dumm" bezeichnete, selbst wenn er dies später auf eine „unbewegliche und dogmatische" Anwendung beschränkt haben wollte.[9] Christine Lagarde, damals französische Finanzministerin, wurde dahingehend zitiert, dass man bei der „Rettung" Griechenlands und Irlands die Regeln verletzt habe, um die Eurozone zu retten.[10] Der eben erst unterzeichnete sog. Fiskalpakt[11] wird bereits vor seinem Inkrafttreten in Frage gestellt, nicht nur vom französischen Präsidentschaftskandidaten François Hollande.[12] Daher ist die

---

[6] Vgl. dazu z.B. WELT ONLINE vom 2.5.2010: „Die Schuldigen des Griechenland-Desasters.".

[7] Verordnung (EG) Nr. 1466/97 des Rates über den Ausbau der haushaltspolitischen Überwachung und der Überwachung und Koordinierung der Wirtschaftspolitiken, ABl. 1997 Nr. L 209/1; Verordnung (EG) Nr. 1467/97 des Rates über die Beschleunigung und Klärung des Verfahrens bei einem übermäßigen Defizit, ABl. 1997 Nr. L 209/6; Entschließung des Europäischen Rates über den Wachstums- und Stabilitätspakt, ABl. 1997 Nr. C 236/1. Vgl. dazu *Kempen*, in: Streinz (Hrsg.), EUV/AEUV-Kommentar, 2. Aufl. 2012, Art. 126 AEUV Rdn. 9 ff.

[8] Verordnung (EG) Nr. 1056/2005 des Rates zur Änderung der Verordnung (EG) Nr. 1467/97, ABl. 2005 Nr. L 174/5; Verordnung (EG) Nr. 1055/2005 des Rates zur Änderung der Verordnung (EG) Nr. 1466/97, ABl. 2005 Nr. L 174/1. Durch die Verordnung Nr. 1177/2011 des Rates vom 8.11.2011 (ABl. 2011 Nr. L 306/33) soll er wieder verschärft werden. Zu Recht kritisch dazu *Häde*, in: Calliess/Ruffert, EUV/AEUV-Kommentar, 4. Aufl. 2011, Art. 126 AEUV Rdn. 107 m.w.N.: Schwächung der Rolle des Rechts, ohne selbst gegen Primärrecht zu verstoßen. Vgl. auch die Editorial comments in CMLRev 41 (2004), 1193, 1194: „Clearly, the combination of strict rules and toothless enforcement has little to commend it and does not endear the EMU to the European public".

[9] Vgl. Handelsblatt vom 21.10.2002.

[10] Reuters, 18.12.2010: France's Lagarde: EU rescues „violated" rules: report. „We violated all the rules because we wanted to close ranks and really rescue the euro zone", Lagarde was quoted as saying. „The Treaty of Lisbon was very straight-forward. No bailout".

[11] Vertrag über Stabilität, Koordinierung und Steuerung in der Wirtschafts- und Währungsunion vom 2.3.2012. Der Vertrag, der am 1.1.2013 in Kraft treten soll, bedarf zu seinem Inkrafttreten der Ratifikation durch zumindest zwölf Mitgliedstaaten, deren Währung der Euro ist (Art. 14 Abs. 2). Zugestimmt haben bereits mit jeweils großer Mehrheit die Parlamente Griechenlands (28.3.2012), Portugals (13.4.2012) und Sloweniens (19.4.2012). In Irland ist ein Referendum erforderlich, das am 31.5.2012 abgehalten werden soll (60,3 % Zustimmung). Ratifikationsstand am 3.12.2012: 14, davon aber erst 10 Euro-Staaten. In Deutschland wurde bereits eine Verfassungsbeschwerde angekündigt (vgl. FAZ vom 12.4.2012); den Erlass einer einstweiligen Anordnung lehnte das BVerfG, EuGRZ 2012, 569, am 12.9.2012 ab. Kritisch sind wegen der verschärften Schuldenbremse auch einige deutsche Länder, vgl. Handelsblatt vom 11.4.2012, S. 12: „Länder fürchten den Fiskalpakt." Gleiches gilt für die Kommunen, vgl. FAZ vom 15.5.2012, S. 10: „Kommunen fürchten Einschnitte durch Fiskalpakt".

[12] Vgl. FAZ vom 18.3.2012. Zurückhaltender gegenüber dem Präsidenten des Europäischen Rates *Van Rompuy*, vgl. Handelsblatt vom 11.4.2012, S. 12: „EU-Fiskalpakt: Frank-

Frage, inwieweit rechtlicher Vorgaben bei der Umsetzung der Währungsunion[13] sowie in der Schuldenkrise[14] missachtet wurden, mehr als berechtigt.[15] Die Missachtung des Rechts gefährdet aber die Grundlage einer Gemeinschaft, die als „Rechtsgemeinschaft" gegründet wurde[16] und nach wie vor auf dem Recht beruht.[17] Basis der Qualifizierung der Union als Rechtsgemeinschaft ist aber Art. 19 EUV[18], der dem EuGH die Wahrung des Rechts als Aufgabe zuweist. Dabei ist der EuGH aber allein Kontrollinstanz. Denn die Wahrung des Unionsrechts ist materielle Verpflichtung aller Unionsorgane sowie der Mitgliedstaaten, soweit sie im Anwendungsbereich des Unionsrechts tätig werden.[19]

Die Verträge sehen eine Reihe von Instrumenten zur Durchsetzung des Europäischen Rechts vor, insbesondere das Vertragsverletzungsverfahren, das von der Kommission als „Hüterin der Verträge" eingeleitet wird.[20] Allerdings haben sich diese zur effektiven Durchsetzung des Unionsrechts als unzureichend bzw. unvollständig erwiesen, so dass sich der EuGH veranlasst sah, dazu spe-

---

reichs Präsidentschaftskandidat Hollande lenkt ein." Die geforderte Ergänzung der „Schuldenbremse" um ein *nachhaltiges* Wachstumsmoment (kein sog. Konjunkturprogramm als „Strohfeuer"), ohne das Stabilität und (Re-) Solvenz in der Tat nicht erreicht werden können, sieht im Ansatz bereits der Fiskalpakt selbst vor (vgl. Titel IV, Art. 9–12). Um dies zu konkretisieren, soll jetzt der sog. Fiskalpakt um einen sog. „Wachstumspakt" ergänzt werden. Ungeachtet dessen, dass manches bloßer Wahlkampfrhetorik geschuldet sein mag, bestätigt all dies die Besonderheit der Europäischen Union als Staatenverbund, in dem das jeweilige nationale Interesse eine entscheidende Rolle spielt und unterschiedliche Interessen ausgeglichen werden müssen. Es bleibt abzuwarten, ob und wie dies nach der Wahl von Francois Hollande zum französischen Staatspräsidenten am 6.5.2012 (bzw. nach den Wahlen zur französischen Nationalversammlung im Juni 2012) gelingt. Problematischer dürften die Probleme Griechenlands sein, eine verantwortungsvolle Regierung zu bilden.

[13] Siehe dazu die Beiträge von *Waigel*, S. 71 ff. und *Degenhardt*, S. 85 ff.

[14] Siehe dazu den Beitrag von *Siekmann*, S. 101 ff.

[15] Auf die strittigen Fragen kann hier nicht eingegangen werden. Wie generell ist auch hier gegenüber vorschnellen Pauschalurteilen in beide Richtungen Vorsicht angebracht. Eine ausgewogene Analyse bietet z.B. *Müller-Graff*, Euroraum-Budgethilfenpolitik im rechtlichen Neuland, integration 34 (2011), 289, 289 ff. Zur strittigen Frage der Umgehung der sog. No bailout-Klausel (Art. 125 Abs. 1 AEUV), zulässigen Ausnahmen von dieser (vgl. Art. 122 Abs. 2 AEUV) bzw. deren teleologischer Reduktion mit dem Ziel, die Stabilität des Euro als Währung und das reibungslose Funktionieren der WWU sicherzustellen vgl. *Streinz*, Europarecht, 9. Aufl. 2012, Rdn. 1097 ff. m.w.N. zu den unterschiedlichen Auffassungen und Ansätzen. Die konkret ergriffenen Maßnahmen wurden, da mit Auflagen verbunden, gebilligt durch EuGH (Plenum) Urt. v. 27.11.2012, Rs. C-370/12 (Pringle), Rdn. 132 ff.

[16] Begriffsbildung von *Walter Hallstein*, Die EWG – Eine Rechtsgemeinschaft (1962), in: Europäische Reden, 1979, 341; *ders.*, Der unvollendete Bundesstaat, 1969, S. 33 ff.; *ders.*, Die Europäische Gemeinschaft, 1973, S. 31 ff. (5. Aufl. 1979, S. 53 ff.).

[17] Vgl. zum Recht als einigendem Band z.B. *Zuleeg*, Der rechtliche Zusammenhalt der Europäischen Union, 2004, S. 22 f.

[18] *Mayer*, in: Grabitz/Hilf/Nettesheim, Das Recht der Europäischen Union. Kommentar, Loseblatt (EL 41/2010), Art. 19 EUV Rdn. 1 unter Berufung auf *Zuleeg*, Die Europäische Gemeinschaft als Rechtsgemeinschaft, NJW 1994, 545.

[19] Vgl. *Mayer* (Fn. 18), Art. 19 EUV Rdn. 18.

[20] Art. 258 AEUV. Siehe dazu den Beitrag von *Kotzur*.

zielle Instrumente zu entwickeln. Diese Rolle des EuGH als „Motor der Integration“[21] wurde zunehmend kritisch hinterfragt, bis hin zur Aufforderung, den EuGH zu stoppen.[22] Die einschlägige Rechtsprechung des EuGH bedarf einer differenzierten Bewertung.[23] Das BVerfG, das im Maastricht-Urteil den EuGH vor einer Überdehnung des „effet utile“ warnte und mahnte, „in Zukunft bei der Auslegung von Befugnisnormen durch Einrichtungen und Organe der Gemeinschaft“ darauf zu achten, „daß der Unions-Vertrag grundsätzlich zwischen der Wahrnehmung einer begrenzt eingeräumten Hoheitsbefugnis und der Vertragsänderung unterscheidet, seine Auslegung deshalb in ihrem Ergebnis nicht einer Vertragserweiterung gleichkommen“ dürfe[24], hat im Honeywell-Beschluss dem Gerichtshof „unionseigene Methoden der Rechtsfindung“ und einen „Anspruch auf Fehlertoleranz“ konzediert.[25] Die vom EuGH durch Rechtsfortbildung entwickelten Instrumente sind grundsätzlich akzeptiert. Die gegenwärtige Krise der Union, die auch eine Krise des Rechts ist, veranlasst vielmehr zum Nachdenken, inwieweit diese Instrumente und die dahinter stehenden Rechtsprinzipien zur Durchsetzung des Rechts der Europäischen Union auch im politisch hoch sensiblen Bereich der Wirtschafts- und Währungsunion zum Tragen kommen. Diese Frage stellt sich insbesondere deshalb, weil gerade von Deutschland besonderer Wert darauf gelegt wurde, den EuGH in den Fiskalpakt einzubinden.

---

[21] Vgl. zum Begriff *Stein*, Richterrecht wie anderswo auch? Der Gerichtshof der Europäischen Gemeinschaften als „Integrationsmotor“, in: FS der Juristischen Fakultät zur 600-Jahrfeier der Ruprecht-Karls-Universität Heidelberg, 1986, S. 619; *Schweitzer/Hummer/Obwexer*, Europarecht, 2007, Rdn. 732; *Huber*, Das Verhältnis des EuGH zu den nationalen Gerichten, in: Merten/Papier (Hrsg.), Handbuch der Grundrechte in Deutschland und Europa, Bd. VI/2, 2009, § 172 Rdn. 92 m.w.N.

[22] So *Herzog/Gerken*, FAZ vom 8.9.2008: „Stoppt den Europäischen Gerichtshof“. Vgl. dazu sowie zu Kritik und Gegenkritik *Streinz*, Die Rolle des EuGH im Prozess der Europäischen Integration. Anmerkungen zu gegenläufigen Tendenzen in der neueren Rechtsprechung, AöR 135 (2010), 1, 2 ff. m.w.N. sowie *ders.*, Die Auslegung des Gemeinschaftsrechts durch den EuGH. Eine kritische Betrachtung, ZEuS 2004, 387, 388 ff.; aktualisiert in *ders.*, Die Auslegung des Gemeinschaftsrechts bzw. Unionsrechts durch den EuGH. Eine kritische Betrachtung, in: Griller/Rill (Hrsg.), Rechtstheorie. Rechtsbegriff – Dynamik – Auslegung, 2011, S. 223.

[23] Vgl. ebd., S. 5 f.

[24] BVerfGE 89, 155, 210.

[25] BVerfGE 126, 286, 307.

II. Die Rolle des EuGH in der institutionellen Architektur der Europäischen Union

1. Der EuGH als „Wahrer des Rechts“

Die Formulierung „Wahrung des Rechts bei der Auslegung und Anwendung der Verträge“ bezieht sich auf den Vertrag über die Europäische Union (EUV) und den Vertrag über die Arbeitsweise der Europäischen Union (AEUV) als rechtlich gleichrangige Grundlagen der Europäischen Union (vgl. Art. 1 Abs. 3 EUV). Über Art. 6 Abs. 1 EUV wird die Charta der Grundrechte der Europäischen Union einbezogen, soweit deren Anwendungsbereich (vgl. Art. 51 GRCh) reicht. Anders als bisher erstreckt sich die Zuständigkeit des EuGH grundsätzlich auch auf die polizeiliche und justizielle Zusammenarbeit in Strafsachen (PJZS) als Bestandteil des Raums der Freiheit, der Sicherheit und des Rechts (RFSR). Ausgenommen bleibt insoweit allein die Überprüfung der Gültigkeit oder Verhältnismäßigkeit von Maßnahmen der Polizei oder anderer Strafverfolgungsbehörden eines Mitgliedstaats oder der Wahrnehmung der Zuständigkeiten der Mitgliedstaaten für die Aufrechterhaltung der öffentlichen Ordnung und den Schutz der inneren Sicherheit (Art. 276 AEUV). Umgekehrt verhält es sich mit der Gemeinsamen Außen- und Sicherheitspolitik (GASP), hinsichtlich der die Zuständigkeit des EuGH grundsätzlich ausgeschlossen bleibt (Art. 24 Abs. 1 UAbs. 2 S. 6 EUV; Art. 275 Abs. 1 AEUV), mit Ausnahme der Kontrolle der Einhaltung der Abgrenzung der GASP von anderen Unionspolitiken (Art. 40 EUV) sowie Nichtigkeitsklagen (Art. 263 Abs. 4 AEUV) im Zusammenhang mit der Überwachung der Rechtmäßigkeit von Beschlüssen über restriktive Maßnahmen gegenüber natürlichen und juristischen Personen, die der Rat im Bereich der GASP erlassen hat (Art. 275 Abs. 2 AEUV). Dies ist eine wichtige Klarstellung für den in einer Rechtsgemeinschaft gebotenen Rechtsschutz und bestätigt die Rechtsprechung des EuGH im Fall Kadi.[26] Ungeachtet der weiten Formulierung „Wahrung des Rechts“ beruht die Zuständigkeit des EuGH nicht auf einer allumfassenden Generalklausel wie Art. 19 Abs. 4 GG, sondern auf einer Summe von genau aufgeführten Einzelzuständigkeiten. Diese gewährleisten allerdings gegen belastende Rechtsakte der Union einen ziemlich lückenlosen Rechtsschutz. In manchen Fällen hat der EuGH bestehende Lücken durch Rechtsfortbildung geschlossen, so z.B. hinsichtlich der Klagebefugnis des Europäischen Parlaments, bevor diese ausdrücklich in den EG-Vertrag übernommen wurde[27], und hinsichtlich der sog. positiven Konkurrentenklage[28]. In anderen Fällen, insbesondere bei der Tragweite der Nichtig-

---

[26] EuGH, verb. Rs. C-402/05 P und C-415/05P (Kadi), Slg. 2008, I-6351.

[27] Vgl. zur Klageberechtigung des Europäischen Parlaments vor dem Vertrag von Nizza *Koenig/Pechstein/Sander*, EG-Prozessrecht, 2. Aufl. 2002, Rdn. 380 ff.

[28] Vgl. dazu *Pechstein*, EU-Prozessrecht, 4. Aufl. 2011, Rdn. 633 ff. mwN.

keitsklage gemäß Art. 263 Abs. 4 AEUV war der EuGH allerdings zurückhaltend und trat der weitergehenden Rechtsprechung des EuG entgegen.[29] Diese restriktive Linie verfolgt jetzt auch das EuG, indem es die durch den Vertrag von Lissabon eröffnete Klagemöglichkeit gegen „Rechtsakte mit Verordnungscharakter" restriktiv dahingehend interpretiert, dass Gesetzgebungsakte, d.h. Rechtsakte, die in einem Gesetzgebungsverfahren von Europäischem Parlament und Rat erlassen wurden, davon ausgeschlossen sind.[30] Die Schließung von danach fortbestehenden Rechtsschutzlücken wird der nationalen Gerichtsbarkeit überlassen, die dazu auch verpflichtet ist (vgl. Art. 19 Abs. 1 UAbs. 2 EUV).

Die „Auslegung und Anwendung der Verträge" erfasst auch das Sekundärrecht, das im Primärrecht seine Grundlage hat. Sie erfasst ferner die Befugnis, auf Ersuchen eines antragberechtigten Organs Gutachten zu erstatten (Art. 218 Abs. 11 AEUV). Art. 273 AEUV berechtigt die Mitgliedstaaten, durch einen Schiedsvertrag die Zuständigkeit des EuGH für jede mit dem Gegenstand der Verträge in Zusammenhang stehende Streitigkeit zu begründen. Dies ist die Grundlage für die Einbeziehung des EuGH in den Fiskalpakt. Die „Wahrung des Rechts" geht aber darüber hinaus. Sie bezieht sich auf alle Rechtsquellen des Unionsrechts, somit auch auf die seit dem Inkrafttreten der EU-Grundrechtecharta und auch nach einem erfolgten Beitritt der EU zur EMRK bedeutsamen Unionsgrundrechte, die auf allgemeinen Rechtsgrundsätzen beruhen und vom EuGH entwickelt worden sind (vgl. Art. 6 Abs. 3 EUV). Die „Wahrung des Rechts" bezieht sich schließlich auch auf die weiteren Rechtsprinzipien und allgemeine Rechtsgrundsätze, die der EuGH durch Rechtsfortbildung entwickelt hat und die für die Funktionsfähigkeit des Unionsrechts erforderlich sind, insbesondere den Vorrang des Unionsrechts, die unmittelbare Anwendbarkeit von dazu geeigneten Bestimmungen des Primär- wie des Sekundärrechts und die Haftung der Mitgliedstaaten für Verstöße gegen das Unionsrecht. Zur Entwicklung dieser Rechtsprinzipien war der EuGH durch seine prinzipiell allgemein anerkannte Befugnis zur Rechtsfortbildung berechtigt. Eine strikte Trennung zwischen Auslegung und Rechtsfortbildung ist kaum möglich.[31] Allerdings muss der EuGH bei der Rechtsfortbildung das funktionellrechtliche Gebot richterlicher Zurückhaltung wahren, und zwar zum einen gegenüber den Mitgliedstaaten, denen als zuletzt durch den Vertrag von Lissabon bestätigten

---

[29] EuGH, Rs. C-50/00 (Unión de Pequeños Agricultores), Slg. 2002, I-6677, Rdn. 34 ff.; EuGH, Rs. C-263/02 P (Jégo-Quéré), Slg. 2004, I-3425, Rdn. 36 gegen EuG, T-177/01 (Jégo-Quéré). Slg. 2002, II-2365, Rdn. 51.

[30] EuG, Rs. T-10/10 (Inuit Tapiriit Kanatami/EP und Rat), EWS 2012, 90, Rdn. 38 ff., 56.

[31] Vgl. *W. Schroeder*, Grenzen der Rechtsprechungsbefugnis des EuGH, in: Festschrift für Günter H. Roth, 2011, S. 735, 739 f.; *Schwarze*, Grenzen des Richterrechts in der europäischen Rechtsordnung – Anmerkungen zu dem zweiten Tabakwerbeurteil des EuGH vom 12.12.2006, in: FS G. Hirsch, 2008, S. 165, 169. Weit gehend *Möllers*, Die Rolle des Rechts im Rahmen der europäischen Integration, 1999, S. 70 ff.

„Herren der Verträge"[32] die Übertragung von Hoheitsrechten auf die Union zukommt, und zum anderen gegenüber dem Europäischen Parlament und dem Rat, denen als Unionsgesetzgeber die Ausgestaltung der Vertragsnormen zukommt. Zutreffend hat das BVerfG daher bereits im Kloppenburg-Beschluss hervorgehoben, dass dem EuGH zwar keine Befugnis übertragen worden ist, auf dem Weg richterlicher Rechtsfortbildung Unionskompetenzen beliebig zu erweitern, jedoch keine Zweifel daran bestehen können, dass die Mitgliedstaaten die Union mit einem Gericht ausstatten wollten, dem Rechtsfindungswege offen stehen sollten, wie sie in jahrhundertelanger gemeineuropäischer Rechtsüberlieferung und Rechtskultur ausgeformt worden sind.[33]

2. Der EuGH als „Verfassungsgericht" und „Verwaltungsgericht"

Die Zuständigkeiten des EuGH lassen sich in „verfassungsrechtliche" und „verwaltungsrechtliche" Streitigkeiten einteilen.[34] Als „Verfassungsgericht" entscheidet er Streitigkeiten zwischen den Mitgliedstaaten und der Union im Vertragsverletzungsverfahren, das durch die Kommission eingeleitet wird (Art. 258 AEUV) sowie bei Nichtigkeitsklagen (Art. 263 Abs. 1, 2 AEUV) oder Untätigkeitsklagen (Art. 265 Abs. 1 AEUV) der Mitgliedstaaten gegen ein Organ der Union. Ferner entscheidet er Streitigkeiten zwischen den Unionsorganen (Art. 263 Abs. 1–3, Art. 265 Abs. 1 AEUV). Schließlich entscheidet er Streitigkeiten zwischen den Mitgliedstaaten (Art. 259 AEUV), wenngleich dies nur sehr selten vorkommt.[35]

Als „Verwaltungsgericht" ist der EuGH Rechtsschutzinstanz für Individuen. Unter den Voraussetzungen des Art. 263 Abs. 4 AEUV können diese gegen Maßnahmen der Unionsorgane, die sie in ihren durch das Unionsrecht verliehenen Rechten verletzen, Nichtigkeitsklage erheben, unter den Voraussetzungen des Art. 265 Abs. 3 AEUV die Unionsorgane zum Tätigwerden verpflichten lassen. Zu diesen Rechten gehören auch die Unionsgrundrechte, die in der Charta der Grundrechte der EU und in den allgemeinen Rechtsgrundsätzen verankert sind, und die der EuGH im Rahmen der bestehenden Verfahrensarten zu wahren hat. Eine gesonderte „Charta-Beschwerde" in Anlehnung an die Verfassungsbeschwerde in einigen Mitgliedstaaten, z.B. im Grundgesetz, wurde diskutiert, aber nicht in den Vertrag von Lissabon aufgenommen.[36]

---

[32] Vgl. dazu *Cremer*, in: Calliess/Ruffert (Fn. 8), Art. 48 EUV Rdn. 19 ff. m.w.N.

[33] BVerfGE 75, 223, 241 ff. Das BVerfG hält daran fest, ungeachtet der unterschiedlichen Gewichtung im Maastricht-Urteil und im Honeywell-Beschluss (s.o. Fn. 24 bzw. 25).

[34] So bereits *Ipsen*, Europäisches Gemeinschaftsrecht, 1972, S. 370 ff.

[35] Vgl. dazu *Karpenstein*, in: Grabitz/Hilf/Nettesheim (Hrsg.), Das Recht der Europäischen Union. Kommentar (Loseblatt, EL 45/2011), Art. 259 AEUV Rdn. 7.

[36] Vgl. dazu *Streinz/Ohler/Herrmann*, Der Vertrag von Lissabon zur Reform der EU, 3. Aufl. 2010, S. 126 m.w.N.

Wesentliche Bedeutung für den Rechtsschutz hat das Vorabentscheidungsverfahren gemäß Art. 267 AEUV, das als institutionalisierter Dialog zwischen dem EuGH und den Gerichten der Mitgliedstaaten der Einheitlichkeit des Unionsrechts und damit auch der einheitlichen Gewährleistung der Rechte der Unionsbürger dient. Unionsrechtlich besteht für Individuen allerdings keine Möglichkeit, eine Vorlage an den EuGH zu erzwingen. In Deutschland liegt in der „willkürlichen" Unterlassung einer gemäß Art. 267 Abs. 3 AEUV gebotenen Vorlage allerdings ein Verstoß gegen Art. 101 Abs. 2 S. 1 GG, da der EuGH gesetzlicher Richter in diesem Sinne ist.[37]

III. Vom EuGH entwickelte Rechtsprinzipien zur Durchsetzung des Rechts der Europäischen Union

1. Die Rolle des EuGH als „Motor der Integration" und als „Verfassungsgericht"

Der EuGH hat sich zwar – soweit ersichtlich – nie selbst ausdrücklich als „Motor der Integration" bezeichnet, sich aber jedenfalls lange Zeit als solcher verstanden. Verständlich war dies in der Aufbauphase der Europäischen Gemeinschaften insoweit, als das Gemeinschaftsrecht als „neue Rechtsordnung"[38], der EWG-Vertrag als „Rahmenvertrag"[39] Lücken enthielt, die ausfüllungsbedürftig waren. Zwar sind dazu im Rahmen der übertragenen Gemeinschafts- bzw. Unionskompetenzen in erster Linie der Gesetzgeber, in diesem Fall damals der Rat als Gemeinschaftsgesetzgeber (jetzt Rat und Europäisches Parlament als Unionsgesetzgeber), im Rahmen der Übertragung von Kompetenzen die Mitgliedstaaten als „Herren der Verträge" zuständig. Kommt der Unionsgesetzgeber dieser Aufgabe nicht nach bzw. erweisen sich die bestehenden Verträge als unzureichend, um die Funktionsfähigkeit der Union zu gewährleisten, sollte nach zumindest lange Zeit vorherrschender Ansicht der EuGH die betreffenden „Lücken" schließen.[40] Schließlich entspreche dem dynamisch-evolutiven Ansatz des Gemeinschaftsrechts, der mit der Formulierung „einer immer engeren Union der Völker Europas" auch noch im Unionsvertrag von Lissabon zum Ausdruck kommt[41], eine „dynamische" Rechtsprechung.[42]

---

[37] Vgl. dazu *Streinz* (Fn. 15), Rdn. 710 ff. m.w.N.

[38] Vgl. EuGH, Rs. 26/62 (van Gend & Loos), Slg. 1963, 1, 25: „eine neue Rechtsordnung des Völkerrechts".

[39] Vgl. zum Begriff *Schwarze*, in: ders, (Hrsg.), EU-Kommentar, 2. Aufl. 2008, Art. 1 EGV Rdn. 7.

[40] Vgl. z.B. *Everling*, Rechtsvereinheitlichung durch Richterrecht in der Europäischen Gemeinschaft, RabelsZ 59 (1986), S. 193, 195 f., 214 ff.

[41] Art. 1 Abs. 2 EUV.

[42] Vgl. dazu (kritisch) *Dobler*, Legitimation und Grenzen der Rechtsfortbildung durch

Eine so verstandene „aktive" Rolle des EuGH läuft aber Gefahr, die Grenzen richterlicher Rechtsfortbildung zu überschreiten.[43] Das BVerfG hat im Honeywell-Beschluss bei allem Verständnis für die Besonderheiten unionaler Rechtsprechung betont, dass Rechtsfortbildung „keine Rechtsetzung mit politischen Gestaltungsfreiräumen" ist, sondern „dem gesetzlich oder völkervertraglich festgelegten Vorgaben" zu folgen hat und hier „Gründe und Grenzen" findet.

„Anlass zu richterlicher Rechtsfortbildung besteht insbesondere dort, wo Programme ausgefüllt, Lücken geschlossen, Wertungswidersprüche aufgelöst werden oder besonderen Umständen des Einzelfalls Rechnung getragen wird. Rechtsfortbildung überschreitet diese Grenzen, wenn sie deutlich erkennbare, möglicherweise sogar ausdrücklich im Wortlaut dokumentierte (vertrags-)gesetzliche Entscheidungen abändert oder ohne ausreichende Rückbindung an gesetzliche Aussagen neue Regelungen schafft. Dies ist vor allem dort unzulässig, wo Rechtsprechung über den Einzelfall hinaus politische Grundentscheidungen trifft oder durch die Rechtsfortbildung strukturelle Verschiebungen im System konstitutioneller Macht- und Einflussverteilung stattfinden."[44]

Auch der EuGH hat die insoweit gebotene Zurückhaltung vereinzelt anklingen lassen. Der Wortlaut einer Bestimmung dürfe nicht so weit ausgedehnt werden, dass in einen Bereich eingegriffen wird, dessen Beurteilung den Gesetzgebungsorganen von Union und Mitgliedstaaten vorbehalten ist.[45] Trotz festgestellter Ungereimtheiten in der Zollgesetzgebung sei es nicht Sache des Gerichtshofs, hier für Abhilfe zu sorgen und im Wege der Auslegung den Inhalt der im einen oder anderen Fall anwendbaren Vorschriften zu ändern, da hierfür ausschließlich der Unionsgesetzgeber zuständig sei.[46] Auf den Mitgliedstaaten vorbehaltene Vertragsänderungen rekurrierte der EuGH in seinem Gutachten zum EMRK-Beitritt und hielt die Vertragsergänzungskompetenz des Art. 308 EGV (jetzt Art. 352 AEUV) für eine dafür nicht hinreichende Kompetenzgrundlage[47], die jetzt durch den Vertrag von Lissabon in Art. 6 Abs. 2 S. 1 EUV geschaffen wurde. Ebenso verwies er hinsichtlich der Ausweitung der Klagebefugnis für Individuen bei der Nichtigkeitsklage auf die Kompetenz der Mitgliedstaaten, die allein für die dafür erforderliche Vertragsänderung zuständig

den EuGH, in: Roth/Hilpold (Hrsg.), Der EuGH und die Souveränität der Mitgliedstaaten. Eine kritische Analyse richterlicher Rechtsschöpfung auf ausgewählten Rechtsgebieten, 2008, S. 509, 523 ff.

43 Vgl. zu den Grenzen bereits *Everling* (Fn. 40), S. 228 ff. Zur Überschreitung der vertraglich dem EuGH zugewiesenen Funktion vgl. *Huber*, in Streinz (Fn. 7), Art. 19 EUV Rdn. 25 m.w.N.

44 BVerfGE 126, 286, 306.

45 EuGH, Rs. 149/77 (Defrenne/Sabena), Slg. 1978, 1365, Rdn. 19/23 zu (jetzt) Art. 157 AEUV gegenüber Art. 151 und Art. 153 AEUV.

46 EuGH, Rs. 92/71 (Interfood/HZA Hamburg-Ericus), Slg. 1972, 231, Rdn. 5.

47 EuGH, Gutachten 2/94 vom 28. 3. 1996, Slg. 1996, I-1763, Rdn. 23 ff.

seien.[48] Darauf stellt jetzt auch das EuG in seiner restriktiven Interpretation der dritten Variante des Art. 263 Abs. 4 AEUV ab, die durch den Vertrag von Lissabon eingefügt wurde.[49]

Dagegen steht der jedenfalls zum Teil berechtigte Vorwurf unzulässiger Kompetenzerweiterung durch „dynamische" Rechtsprechung. Zu nennen ist hier insbesondere die Begründung des Urteils im Fall Gravier[50], die *Michael Schweitzer* wie folgt kommentierte: „Zuerst wird vom Rat Sekundärrecht erlassen, das über das Primärrecht hinausgeht und dann wird das Primärrecht vom EuGH unter Berufung auf das Sekundärrecht weit ausgelegt, um noch weitergehendes Sekundärrecht kompetenzmäßig zu rechtfertigen"[51]. Die Tendenz, *Gemeinschafts*kompetenzen (auch gegenüber den damals bestehenden *Unions*kompetenzen) weit auszulegen, zeigte sich z.B. auch in der Begründung von Annexkompetenzen für das Umweltstrafrecht.[52] Die Hoffnungen, die auf das erste Tabakwerbeverbotsurteil des EuGH, in dem eine Richtlinie wegen Überschreitens der *Verbands*kompetenz der EG für nichtig erklärt wurde[53], haben bereits im zweiten Tabakwerbeverbotsurteil[54] einen Dämpfer erhalten.[55]

Die Kritik an der „effet utile"-Rechtsprechung des EuGH entzündete sich nicht ohne Grund an der Kompetenzfrage, wenngleich der Ansatz für die Kritik des BVerfG im Maastricht-Urteil, die „großzügige Handhabung des Art. 235 EWGV"[56], aus zwei Gründen fragwürdig ist: Zum einen handelt es sich dabei um eine im Vertrag verankerte Kompetenz, deren Realisierung dem Rat bzw.

---

[48] EuGH, Rs. C-50/00 (Unión de Pequeños Agricultores), Slg. 2002, I-6677, Rdn. 45: „Sache der Mitgliedstaaten, das derzeit geltende System gegebenenfalls gemäß Artikel 48 EU zu reformieren."

[49] EuG, Rs. T-10/10 (Inuit Tapiriit Kanatami/EP und Rat), EWS 2012, 90, Rdn. 51.

[50] EuGH, Rs. 293/83 (Gravier/Stadt Lüttich), Slg. 1985, 593, 614. Vgl. dazu und zu Folgeurteilen im Bereich „Kultur und Bildung", für den vor dem Vertrag von Maastricht keine ausdrückliche (limitierte) Kompetenz bestand (vgl. Art. 128 EGV/Maastricht, Art. 151 EGV/Amsterdam, jetzt Art. 167 AEUV), *Streinz* (Fn. 22), ZEuS 2004, 398 f.

[51] *Schweitzer*, EG-Kompetenzen im Bereich von Kultur und Bildung, in: Merten (Hrsg.), Föderalismus und Europäische Gemeinschaft unter besonderer Berücksichtigung von Umwelt und Gesundheit, Kultur und Bildung, 1990, S. 147, 153.

[52] EuGH, Rs. C-176/03 (Kommission/Rat), Slg. 2005, I-7879, Rdn. 38 ff.; Analyse von *Streinz*, JuS 2006, 164.

[53] EuGH, Rs. C-376/98 (BR Deutschland/Europäisches Parlament und Rat), Slg. 2000, I-8419, Rdn. 83, 115.

[54] EuGH, Rs. C-380/03 (BR Deutschland/Europäisches Parlament und Rat), Slg. 2006, I-11573, Rdn. 97.

[55] Vgl. dazu z.B. *Schwarze* (Fn. 31), S. 167 ff.; *Stein*, Anmerkung, EuZW 2007, 54, 56. Vgl. auch *Gundel*, EuR 42 (2007), 251, 257 f. zu übertriebenen Erwartungen. Ein weiteres kritisches Beispiel ist das (allein zur Kompetenzfrage ergangene) Urteil zur Richtlinie 2006/24/EG über die Vorratsdatenspeicherung, EuGH, Rs. C-301/06 (Irland/Europäisches Parlament und Rat), Slg. 2009, I-593, Rdn. 57, 60 ff.; vgl. *Huber*, in: Streinz (Fn. 7), Art. 19 EUV Rdn. 26 m.w.N.

[56] BVerfGE 89, 155, 210.

seit dem Vertrag von Lissabon Rat und Europäischem Parlament obliegt. Dem EuGH kann allein vorgeworfen werden, hier seiner Aufgabe als „Verfassungsgericht", das die Balance der Kompetenzen zwischen Union und Mitgliedstaaten zu wahren hat, nicht nachgekommen zu sein und eine zu breite „Auslegung" der Bestimmung zugelassen zu haben. Da der EuGH aber nicht von sich aus tätig werden kann und Art. 235 EWGV und jetzt auch Art. 352 AEUV die Einstimmigkeit im Rat voraussetzt, müsste – soweit nicht aus anderen Gründen die Kommission oder das Europäische Parlament Klage erhebt[57] – ein Mitgliedstaat gegen einen Rechtsakt Klage erheben, dem er selbst zugestimmt hat, was zwar nicht unzulässig[58], aber unwahrscheinlich ist. Zum anderen wurde und wird die Bedeutung der Vertragsergänzungskompetenz wohl etwas überschätzt.[59] Bedeutsamer ist die Rechtsprechung des EuGH zur Auswirkung der Grundfreiheiten auf Bereiche, die an sich in der Kompetenz der Mitgliedstaaten verblieben sind[60], sowie zuletzt zur Tragweite der Unionsbürgerschaft[61]. Die im Vertrag von Lissabon gefundene Verbesserung der Kompetenzabgrenzung durch die Fixierung von Kompetenztypen und die jeweilige Zuweisung von Materien an diese[62] kann nur dann Wirkung entfalten, wenn der EuGH seiner Aufgabe als „Verfassungsgericht"[63] in der gebotenen Rolle eines „unparteiischen Schiedsrichters" nachkommt, selbst wenn ihm dies als Unionsorgan bereits strukturell erschwert ist.[64]

---

[57] Insoweit geht es regelmäßig um Fragen der Organ-, nicht der Verbandskompetenz. Vgl. z.B. EuGH, Rs. C-295/90 (Europäisches Parlament/Rat), Slg. 1992, I-4193 – Studentenrichtlinie.

[58] Vgl. EuGH, Rs. 166/78 (Italien/Rat), Slg. 1979, 2575, Rdn. 5 f.

[59] Vgl. zur Entwicklung der Vertragsergänzungskompetenz und zu ihrer fortbestehenden Bedeutung *Streinz*, in: ders. (Fn. 7), Art. 352 AEUV Rdn. 25 ff., 56 ff.; *Rossi*, in: Calliess/Ruffert (Fn. 8), Rdn. 14 f., 21. Die Anwendung der Bestimmung wird in Deutschland jetzt durch die jeweils erforderliche Ermächtigung des deutschen Vertreters im Rat gemäß § 8 IntVG erschwert.

[60] Vgl. dazu *Streinz*, Frauen an die Front, DVBl. 2000, 585, 589 f. m.w.N.

[61] Vgl. EuGH, Rs. C-184/99 (Grzelczyk/CPAS), Slg. 2001, I-6193, Rdn. 31: „grundlegender Status", mit Folgen insbesondere für die Tragweite des Freizügigkeitsrechts, vgl. EuGH, Rs. C-34/09 (Zambrano), EuGRZ 2011, 142. Vgl. dazu *Streinz* (Fn. 15), Rdn. 977 ff. m.w.N.

[62] Vgl. Art. 2–6 AEUV. Vgl. zu den Prinzipien der Kompetenzordnung z.B. *von Bogdandy*, Grundprinzipien, in: ders./Bast (Hrsg.), Europäisches Verfassungsrecht, 2. Aufl. 2009, S. 13, 46 ff.

[63] Vgl. z.B. *Mayer* (Fn. 18), Art. 19 EUV Rdn. 19 m.w.N. Vgl. zu dieser Funktion auch *Schroeder* (Fn. 31), S. 737 f.

[64] Vgl. dazu *Streinz* (Fn. 22), AöR 2010, 27 m.w.N.

2. *Das Rechtsprinzip des „effet utile" als zentraler Ansatz- und Ausgangspunkt*

Zentraler Ansatz und Ausgangspunkt für die Entwicklung von Rechtsprinzipien zur Durchsetzung des Rechts der Europäischen Union ist die Argumentationsfigur des „effet utile", der „nützlichen Wirkung".[65] Gegen sie werden auch die stärksten Einwände erhoben, nicht nur vom BVerfG im Maastricht-Urteil[66]. Das Problem an diesem Argumentationstypus, der eine für das Unionsrecht spezifisch entwickelte Ausprägung des völkerrechtlichen Grundsatzes „ut res magis valeat quam pereat" und somit der teleologischen Auslegung ist[67], liegt darin, dass er sich, wie *Martin Nettesheim* zutreffend bemerkt hat, am wenigsten disziplinieren lässt.[68] Eine auf dem Recht beruhende Gemeinschaft fordert aber Rechtssicherheit, und das heißt für den EuGH Selbstdisziplin beim Einsatz dieser Argumentationsfigur. Dies verlangt für die vom EuGH entwickelten Postulate eine überzeugende Begründung hinsichtlich ihrer Erforderlichkeit zur Erreichung von Zielen, die in den Verträgen als „Verfassung" der Union angelegt sind.[69] Diesbezüglich fällt die Bilanz des EuGH unterschiedlich aus: Während die Ausweitung von Kompetenzen der Gemeinschaft bzw. Union und die Entwicklung mancher angeblicher Vorgaben des Unionsrechts wenig überzeugen[70], wurden diejenigen Institute, die der einheitlichen und effektiven Durchsetzung des Unionsrechts dienen, auch dann anerkannt, wenn sie nicht unbedingt den ursprünglichen Intentionen der Mitgliedstaaten als „Herren der

---

[65] Vgl. dazu *Streinz*, Der „effet utile" in der Rechtsprechung des Gerichtshofs der Europäischen Gemeinschaften, FS Everling, 1995, S. 1491, 1492 ff.; *Seyr*, Der effet utile in der Rechtsprechung des EuGH, 2008; *Potacs*, Effet utile als Auslegungsgrundsatz, EuR 2009, 465.

[66] BVerfGE 89, 155, 210.

[67] Vgl. dazu *Verdross/Simma*, Universelles Völkerrecht. Theorie und Praxis, 3. Aufl. 1984, § 780 m.w.N. aus der Rechtsprechung des StIGH und des IGH.

[68] *Nettesheim*, in: Grabitz/Hilf (Hrsg.), EU-Kommentar (Loseblatt, Maastricht-Fassung, EL 7/2000), Art. 4 EGV Rdn. 55.

[69] Vgl. dazu *Streinz*, Die Interpretationsmethoden des Europäischen Gerichtshofs zum Vorantreiben der Integration, in: Rill (Fn. 3), S. 27, 31 f. Sehr kritisch zum Begründungsaufwand hinsichtlich des (mittlerweile allgemein akzeptierten Staatshaftungsanspruchs für Verstöße gegen das Unionsrecht, s. u. II. 3. f) z.B. *von Danwitz*, Zur Entwicklung der gemeinschaftlichen Staatshaftung, JZ 1994, 335, 338 m.w.N. und *Ossenbühl*, Der gemeinschaftsrechtliche Staatshaftungsanspruch, DVBl. 1992, 993, 994 f.

[70] Vgl. zum Mangold-Urteil (EuGH, Rs. C-144/04 [Mangold/Helm], Slg. 2005, I-9981) *Gerken/Rieble/Roth/Stein/Streinz*, „Mangold" als ausbrechender Rechtsakt, 2009. Das BVerfG hat im Honeywell-Beschluss das Urteil des EuGH zwar letztlich unbeanstandet gelassen, was aber allein an seinem zurückhaltenden Prüfungsmaßstab liegt, vgl. *Streinz*, Mangold nicht hinreichend qualifiziert ultra vires – Zur Reduktion der Ultra-vires-Kontrolle im Honeywell-Urteil des Bundesverfassungsgerichts, in: Festschrift für Günter H. Roth, 2011, S. 823, 826 ff. Zur Entschärfung des Konfliktpotentials vgl. *ders.*, Der Kontrollvorbehalt des BVerfG gegenüber dem EuGH nach dem Lissabon-Urteil und dem Honeywell-Beschluss, in: Festschrift für Klaus Stern, 2012, S. 963, 971 ff.

Verträge" entsprachen. Ein souveränes „Recht auf Missachtung des Unionsrechts" einzuwenden wäre auch wenig überzeugend.

3. Spezifisch zur Durchsetzung des Rechts der Europäischen Union entwickelte Rechtsprinzipien

a. Unionsrechtliche Begriffsbildung

Die Begriffe des Gemeinschaftsrechts, jetzt Unionsrechts, bedurften der Konkretisierung durch den dafür gemäß Art. 19 Abs. 1 UAbs. 1 S. 2 EUV zuständigen EuGH. Soweit nicht eine durch Auslegung zu ermittelnde Verweisung ins nationale Recht vorliegt, musste diese autonom erfolgen, um die einheitliche und effektive Anwendung des Unionsrechts zu sichern. Ein ursprünglich zwar umstrittenes, letztlich aber besonders überzeugendes Beispiel ist die Bestimmung des Begriffs „öffentliche Verwaltung" in Art. 39 Abs. 4 EGV, jetzt Art. 45 Abs. 4 AEUV.[71] Gleiches gilt für den Begriff „Ausübung öffentlicher Gewalt" in Art. 51 Abs. 1 AEUV.[72]

b. Vorrang des Unionsrechts

Wie jedes rechtliche Mehrebenensystem bedurften auch die Europäischen Gemeinschaften einer Kollisionsregel zwischen Gemeinschaftsrecht und nationalem Recht. Da sich eine ausdrückliche Kollisionsregel weder im Gemeinschaftsrecht noch im Verfassungsrecht – zumindest der meisten – Mitgliedstaaten befand, wurde sie vom EuGH entwickelt. Obwohl als „revolutionärer Akt"[73] und Rechtsfortbildung ohne Basis im Vertragstext[74] bezeichnet, lässt sich die Begründung des Vorrangs des Gemeinschaftsrechts, reduziert man die Urteile Costa-ENEL und Simmenthal II[75] wie mittlerweile auch der EuGH auf einen *Anwendungs*vorrang[76], durchaus nachvollziehen. Zwar wirken die Wortlautargumente des Gerichtshofs etwas gekünstelt. Sinn und Zweck des Gemeinschaftsrechts, entwickelt aus dem System der Gemeinschaftsrechts-

---

[71] Vgl. EuGH, Rs. 66/85 (Lawrie-Blum/Land Baden-Württemberg), Slg. 1986, 2121, Rdn. 16. Vgl. zur Entwicklung „autonomer" Begriffe des Gemeinschaftsrechts *Schwarze* (Fn. 39), Art. 220 EGV Rdn. 30 m.w.N.

[72] Vgl. zuletzt EuGH, Rs. C-54/08 (Kommission/Deutschland), EuZW 2011, 468 – Notare.

[73] Vgl. *Weiler*, A Quiet Revolution – The European Court of Justice and its Interlocutors, Comparative Political Studies 26 (1994), S. 510, 510 ff. – mit positiver Würdigung.

[74] Vgl. *Dehousse*, The European Court of Justice, 1998, S. 43; kritisch *Hartley*, The European Court: An Objective Interpreter of Community Law?, in: Breuss/Fink/Griller (Hrsg.), Vom Schuman-Plan zum Vertrag von Amsterdam. Entstehung und Zukunft der EU, 2000, S. 311, 313 zur Herleitung der unmittelbaren Wirkung von Vertragsbestimmungen in EuGH, Rs. 26/62 (van Gend und Loos/Niederländische Finanzverwaltung), Slg. 1963, 1, 24 ff.

[75] EuGH, Rs. 6/64 (Costa/ENEL), Slg. 1964, 1251, 1269; Rs. 106/77 (Staatliche Finanzverwaltung/Simmenthal), Slg. 1978, 629, Rdn. 17/18.

[76] EuGH, verb. Rs. 10/97 bis 22/97 (IN.CO.GE.90 u.a.), Slg. 1998-I, 6307, Rdn. 31.

ordnung, machen das Erfordernis eines prinzipiellen Anwendungsvorrangs jetzt des Unionsrechts[77] aber so evident, dass er – abgesehen von Verfassungs(rest)vorbehalten, die die Konstruktion eines Vorrangs kraft verfassungsrechtlicher Ermächtigung bestätigen[78] – rasch anerkannt wurde.[79] Durch den Verfassungsvertrag sollte die Vorrangregel ausdrücklich im Primärrecht verankert werden[80], wobei durch eine von der Regierungskonferenz ausgehandelte Erklärung sichergestellt werden sollte, dass dies über die bisherige Rechtsprechung des EuGH nicht hinausgeht.[81] Diese Bestimmung wurde im Rahmen der ausdrücklichen Aufgabe des Verfassungskonzepts bewusst nicht in den Vertrag von Lissabon übernommen. Eine Erklärung zum Vorrang hält aber fest, dass dieser nach wie vor auf der gefestigten Rechtsprechung des EuGH beruht.[82]

c. Unionsrechtliche Grundsätze zum Vollzug des Unionsrechts

Das Unionsrecht wird überwiegend von den Mitgliedstaaten vollzogen. Diese sind aufgrund der gegenseitig bestehenden Loyalitätspflichten (Art. 4 Abs. 3 EUV) zum ordnungsgemäßen Vollzug verpflichtet, was jetzt Art. 291 Abs. 1 AEUV ausdrücklich hervorhebt. Wenngleich sich dabei, was Art. 291 Abs. 1 AEUV ebenfalls betont, Verwaltungsorganisation und Verwaltungsverfahren grundsätzlich nach innerstaatlichem Recht richtet, hat der EuGH mit dem Äquivalenzgebot und dem Effektivitätsgebot unionsrechtliche Vorgaben entwickelt: Das nationale Recht darf im Vergleich zu den Verfahren, in denen über gleichartige, rein nationale Fälle entschieden wird, nicht zu Lasten der Union abweichen und die im nationalen Recht vorgesehenen Modalitäten dürfen nicht

---

[77] Vgl. dazu *Streinz*, in: ders. (Fn. 7), Art. 4 EUV Rdn. 38.

[78] Vgl. dazu *Streinz* (Fn. 15), Rdn. 210, 223 ff. Vgl. zu den keineswegs auf Deutschland beschränkten Verfassungsvorbehalten *Schilling*, Rang und Geltung von Normen in gestuften Rechtsordnungen, 1994, S. 181 ff.; *Streinz*, Verfassungsvorbehalte gegenüber Gemeinschaftsrecht – eine deutsche Besonderheit? Die Schranken der Integrationsermächtigung und die Realisierung in den Verfassungen der Mitgliedstaaten, in: Festschrift für Helmut Steinberger, 2002, S. 1437, 1445 ff., 1456 ff.; *von Bogdandy/Schill*, in: Grabitz/Hilf/Nettesheim, EU-Kommentar, Loseblatt (41. EL 2010), Art. 4 EUV Rdn. 21 ff. m.w.N.

[79] Zur Akzeptanz der Doktrinen des Vorrangs und der unmittelbaren Wirkung des Gemeinschaftsrechts (jetzt Unionsrechts) in den Mitgliedstaaten vgl. die Landesberichte für Belgien, Frankreich, Deutschland, Italien, die Niederlande und das Vereinigte Königreich in: Slaughter/Stone/Sweet/Weiler (Hrsg.), The European Court and National Courts – Doctrine and Jurisprudence. Legal Change in Its Social Context, 1998 (Reprint 2000), S. 3 ff.; *Alter*, Explaining National Court Acceptance of European Court Jurisprudence: A Critical Evaluation of Theories of Legal Integration, ebd., S. 227 ff. sowie die Landesberichte mit Zusammenfassung von *Huber*, in: von Bogdandy/Cruz Villalón/Huber (Hrsg.), Handbuch Ius Publicum Europaeum, Bd. II, 2008, § 26. Dies kann als Beispiel nachfolgender Organpraxis im Sinne des Art. 31 WVRK gesehen werden.

[80] Art. I-6 Vertrag über eine Verfassung für Europa (Verfassungsvertrag, EVV).

[81] Erklärung Nr. 1 (ABl. 2004 Nr. C 310/420): „Die Konferenz stellt fest, dass Artikel I-6 die geltende Rechtsprechung des Gerichtshofs der Europäischen Gemeinschaften und des Gerichts erster Instanz zum Ausdruck bringt".

[82] Erklärung Nr. 17 zum Vorrang (ABl.EU 2010 Nr. C 83/344).

darauf hinauslaufen, dass die Verwirklichung der Unionsregelung praktisch unmöglich wird.[83]

d. Rechte der Unionsbürger

Das Recht der Europäischen Union begründet nicht nur Rechte und Pflichten zwischen den Mitgliedstaaten, sondern auch für die Unionsbürger selbst.[84]

(1) Grundfreiheiten

Nach der Rechtsprechung des EuGH haben alle Grundfreiheiten des Binnenmarktes unmittelbare Wirkung und begründen Individualrechte.[85] Dies gilt auch für die aus der Unionsbürgerschaft als dem „grundlegenden Status" des Unionsbürgers fließenden Rechte, insbesondere das allgemeine Freizügigkeitsrecht (Art. 21 Abs. 1 AEUV).[86]

(2) Unionsgrundrechte und Grundsätze rechtsstaatlichen Verfahrens

Zu den im Prinzip allgemein anerkannten Leistungen der Rechtsfortentwicklung durch den EuGH gehört die grundsätzliche Fundierung und anhand einschlägiger Fälle erfolgte Präzisierung von Unionsgrundrechten und Grundsätzen rechtsstaatlichen Verfahrens.[87] Die Begründung des EuGH, er dürfe sich keiner „Rechtsverweigerung" („déni de justice")[88] schuldig machen[89], überzeugt zwar allein nicht.[90] Zutreffend erkannte der Gerichtshof aber, dass eine Rechtsgemeinschaft wie die Union ihre Eingriffe gegenüber Individuen rechtsstaatlich fundieren muss, will sie nicht dies den nationalen Gerichten überlassen und dadurch die Einheitlichkeit des Unionsrechts gefährden. Gemäß den grundlegenden Urteilen Internationale Handelsgesellschaft[91] und Nold[92] gehören die

---

[83] Vgl. *Streinz* (Fn. 15), Rdn. 592 f.

[84] Grundlegend bereits EuGH, Rs. 26/62 (van Gend & Loss/Niederländische Finanzverwaltung), Slg. 1963, 1, 27: „... ergibt sich, daß nach dem Geist, der Systematik und dem Wortlaut des Vertrags Artikel 12 dahin auszulegen ist, daß er unmittelbare Wirkungen erzeugt und individuelle Rechte begründet, welche die staatlichen Gerichte zu beachten haben." Art. 12 EWG entspricht jetzt Art. 28 AEUV (Zollunion).

[85] Vgl. dazu *Streinz* (Fn. 15), Rdn. 848 m.w.N.

[86] Klargestellt in EuGH, Rs. C-413/99 (Baumbast u.a./Secretary of State for the Home Department), Slg. 2002, I-7091, Rdn. 84. Vgl. dazu *Streinz* (Fn. 15), Rdn. 981 m.w.N.

[87] Zu den durch die Rechtsprechung des EuGH entwickelten Grundrechten vgl. *Geiger*, in: Geiger/Khan/Kotzur, EUV/AEUV-Kommentar, 5. Aufl. 2010, Art. 6 EUV Rdn. 33 m.w.N. Übersicht über die rechtsstaatlichen Grundsätze bei *Schweitzer/Hummer/Obwexer*, Europarecht, 2007, Rdn. 1118 m.w.N.

[88] Angelehnt an Art. 4 des französischen Code Civil: „Le juge qui refusera de juger, sous prétexte du silence, de l'obscurité ou de l'insuffisance de la loi, pourra être poursouvi comme coupable de déni de justice".

[89] EuGH, verb. Rs. 7/56 und 3–7/57 (Algera u.a./Gemeinsame Versammlung der EGKS), Slg. 1957, 83, 118.

[90] Vgl. *Streinz*, Bundesverfassungsgerichtlicher Grundrechtsschutz und Europäisches Gemeinschaftsrecht, 1989, S. 380 f.

[91] EuGH, Rs. 11/70, Slg. 1970, 1125, Rdn. 3.

[92] EuGH, Rs. 4/73 (Nold/Kommission), Slg. 1974, 491, Rdn. 13.

Grundrechte zu den allgemeinen Rechtsgrundsätzen, die der EuGH zu wahren habe. Bei der Gewährleistung dieser Rechte gehe er von den gemeinsamen Verfassungsüberlieferungen der Mitgliedstaaten aus. Hiernach könne er keine Maßnahmen als Rechtens anerkennen, die unvereinbar sind mit den von den Verfassungen der Mitgliedstaaten anerkannten und geschützten Grundrechten. Weitere Rechtserkenntnisquellen sind die internationalen Verträge, die die Mitgliedstaaten der EU abgeschlossen haben und denen sie beigetreten sind, insbesondere die Europäische Konvention zum Schutze der Menschenrechte und Grundfreiheiten (EMRK). Diese Rechtsprechung des EuGH wurde durch den Vertrag von Maastricht kodifiziert.[93] Sie ist, neben der EMRK, eine der Grundlagen der Charta der Grundrechte der Europäischen Union[94], die durch den Verweis in Art. 6 Abs. 1 UAbs. 1 EUV den Verträgen rechtlich gleichgestellt und seit dem Inkrafttreten des Vertrags von Lissabon am 1. Dezember 2009 verbindlich ist. Daneben bleiben die allgemeinen Rechtsgrundsätze als ein Element des – nach erfolgtem Beitritt der EU zur EMRK dreifachen – Grundrechtsschutzes der EU ausdrücklich bestehen. Die Abstimmung dieser „Grundrechtstrias" bedarf ebenso wie die Präzisierung der Chartagrundrechte der Konkretisierung durch die Wissenschaft und letztlich verbindlich durch die Rechtsprechung des EuGH.

(3) Sekundärrecht

Subjektive Rechte kann auch das EU-Sekundärrecht verleihen. Um dies auch bei fehlender oder fehlerhafter Umsetzung von Richtlinien durch die Mitgliedstaaten effektiv zu machen, hat der EuGH unter bestimmten Voraussetzungen Richtlinien für unmittelbar anwendbar erklärt.

e. Vorgaben für die Richtlinienumsetzung

Die Konstruktion der Richtlinie ist ein Kompromiss zwischen den Erfordernissen einheitlichen Unionsrechts und der Bewahrung nationaler Eigentümlichkeiten. Sie ermöglicht die Einfügung in die bestehende nationale Rechtsordnung. Die eröffneten nationalen Spielräume hängen allerdings von der Regelungsdichte der unionalen Vorgabe ab, und der EuGH hat auch sehr detaillierte Richtlinien für zulässig erklärt.[95] Die Mitgliedstaaten dürfen nicht eigenmächtig von der unionalen Vorgabe abweichen.[96] Schließlich hat der EuGH für die „Wahl der Form und der Mittel" strenge Anforderungen (Rechtsnorm-

---

[93] Art. F Abs. 2 EUV, seit dem Vertrag von Amsterdam Art. 6 Abs. 2 EUV, jetzt Art. 6 Abs. 3 EUV.

[94] ABl. 2000 Nr. C 364/1. Mit Kommentar abgedruckt in EuGRZ 2001, 554 ff., 559 ff.; JöR n.F. 49 (2001), 31 ff. Gemäß dem Vertrag von Lissabon angepasste Fassung in ABl. 2007 Nr. C 306/1, ABl. 2010 Nr. C 83/389.

[95] Vgl. *Schroeder*, in: Streinz (Fn. 7), Art. 288 AEUV Rdn. 69.

[96] Vgl. EuGH, Rs. C-396/92 (Bund Naturschutz u.a./Freistaat Bayern), Slg. 1994, I-3717, Rdn. 17–20: Umsetzung der UVP-Richtlinie im UVP-Gesetz.

vorbehalt, Publizität, Rechtsschutz) entwickelt, damit bei der Umsetzung die „praktische Wirksamkeit" („effet utile") der Richtlinie am besten gewährleistet wird.[97] Die Pflicht zu richtlinienkonformer Auslegung des nationalen Rechts fordert die Ausschöpfung aller rechtlich zulässigen Auslegungsmöglichkeiten.[98] Eine Auslegung *contra legem*[99] verlangt der EuGH allerdings nicht, er hält sie, soweit dabei gegen den unionsrechtlichen Grundsatz der Rechtssicherheit verstoßen wird, sogar für unionsrechtswidrig.[100]

f. Unmittelbare Wirkung von Richtlinien

Die praktische Wirksamkeit (der „effet utile") einer Richtlinie würde verfehlt, wenn es jeder Mitgliedstaat in der Hand hätte, den Eintritt der mit der Richtlinie beabsichtigten Rechtswirkungen dadurch hinauszuzögern oder ganz zu vereiteln, dass er mit der Umsetzung der Richtlinie in innerstaatliches Recht wartet. Dadurch würden zudem, soweit eine Richtlinie den Unionsbürgern Rechte verleiht, diese solange vorenthalten. Daher hat der EuGH in der Unterscheidung zwischen der unmittelbar geltenden Verordnung (Art. 288 Abs. 2 AEUV) und der auf Umsetzung angelegten Richtlinie (gestufte Verbindlichkeit gemäß Art. 288 Abs. 3 AEUV) kein Hindernis gesehen, Richtlinien unter den Voraussetzungen inhaltlicher Bestimmtheit der daraus abzuleitenden Rechte („self-executing"-Charakter), Ablauf der Umsetzungsfrist und keine unmittelbare Verpflichtung gegenüber einem Individuum unmittelbare Wirkung zuzuerkennen.[101] Zugleich hat er in ständiger Rechtsprechung ungeachtet der Kritik in einem Teil der Literatur und gegenläufiger Versuche von Generalanwälten an der Ablehnung einer unmittelbaren horizontalen Wirkung von Richtlinien festgehalten und insoweit auf die Zuständigkeit der für die Verträge verantwortlichen Mitgliedstaaten verwiesen.[102] Gleichwohl können Richtlinien auch im horizontalen Verhältnis Wirkungen entfalten.[103] Die Rechtsprechung des EuGH stieß Anfangs auf Widerstände, insbesondere des

[97] Vgl. zu EuGH, Rs. C-361/88 (Kommission/Deutschland), Slg. 1991, I-2567 *Streinz* (Fn. 15), Rdn. 481 ff.

[98] Vgl. z.B. EuGH, verb. Rs. C-397–403/01 (Pfeifer u.a.), Slg. 2004, I-8835, Rdn. 110.

[99] Vgl. BGHZ 179, 27 = NJW 2009, 427, 428 f. – „Quelle". Der BGH stellt dabei entgegen dem Wortlaut auf den Willen des Gesetzgebers ab, die Richtlinie korrekt umzusetzen.

[100] EuGH, Rs. C-212/04 (Adeneler), Slg. 2006, I-6057, Rn. 110; Rs. C-268/06 (Impact), Slg. 2008, I-2483, Rdn. 100 ff.

[101] Grundlegend EuGH, Rs. 8/81 (Becker/Finanzamt Münster), Slg. 1982, 53. Vgl. zuvor bereits EuGH, Rs. 9/70 (Grad/Finanzamt Traunstein) – „Leberpfennig", Slg. 1970, 825, 837 ff.; Rs. 148/78 (Ratti), Slg. 1979, 1629, Rdn. 20 ff.

[102] Grundlegend EuGH, Rs. C-91/92 (Faccini Dori/Recreb), Slg. 1994, I-3325, Rdn. 34 ff. Vgl. zur Festigung der Rechtsprechung *Ruffert*, in: Calliess/Ruffert (Fn. 7), Art. 288 AEUV Rdn. 60 ff. m.w.N.

[103] Vgl. dazu *Streinz* (Fn. 15), Rdn. 492 m.w.N. zur Rechtsprechung des EuGH und zu Erklärungsansätzen der Literatur.

Conseil d'État[104] und des Bundesfinanzhofs[105], dem das BVerfG im Fall Kloppenburg entgegentrat[106], wurde aber relativ rasch akzeptiert.[107]

g. Vorwirkung von Richtlinien

Ein weiteres vom EuGH postuliertes Element der effektiven Durchsetzung von Richtlinien ist deren Vorwirkung bereits ab dem Zeitpunkt des Inkrafttretens, also vor Ablauf der Umsetzungsfrist. Die Mitgliedstaaten müssen während dieses Zeitraums alles unterlassen, was geeignet ist, das in der Richtlinie vorgeschriebene Ziel zu gefährden. Sie dürfen insbesondere kein gegenläufiges Gesetz erlassen (Frustrationsverbot).[108] Nationale Gerichte müssen Generalklauseln wie „gute Sitten" bereits ab Inkrafttreten der Richtlinie in deren Sinn auslegen.[109]

h. Staatshaftungsanspruch bei Verstößen gegen das Unionsrecht

Die fehlende Umsetzung von Richtlinien war auch Ausgangspunkt der Entwicklung eines unionsrechtlich fundierten Staatshaftungsanspruchs gegen die Mitgliedstaaten für Verstöße gegen Unionsrecht, der dann in Betracht kommt, wenn eine Richtlinie dem Einzelnen zwar Rechte verleiht, aber wegen Umsetzungsspielräumen nicht unmittelbar anwendbar ist.[110] Ansatzpunkt war auch hier die ansonsten fehlende nützliche Wirkung („effet utile").[111] Die fehlende oder fehlerhafte Umsetzung von Richtlinien ist nach wie vor die wichtigste und hinsichtlich des zur Eingrenzung des Anspruchs geforderten „hinreichend qualifizierten Verstoßes" offensichtlichste Fallgruppe des Staatshaftungsanspruchs. Insgesamt handelt es sich aber um ein allgemeines Prinzip, das ausdrücklich auch für legislatives[112] und (bei „offenkundigem" Verstoß) für judi-

---

[104] Deutsche Übersetzung in EuR 1979, 292 (Fall „Cohn-Bendit"). Vgl. zur seitherigen Entwicklung der Rechtsprechung *Breuer*, Zur unmittelbaren Wirkung von EG-Richtlinien im französischen Verwaltungsrecht, EuGRZ 2007, 655, 658 ff. m.w.N.

[105] BFHE 143, 383.

[106] BVerfGE 75, 223, 235 ff.

[107] Vgl. bereits *Everling*, Zur direkten innerstaatlichen Wirkung der EG-Richtlinien: Ein Beispiel richterlicher Rechtsfortbildung auf der Basis gemeinsamer Rechtsgrundsätze, in: Festschrift für Karl Carstens, 1984, S. 95, 106 ff.

[108] EuGH, Rs. C-129/96 (Inter-Environment Wallonie/Région Wallonne), Slg. 1997, I-7411, Rdn. 45; Rs. C-14/02 (ATRAL/Belgischer Staat, Slg, 2003, I-4431, Rdn. 58; Rs. C-212/05 (Adeneler u.a./ELOG), Slg. 2006, I-6057, Rdn. 122 f. Dies entspricht dem völkerrechtlichen Frustrationsverbot des Art. 18 WVRK.

[109] Vgl. dazu *Streinz* (Fn. 15), Rdn. 503 m.w.N.

[110] Grundlegend EuGH, verb. Rs. C-6/90 und C-9/90 (Francovich u.a./Italien), Slg. 1991, I-5357. Deutlich zu diesem Stufenverhältnis zuletzt EuGH, Rs. C-282/10 (Dominguez), EWS 2012, 52, Rdn. 38 ff.

[111] EuGH (Fn. 110), Rdn. 33: „Die volle Wirksamkeit der gemeinschaftsrechtlichen Bestimmungen wäre beeinträchtigt...".

[112] EuGH, verb. Rs. C-46/93 und C-48/93 (Brasserie du Pecheur/BR Deutschland und Factortame), Slg. 1996, I-1029.

katives Unrecht[113] gilt. Nach anfänglicher Kritik in der Literatur wurde auch dieses Prinzip rasch allgemein anerkannt.[114]

IV. Probleme der gerichtlichen Kontrolle im Bereich der Wirtschafts- und Währungsunion

1. Richterliche Zurückhaltung (Judicial self-restraint) des EuGH in der Normenkontrolle von Unionsgesetzen

Der EuGH hält sich in der Normenkontrolle gegenüber dem Unionsgesetzgeber, d.h. Europäisches Parlament und Rat (Art. 14 Abs. 1 S. 1, Art. 16 Abs. 1 S. 1 EUV) zurück. So wurde dem Rat (als damals dafür zuständigem Gesetzgeber) auf dem Gebiet der gemeinsamen Agrarpolitik ein weites Ermessen konzediert, das der politischen Verantwortung entspreche, die ihm der EG-Vertrag übertrage.[115] Dies steht ungeachtet der unterschiedlichen Konstellationen in Gegensatz zur relativ intensiven Prüfdichte gegenüber Maßnahmen der Mitgliedstaaten, die die Grundfreiheiten beschränken.[116] Ob wie im Urteil Schecke[117] die EU-Grundrechtecharta generell zu einer intensiveren Prüfdichte führt, wird man sehen. Ebenso bleibt abzuwarten, ob der EuGH die restriktive Auslegung der dritten Alternative des Art. 263 Abs. 4 AEUV[118], die sich nicht auf Gesetzgebungsakte i.S. von Art. 289 Abs. 3 AEUV erstrecken soll, bestätigt.

2. Insbesondere: Politischer Einschätzungsspielraum bei wirtschaftlichen Sachverhalten

Bei der Würdigung von wirtschaftlichen Sachverhalten wird der Prüfungsmaßstab gegenüber dem politischen Einschätzungsspielraum weiter reduziert. Der EuGH beschränkt sich darauf, ob bei der Tatsachenwürdigung, ggf. selbst bei der Tatsachenermittlung ein offensichtlicher Fehler vorliegt oder das handelnde Organ willkürlich gehandelt hat. Die tatsächlichen Angaben werden

---

113 EuGH, Rs. C-244/01 (Köbler/Republik Österreich), Slg. 2003, I-10239, Rdn. 30 ff.

114 Vgl. *Streinz* (Fn. 65), S. 1506 ff.

115 EuGH, Rs. C-306/93 (SW Winzersekt/Land Rheinland-Pfalz), Slg. 1994, I-5555, Rdn. 21 (damals Art. 33 und Art. 37 EGV; jetzt Art. 43 AEUV, der durch den Verweis auf das ordentliche Gesetzgebungsverfahren das Europäische Parlament einbezieht). Zu Recht kritisch zu diesem Urteil *Nettesheim*, EuZW 1995, 106, 106 ff.

116 Vgl. dazu *Streinz* (Fn. 15), Rdn. 760. Zu Differenzierungen des Kontrollmaßstabs in neuerer Zeit vgl. aber *Streinz* (Fn. 22), AöR 2010, 21 ff.

117 EuGH, verb. Rs. C-92/09 und C-93/09 (Volker und Markus Schecke GbR u.a./Land Hessen), EuGRZ 2010, 707.

118 S. dazu o. Fn. 49.

grundsätzlich ohne weitere Nachprüfung zugrunde gelegt.[119] Dies entspricht insoweit der Gewaltenteilung bzw. dem institutionellen Gleichgewicht, als das Gericht seine Beurteilung nicht an die Stelle der Beurteilung der politisch dazu legitimierten und damit auch verantwortlichen Organe setzen darf. Diesen Ansatz betont auch das BVerfG, zuletzt z.B. im sog. „Rettungsschirm"-Urteil[120].

3. Bisherige Rechtsprechung: Das Urteil des EuGH zum Defizitverfahren

Dagegen unterliegt die Einhaltung der Verfahrensvorschriften, soweit die Zuständigkeit des EuGH nicht wie hinsichtlich der Defizitkontrolle gemäß Art. 126 Abs. 10 AEUV ausgeschlossen ist, uneingeschränkt der gerichtlichen Kontrolle. Ein Beispiel dafür ist das Urteil des EuGH (Plenum) vom 13. Juli 2004 über die Klage der Kommission gegen den Rat der EU.[121] Während die Klage der Kommission unzulässig war, soweit sie darauf gerichtet war, die Nichtannahme der in den Empfehlungen der Kommission enthaltenen förmlichen Rechtsinstrumente nach Art. 104 Abs. 4 und 9 EGV (jetzt Art. 126 Abs. 4 und 9 AEUV) durch den Rat für nichtig zu erklären, hat der EuGH die in Bezug auf die Französische Republik und die Bundesrepublik Deutschland angenommenen Schlussfolgerungen des Rates vom 25. November 2003 für nichtig erklärt, soweit sie die Entscheidung enthielten, das Verfahren bei einem übermäßigen Defizit auszusetzen, und eine Entscheidung, mit der die zuvor vom Rat nach Art. 104 Abs. 7 EGV (jetzt Art. 126 Abs. 7 AEUV) angenommenen Empfehlungen geändert wurden. Zwar verfügt der Rat in diesem Verfahren über ein Ermessen und er konnte, insbesondere aufgrund einer abweichenden Beurteilung der einschlägigen Wirtschaftsdaten, der zu treffenden Maßnahmen und des von dem betroffenen Mitgliedstaat einzuhaltenden Zeitplans, den von der Kommission empfohlenen Rechtsakt mit der für dessen Annahme erforderlichen Mehrheit ändern. Er durfte sich dabei aber nicht von den Vorschriften in Art. 104 EGV (jetzt Art. 126 AEUV) und denjenigen, die er sich in der Verordnung (EG) Nr. 1467/97 (Stabilitäts- und Wachstumspakt)[122] selbst gesetzt hat, lösen und auf ein alternatives Verfahren zurückgreifen.[123]

---

[119] Vgl. dazu *Booß*, in: Grabitz/Hilf (Hrsg.), Das Recht der Europäischen Union (Loseblatt, Nizza-Fassung. EL 15/2000), Art. 230 EGV Rdn. 125 m.w.N.

[120] BVerfG, EuGRZ 2011, 535, 538, 540 f.; bestätigt in BVerfG, EuGRZ 2012, 569, 583 ff.

[121] EuGH, Rs. C-27/04 (Kommission/Rat), Slg. 2004, I-6649.

[122] S. o. Fn. 7.

[123] EuGH (Fn. 121), Rdn. 80 f.

4. Folgen für die Einbeziehung des EuGH in den Fiskalpakt

Was folgt daraus für die Einbeziehung des EuGH in den Fiskalpakt, sollte dieser in der von den 25 Vertragsstaaten unterzeichneten Form in Kraft treten?[124] Art. 8 des Pakts sieht vor, dass der EuGH von einer oder mehreren Vertragsparteien befasst werden wird, wenn die Kommission zu dem Schluss gekommen ist, dass eine Vertragspartei ihren Verpflichtungen aus Art. 3 Abs. 2 des Pakts nicht nachgekommen ist. Der Anhang zum Vertrag sieht vor, dass diese Klage innerhalb von drei Monaten nach Eingang des entsprechenden Kommissionsberichts von den Mitgliedstaaten erhoben wird, die den sog. Dreiervorsitz im Rat der EU[125] innehaben, es sei denn, sie sind selbst ihren Verpflichtungen aus Art. 3 Abs. 2 des Stabilitätspakts nicht nachgekommen oder gegen sie wurde anderweitig Klage gemäß Art. 8 Abs. 1 oder 2 des Stabilitätspakts vor dem EuGH erhoben oder sie sind im Einklang mit den allgemeinen Grundsätzen des Völkerrechts aus anderen nachweisbaren Gründen übergeordneter Natur daran gehindert. Erfüllt keiner der drei betreffenden Mitgliedstaaten diese Kriterien, so obliegt die Klageerhebung des Mitgliedstaaten des vorausgehenden Dreiervorsitzes. Unabhängig vom Bericht der Kommission kann auch jede Vertragspartei, die der Auffassung ist, dass eine andere Vertragspartei ihren Verpflichtungen aus Art. 3 Abs. 2 nicht nachgekommen ist, den EuGH befassen. Klagebefugt sind somit allein die Staaten, nicht – wie ursprünglich vorgesehen – die Kommission, deren Einbeziehung Art. 273 AEUV als Grundlage der Zuständigkeit des EuGH[126] nicht zulässt. Art. 3 Abs. 2 des Pakts verpflichtet die Vertragsstaaten, die Vorschriften über die in Art. 3 Abs. 1 beschriebene sog. „Schuldenbremse" in „Bestimmungen, die verbindlicher und dauerhafter Art sind, vorzugsweise mit Verfassungsrang, oder deren vollständige Einhaltung und Befolgung im gesamten nationalen Haushaltsverfahren auf andere Weise garantiert ist", binnen eines Jahres nach Inkrafttreten des Pakts zu verankern. Fraglich ist, ob der EuGH allein prüfen soll, ob dieser Vorgabe formal Genüge getan ist oder ob darüber hinaus die tatsächliche Einhaltung der Schuldenbremse kontrolliert wird. Ginge es allein um die formale Prüfung, wäre der in Art. 8 Abs. 2 des Paktes vorgesehene auf Art. 260 AEUV verweisende Sanktionsmechanismus nicht recht verständlich, zumal die Sanktion „den Umständen angemessen" sein soll.

---

[124] Dazu ist die Ratifikation von zwölf Mitgliedstaaten der Euro-Zone erforderlich (Art. 14 Abs. 2). Fraglich ist, ob ein in Kraft getretener Pakt, den z.B. Frankreich nicht ratifiziert hat, viel Sinn hätte. Frankreich hat mittlerweile ratifiziert. Zum Ratifizierungsstand s. Fn. 11.

[125] Die Reihenfolge der drei Mitgliedstaaten, die gem. Art. 1 Abs. 4 der Geschäftsordnung des Rates den Vorsitz im Rat der EU führen, ist in Anlage I des Beschlusses 2009/908/EU des Rates vom 1.12.2009 (ABl. 2009 L 322/28, berichtigt ABl. 2009 L 344/56) festgelegt.

[126] Vgl. zu dessen Anwendungsbereich *Karpenstein*, in: Grabitz/Hilf/Nettesheim (Fn. 35), Art. 273 AEUV Rdn. 11.

Allerdings stellt sich auch bei einer tatsächlichen Prüfung die Frage nach der Prüfdichte in komplexen wirtschaftlichen Fragen.[127]

V. Ergebnis und Ausblick

Die Verträge zur Gründung der Europäischen Gemeinschaften bzw. der Europäischen Union betrauten und betrauen den Gerichtshof der Europäischen Union (EuGH) mit der „Wahrung des Rechts". Damit kommt dem EuGH eine zentrale Rolle in der Europäischen Union zu, die letztlich allein als Rechtsgemeinschaft (Walter Hallstein) bestehen kann. In den Aufbaujahren der Europäischen Gemeinschaften fungierte der EuGH angesichts der Ausgestaltungsbedürftigkeit des Gemeinschaftsrechts und dem Zögern des von den Mitgliedstaaten besetzten Rates als Organ der Gemeinschaftsrechtsetzung neben dem Initiativorgan Kommission als „Motor der Integration". Der EuGH entwickelte dazu „dynamische" Interpretationsmethoden, was in gewissem Umfang auch der auf Dynamik angelegten Rechtsordnung der Verträge entsprach. Zentraler Ansatz- und Ausgangspunkt ist das Rechtsprinzip des „effet utile". Die Rechtsprechung des EuGH stieß auf Kritik, zum Teil auch auf Widerstand, wurde aber im Ergebnis grundsätzlich akzeptiert. Zu nennen sind vor allem die gemeinschafts-, jetzt unionsrechtliche Begriffsbildung, grundlegende Strukturprinzipien (Vorrang des Gemeinschafts-, jetzt Unionsrechts; unmittelbare Wirkung von Richtlinien; Staatshaftungsanspruch bei „hinreichend qualifizierten" Verstößen gegen das Unionsrecht), die Grundsätze für den effektiven Vollzug des Unionsrechts durch die Mitgliedstaaten (Äquivalenzgebot, Effektivitätsgebot) sowie die Gemeinschaftsgrundrechte, die auch nach der seit dem Inkrafttreten des Vertrags von Lissabon rechtsverbindlichen Grundrechtcharta neben dieser als Unionsgrundrechte fortbestehen. Angesichts des erreichten Integrationsstands musste und muss sich die Rolle des EuGH aber wandeln. Zwar bedarf die Unionsrechtsordnung ständig der Wahrung ihrer Einheitlichkeit und der Durchsetzung gegenüber den Mitgliedstaaten. Vor allem aber ist der Gerichtshof als „Verfassungsgericht" gefordert, das die in den Verträgen angelegte Balance zwischen der Union und den Mitgliedstaaten wahrt. Der Vertrag über Stabilität, Koordinierung und Steuerung in der Wirtschafts- und Währungsunion (sog. Fiskalpakt), der mit der Wirtschafts- und Währungsunion das Recht der Europäischen Union betrifft, aber nicht in dessen Rahmen, sondern als völkerrechtlicher Vertrag zwischen 25 der derzeit 27 Mitgliedstaaten geschlossen wurde, bezieht den EuGH als Kontrollorgan hinsichtlich der Einführung der sog. Schuldenbremse in den Vertragsstaaten ein. Angesichts der Zurückhaltung

[127] Für eine lediglich formale Prüfung wegen Art. 126 Abs. 10 AEUV *Antpöhler*, Emergenz der europäischen Wirtschaftsregierung, ZaöRV 72 (2012), 353, 384.

(judicial self-restraint) des EuGH gegenüber der Normenkontrolle bei Maßnahmen der Unionsorgane und des insbesondere bei wirtschaftlichen Sachverhalten konzedierten politischen Gestaltungsspielraums stellt sich (neben anderen Fragen der politischen Realisierbarkeit des Fiskalpakts) die Frage nach der Effektivität dieser gerade von Deutschland geforderten Kontrolle. Fraglich ist bereits, ob es sich um eine rein formale oder auch um eine inhaltliche Prüfung handeln soll. Hier zeigen sich Grenzen der Leistungsfähigkeit des Rechts allgemein und gerichtlicher Kontrolle im Besonderen im Spannungsfeld von Recht und Politik.

Die Rolle der Kommission als Hüterin der Verträge

Markus Kotzur

I. Einleitung: Das Potential institutioneller Akteure in Krisenzeiten

Es mag ein Klischee, vielleicht auch eine Binsenweisheit sein: Krisen[1] gelten als die Stunde der Exekutiven. Diese können besonders zeitnah handeln, sich besonders effektiv der Wirkungsmacht medialer Vermittlung bedienen und so reaktive Entschlossenheit gepaart mit politischem Gestaltungswillen demonstrieren. Weil Krisen auf eine ganz eigene Weise „Taktgeber für die Politik" sind und politische Gemeinwesen unter erheblichen Entscheidungsdruck setzen,[2] bleiben die übrigen Gewalten angesichts einer meist rasanten Krisendynamik gegenüber dem ersten exekutiven Zugriff im Hintertreffen. Was folgt aus diesem gängigen Befund nun für die Rolle der Europäischen Kommission in der Finanzkrise? War und ist sie die große Stunde jenes Organs, das in den Worten seines ersten Präsidenten *W. Hallstein* unabhängiger „Motor, Wächter und ehrlicher Makler" der Unionsrechtsordnung sein soll.[3] Davon kann allenfalls eingeschränkt die Rede sein. Während das Schreckgespenst eines deutsch-französischen Direktoriums die europäische Tagespresse umtrieb und „Merkozy" zum geflügelten Wort mit eigenem Wikipedia-Eintrag wurde,[4] standen die Anstrengungen der Kommission zur Krisenbewältigung weniger im Mittelpunkt öffentlicher Wahrnehmung. Das freilich hat vielfältige Ursachen und sollte nicht zu vorschneller Pauschalisierung verleiten.

---

[1] Zum Begriff der Krise *Koselleck*, Einige Fragen an die Begriffsgeschichte von „Krisen", in: ders., Begriffsgeschichten, 2006, S. 203 ff.; weiterhin *Schulze-Fielitz*, Das Bundesverfassungsgericht in der Krise des Zeitgeistes – Zur Metadogmatik der Verfassungsinterpretation, AöR 122 (1997), 1 ff.; *Lembcke*, Hüter der Verfassung, 2007, S. 384 ff.; jüngst *Calliess* und *Schorkopf*, Finanzkrisen als Herausforderung der internationalen, europäischen und nationalen Rechtsetzung, VVDStRL 71 (2012), 113 ff. (insbes. 115–117) bzw. 183 ff. (184 ff. mit der gelungenen Verknüpfung zwischen einer „Krise des Rechts" und einer „Krise im Recht").

[2] Nachweise bei *Schorkopf*, Finanzkrisen als Herausforderung der internationalen, europäischen und nationalen Rechtsetzung, VVDStRL 71 (2012), 183 ff., 190 f.

[3] Zitiert bei *Oppermann/Classen/Nettesheim*, Europarecht, 5. Aufl. 2011, § 5 Rdn. 93; siehe auch *Hallstein*, The EEC-Commission, ICLQ 1965, 727 ff.

[4] de.wikipedia.org/wiki/Merkozy.

Zum einen ist schon der Singular „Krise" nicht exakt. Es gibt ganz unterschiedliche Krisendimensionen, die an Profil und Potential der zu ihrer Bewältigung berufenen Akteure ganz unterschiedliche Anforderungen stellen: die globale Finanz- und eng mit ihr verwoben die Bankenkrise; abhängig davon, die in ihrer Eskalationsdynamik so nie vorausgesehene Staatsschuldenkrise; schließlich eine potentielle Währungskrise, die mit dem seit 2010 üblich gewordenen Schlagwort von der Euro-Krise nicht ganz treffend erfasst ist, im Gegenteil: angesichts der ihn bedrängenden Krisenszenarien hat sich der Euro bislang als eine erstaunlich stabile Währung erwiesen.[5] Fraglos aber können die Teilkrisen zu einer „Gesamthandskrise der EU und ihrer Mitglieder"[6] ausufern – und zwar weit über die ökonomischen Integrationsaspekte hinaus. Zum anderen ist die Kommission kein klassisches Exekutivorgan, sondern ein Hybrid aus politischen, exekutiven und administrativen Funktionen,[7] dessen politische Agenda zunehmend vom (Europäischen) Rat und damit den mitgliedstaatlichen Exekutiven dominiert wird.[8] Das gilt umso mehr, als die eben skizzierten Krisenbefunde verstärkt intergouvernementale Reaktionen und damit, so eine plastische Wendung aus der Literatur, die „Rückkehr des Staates" provoziert haben.[9]

Dennoch ist die Kommission keineswegs untätig geblieben, sondern hat auf die differenzierten Befunde differenziert reagiert. Sie war nicht nur als „Hüterin des Unionsrechts", sondern auch als Hüterin „ökonomischer Weisheit"[10] ge-, wenn nicht bisweilen überfordert. Das zeigt sich etwa in dem beihilferechtlichen Balanceakt zwischen strikter Rechtsbindung und notwendiger Flexibilität unter ökonomischen Ausnahmebedingungen.[11] Das zeigt sich überdies an

---

[5] Vgl. *Calliess*, Der Kampf um den Euro: Eine „Angelegenheit der Europäischen Union" zwischen Regierung, Parlament und Volk, NVwZ 2012, 1 ff.

[6] So *Schorkopf*, Finanzkrisen als Herausforderung der internationalen, europäischen und nationalen Rechtsetzung, VVDStRL 71 (2012), 183 ff., 185, dort Fn. 7 unter Verweis auf *Dyson*, Krise? Welche Krise? Wessen Krise?, Aus Politik und Zeitgeschichte 43/2010, 19 ff.

[7] *Schön-Quinlivan*, Reforming the European Commission, 2011, S. 2; *Oppermann/Klassen/Nettesheim*, Europarecht, 5. Aufl. 2011, § 5 Rdn. 93; *Schima*, Organisation und Arbeitsweise der Europäischen Kommission, in: Eilmansberger u.a. (Hrsg.), Rechtsfragen der Implementierung des Vertrages von Lissabon, 2011, S. 251 ff.

[8] *Oppermann/Klassen/Nettesheim*, Europarecht, 5. Aufl. 2011, § 5 Rdn. 93, mit dem pointierten Hinweis, der Rat dominiere so stark, dass die Kommission nur noch als „Juniorpartner" bezeichnet werden könne.

[9] *James*, Die Krise der Finanzmärkte und die Rückkehr des Staates, ZSE 7 (2009), 14 ff.; *Mayntz*, Die Handlungsfähigkeit des Nationalstaates bei der Regelung der Finanzmärkte, Leviathan 38 (2010), 175 ff.

[10] In Anlehnung an die Formulierung bei *Herdegen*, Price Stability and Budgetary Restraints in the Economic and Monetary Union: The Law as Guardian of Economic Wisdom, CMLR 35 (1998), 9 ff.

[11] *Schwarze*, Die europäische Beihilfenkontrolle (Art. 87 ff. EG) in Zeiten der Finanz- und Wirtschaftskrise, DVBl. 2009, 1401 ff.; *Fehling*, Das europäische Beihilferecht in der Wirt-

weitreichenden Reformplänen für neue europäische Aufsichtsorgane, an einer umfassenden Reform der Finanzmarktregulierung und des Aufsichtsrechts.[12] Auf Grundlage des sog. *de-Larosière*-Berichts[13] legte die Kommission schon 2009 Reformpläne für neue Aufsichtsorgane in den Bereichen Banken, Versicherungen und Wertpapierunternehmen vor.[14] Hierdurch würden neue institutionelle Akteure in eine umfassende Hüterrolle mit eingebunden, die als „europäische Superaufsicht" durchaus mit der US-amerikanischen Securities and Exchange Commission (SEC) konkurrieren könnte.[15] Selbstbewusst hat sich die Kommission weit vorgewagt, wohl wissend, dass die politischen Realisierungschancen angesichts mitgliedstaatlicher Widerstände, Eigeninteressen und Souveränitätsbedenken gering sind. Ein jüngstes, aus sechs Rechtsakten bestehendes Reformpaket, daher „Sixpack" genannt, will frühzeitigere und weniger von politischen Entscheidungen abhängige Maßnahmen.[16]

Am augenfälligsten aber bleiben die aktive Rolle der Kommission bei der Defizitkontrolle einerseits, die Diskrepanz zwischen diesem Aktivwerden und den ausbleibenden Erfolgen andererseits. Schon vor der Finanzkrise wurden zahlreiche Verfahren initiiert, in dreizehn Fällen hatte der Rat auf Empfehlung der Kommission auch ein übermäßiges Defizit festgestellt.[17] Die Krise verhindern konnten die Verfahren nicht. Ob das allein an den fehlenden Sanktionen liegt, sei vorläufig dahingestellt. Mit der Krise nahmen die Defizitverfahren ab 2009 weiter zu, derzeit sind sie gegen alle Mitgliedstaaten außer Estland und Luxemburg anhängig; das Verfahren gegen die Bundesrepublik Deutschland wurde jüngst wieder eingestellt. Es ist die *sanktionslose Selbstverständ-*

---

schaftskrise, EuR 2010, 598 ff.; *Michaelis*, Das EU-Beihilferecht. Die Anwendung des EU-Beihilferechts in der Finanzkrise unter juristisch-ökonomischer Betrachtung für die Kreditinstitute, 2011.

[12] Für eine Übersicht *Moloney*, EU Financial Regulation after the Global Financial Crisis, CMLR 47 (2010), 1317 f.; *Röhl*, Finanzmarktaufsicht, in: Fehling/Ruffert (Hrsg.), Regulierungsrecht, 2009, § 18; *Roosebeke*, Die „too big to fail"-Problematik und die europäische Finanzmarktregelung: Theorie und Praxis, in: Oberender (Hrsg.), Reform der Finanzmarktregulierung, 2011, S. 29 ff.

[13] The High Level Group on Financial Supervision, Report vom 25.02 2009, abrufbar unter http://ec.europa.eu/internal_market/finances/docs/de_larosiere_report_de.pdf.

[14] Nachweise zu den Sekundärrechtsakten bei *Lehmann/Manger-Nestler*, Die Vorschläge zur neuen Architektur der Finanzaufsicht, EuZW 2010, 87 ff., 87.

[15] *Lehmann/Manger-Nestler*, Die Vorschläge zur neuen Architektur der Finanzaufsicht, EuZW 2010, 87 ff., 89.

[16] *Kempen*, in: Streinz (Hrsg.), EUV/AEUV, 2. Aufl. 2012, Art. 126 Rdn. 6.; *Calliess*, Der Kampf um den Euro. Eine „Angelegenheit der Europäischen Union" zwischen Regierung, Parlament und Volk, NVwZ 2012, 1 ff., 6.; *Weber*, Die Reform der Wirtschafts- und Währungsunion in der Finanzkrise, EuZW 2011, 935 ff., 936.

[17] Die aktuelle Statistik findet sich unter http://ec.europa.eu/economy_finance/eu/countries/index_en.htm; siehe auch *Kempen*, in: R. Streinz (Hrsg.), EUV/AEUV, 2. Aufl. 2012, Art. 126 Rdn. 6.

lichkeit einer allseitig kritischen Lage der öffentlichen Finanzen,[18] welche die europäische Öffentlichkeit[19] längst an der Wirksamkeit der Defizitkontrolle und dem Handlungswillen aller beteiligten Akteure zweifeln lässt. Die Dauerkrise scheint der gegenwärtige Verfassungszustand der Union zu sein, den auch das verfassungsqualitative Erstarken[20] der Unionsgrundordnung[21] nach Lissabon nicht verhindern kann. Ein Grund dafür könnte sein, dass die Verrechtlichung der Wirtschaftspolitik, das Ersetzen von ökonomischer durch juridische Rationalität letztlich nicht greift und die beste Wirtschaftsverfassung als Korrektiv verfehlten Wirtschaftens nicht taugt. Ein weiterer Grund könnte sein, dass präventive wie reaktive Kontrolle effizienter werden müssen. Würden die gegenwärtigen Krisenbefunde den „epochalen Erfolg, den die europäische Einigung erreicht hat" relativieren (nämlich „die Nationalstaaten zu zähmen und zu disziplinieren"[22]), so wäre das fatal. Wie erfolgreich die Kommission einem solchen Erosionsszenario entgegenwirken kann, sei nachfolgend kritisch hinterfragt.

II. Kontrollverantwortung im Europäischen Verfassungsverbund

1. Geteilte und gemeinsam wahrgenommene Kontrollverantwortung im Europäischen Verfassungsverbund

Damit stellt sich eine erste Vorfrage. Die Kontrolle einer Rechtsordnung hängt ab von und wird bedingt durch deren hierarchische oder heterarchische, monozentrische oder polyzentrische, Souveränität konzentrierende oder teilende Strukturen. Dass traditionelle Hierarchiemodelle der schrittweisen Genese des konstitutionellen Europas nicht gerecht werden, ist hinlänglich be-

---

[18] *Reimer*, Nachhaltigkeit durch Begrenzung der Staatsverschuldung, in: Kahl (Hrsg.), Nachhaltige Finanzstrukturen im Bundesstaat, 2011, S. 147 ff.

[19] *Calliess*, Die neue Europäische Union nach dem Vertrag von Lissabon, 2010, S. 148; *Seeger*, Die Institutionen- und Machtarchitektur der Europäischen Union mit dem Vertrag von Lissabon, in: Weidenfeld (Hrsg.), Lissabon in der Analyse, 2008, S. 63 ff., 91; zum Streit um Möglichkeiten und Entstehungsbedingungen einer europäischen Öffentlichkeit einerseits *Häberle*, Gibt es eine Europäische Öffentlichkeit?, 2000, andererseits *Grimm*, Braucht Europa eine Verfassung?, 1995.

[20] Siehe etwa *Haratsch/Schiffauer/Tsatsos*, Einleitung: Der Verfassungszustand der Europäischen Union, in: Tsatsos (Hrsg.), Die Unionsgrundordnung. Handbuch zur Europäischen Verfassung, 2010, S. 1 ff. m. zahlreichen w. N.

[21] *Tsatsos*, Die Europäische Unionsgrundordnung, EuGRZ 1995, 287 ff.; *ders.*, Die Europäische Unionsgrundordnung im Schatten der Effektivitätsdiskussion, EuGRZ 2000, 517 ff.; *ders.* (Hrsg.), Die Unionsgrundordnung. Handbuch zur Europäischen Verfassung, 2010.

[22] *Isensee*, Integrationsziel Europastaat, in: Due u.a. (Hrsg.), FS Everling, 1995, S. 567 ff., 592.

kannt.[23] Die wechselseitigen Verflechtungen, Verschränkungen und Überlagerungen, das *pluralistische Verwobensein* von unionalem und mitgliedstaatlichem Recht, dazu das ebenfalls *eingewobene* Recht des Europarates und schließlich, vom (universellen) Völkerrecht her, „internationale Maßstabsnormen"[24] als einhegende Direktiven, stehen einer strikt hierarchischen Ordnungsidee diametral entgegen.[25] Das gilt auch für die Kontrollseite; strikte Kontrollhierarchien zerbrechen an einer diffuseren Wirklichkeit. Diese verlangt vielmehr nach einer ihr gemäßen, neuen Matrix. Sie muss den um Eindeutigkeit ringenden Juristen notwendig irritieren, weil sie die Eindeutigkeit der Hierarchien aufgibt und sich auf eine sehr viel uneindeutigere, weil dynamischere, Ordnungsidee einlässt.[26] Beschreibungsmodelle, aus denen nicht vorschnell normative Konsequenzen gezogen werden dürfen, gibt es zur Genüge. „Politikverflechtungen"[27] korrespondieren „Mehrebenenverflechtungen"[28]. Das Gemeinsame im Politischen akzentuiert die „Sympolitie",[29] das kooperative bei der Herrschaftsausübung die „Synarchie".[30]

Besonders erfolgreich ist, nicht ohne Grund, der Verbundgedanke.[31] Er variiert seinerseits in stärker intergubernativen (Staatenverbund)[32] und stärker

---

[23] So nachdrücklich *Bogdandy/Schill*, Zur unionsrechtlichen Rolle nationalen Verfassungsrechts und zur Überwindung des absoluten Vorrangs, ZaöRV 70 (2010), 701 ff., 703.

[24] *Calliess*, Auswärtige Gewalt, in: Isensee/Kirchhof (Hrsg.), HStR, Bd. IV, 3. Aufl. 2006, § 83 Rdn. 6.

[25] Weiterführend *Walker*, The idea of Constitutional Pluralism, M.L.R. 65 (2002), 317 ff.; *ders.* (Hrsg.), Sovereignty in Transition, 2003.

[26] Siehe *Jestaedt*, Der Europäische Verfassungsverbund – Verfassungstheoretischer Charme und rechtstheoretische Insuffizienz einer Unschärferelation, in: GS W. Blomeyer, 2004, S. 637 ff.

[27] *Scharpf/Reissert/Schnabel*, Politikverflechtung. Theorie und Empirie des kooperativen Föderalismus in der Bundesrepublik, 1976; später *Scharpf*, Die Politikverflechtungs-Falle. Europäische Integration und deutscher Föderalismus im Vergleich, in: Politische Vierteljahresschrift 26 (1985), 323 ff.

[28] *Peters*, Elemente einer Theorie der Verfassung Europas, 2001, S. 188; ihr folgend *Schwind*, Zukunftsgestaltende Elemente im deutschen und europäischen Staats- und Verfassungsrecht, 2008, S. 75.

[29] *Tsatsos*, The European Sympolity. New Democratic Discourses, 2008; *Schiffauer*, Zum Verfassungszustand der Europäischen Union nach Unterzeichnung des Vertrages von Lissabon, EuGRZ 2008, 1 ff.

[30] *Chryssochoou*, Europe as a Synarchy. A Study in Organized Co-Sovereignty, JöR 57 (2007), 407 ff.

[31] *Pernice*, Die Dritte Gewalt im Europäischen Verfassungsverbund, EuR 1996, 27 ff.; *ders.*, Das Verhältnis europäischer zu nationalen Gerichten im europäischen Verfassungsverbund, Schriftenreihe der Juristischen Gesellschaft zu Berlin, Heft 180 (2006); *Classen*, Effektive und kohärente Justizgewährleistung im europäischen Rechtsschutzverbund, JZ 2006, 157 ff.; *Merli*, Rechtsprechungskonkurrenz zwischen nationalen Verfassungsgerichten, Europäischem Gerichtshof und Europäischem Gerichtshof für Menschenrechte, VVDStRL 66 (2007), 392 ff., 418; *Oeter*, Rechtsprechungskonkurrenz zwischen nationalen Verfassungsgerichten, Europäischem Gerichtshof und Europäischem Gerichtshof für

konstitutionellen Spielarten (Verfassungsverbund[33], fortgedacht zum Mehrebenen-Konstitutionalismus[34]). Was den Verbundbegriff jedenfalls als Beschreibungsmodell so attraktiv macht, ist seine Analysetauglichkeit. Das Verbunddenken hilft, die teils schon spezifischen, teils noch recht unspezifischen Funktionsweisen komplexer Mehrebenenverflechtungen zu umschreiben, ohne dass die genauen Techniken des Zusammenspiels damit schon vorab festgelegt wären[35] – ist also dynamische Ordnungsidee, die stärker auf ein immer neues Sich-Verbinden als auf statisches Verbundensein verweist. Das hat gerade für Fragen der Aufsicht und Kontrolle hohe Relevanz, weil die Aufsicht der Union über die Mitgliedstaaten sich als ein besonders weitreichender Eingriff in deren staatliche Substanz erweist. Sie betrifft Souveränität, Integrität und Identität.[36] Damit in enger Verbindung steht die Frage nach der demokratischen Rückbindung der kontrollierenden „Hüter". Die spezifische Kontrollverantwortung für die Finanzmarktstabilität im Mehrebenensystem[37] ist auch eine spezifisch demokratische, weil untrennbar mit einer der wichtigsten Errungenschaften des demokratischen Verfassungsstaates verbunden: seiner Budgethoheit.[38] Die freie Marktwirtschaft zu begründen, gegen Störungen sichern und im Störfall wieder zu begründen[39], ist dem demokratischen Souverän überantwortete (Kontroll-)Aufgabe. Er stellt sich dieser Aufgabe durch

---

Menschenrechte, VVDStRL 66 (2007), 361 ff., insbes. 383; *Bogdandy/Schill*, Zur unionsrechtlichen Rolle nationalen Verfassungsrechts und zur Überwindung des absoluten Vorrangs, ZaöRV 70 (2010), 701 ff., 704; *Voßkuhle*, Der europäische Verfassungsgerichtsverbund, NVwZ 2010, 1 ff.

[32] BVerfGE 89, 155, 156, 181; prägend *Kirchhof*, Der europäische Staatenverbund, in: Bogdandy/Bast (Hrsg.), Europäisches Verfassungsrecht, 2. Aufl. 2009, S. 1009 ff., 1019 ff.

[33] Wegweisend *Pernice*, Der Europäische Verfassungsverbund auf dem Wege der Konsolidierung, JöR 48 (2000), 205 ff .; *ders.*, Europäisches und nationales Verfassungsrecht, VVDStRL 60 (2001), 148 ff.; *ders.*, Theorie und Praxis des Europäischen Verfassungsverbundes, in: Calliess (Hrsg.), Verfassungswandel im europäischen Staaten- und Verfassungsverbund, 2007, S. 61 ff.

[34] *Pernice*, Multilevel Constitutionalism and the Treaty of Amsterdam. European Constitution-Making Revisited?, Common Market Law Review 36 (1999), 703 ff.; jüngst etwa fortentwickelt bei *Knauff*, Der Regelungsverbund. Recht und Soft Law im Mehrebenensystem, 2010, S. 7 ff. und passim.

[35] So *Voßkuhle*, Der europäische Verfassungsgerichtsverbund, NVwZ 2010, 1 ff., 3.

[36] *Everling*, Die Mitgliedstaaten der Europäischen Union unter der Aufsicht von Kommission und Gerichtshof, in: Depenheuer u.a. (Hrsg.), Staat im Wort. FS für Isensee, 2007, S. 773 ff., 774.

[37] *Höfling*, Finanzkrise und Reformbedarf, Verhandlungen des 68. Deutschen Juristentages, Bd. I, 2010, Gutachten F, F 9.

[38] *Isensee*, Plebiszit unter Finanzvorbehalt, in: FS Mußgnung, 2005, S. 101 ff., 106 f.; *Nettesheim*, „Euro-Rettung" und Grundgesetz. Verfassungsrechtliche Vorgaben für den Umbau der Währungsunion, EuR 2011, 765 ff.; *Morlok/Hientsch*, Das Parlament als Zentralorgan der Demokratie. Eine Zusammenschau der einschlägigen parlamentschützenden Normen, JuS 2011, 1 ff.

[39] *Fikentscher*, Finanzkrise, Wettbewerb und Regulierung, GRUR Int. 2009, 635 ff., 640.

Festschreibung des Ordnungsrahmens auf Verfassungsebene. Diese Wirtschafts- und Finanzverfassung kann aufgrund der eben skizzierten Verflechtungen nur im europäischen Verbund gelingen.[40] Soll eine rechtliche Ordnung des komplexen Verhältnisses von Wirtschaft und Politik überhaupt möglich werden,[41] muss sie allen relevanten Ebenenverschränkungen Rechnung tragen. Das gilt für die Rechtssetzung im *Rechtsetzungsverbund*[42], die Rechtsdurchsetzung im *Rechtsprechungsverbund*[43] und die Kontrolle der gesamten Unionsrechtsordnung im *Kontrollverbund*. In gemeinsamer Kontrollverantwortung stehen nicht nur die Kommission und der zur „Wahrung des Rechts bei der Auslegung und Anwendung der Verträge" (Art. 19 Abs. 1 UA 1 S. 2 EUV)[44] berufene Gerichtshof; in demokratischer Kontrollverantwortung stehen ebenso die mitgliedstaatlichen Gerichte und die mitgliedstaatlichen Parlamente. Die Kontrollmöglichkeiten der Europäischen Union in Sachen Finanzmarktstabilität blieben *strukturell defizitär*, würden sie nicht *komplementär* durch die Kontrollverantwortung der mitgliedstaatlichen Parlamente für das unionale *Stabilitätsregime* ergänzt.

2. *Der Konnex von Integrationsverantwortung und Kontrollverantwortung*

Damit sei eine zentrale These formuliert: Es gehört zur *Integrationsverantwortung* der mitgliedstaatlichen Parlamente, bei ihrer Haushaltsgesetzgebung die unionsrechtlichen Defizitvorgaben zu berücksichtigen und ihre Budgethoheit als durch „gemeineuropäische Gemeinwohlvorstellungen"[45] determiniert zu begreifen. Die komplementäre Defizitkontrolle durch die relevanten Akteure setzt deren *komplementäre Kontrollverantwortung* als *gemeineuropäisch gedachte Gemeinwohlverantwortung* und *integrationsfreundlich konzipierte Integrationsverantwortung* voraus.[46] Den der Sache nach glücklichen Begriff

---

[40] *Ruffert*, Zur Leistungsfähigkeit der Wirtschaftsverfassung, AöR 134 (2009), 197 ff.

[41] *Nowak*, Binnenmarktziel und Wirtschaftsverfassung der Europäischen Union vor und nach dem Reformvertrag von Lissabon, EuR, Beiheft 1, 2009, 129 ff., 143; zum Begriff der Wirtschaftsverfassung aus grundgesetzlicher Perspektive *Karpen*, Soziale Marktwirtschaft und Grundgesetz, 1990.

[42] *Weber*, Europäisches Parlament und nationale Parlamente im Europäischen Rechtsetzungsverbund, DÖV 2011, 497 ff.

[43] Für den Ausbau eines europäischen Rechtsprechungsverbundes plädiert nachdrücklich *Kahl*, Der Europäische Verwaltungsverbund – Strukturen – Typen – Phänomene, Der Staat 50 (2011), 352 ff.

[44] Zum neugefassten Art. 19 EUV als „Zentralnorm der Rechtsgemeinschaft" *Terhechte*, Der Vertrag von Lissabon: Grundlegende Verfassungsurkunde der europäischen Rechtsgemeinschaft oder technischer Änderungsvertrag?, EuR 2008, 143 ff., 159.

[45] *Häberle*, Europäische Verfassungslehre, 7. Aufl. 2011, S. 377 ff.

[46] Dass die demokratische Verantwortung des Gesetzgebers unter dessen (strukturell bedingten) Informations- und Wissensdefiziten nicht selten leidet verdeutlicht *Calliess*, Finanz-

der Integrationsverantwortung[47] hat das Bundesverfassungsgericht in seinem Lissabon-Urteil[48] geprägt. Karlsruhe versteht das Konzept allerdings in einem engeren Sinne und beschränkt es auf die Beteiligung der mitgliedstaatlichen Legislativkörperschaften an der unionalen Rechtsetzung.[49] Verbindet sich diese Konzeption mit einer eher negativen Lesart – d.h. der einseitigen Betonung des freiheitlichen und demokratischen Defizits der europäischen Integration bei

krisen als Herausforderungen der internationalen, europäischen und nationalen Rechtsetzung, VVDStRL 71 (2012), 113 ff., 134.

[47] *Sonder*, Was ist Integrationsverantwortung? Kritische Überlegungen zu den verfassungstheoretischen Vorgaben des Bundesverfassungsgerichts und der Umsetzung im IntVG, KritV 2011, 214 ff.; *Calliess*, Nach dem Lissabon-Urteil des Bundesverfassungsgerichts – Parlamentarische Integrationsverantwortung auf europäischer und nationaler Ebene, ZG 2010, 1 ff.; *Voßkuhle*, Die Integrationsverantwortung des Bundesverfassungsgerichts, in: Das Europäische Verwaltungsrecht in der Konsolidierungsphase, Die Verwaltung, Beiheft 10 (2010), 229 ff. Die enge Kooperation mit den mitgliedstaatlichen Gerichten in Vorabentscheidungsverfahren betont der Gerichtshof jüngst in seinem Gutachten 1/09 (Plenum) vom 8. März 2011, dort Rdn. 84.

[48] BVerfGE 123, 267; die Begleitliteratur ist schon nach kurzer Zeit kaum mehr zu überblicken, monographisch etwa *Abels*, Das Bundesverfassungsgericht und die Integration Europas. Verfassungsrechtliche Möglichkeiten und Grenzen untersucht am Karlsruher Lissabon-Urteil, 2011; in weiterer Auswahl etwa: *Cremer*, Lissabon-Vertrag und Grundgesetz, Jura 2010, 296 ff.; *Häberle*, Das retrospektive Lissabon-Urteil als versteinernde Maastricht II-Entscheidung, JöR 58 (2010), 317 ff.; *Lindner*, Das Lissabon-Urteil des Bundesverfassungsgerichts und die Konsequenzen für die europäische Integration, BayVBl. 2010, 193 ff.; *Mayer*, Rashomon in Karlsruhe, NJW 2010, 714 ff.; *Müller-Graff*, Das Lissabon-Urteil – Implikationen für die Europapolitik, ParlBeilage Nr. 18, 2010, 22 ff.; *Schröder*, Die offene Flanke. Die verfassungsrechtlichen Anforderungen an die Begleitgesetzgebung zum Vertrag von Lissabon, DÖV 2010, 303 ff.; *Weber*, Die Europäische Union unter Richtervorbehalt?, JZ 2010, 157 ff.; *Wiemers*, Der Lissabon-Vertrag und das Bundesverfassungsgericht – Zum BVerfG-Urteil über den Vertrag zur Reform der Europäischen Union, VR 2010, 73 ff.; *Classen*, Legitime Stärkung des Bundestages oder verfassungsrechtliches Prokrustesbett?, JZ 2009, 881 ff.; *Gärditz/Hillgruber*, Volkssouveränität und Demokratie ernst genommen – Zum Lissabon-Urteil des BVerfG, JZ 2009, 872 ff.; *Grimm*, Das Grundgesetz als Riegel vor einer Verstaatlichung der Europäischen Union, Der Staat 48 (2009), 475 ff.; *Jestaedt*, Warum in die Ferne schweifen, wenn der Maßstab liegt so nah?, Der Staat 48 (2009), 497 ff.; *Terhechte*, Souveränität, Dynamik, Integration – making up the rules as we go along, EuZW 2009, 724 ff.; *Thym*, Europäische Integration im Schatten staatlicher Souveränität, Der Staat 48 (2009), 559 ff.; *Wahl*, Die Schwebelage im Verhältnis von Europäischer Union und Mitgliedstaaten, Der Staat 48 (2009), 587 ff.

[49] *Engels*, Die Integrationsverantwortung des Deutschen Bundestages, JuS 2012, 210 ff.; *Hölscheidt*, Die Verantwortung des Bundestages für die europäische Integration, DÖV 2012, 105 ff.; *Rohleder*, Die Beteiligung des Deutschen Bundestages an der europäischen Rechtsetzung in Theorie und Praxis, ZG 2011, 105 ff.; *Claus/Rheinberger*, Danke, Lissabon?! Die Integrationsverantwortung der Landesparlamente, KritV 2011, 262 ff.; *Wittreck*, Wächter wider Willen. Probleme der Beteiligung von Parlamenten am europäischen Integrationsprozess auf Bundes- und Landesebene, ZG 2011, 122 ff.; die einschlägige deutsche Begleitgesetzgebung wurde rasch in Kommentarform aufbereitet, *Arnauld/Hufeld* (Hrsg.), Systematischer Kommentar zu den Lissabon-Begleitgesetzen. IntVG/EUZBBG/EUZBLG, 2011.

gleichzeitiger Überhöhung der nationalen Souveränität[50] – kann sich Integrationsverantwortung rasch in ihr Gegenteil verkehren: Verhinderung von Integration statt Öffnung für verantwortete, da demokratisch legitimierte und demokratisch kontrollierbare Integration.

Die Integrationsverantwortung mitgliedstaatlicher Parlamente greift also auch dort, wo es nicht um die Beteiligung an der Unionsrechtsetzung, sondern die unionrechtskonforme mitgliedstaatliche Rechtsetzung zur Verwirklichung des gesamt- respektive gemeineuropäisch gedachten Gemeinwohls geht. Damit werden auch die mitgliedstaatlichen Parlamente zu „Hütern des Unionsrechts" – was aus dem Gebot der Unionstreue ohnehin folgt[51]. Sie trifft die Verantwortung, der Kommission schon dann präventiv kontrollierend zur Seite zu stehen, wo mitgliedstaatliche Exekutiven durch eine exzessive Schuldenpolitik die Defizitkriterien zu unterwandern trachten. Gewiss, der so skizzierten „Verantwortung" fehlt ein institutioneller Rahmen, der dem komplementären Miteinander eindeutige Strukturen gäbe oder gar durchsetzbare Sanktionen vorhielte. Dieses Verantwortungsdenken macht aber deutlich, dass ohne den demokratischen Kontrollinput der mitgliedstaatlichen Parlamente die Kontrollverantwortung der Kommission defizitär bleibt. Beide, nationale Parlamente wie Kommission, liefen Gefahr, einem gemeineuropäischen „Exekutivföderalismus"[52] der mitgliedstaatlichen Regierungen ohne hinreichende demokratische Rückbindung und ohne eine hinreichend wirkungsmächtige unionale Exekutivgewalt zum Opfer zu fallen. Die unzureichende Beteiligung des Europäischen Parlaments bei der Defizitprävention käme erschwerend hinzu.

3. Die spezifische „Hüterrolle" der Kommission

Bei aller Komplementarität der Kontrollverantwortung im europäischen Verfassungsverbund und der diesen grundierenden europäischen Bürgergesellschaft trifft die Kommission eine spezifische Hüterrolle. Hierin spiegelt sich auf eine Weise das französische Konzept wieder, wonach zur Wahrung der Grundordnung primär die Exekutive bzw. Regierung berufen ist.[53] Die Kommission ist verpflichtet, gegen objektive Verletzungen des Unionsrechts von hinreichendem Gewicht einzuschreiten. Nur so lässt sich dessen unionsweit

---

[50] Berechtigte Kritik an dieser „abwehrenden" Integrations- als Schutzverantwortung vor mehr Europa formuliert *Schmahl*, Deutschland und die europäische Integration. Grund und Grenzen der verfassungsrechtlichen Regelung unionsbezogener Fragen, BayVBl. 2012, 1 ff.

[51] *Lück*, Die Gemeinschaftstreue als allgemeines Rechtsprinzip im Recht der Europäischen Gemeinschaft, 1992, S. 25 ff.; *P. Unruh*, Die Unionstreue, EuR 2002, 41; *Zuleeg*, Die föderativen Grundsätze der Europäischen Union, NJW 2000, 2846.

[52] Zur Terminologie *Dann*, Europäisches Parlament und Exekutivföderalismus, Der Staat 42 (2003), 357 ff.; *König*, Unitarisierung durch Europäisierung, Parl. Beilage Nr. 36, 2005, 28 ff.

[53] *Mayer*, Wer soll Hüter der europäischen Verfassung sein?, AöR 129 (2004), 411 ff.

gleiche Anwendung und effektive Durchsetzung sicherstellen.[54] Den positivrechtlichen Ausgangspunkt bildet Art. 13 EUV. Er fungiert im konstitutionellen Gesamtgefüge der Europäischen Union nach Lissabon als deren institutionelle *Grundnorm*[55] und gibt, von den Werten (Art. 2 EUV) und Zielen (Art. 3 EUV) der Union her gedacht,[56] den Organen ihr integrationsspezifisches Anforderungsprofil vor. Dieses zielt neben den Interessen der Union zugleich auf die der Mitgliedstaaten, vor allem aber die ihrer Bürgerinnen und Bürger ab (vgl. Abs. 1). Auch schimmert der Verbundgedanke wieder auf. So soll nicht nur eine entscheidungseffiziente institutionelle Infrastruktur geschaffen, sondern „europäischer Gemeinsinn"[57] verfestigt und „europäisches Gemeinwohl"[58] gefördert werden.

Die Verpflichtung aller Unionsorgane auf das *bonum commune Europaeum* greift Art. 17 Abs. 1 S. 1 EUV für die Kommission explizit auf: sie „fördert die allgemeinen Interessen der Union."[59] Eine unional verengte Lesart verbietet sich von vornherein, da in der europäischen res publica[60] Unionsinteressen, mitgliedstaatliche Interessen und Bürgerinteressen vielfältig miteinander verflochten, aufeinander bezogen und voneinander abhängig sind. So wie nach dem hier vorgestellten Konzept der Integrationsverantwortung die mitgliedstaatlichen Parlamente das gemeineuropäische Gemeinwohl zur Zielperspektive haben sollten, muss umgekehrt die Kommission neben dem „Unionswohl" immer auch das Gemeinwohl der von ihrem Handeln betroffenen Mitgliedstaaten mitberücksichtigen. Die völlige Unabhängigkeit der Kommissionsmitglieder (Art. 17 Abs. 3 EUV) will gerade diese doppelte Gemein-

---

[54] *Oppermann/Classen/Nettesheim*, Europarecht, 5. Aufl. 2011, § 14 Rdn. 25; *Kotzur*, in: Geiger/Khan/Kotzur (Hrsg.), EUV/AEUV, Art. 258 AEUV Rdn. 1.

[55] So *Calliess*, in: ders./Ruffert (Hrsg.), EUV/AEUV, 4. Aufl. 2011, Art. 13 EUV Rdn. 1; *Streinz*, in: ders. (Hrsg.), EUV/AEUV, 2. Aufl. 2012, Art. 13 EUV Rdn. 2.

[56] *Calliess*, Europa als Wertegemeinschaft – Integration und Identität durch europäisches Verfassungsrecht?, JZ 2004, 1033 ff.; *Kotzur*, Die Ziele der Union. Verfassungsidentität und Gemeinschaftsidee, DÖV 2005, 313 ff.

[57] *Bieber*, in: Groeben/Schwarze (Hrsg.), Kommentar zum EU-/EG-Vertrag, 6. Aufl. 2003/2004, Art. 7 EGV Rdn. 3.

[58] *Häberle*, Gibt es ein europäisches Gemeinwohl?, in: Cremer u.a. (Hrsg.), Tradition und Weltoffenheit des Rechts, FS Steinberger, 2002, S. 1153 ff.; *ders.*, Öffentliches Interesse als juristisches Problem, 2. Aufl. 2006, S. 777 ff.; *ders.*, Europäische Verfassungslehre, 7. Aufl. 2011, S. 377 ff.; vorher schon *ders.*, Europäische Rechtskultur, 1994 (TB 1997), S. 323 ff. Eine umfassende monographische Aufbereitung findet sich weiterhin bei *Anderheiden*, Gemeinwohl in Republik und Union, 2006.

[59] So ausdrücklich *Kugelmann*, in: Streinz (Hrsg.), EUV/AEUV, 2. Aufl. 2012, Art. 17 EUV Rdn. 13; *Martenczek*, in: Grabitz/Hilf/Nettesheim (Hrsg.), Das Recht der Europäischen Union, 41. EL 2010, Art. 17 EUV Rdn. 10.

[60] *Bogdandy*, Konstitutionalisierung des europäischen öffentlichen Rechts in der europäischen Republik, JZ 2005, 529 ff.; *ders.*, Die Europäische Republik, Aus Politik und Zeitgeschichte 36 (2005), 21 ff.; skeptischer *König*, Die Europäische Republik – so nah und doch so fern? Zeitschrift für internationale Beziehungen 12 (2005), 361 ff.

wohlverpflichtung sichern.[61] Art. 245 Abs. 1 AEUV versagt den Mitgliedstaaten deshalb konsequent jeden Versuch der Einflussnahme auf „ihre" Kommissare.[62] Diese formale Unabhängigkeit sichert der Kommission beachtliche Einflussmöglichkeiten, immer funktional auf die Gemeinwohlkonkretisierung hin gedacht, und macht sie *zum genuin supranationalen* Organ der Union.[63] Neben die formale tritt indes auch eine gleichsam materielle Garantie der Unabhängigkeit. In ihrer Zusammensetzung steht die Kommission für das multi-nationale, multi-kulturelle und vielsprachige Moment europäischer Identität;[64] in der Kommission findet die vielberufene „Einheit in Vielheit"[65] ein wichtiges personales Substrat. Nicht zuletzt aus der Eigendynamik von Vielheit (oder Vielfältigkeit) gewinnen die Kommissare Unabhängigkeit.

Die Natur der Kommission als unionales Verfassungsorgan ist atypisch und kennt im konstitutionellen Institutionengefüge der Mitgliedstaaten kein strukturparalleles Gegenbild. Hybrid konzipiert, erweist sich die Kommission von ihren Kompetenzen wie Funktionen her als ein politisch-administrativer Zwitter mit legislativen, exekutiven und administrativen Aufgaben, zu denen insbesondere auch das „agenda setting" gerechnet wird.[66] Schon deshalb darf ihr Einfluss auf das politische und ökonomische Handeln der Mitgliedstaaten nicht unterschätzt werden. Die Kommission ist weder klassisches Sekretariat einer internationalen Organisation noch Regierung der Europäischen Union.[67] Ihre politischen und administrativen Funktionen lassen sich indes organisatorisch wie personell unterscheiden. Die Kommissare wirken als die „political entrepreneurs"[68], die Generaldirektionen und Dienststellen als Verwaltungsorgane. Es ist allerdings nicht die Regierungsfunktion, die die Kommission in spezifi-

---

[61] *Kotzur*, in: Geiger/Khan/Kotzur (Hrsg.), EUV/AEUV, 5. Aufl. 2010, Art. 245 AEUV Rdn. 2; *Martenczek*, in: Grabitz/Hilf/Nettesheim (Hrsg.), Das Recht der Europäischen Union, 45. EL 2011, Art. 245 AEUV Rdn. 2.

[62] *Bieber*, Institutionen, in: Schulze/Zuleeg/Kadelbach (Hrsg.), Europarecht. Handbuch für die deutsche Rechtspraxis, 2. Aufl. 2010, § 1 Rdn. 67.

[63] *Geiger*, in: ders./Khan/Kotzur (Hrsg.), EUV/AEUV, 5. Aufl. 2010, Art. 17 EUV Rdn. 1; *Bieber*, Institutionen, in: Schulze/Zuleeg/Kadelbach (Hrsg.), Europarecht. Handbuch für die deutsche Rechtspraxis, 2. Aufl. 2010, § 1 Rdn. 67.

[64] *Schön-Quinlivan*, Reforming the European Commission, 2011, S. 2 m.w.N.

[65] Grundlegend thematisiert etwa *von Bogdandy* und *Korioth*, Europäische und nationale Identität. Integration durch Verfassungsrecht, VVDStRL 62 (2003), 156 ff. und 117 ff.; siehe auch *Kotzur*, Zur politischen Identität der europäischen Staaten, in: Tsatsos (Hrsg.), Die Unionsgrundordnung, 2010, S. 165 ff., 174 ff.

[66] *Schön-Quinlivan*, Reforming the European Commission, 2011, S. 2; *Oppermann/Classen/Nettesheim*, Europarecht, 5. Aufl. 2011, § 5 Rdn. 93.; *Bauer*, Reforming the European Commission, 2009; *ders.*, Die Kommission auf der Suche nach einem neuen Leitbild, Integration 2005, S. 47 ff.; *Wonka*, Die Europäische Kommission. Supranationale Bürokratie oder Agent der Mitgliedstaaten?, 2008.

[67] *Schön-Quinlivan*, Reforming the European Commission, 2011, S. 1.

[68] *Joana/Smith*, Les Commissaires européens: technocrats, diplomats ou politiques?, 2002, S. 243.

scher Weise zur „Hüterin der Verträge“ befähigt; es ist vielmehr der hier skizzierte supranationale, bürokratische Charakter einer neutralen Institution, die frei von Ideologien und losgelöst von bestimmten politischen Interessen – ganz ähnlich wie ein Gericht – über den Dingen steht und gerade aus diesem Profil Autorität gewinnt.[69] Mit dem Vertragsverletzungsverfahren nach Art. 258 AEUV steht grundsätzlich ein scharfes Schwert zur Verfügung, um von dieser Autorität auch Gebrauch zu machen.[70]

Allerdings ist die Kommission trotz dieser Position gemeinwohlverpflichteter Stärke nicht unmittelbar demokratisch legitimiert. Sie leitet ihre mittelbar-demokratische Legitimation von den sie ernennenden Gremien, nämlich von den Regierungen der Mitgliedstaaten durch den Rat und vom Europäischen Parlament ab. Ihre in Art. 17 Abs. 1 S. 2 und S. 3 EUV ausbuchstabierte „Hüterrolle“ wird erweitert um Initiativ-, und Exekutivrechte.[71] Die drei Dimensionen sind indes interdependent und auch den Initiativ- und Exekutivfunktionen wohnen Kontrollaspekte inne. Die Initiative verlangt planerisches Tätigwerden und dient damit immer auch präventiver Kontrolle.[72] Teils administrativer Natur sind die einzelnen Kontrollrechte, die der AEUV der Kommission überträgt. Sie kann nach Art. 337 AEUV zur Erfüllung aller ihr übertragenen Aufgaben von den Mitgliedstaaten die erforderlichen Auskünfte einholen und Nachprüfungen auch in den Mitgliedstaaten vornehmen.[73] Darüber hinaus ermächtigen manche Sekundärrechtsakte die Kommission zur Kontrolle.[74] Am weitesten reicht, wie schon gesagt, der Anstoß zu gerichtlicher Kontrolle durch das Vertragsverletzungsverfahren gem. Art. 258 AEUV.[75] Wo diese Möglichkeit fehlt, bleibt die Kontrollfunktion in letzter Konsequenz eingeschränkt.

Das vorliegend skizzierte Kontrollprofil macht ein Dilemma offenbar. Die Kommission soll einerseits neutrale Kontrollinstanz sein, die ebenso objektiv

---

[69] *Mayer*, Wer soll Hüter der europäischen Verfassung sein?, AöR 129 (2004), 411 ff.

[70] *Ortlepp*, Das Vertragsverletzungsverfahren als Instrument zur Sicherung der Legalität im Europäischen Gemeinschaftsrecht, 1987; *Thiele*, Sanktionen gegen die EG-Mitgliedstaaten zur Durchsetzung von Gemeinschaftsrecht, EuR 2008, 320 ff.; *Kotzur*, in: Geiger/Khan/Kotzur (Hrsg.), EUV/AEUV, 5. Aufl. 2010, Art. 258 AEU Rdn. 1 ff.

[71] *Bieber*, Institutionen, in: Schulze/Zuleeg/Kadelbach (Hrsg.), Europarecht. Handbuch für die deutsche Rechtspraxis, 2. Aufl. 2010, § 1 Rdn. 71; *Martenczek*, in: Grabitz/Hilf/Nettesheim (Hrsg.), Das Recht der Europäischen Union, 41. EL 2010, Art. 17 EUV Rdn. 9.

[72] Allgemein zur „Finanzmarktrechtsetzung im Lichte des Vorsorgeprinzips“ *Calliess*, Finanzkrisen als Herausforderungen der internationalen, europäischen und nationalen Rechtsetzung, VVDStRL 71 (2012), 113 ff., 136 ff.

[73] Dazu *Khan*, in: Geiger/Khan/Kotzur (Hrsg.), EUV/AEUV, Art. 337 AEUV Rdn. 4 ff.; *Herrmann*, in: Streinz (Hrsg.), EUV/AEUV, 2. Aufl. 2012, Art. 337 AEUV Rdn. 1 ff.; *Epping*, in: Vedder/Heintschel v. Heinegg (Hrsg.), Europäisches Unionsrecht, 2012, Art. 337 AEUV Rdn. 1 ff.

[74] Nachweise bei *Bieber*, Institutionen, in: Schulze/Zuleeg/Kadelbach (Hrsg.), Europarecht. Handbuch für die deutsche Rechtspraxis, 2. Aufl. 2010, § 1 Rdn. 77.

[75] Früh *Ehlermann*, Die Verfolgung von Vertragsverletzungen der Mitgliedstaaten durch die Kommission, in: FS Kutscher, 1983, S. 135 ff.

und neutral wie ein Gericht der Wahrung des Unionsrechts Rechnung trägt. Sie ist andererseits politischer Akteur und zu politischem Gestalten berufen. Für die objektive Kontrollinstanz kann es keine Differenzierung zwischen größeren und kleineren, reicheren und ärmeren Mitgliedstaaten, kann es keine Unterschiede zwischen Nord- und Südeuropa geben. Für den politischen Akteur dürfen kulturelle und ökonomische, strukturpolitische und von Transferdenken[76] geleitete Überlegungen maßgeblich sein. Von der Kommission daher eine quasigerichtliche Unabhängig, Distanz und Neutralität zur erwarten, wäre verfehlt; das gilt gerade im Hinblick auf die Stabilitätskriterien in der Wirtschafts- und Währungsunion, wo Vorgaben des Rechts mit wirtschaftspolitischen Überlegungen in ein Konkurrenzverhältnis treten. Bezüglich der finanzwirksamen Rechtsakte sind überdies die Prägungen – auch Limitierungen – zu betonen, welche aus dem Eingebundensein der Kommission in das Gesamtgefüge der europäischen Institutionen und deren „institutionellem Gleichgewicht" resultieren.[77] Restriktionen erfährt die Hüterrolle der Kommission durch die völlig unabhängige Europäische Zentralbank (Art. 130 AEUV),[78] die im Laufe der Krise entschlossen eine ganz eigenständige Hüterverantwortung übernommen hat. Auch die Vorgaben des Internationalen Währungsfonds limitieren die Handlungsmöglichkeiten der Kommission oder, ins Positive gewendet, unterstützen deren Kontrollverantwortung. Die Finanzkrise macht einmal mehr deutlich, wie stark das konstitutionelle Europa in internationale Wirkungszusammenhänge eingebunden ist und in seinem Handeln durch andere *transnationale Akteure* und deren Rechtsetzungsakte determiniert wird. Dass bei der Defizitkontrolle und den Stabilisierungsmaßnahmen das Europäische Parlament außen vor steht, weil die Maßnahmen entweder ohne seine Beteiligung oder ganz außerhalb der Verträge erfolgen,[79] bleibt ein demokratisches Defizit.

---

[76] *Knopp*, Eurozone in der Dauerkrise – Deutschlands Weg in den Staatsbankrott?, NVwZ 2011, 1480 ff., 1481; *Willeke*, Deutschland, Zahlmeister der EU, 2011.

[77] Zum Konzept des institutionellen Gelichgewichts und den hier relevanten Nachweisen aus der Rechtsprechung des EuGH siehe *Oppermann/Classen/Nettesheim*, Europarecht, 5. Aufl. 2011, § 5 Rdn. 20.

[78] *Wahlig*, Die Unabhängigkeit der nationalen Zentralbanken als institutionelles Kriterium für den Eintritt in die dritte Stufe der europäischen Währungsunion, in: FS für Hahn, 1997, S. 265 ff.; *Khan*, in: Geiger/Kahn/Kotzur (Hrsg.), EUV/AEUV, 5. Aufl. 2010, Art. 130 Rdn. 1 ff.; an die spezifischen Eigengesetzlichkeiten der Finanzmärkte sei in diesem Kontext nur erinnert, dazu ausführlich *Calliess*, Finanzkrisen als Herausforderungen der internationalen, europäischen und nationalen Rechtsetzung, VVDStRL 71 (2012), 113 ff., 120 ff.

[79] So *Schorkopf*, Finanzkrisen als Herausforderung der internationalen, europäischen und nationalen Rechtsetzung, VVDStRL 71 (2012), 183 ff., 214 (Fn. 115) unter Verweis auf *Scharpf*, Monetary Union, Fiscal Crisis and the Preemption of Democracy, ZSE 9 (2011), 163 ff., 193 f., und *Goldmann*, The Financial Crisis as a Crisis of Democracy, German Law Journal 13 (2012), i. E.

III. Die Architektur der EWWU

Wie effektiv die Kommission ihrer Kontrollaufgabe in Sachen Stabilitätssicherung gewachsen ist, hängt jedoch nicht nur von ihrem eigenen institutionellen Profil und den institutionellen Akteuren ab, mit denen die Kommission interagiert, sondern auch von der Gesamtarchitektur der Europäischen Wirtschafts- und Währungsunion.[80] Sie bedingt die Kontrollmechanismen strukturell. In den Römischen Verträgen des Jahres 1957 hatten sich die Gründungsmitglieder der damaligen EWG eine primäre Aufgabe gestellt: die Schaffung eines *gemeinsamen Marktes*, wie er für den Bereich Kohle und Stahl seit 1951 bereits in Art. 1 EGKSV vorgeformt war und nun in Art. 2 EWGV weiterreichende Konturierung erfuhr.[81] „Aufgabe der Gemeinschaft ist es", so lautete die ursprüngliche Textfassung, „durch die Errichtung eines Gemeinsamen Marktes und die schrittweise Annäherung der Wirtschaftspolitik der Mitgliedstaaten eine harmonische Entwicklung des Wirtschaftslebens innerhalb der Gemeinschaft, eine beständige, ausgewogene Wirtschaftsausweitung, eine größere Stabilität, eine beschleunigte Hebung der Lebenshaltung" sowie „engere Beziehungen" zwischen den Mitgliedstaaten zu fördern. Es fällt auf, dass mit der gewählten Formulierung die Wirtschaft respektive die Wirtschaftspolitik nicht als Selbstzweck gedacht sind, sondern instrumental in den Dienst eines schrittweisen Integrationserfolges gestellt sind.[82] Die Währungspolitik bleibt in dieser Zielbestimmung zunächst ausgeklammert, auf die noch weitergehende Integration in einer Wirtschafts- und Währungsunion fehlt jeder Hinweis.[83] Das hat seine guten Gründe:

Zum einen wollte die ursprüngliche Sechsergemeinschaft, so entschlossen sie sich auch auf das Experiment[84] der Vergemeinschaftung eingelassen hatte, den unerprobten Gemeinschaftsorganen vorläufig keine weitreichenden Kompeten-

---

[80] Dazu etwa *Schäfer*, Die Entscheidung des ECOFIN-Rates über das Vorliegen eines übermäßigen Defizits, 2006, S. 5 ff.

[81] Allgemein zur Entwicklungsgeschichte *Stolleis*, Europa – seine historischen Wurzeln und seine künftige Verfassung, 1997; *ders.*, Europa als Rechtsgemeinschaft, in: Kadelbach (Hrsg.), Europa als kulturelle Idee. Symposion für C. Magris, 2010, S. 71 ff.

[82] *Selmayr*, Das Recht der Wirtschafts- und Währungsunion, Bd. 1: Die Vergemeinschaftung der Währung, 2002, S. 122.

[83] Aus der Lit. der frühen Jahre *Krämer*, Wirtschaftliche und rechtliche Probleme der monetären Integration in der Europäischen Wirtschaftsgemeinschaft, 1966; *Börner*, Rechtsfragen des Zahlungs- und Kapitalverkehrs in der EWG, EUR 1966, 97 ff.; später *Lauwaars*, Art. 235 als Grundlage für die flankierenden Politiken im Rahmen der Wirtschafts- und Währungsunion, EuR 1976, 100 ff.

[84] Für den Vergemeinschaftungsprozess kann mit Nachdruck Geltung beanspruchen, was *Holmes*, eine der weit über ihre Zeit hinaus prägenden Richterpersönlichkeiten am US-Supreme Court, als Verfassungstheorie einer „living constitution" konzipierte: „That, at any rate, is the theory of our Constitution. It is an experiment, as all life is an experiment", *Abrams v. United States* (250 U.S. 616 (1919)).

zen auf den souveränitätssensiblen Feldern der Wirtschafts- und Währungspolitik einräumen.[85] Zum anderen waren alle Gründerstaaten in das internationale Bretton-Woods-System stabiler Wechselkurse eingebunden und sahen schon deshalb keine Notwendigkeit, eine ganz eigenständige gemeinsame Geld- und Währungspolitik im Gründungsdokument ihres Integrationsprojekts festzuschreiben.[86] Eine Zusammenarbeit in Wirtschafts- und Währungsfragen sollte nur punktuell erfolgen, soweit sie für das Funktionieren des gemeinsamen Marktes unerlässlich war. Nicht Vergemeinschaftung, sondern *Koordinierung* war das Ziel.[87] Der Ende der 1960er Jahre einsetzende Perspektivenwechsel von *marktakzessorischer Koordination* zu eigenständiger Integration ist letztlich ein Kind der Krise. Mit dem Scheitern von Bretton-Woods erwies sich die „Bretton-Woods-Abhängigkeit"[88] der Gemeinschaft als blauäugig. Die Wechselkurskrise zwischen den europäischen Währungen und dem US-Dollar hatte das Vertrauen in die Stabilität des internationalen währungspolitischen Umfelds der europäischen Integration tief erschüttert. Daher wurde erstmals auf der Haager Konferenz der Staats- und Regierungschefs am 1. und 2. Dezember 1969 – ganz im Sinne der für den Integrationsprozess so typischen Popperschen Stückwerktechnik[89] – die Ausarbeitung eines Stufenplans zur Errichtung einer Wirtschafts- und Währungsunion diskutiert.[90] Bis zur Aufnahme in das Primärrecht blieb es ein langer Weg mit der Einheitlichen Europäischen Akte (1987) und dann vor allem dem Vertrag von Maastricht als wichtigen Wegmarken.[91]

---

[85] *Selmayr*, Das Recht der Wirtschafts- und Währungsunion, Bd. 1: Die Vergemeinschaftung der Währung, 2002, S. 123, unter Verweis auf *Everling*, Geld und Währung in der Rechtsprechung des Gerichtshofs der Europäischen Gemeinschaften, in: Hahn (Hrsg.), Das Geld im Recht, 1986, S. 39 ff., 41 f.

[86] Dazu und zu den Entwicklungsstadien der EWWU im Einzelnen *Schäfer*, Die Entscheidung des ECOFIN-Rats über das Vorliegen eines übermäßigen Defizits, 2007, S. 5 ff.; *Bark*, Das gemeinschaftsrechtliche Defizitverfahren, 2004, S. 27 ff.; *Selmayr*, Das Recht der Wirtschafts- und Währungsunion, Bd. 1: Die Vergemeinschaftung der Währung, 2002, S. 63 ff., 123.

[87] Wiederum *Selmayr*, Das Recht der Wirtschafts- und Währungsunion, Bd. 1: Die Vergemeinschaftung der Währung, 2002, S. 123.

[88] *Ebd.*, S. 128.

[89] Etwa *Popper*, Auf der Suche nach einer besseren Welt, 1984; für das Verfassungsrecht wurde der Ansatz Poppers früh rezipiert von *Häberle* (vgl. etwa Verfassungslehre als Kulturwissenschaft, 2. Aufl. 1998, S. 519 und öfter).

[90] Die Entschließung des Rates und der Vertreter der Regierungen der Mitgliedstaaten vom 22.03.1971 (ABl. 1971 Nr. C 28/1) zitiert in ihrem ersten Erwägungsgrund die entsprechende Formulierung aus dem Kommuniqué der Haager Konferenz. Zur weiteren Entwicklungsgeschichte im einzelnen *Bark*, Das gemeinschaftsrechtliche Defizitverfahren, 2004, S. 30 ff.; *Selmayr*, Das Recht der Wirtschafts- und Währungsunion, Bd. 1: Die Vergemeinschaftung der Währung, 2002, S. 130 ff.; *Borries*, Die Fortentwicklung der Europäischen Wirtschaftsgemeinschaft zur Wirtschafts- und Währungsunion, in: Rengeling/Borries (Hrsg.), Aktuelle Entwicklungen der Europäischen Gemeinschaft, 1992, S. 91 ff.

[91] Vgl. etwa *Krägenau/Wetter*, Europäische Wirtschafts- und Währungsunion, 1991; *Issing*, Europa auf dem Weg zur Währungsunion – Chancen und Risiken, Vortrag vor der

Ohne die Entwicklungsschritte im Einzelnen nachzuzeichnen, sei ein Aspekt hervorgehoben. Es ist das *bewusst stückwerkhafte Moment*, das die „asymmetrische Architektur“[92] der heutigen Wirtschafts- und Währungsunion entwicklungsgeschichtlich erklärt und die Motive der Mitgliedstaaten, zugespitzt formuliert, deren *Verbundlogik* erhellt. Die Währungspolitik ist nunmehr auf die Union übergegangen, während die zentralen Kompetenzen für Finanz- und allgemeine Wirtschaftspolitik bei den Mitgliedstaaten verbleiben. Auch Maastricht sieht nicht mehr vor als wirtschaftspolitische Koordinierungsmaßnahmen, legt aber eine damals gemeinschaftliche, heute unionale Aufsicht über mitgliedstaatliche Schuldenpolitik fest. Das Motiv dazu war indes kein *primär*, jedenfalls kein *rein* ökonomisches oder finanzpolitisches. Ganz im Sinne des spill-over-Denkens sollte die Wirtschafts- und Währungsunion immer auch *nucleus* der politischen Union[93], die gemeinsame Währung Symbol des erreichten Integrationserfolges und Bindemitteln für künftige Integrationsfortschritte sein.[94] Ob Preisstabilität in Anlehnung an *H. Kelsens* Terminologie gar als „Grundnorm“ der politischen Union[95] gesehen werden kann, mag dahinstehen. Ein Verfassungsmotiv war sie gewiss und die berühmte Wendung von der „Stabilitätsgemeinschaft“[96] gehört ohne Zweifel zu den wirkungsmächtigsten Beschreibungen für das Wesen der Europäischen Union nach Maastricht.

IV. Rolle der Kommission im Verfahren zur Überwachung der Haushaltsdisziplin

1. Der Kontrollauftrag der Kommission zwischen rechtlicher Bindung, ökonomischer Rationalität und demokratischer Entscheidungsfreiheit

Die geschilderten Asymmetrien resultieren aus der für den Integrationsprozess so typischen Dialektik von Souveränitätsverzicht und Souveränitätswahrung. Dadurch wurde getrennt, was nach klassischem Verständnis von Wirtschafts-,

---

Hochschule für Verwaltungswissenschaften Speyer, Heft 33, 1996; *Kortz*, Die Entscheidung über den Übergang in die Endstufe der Wirtschafts- und Währungsunion, 1996.

92 *Häde*, Die Wirtschafts- und Währungspolitik im Vertrag von Lissabon, EuR 2009, 200 ff., 202; *ders.*, in: Calliess/Ruffert (Hrsg.), EUV/AEUV, 4. Aufl. 2011, Art. 126 AEUV Rdn. 1 m.w.N.

93 Verweise zur wissenschaftlichen Debatte in der Maastricht-Phase bei *Bark*, Das gemeinschaftsrechtliche Defizitverfahren, 2004, S. 23.

94 *Hatje*, Die Reform des Stabilitäts- und Wachstumspaktes. Sieg der Politik über das Recht?, DÖV 2006, 597 ff.

95 *Herdegen*, Price Stability and Budgetary Restraints in the Economic and Monetary Union: The Law as Guardian of Economic Wisdom, CMLR 35 (1998), 9 ff., 21.

96 BVerfGE 89, 155 (204).

Finanz- und Geldpolitik zusammengehört.[97] Die Risiken der Trennung für die mitgliedstaatliche Haushaltsdisziplin liegen auf der Hand. Sie sollten ihrerseits durch verbundtypische gemeinsame Grundsätze, politische Koordination, übergreifende materielle Vorgaben, nicht zuletzt durch institutionelle wie prozedurale Sicherungsinstrumente abgemildert werden.[98] Damit sind auch für die Kontrolle wesentliche Parameter vorgezeichnet; politische Koordination entzieht sich letztlich effektiv institutionalisierter Kontrolle und hängt vom guten Willen der beteiligten Akteure ab; materielle Kriterien lassen sich (gerichtlich) überprüfen, und das umso effektiver, je präziser sie formuliert sind und je weniger politische Beurteilungsspielräume sie einräumen. Das materiell Kontrollierbare bedarf aber institutionalisierter Kontrollverfahren, damit die theoretische *Kontrollmöglichkeit* prozedural abgesicherte *Kontrollwirklichkeit* werden kann.

Zugespitzt heißt das: Das Defizitverfahren will den Risiken, die die asymmetrische Architektur der EWWU birgt, von der prozeduralen Seite her begegnen. Für ein effektives Defizitverfahren wiederum wurde gerade auf Drängen der Bundesrepublik mit ihrer starken Währung und ihrer niedrigen Inflationsrate der Stabilitäts- und Wachstumspakt geschmiedet. Einen entsprechenden Vorschlag hatte das Bundesministerium der Finanzen bereits im Jahre 1995 vorgelegt. Darin war erstmals vorgesehen, dass die Grenze von 3 % für das Verhältnis von Staatsverschuldung und Bruttoinlandsprodukt nicht überschritten werden dürfe.[99] Die Kommission bot sich in ihrer Hüterrolle gewissermaßen als natürlicher Kandidat für die Aufgabe an, die mitgliedstaatliche Haushaltsdisziplin zu überwachen. Die Entscheidungsverantwortung aber verblieb beim politischen Akteur, dem Rat.[100] Das hat ganz offensichtlich macht- und interessenpolitische Gründe. Hier wollten sich die Mitgliedstaaten die Handlungskompetenz nicht entreißen lassen oder sich gar einem von der Kommission gesteuerten, vom Europäischen Gerichtshof durchgesetzten Sanktionsautomatismus unterwerfen. Dieses „Prä“ des Rates aber als rein aus der Interessenlage herrührende Fehlkonstruktion abzutun, griffe zu kurz.

---

[97] *Hatje*, Die Reform des Stabilitäts- und Wachstumspaktes. Sieg der Politik über das Recht?, DÖV 2006, 597, 598.

[98] *Ebd.*, S. 599.

[99] Nachweise bei *Schäfer*, Die Entscheidung des ECOFIN-Rats über das Vorliegen eines übermäßigen Defizits, 2007, S. 22; *Bark*, Das gemeinschaftsrechtliche Defizitverfahren, 2004, S. 53 ff.; *Weinbörner*, Die Stellung der Europäischen Zentralbank (EZB) und der nationalen Zentralbanken in der Wirtschafts- und Währungsunion nach dem Vertrag von Maastricht, 1998, S. 362 ff.

[100] *Bark*, Das gemeinschaftsrechtliche Defizitverfahren, 2004, S. 92; *Kempen*, in: Streinz (Hrsg.), EUV/AEUV, 2. Aufl. 2012, Art. 126 AEUV Rdn. 27; *Häde*, in: Calliess/Ruffert (Hrsg.), EUV/AEUV, 4. Aufl. 2011, Art. 126 Rdn. 49; *Rodi*, in: Vedder/Heintschel von Heinegg (Hrsg.), Europäisches Unionsrecht, 2012, Art. 126 Rdn. 19.

Ganz parallel zur Schuldenbremse im nationalen Recht[101] wirft das Defizitverfahren ein demokratietheoretisches Problem auf, das sich in der europäischen Mehrebenendemokratie mit ihren unterschiedlichen Niveaus demokratischer Legitimationsleistung, mit ihrer divergierenden Input- und Output-Orientierung nur noch verschärft.[102] Hier wie dort geht es um eine Priorisierung ökonomischer Rationalität vor demokratischer Entscheidungsfreiheit:

> „The legal entrenchment of economic priorities, by constitutional amendment or by treaty, limits political choices between conflicting objectives. Such priorities restrict majoritarian options between high employment, monetary stability, public investment or simply heeding vested interests. The lasting removal of interest balancing from the political process erodes majority rule and thus creates a democratic dilemma."[103]

Dass sich eine demokratisch legitimierte Ordnung Axiome vorgibt, dass die verfassunggebende Gewalt die verfasste Gewalt in ihrer Entscheidungsfreiheit beschneidet, ist freilich eine konstitutionelle Selbstverständlichkeit.[104] Mit seiner Gründung auf die unhintergehbare Menschenwürde gibt das deutsche Grundgesetz dafür das beste Beispiel.[105] Nur ist ein Axiom, das wirtschaftspolitischer Überzeugung folgt, sehr viel brüchiger, wandelbarer und relativierbarer als eines, das in den rechtsethischen Grundfesten einer politischen Gemeinschaft, wenn nicht gar der conditio humana als solcher gründet – gewissermaßen *Kant v. Keynes*. Das unionale Defizitverfahren spiegelt die skizzierte Dialektik von ökonomisch orientierter Axiomatik und demokratischem Entscheiden-Können wieder. Das Prozedere sichert das Axiom ohne Wenn und Aber; auf der Sanktionsseite greift hingegen das „politische Primat" in der Wirtschafts- und Währungsunion. Die Defizitverstöße blieben bislang sanktionslos; weder das nationale Recht noch das Unionsrecht waren in der Lage, dem politischen Führungswillen Grenzen zu setzen.[106] Zu festgefügt ist ein Verständnis, wonach parlamentarische Haushaltshoheit und Budgetverantwortung – Prinzipien, aus

---

[101] *Mayer*, Greift die neue Schuldenbremse?, AöR 136 (2011), 266 ff.; *Lenz/Burgbacher*, Die neue Schuldenbremse im Grundgesetz, NJW 2009, 2561 ff.; *Korioth*, Das neue Staatsschuldenrecht – zur zweiten Föderalismusreform, JZ 2009, 729 ff.; *Pünder*, Staatsverschuldung, in: Isensee/Kirchhof (Hrsg.), HStR, Bd. V, 3. Aufl. 2007, § 123; *Wieland*, Staatsverschuldung als Herausforderung für die Finanzverfassung, JZ 2006, 151 ff.

[102] Siehe dazu den Sammelband von *Bauer/Huber/Sommermann* (Hrsg.), Demokratie in Europa, 2005.

[103] *Herdegen*, Price Stability and Budgetary Restraints in the Economic and Monetary Union. The Law as Guardian of Economic Wisdom, CMLR 35 (1998), 9 ff., 10.

[104] *Ebd.*

[105] *Enders*, in: Stern/Becker (Hrsg.), Grundrechte-Kommentar, 1. Aufl. 2010, Art. 1 Rdn. 9.

[106] So *Schorkopf*, Finanzkrisen als Herausforderung der internationalen, europäischen und nationalen Rechtsetzung, VVDStRL 71 (2012), 183 ff., 201 ff.; zum „Sündenfall" der ungeahndeten Defizitverstöße in Deutschland und Frankreich *U. Palm*, Der Bruch des Stabilitäts- und Wachstumspakts, EuZW 2004, 71 ff.

denen der moderne Verfassungsstaat gerade entsteht[107] – die Hoheit, Schulden zu machen, einschließt.

2. *Die Verfahrensschritte im Defizitverfahren*

Dennoch versucht der Vertrag von Lissabon, die Hüterrolle der Kommission zu stärken[108]. Sie kann im Rahmen der multilateralen Überwachung der nationalen Wirtschaftspolitik eigenständig den sog. „blauen Brief" verschicken und frühzeitig mahnen. Ganz ähnlich kann sie im Verfahren zur Feststellung eines übermäßigen Defizits agieren.[109] Art. 121 Abs. 4 S. 1 AEUV sieht eine Verwarnung an jeden Mitgliedstaat vor, dessen Wirtschaftspolitik nicht mit den vorher festgelegten Grundzügen vereinbar ist oder ein Funktionieren der Wirtschafts- und Währungsunion beeinträchtigen könnte.[110] Koordiniertes wirtschaftspolitisches Handeln soll kontrollierbar, das Koordinationsprogramm als Kontrollmaßstab ernst genommen werden.

Art. 126 AEUV sieht ein komplexes mehrstufiges Überwachungsverfahren vor und will für die Defizitkontrolle das institutionelle Gleichgewicht von Rat und Kommission eigenständig austarieren. Ferner ringt das Verfahren um eine sorgfältig abgestimmte Balance zwischen Formstrenge und Flexibilität.[111] Die Spannungslage zwischen einer zentralen Stellung des Rates und der primären Hüterrolle der Kommission bleibt.[112] Art. 126 Abs. 2 bis 6 AEUV regeln das Überwachungs- und Feststellungsverfahren, Art. 126 Abs. 7 bis 11 AEUV das Empfehlungs-, Abmahnungs- und Sanktionsverfahren.[113] Bereits auf erster Verfahrensstufe (Art. 126 Abs. 2 AEUV) wird die Hüterrolle der Kommission neuerlich akzentuiert und Kontinuität in der Überwachung angemahnt: Die Kommission „überwacht die Entwicklung der Haushaltslage und die Höhe

---

[107] Wiederum *Schorkopf*, Finanzkrisen als Herausforderung der internationalen, europäischen und nationalen Rechtsetzung, VVDStRL 71 (2012), 183 ff., 202; dabei anknüpfend an *Heun*, Staatshaushalt und Staatsleitung, 1989, S. 52 ff.

[108] *Häde*, Die Wirtschafts- und Währungspolitik im Vertrag von Lissabon, EuR 2009, 200 ff., 202 m.w.N.

[109] *Ebd.*

[110] *Kempen*, in: Streinz (Hrsg.), EUV/AEUV, Art. 121 AEUV Rdn. 4; *Bandilla*, in: Grabitz/Hilf/Nettesheim (Hrsg.), Das Recht der Europäischen Union, 44. EL 2011, Art. 121 Rdn. 27.

[111] *Khan*, in: Geiger/Kahn/Kotzur (Hrsg.), EUV/AEUV, 5. Aufl. 2010, Art. 126 AEUV Rdn. 8; die Leitentscheidung zum Prozedere vor der Lissabonner Vertragsreform liefert EuGH 2004, I-6649, Rs. C-27/04, Kommission/Rat; dazu *Nicolaysen*, Der EuGH zum Defizitverfahren nach Art. 104 EGV und dem Stabilitätspakt – Urteilsanmerkung zu Rs. C-27/04, Urteil vom 13. Juli 2004, DVBl. 2004, 1321 ff.

[112] *Hattenberger*, in: Schwarze (Hrsg.), EU-Kommentar, 2. Aufl. 2009, Art. 104 EGV Rdn. 5

[113] Zu dieser Systematik *Khan*, in: Geiger/Kahn/Kotzur (Hrsg.), EUV/AEUV, 5. Aufl. 2010, Art. 126 AEUV Rdn. 9 ff.

des öffentlichen Schuldenstands in den Mitgliedstaaten“, heißt es lapidar, vom Kontrollprogramm her, aber ebenso anspruchs- wie voraussetzungsvoll gedacht (vgl. Art. 126 Abs. 2 lit. a und b). Hat die Kommission Anlass, an der Haushaltsdisziplin zu zweifeln, besteht bereits oder droht ein übermäßiges öffentliches Defizit (Art. 126 Abs. 5), dann gibt sie eine Stellungnahme an den entsprechenden Mitgliedstaat. Die bisherigen Regelungen aus Art. 99 Abs. 4 und Art. 104 Abs. 5 EG kannten entsprechende Maßnahmen nicht.[114] Sie entsprechen von der Funktionslogik her dem informellen wie formellen Vorverfahren bei der Aufsichtsklage.[115] Zugleich hat die Unterrichtung des Rates zu erfolgen.

Der Ratsbeschluss, der formell über das Bestehen eines übermäßigen Defizits entscheidet (Art. 126 Abs. 6 AEUV), eröffnet den zweiten großen Verfahrensabschnitt. Mit dem Ratsbeschluss verlässt das Verfahren den alleinigen Zuständigkeitsbereich der Kommission. Der Rat entscheidet nunmehr, ist aber auf die Initiative der Kommission (Vorschlag nach Abs. 6, Empfehlung nach Abs. 7 oder 13) angewiesen. Die Kontrollverantwortung der Kommission ist damit eine *Initiativverantwortung* – was von dem legislativen Initiativmonopol der Kommission durchaus korrespondierend und vorausschauend-planendes Handeln verlangt.[116] Der Vertrag von Lissabon stärkt sehr bewusst diese Initiativverantwortung der Kommission. In Art. 126 Abs. 6 AEUV wird aus dem vormaligen Recht zur Vorlage einer Empfehlung ein echtes Vorschlagsrecht der Kommission.[117] Insgesamt aber bleibt es bei einem erheblichen Beurteilungs- wie Ermessensspielraum von Rat und Kommission.[118] Den Beurteilungsspielraum der Kommission konturieren Art. 126 Abs. 3 und Abs. 5 AEUV. Für die Frage, ob ein übermäßiges Defizit vorliegt und ob die Kriterien der Haushaltsdisziplin eingehalten werden, ist der Kommission ein relativ weiter Beurteilungsspielraum eingeräumt. Hat sie die Frage aber erst einmal bejaht, dann steht ihr hinsichtlich der Verfahrenseinleitung kein weiteres Ermessen mehr zu.[119]

3. Rechtsschutz- und Sanktionsfragen

Für Fragen des Rechtsschutzes und der Sanktionen bleibt nach wie vor die Leitentscheidung des EuGH aus dem Jahre 2004 (Rs. C-27/04, Slg. 2004, I-6679 (Kommission/Rat)) maßgeblich und ist nach Lissabon mit Modifikationen zu

---

[114] *Häde*, Die Wirtschafts- und Währungspolitik im Vertrag von Lissabon, EuR 2009, 200 ff., 202.

[115] *Cremer*, in: Calliess/Ruffert (Hrsg.), EUV/AEUV, 4. Aufl. 2011, Art. 258 AEUV Rdn. 6 ff.

[116] *Hillgruber*, Disziplinlosigkeit oder Vertragsbruch, JZ 2004, 166 ff., 170 f.

[117] *Häde*, in: Calliess/Ruffert (Hrsg.), EUV/AEUV, 4. Aufl. 2011, Art. 126 AEUV Rdn. 16.

[118] *Bark*, Das gemeinschaftsrechtliche Defizitverfahren, 2004, S. 107 ff.

[119] *Häde*, in: Calliess/Ruffert (Hrsg.), EUV/AEUV, 4. Aufl. 2011, Art. 126 AEUV Rdn. 17.

lesen. Die Entscheidung betrifft das Defizitverfahren gegen Deutschland und Frankreich im Herbst 2003. Die Kommission empfahl dem Rat festzustellen, dass die Maßnahmen Deutschlands und Frankreichs nicht geeignet und ausreichend seien für eine erforderliche Korrektur der jeweiligen Haushaltsdefizite (vgl. Art. 104 Abs. 8 EGV, Art. 126 Abs. 8 AEUV).[120] Beide Mitgliedstaaten sollten in Verzug gesetzt werden mit der Maßgabe, geeignete Maßnahmen zur Defizitreduzierung zu ergreifen (Art. 104 Abs. 9 EGV, Art. 126 Abs. 9 AEUV). Der Rat nahm diese Empfehlung nicht an und setzte die Verfahren eigenmächtig aus (25. 11. 2003).[121] Der Gerichtshof verwies die Kommission für diese Konstellation auf die Untätigkeitsklage und bestätigte zugleich einen Ermessensspielraum des Rates.

Insgesamt bleibt die Stellung der Kommission im Defizitverfahren hinter den Reaktionsmöglichkeiten zurück, die ihr der AEUV sonst üblicher Weise eröffnet. Art. 126 Abs. 10 AEUV schließt ausdrücklich das Vertragsverletzungsverfahren nach Abs. 1 bis 9 aus. Art. 258 und 259 AEUV können hier generell nicht greifen. Wegen Verstößen gegen die Haushaltsdisziplin bleibt ein unmittelbarer Anruf des EuGH ausgeschlossen.[122] Die Gegenansicht, der zufolge nach Ablauf der Frist aus Abs. 9 ein Vertragsverletzungsverfahren möglich sein solle,[123] findet weder in Wortlaut noch Systematik hinreichenden Wiederklang. Verstöße gegen die Haushaltsdisziplin sollen als solche auch nach Lissabon nicht justiziabel sein. Ganz anders verhält es sich, wenn ein Mitgliedstaat den gegen ihn verhängten Sanktionsbeschlüssen nicht nachkommen will. Dann legen Wortlaut und Systematik der Norm die Aufsichtsklagemöglichkeit nahe.[124] Außerdem will die Vorschrift andere Verfahren vor dem Gerichtshof nicht ausschließen.[125] Das gilt insbesondere, wie ausgeführt, für die Untätigkeitsklage gerichtet gegen Kommission oder Rat.[126] In der Fallpraxis vermochte sie freilich bisher keine weitergehende Rolle zu spielen.

---

[120] Siehe mit Blick auf die Bundesrepublik Deutschland die Empfehlung der Kommission vom 18.11.2003, Pressemitteilung IP/03/1560 (18.11.2003); mit Blick auf Frankreich die Empfehlung der Kommission vom 08.10.2003, Pressemitteilung IP/03/1420; Nachweise bei *Schäfer*, Die Entscheidung des ECOFIN-Rats über das Vorliegen eines übermäßigen Defizits, 2007, S. 1.

[121] Nachweise *ebd.*

[122] *Häde*, in: Calliess/Ruffert (Hrsg.), EUV/AEUV, 4. Aufl. 2011, Art. 126 AEUV Rdn. 21; *Rodi*, in: Vedder/Heintschel von Heinegg (Hrsg.), Europäisches Unionsrecht, 2012, Art. 126 Rdn. 26.

[123] *Seidel*, Die Verfassung der Europäischen Wirtschafts- und Währungsunion als Wirtschaftsunion. Vorträge, Reden und Berichte aus dem Europa-Institut Nr. 348, 1996, S. 20 f.

[124] *Blumenwitz/Schöbener*, Stabilitätspakt für Europa, 1997, S. 41 ff.; *Konow*, Der Stabilitäts- und Wachstumspakt, 2002, S. 194.

[125] So *Konow*, Der Stabilitäts- und Wachstumspakt, S. 194; anders *Hillgruber*, JZ 2004, 166 ff., 169

[126] EuGH, Rs. C-27/04, Slg. 2004, I-6679, Rdn. 35 (Kommission/Rat); aus der Lit.: *Pipkorn*, EUR, Beiheft 1/1994, 85 ff., 92; *Roth*, EuR, Beiheft 1/1994, 45 ff., 77.

Ein ganz anders gelagertes Kontroll- und Sanktionsproblem ergibt sich, wenn aktuelle Rettungsmaßnahmen außerhalb des Vertragsregimes angesiedelt werden. Das Ausweichen auf die intergouvernementale Ebene kann auch die Hüterrolle der Kommission unterwandern. So wurde die Griechenlandhilfe auf das klassische Instrument der völkerrechtlichen Verträge gestützt. Eine Verschärfung der Krise, vor allem deren Ausgreifen auf Irland und Portugal verlangte weitergehende institutionelle Absicherung. Der Institutionalisierungsprozess vollzog und vollzieht sich bis heute schrittweise. Auf die Causa Griechenland folgte die Errichtung zweier temporärer Rettungsschirme: zunächst des EFSF, der Europäischen Finanzstabilisierungs-Fazilität in der privaten Rechtsform einer luxemburgischen Aktiengesellschaft;[127] dann erst, unterstützt durch einen eigenen sekundärrechtlichen Kreditmechanismus der Union, der Europäische Finanzstabilisierungs-Mechanismus – EFSM. Diesen tragen alle Mitgliedstaaten mit.[128] Folgen soll schließlich der ESM, wiederum ein völkerrechtlicher Vertrag, der mittelfristig die Aufgaben der temporären Rettungsschirme übernimmt.[129] Dies ist nicht die Stelle, die Verfassungs- und Europarechtskonformität dieser Mechanismen zu diskutieren. Entscheidend bleibt nur der Hinweis, dass die Auslagerung in andere Vertragsregime als das europäische Primärrecht nicht nur eine Herausforderung für dessen konstitutionelle Qualität darstellt, sondern auch die primärrechtlich vorgesehenen Kontrollinstrumente ausklammert. Umso größer wird damit die Kontrollverantwortung der intergouvernemental vorgehenden Akteure, vor allem der mitgliedstaatlichen Parlamente. Vorsicht ist schließlich auch geboten, wenn das aus dem Völkerrecht bekannte Instrument der Vertragsänderung durch nachfolgende Übung aktiviert wird.[130] Die rein faktische Vertragsänderung kann vertragliche Kon-

---

[127] EFSF Rahmenvertrag vom 7.6.2010, abrufbar unter http://www.efsf.europa.eu; *Enderlein*, Die Krise im Euro-Raum – Auslöser, Antworten, Ausblick, Parl. Beilage 2010, Nr. 43, S. 7 ff.; *Lehmann/Manger-Nestler*, Die Vorschläge zur neuen Architektur der Finanzaufsicht, EuZW 2010, 87 ff.; *Philipp*, Europäische Finanzstabilisierungsfazilität AG, AG 2010, 538 ff.

[128] Verordnung (EU) Nr. 407/2010 des Rates v. 11.5.2011 zur Einführung eines Finanzstabilisierungsmechanismus, ABl. EU 2011 Nr. L 118/1.

[129] *Calliess*, Der Kampf um den Euro. Eine „Angelegenheit der Europäischen Union" zwischen Regierung, Parlament und Volk, NVwZ 2012, 7 ff.; *Kube*, Rechtsfragen der völkervertraglichen Euro-Rettung, WM 2012, 245 ff.; *Hess*, Der Europäische Stabilitätsmechanismus. Eine Analyse der Regelungen und ihrer Vereinbarkeit mit Europarecht, ZJS 2011, 207 f.; *Weber*, Die Reform der Wirtschafts- und Währungsunion in der Finanzkrise, EuZW 2011, 935 ff.; zur Abgrenzung dieser Mechanismen von Eurobonds *Mayer/Heidfeld*, Rechtsfragen der völkervertraglichen Euro-Rettung, NJW 2012, 422 ff.; mit spezifischem Blick auf die grundgesetzlichen Prüfungsmaßstäbe der Euro-Rettung ferner *Nettesheim*, „Euro-Rettung" und Grundgesetz. Verfassungsrechtliche Vorgaben für den Umbau der Währungsunion, EuR 2011, 765 ff.; *Ruffert*, Die europäische Schuldenkrise vor dem Bundesverfassungsgericht – Anmerkungen zum Urteil vom 7. September 2011, EuR 2011, 842 ff.

[130] *Schorkopf*, Finanzkrisen als Herausforderung der internationalen, europäischen und nationalen Rechtsetzung, VVDStRL 71 (2012), 183 ff., 208 f.; ferner *Thym*, Euro-Rettungsschirm, EuZW 2011, 167 ff.

trollinstrumente unterwandern. Die derzeit größte Crux des Defizitverfahrens bleibt indes, dass es gegen fast alle Mitgliedstaaten anhängig ist. Was als Ausnahmekorrektiv gedacht war, ist zum prekären Regelfall geworden. Die Kontrollverantwortung der Kommission wird so schnell zu einer *Kontrollroutine*, die, wo effektive Sanktionen fehlen, nicht nur die Integrationshoffnungen der Unionsbürgerinnen und Unionsbürger enttäuscht.

V. Schluss

Im europäischen Verfassungsverbund kommt der Kommission eine gewiss zentrale, aber keine exklusive Hüterrolle für die Unionsrechtsordnung zu.[131] Sie teilt ihre Kontrollverantwortung primär mit den übrigen institutionellen Akteuren auf unionaler wie mitgliedstaatlicher Ebene, letztlich jedoch mit allen Aktivkräften der offenen europäischen Bürgergesellschaft.[132] Die Kontrollverantwortung hat ihrerseits eine präventive wie reaktive Seite und sie lebt aus einem Spannungsverhältnis von politischer Flexibilität einerseits, rechtlicher Objektivität andererseits.[133] In der hybriden Anlage der Kommission, die exekutive, administrative und legislative Funktionen vereinigt, die politischer Akteur und zugleich bürokratische Verwaltung ist, sind diese Gegensätze auch als *Rollengegensätze* mit angelegt. Wer von der Kommission daher quasi-gerichtliche Objektivität und Neutralität erwartet, wird notwendig enttäuscht. Wer demgegenüber ein Zuviel an politischer Gestaltungsfreiheit anmahnt, enttäuscht die Erwartungen, die Art. 17 EUV an die Kommission formuliert. Beides wäre für das Integrationsprojekt gleichermaßen kontraproduktiv.

Zu den institutionellen Akteuren, die in Sachen Finanzkrise komplementär zur Kommission Kontrollverantwortung übernehmen, gehören die völlig unabhängige Europäische Zentralbank und der Internationale Währungsfonds. Gerade der letzte Aspekt bedeutet für das institutionelle Gleichgewicht im Verfassungsgefüge der Europäischen Union eine Herausforderung. Da Kontrolle mit dem politischen Gestalten beginnt und demokratischer Rückbindung bedarf,

---

[131] Eindrücklich in seiner Warnung vor allen „Hüterideologien" – die nicht nur semantisch in *Schmitt*, „Der Hüter der Verfassung", 1931, ein Vorbild finden – *Häberle*, Das Bundesverfassungsgericht als Muster einer selbständigen Verfassungsgerichtsbarkeit, in: Badura/Dreier (Hrsg.), FS 50 Jahre Bundesverfassungsgericht, Band I, 2001, S. 311 ff., 316; siehe auch *Mayer*, Wer soll Hüter der europäischen Verfassung sein?, AöR 129 (2004), 411 ff.

[132] Grundlegend für einen solchen Ansatz *Häberle*, Die offene Gesellschaft der Verfassungsinterpreten (1975/78), in: ders., Verfassung als öffentlicher Prozess, 3. Aufl. 1998, S. 155 ff., 160 f.; zur europäischen Bürgergesellschaft *ders.*, Europäische Verfassungslehre, 7. Aufl. 2011, S. 365 ff.

[133] Zur staatlichen Verantwortung für die Verhinderung und Bewältigung von Finanzkrisen *Calliess*, Finanzkrisen als Herausforderungen der internationalen, europäischen und nationalen Rechtsetzung, VVDStRL 71 (2012), 113 ff., 117 ff.

bleibt die unzureichende Einbindung des Europäischen Parlaments in das Kontrollinstrumentarium ein gewichtiges Defizit. Umso größer wird dadurch die Integrationsverantwortung der mitgliedstaatlichen Parlamente, hier auch verstanden als eine Kontrollverantwortung für die Einhaltung des Unionsrechts, die parallel zur „Hüterrolle" der Kommission wirkt und sich ebenso wie diese an einem *gemeineuropäisch* verstandenen *Gemeinwohlkonzept* zu orientieren hat. Bei allem kritischen Reflektieren, letztlich aber doch optimistischen Vertrauen in die Möglichkeit von Kontrolle, bleibt doch ein Grundsatzzweifel. Die rechtliche Vorformung von Wirtschaftspolitik ist nur in engen Grenzen möglich;[134] sie kann sogar kontraproduktiv wirken, wenn sie dem demokratischen Souverän ein zu enges Korsett anlegt. Das gilt für Schuldenbremsen in nationalen Verfassungen ebenso wie für die Stabilitätsmechanismen auf europäischer Ebene. Sie haben ohne Zweifel ihre Berechtigung, stehen aber immer wieder auch unter Rechtfertigungsdruck und müssen den Bürgerinnen und Bürgern immer neu vermittelt werden – stets unter der Prämisse, dass ökonomische und juridische Rationalität verschieden sind. Hier trifft die Kommission eine *kommunikative Verantwortung*. Auch von ihrer Kommunikationsleistung wird es abhängen, ob die Bürgerinnen und Bürger Europas immer weiter aufgespannte Rettungsschirme als Dienst am Gemeinwohl für ganz Europa oder als Ausverkauf ihrer nationalen Gemeinwohlinteressen verstehen. Im Kampf gegen den vielbeklagten „Kasino-Kapitalismus"[135] unserer Tage hat das Recht gewiss eine Chance. Aber es bedarf starker Helfer.

---

[134] *Bandilla*, Ist der Stabilitäts- und Wachstumspakt rechtlich durchsetzbar?, in: FS Zuleeg, 2005, S. 538 ff.

[135] *Sinn*, Kasino-Kapitalismus, 2. Aufl. 2011.

Rechtliche Vorgaben und politische Praxis der Währungsunion

Rechtliche Vorgaben und politische Praxis der Währungsunion – Der Europäische Stabilitätspakt im Spiegel der Kritik

Theodor Waigel

I. Wie es zum Euro kam

Das Projekt der europäischen Integration hat sich als eine historisch einmalige Erfolgsgeschichte erwiesen. Der Prozess der politischen und wirtschaftlichen Zusammenarbeit war dabei von den Römischen Verträgen bis zum Grundlagenvertrag von Lissabon immer wieder von Krisen begleitet. Seit rund zwei Jahren ist das Projekt Europa Spannungen ausgesetzt, von der europakritische Zeitgenossen einen Zusammenbruch der Europäischen Union erwarten.

Im Mittelpunkt der aktuellen Krise sehen viele Beobachter die europäische Gemeinschaftswährung, also den Euro. Tatsächlich haben wir es jedoch mit keiner Währungskrise zu tun. Die Spannungen resultieren vielmehr aus den exzessiven Haushaltsdefiziten einiger am Rande der EU gelegener Staaten. Diese leiden zusätzlich an einem Mangel an Wettbewerbsfähigkeit, der auf unterlassene wirtschaftliche Strukturreformen zurückzuführen ist. Die Staatsschuldenkrise ist jedoch keineswegs auf Länder wie Griechenland, Irland, Portugal, Spanien und Italien beschränkt. Sie hat vielmehr im Gefolge der US-Hypothekenkrise nahezu alle westlichen Industriestaaten erfasst.

Viele Kritiker sehen tatsächliche oder vermeintliche Defizite in den rechtlichen Grundlagen der Europäischen Währungsunion als Ursache der aktuellen Schuldenkrise. Es liegt deshalb nahe, einen Rückblick auf das Vertragswerk von Maastricht und den dazu gehörenden Europäischen Stabilitätspakt zu werfen.

Völlig flexible Wechselkurse in Europa hat es in der Nachkriegsgeschichte nur wenige Jahre gegeben. Bis Anfang der 70er Jahre waren die europäischen Währungen in das System von Bretton Woods eingebunden. Nach dessen Zusammenbruch setzten Bemühungen zur Herstellung zumindest einer Zone relativer Wechselkursstabilität ein. Sie mündeten in das Europäische Währungssystem (EWS). Nachdem die Leitkurse im EWS über 20 Mal geändert werden mussten und die Interventionen der Notenbanken einen immer größeren Umfang annahmen, war das EWS an den Grenzen seiner Leistungsfähigkeit angelangt.[1]

II. Maastricht

Der Euro war weder das Ergebnis einer überspannten Europabegeisterung noch der Preis für die deutsche Einheit. Die Einführung der Gemeinschaftswährung ergab sich vielmehr aus dem existenziellen Interesse der stark exportabhängigen deutschen Wirtschaft an möglichst stabilen Wechselkursen und damit an Planungssicherheit im Außenhandel. Von Deutschlands Exporten gehen aktuell gut 2/5 in die Länder der Euro-Zone und über 3/5 in die gesamte EU. Die europäischen Staats- und Regierungschefs beschlossen deshalb, den zuvor vereinbarten grenzenlosen Binnenmarkt mit einer Gemeinschaftswährung abzurunden. Aus deutscher Sicht ging es vorrangig darum, die Währungsunion entsprechend der erfolgreichen Stabilitätsphilosophie der Bundesbank auszugestalten. Dies ist weitgehend gelungen. Die Zwischenbilanz des Euro fällt überaus positiv aus. Die innere Stabilität ist nach wie vor gesichert, die Inflationsrate lag in den ersten 10 Jahren unter dem durchschnittlichen Preisanstieg der DM-Periode. Nach einer anfänglichen Schwächephase hat sich auch der Außenwert des Euro gegenüber dem Dollar positiv entwickelt. Seit Ausbrechen der US-Hypothekenkrise und der ihr nachfolgenden Krisen liegt der Euro deutlich über seinem Anfangswert.

Seit Einführung der Währungsunion bewegt sich das Zinsniveau in Europa auf einem historisch niedrigen Stand. Die Finanzmärkte sind zusammen gewachsen. Kapitalsammelstellen und private Aktionäre richten ihren Blick nicht nur auf den Dax, sondern ebenso auf den Euro Stoxx.

Der Euro ist heute mit großem Abstand nach dem Dollar die zweitwichtigste Reserve-, Handels- und Emissionswährung der Welt. In Zeiten der Krise war der Euro ein Anker der Stabilität in der Weltfinanzordnung. Dies gilt zum Beispiel für die Zeit des Zusammenbruchs der neuen Märkte, der Irak-Krise und für die Monate nach dem Zusammenbruch von Lehman-Brothers.

Der Warenaustausch innerhalb Europas hat sich seit Einführung des Euro überaus positiv entwickelt. Er war in den vergangenen 10 Jahren eine Stütze der deutschen Konjunktur.

Einer der größten Profiteure der Einführung des Euro war ohne Zweifel die deutsche Landwirtschaft. Auf- und Abwertungen im früheren EWS haben zu unterschiedlichen Preisen in den Mitgliedstaaten geführt und ein kompliziertes Ausgleichsystem innerhalb der EWG erfordert. Ohne auf Einzelheiten einzugehen, ist auf die Wettbewerbsverzerrungen, auf den Streit über den Grenzaus-

---

[1] Siehe hierzu *Tietmeyer*, Herausforderung Euro, 2005, S. 66 ff.

gleich und den Rückgang der Einkommen der Landwirte hinzuweisen, die im EWS zu dauernden Spannungen zwischen den Partnern geführt haben.

Im Vertrag von Maastricht sind die sog. Konvergenzkriterien festgelegt, deren Einhaltung Grundlage für die Beitrittsreife eines EU-Mitglieds beim Eintritt in die Währungsunion bildet. Der Vertrag nennt dabei vier Kriterien:

- Eine möglichst hohe Preisstabilität orientiert an den drei stabilsten Beitrittsländern.
- Eine tragfähige Lage der öffentlichen Finanzen ohne übermäßige Defizite.
- Eine mindestens zweijährige Einhaltung der Wechselkurs-Bandbreiten im früheren EWS bzw. im sog. Wechselkursmechanismus II und
- eine Annäherung des Niveaus der langfristigen Kapitalmarktzinsen.

Als quantitative Kriterien für tragfähige Staatsfinanzen wurden eine Defizitquote von 3 Prozent und eine Schuldenstandsquote von 60 Prozent bezogen auf das BIP festgelegt. Diese Referenzwerte sind im „Protokoll über das Verfahren bei einem übermäßigen Defizit" geregelt.

III. Stabilitätspakt

Um nach Inkrafttreten der 3. Stufe der Währungsunion einen Rückfall in die übermäßige Schuldenpolitik früherer Jahre („haushaltspolitischer Schlendrian") zu verhindern, wurde nach Verabschiedung des Vertrags von Maastricht über ein zusätzliches Regelwerk diskutiert. Die Initiative für diesen sog. Stabilitätspakt ging dabei von Deutschland aus. Alle Parteien, die Bundesbank, die führenden Wirtschaftsforscher und die großen Wirtschaftsverbände forderten eine „Rückversicherung" gegen eine ungestrafte Verletzung der haushaltspolitischen Maastricht-Kriterien. Nach Beratungen auf den Gipfeltreffen in Madrid 1995 und Florenz 1996 kam es Ende 1996 auf dem Gipfel in Dublin zu einer Einigung über die Grundsätze dieses Stabilitätspakts, der schließlich auf dem Gipfel in Amsterdam verabschiedet wurde.[2]

Ausgangspunkt des Stabilitätspakts ist der grundsätzliche Verzicht auf Haushaltsdefizite jenseits der 3-Prozent-Grenze, wobei Ausnahmen in begründeten Notfällen möglich sind. Mittelfristiges Ziel bildet ein Haushaltsausgleich über den Konjunkturzyklus hinweg („close to balance or in surplus"). Die Überwachung der Haushaltskonsolidierung und die Einleitung von Verfahren im Falle der Verletzung des haushaltspolitischen Regelwerks wurden auf die EU-Kommission übertragen. Letzte Entscheidungen im Verfahrensablauf bleiben jedoch im Verantwortungsbereich des Rats.

---

[2] Siehe hierzu *Tietmeyer*, aaO, S. 228 ff.; *Issing*, Der Euro, 2008, S. 165 ff.

Die Durchsetzung automatischer Sanktionen im Rahmen eines Defizitverfahrens fand damals keine Mehrheit, zumal sich der zuständige Haushaltskommissar der EU bekanntlich auf keine ausreichende demokratische Legitimation berufen konnte. Auch im nunmehr verschärften Stabilitätspakt behält eine qualifizierte Mehrheit des Rats der Finanzminister das letzte Wort.

Ein ausgeglichener Haushalt über einen Konjunkturzyklus hinweg trägt modernen finanzwirtschaftlichen Erkenntnissen Rechnung, nach denen die Finanzpolitik möglichst eine antizyklische Strategie verfolgen sollte. Die sog. automatischen Stabilisatoren sollen möglichst vollständig zur Wirkung kommen. Das heißt: im Falle einer Rezession sind rückläufige Steuereinnahmen und höhere Arbeitsmarktausgaben hinzunehmen. Im Falle einer Hochkonjunktur sorgen steigende Steuereinnahmen und rückläufige Arbeitsmarktausgaben für eine entsprechende Rückführung der Defizite bzw. für eine Entstehung von Überschüssen.

Dass ein nahezu vollständiger Abbau eines strukturellen, also konjunkturbereinigten, Haushaltsdefizits möglich ist, hat Deutschland in den 90er Jahren trotz der Belastungen aus der Wiedervereinigung unter Beweis gestellt. In einer eingehenden Untersuchung kam die Bundesbank zu folgendem Ergebnis: „Die Entwicklung des konjunkturbereinigten Saldos… lässt erkennen, dass die Finanzpolitik im letzten Jahrzehnt trotz der überwiegend schwachen Wirtschaftsentwicklung auf Konsolidierungskurs war. Über den gesamten Zeitraum hinweg wurde das konjunkturbereinigte Defizit stark reduziert und zwar von 4 Prozent des BIP in 1991 auf 0,5 Prozent im Jahr 1999."[3]

Die Grundgedanken des Stabilitätspakts tragen dem Prinzip der Nachhaltigkeit in der Finanzpolitik Rechnung. Solide Staatsfinanzen verhindern eine Überbelastung kommender Generationen und sie erleichtern der Notenbank eine stabilitätsorientierte Geldpolitik.

Die Referenzwerte bezüglich der Schuldenpolitik lassen sich nicht exakt wissenschaftlich begründen.[4] Sie werden jedoch von praktisch allen Experten als hinreichende Pfeiler einer soliden Finanzpolitik gewertet. Die Einigung auf eine maximale Schuldenstandsquote von 60 Prozent ergab sich aus dem damaligen durchschnittlichen Schuldenstand der EU-Mitglieder. Will man bei einem durchschnittlichen Potentialwachstum von etwa 3 Prozent bzw. einem nominalen Wachstum von etwa 5 Prozent einen Anstieg der Schuldenquote über 60 Prozent des BIP hinaus verhindern, dann darf rein rechnerisch die jährliche Defizitquote die 3-Prozent-Grenze nicht überschreiten.

Der Europäische Stabilitätspakt stand auch Pate bei der Einführung der sog. Schuldenregel im Grundgesetz.

---

[3] Siehe hierzu Deutsche Bundesbank, Monatsbericht April 2000.

[4] Siehe hierzu *Issing*, aaO, S. 170.

Wie die langfristige Entwicklung der Schuldenstandsquote in Deutschland zeigt, haben sich die früheren Bestimmungen in Art. 115 GG über die Begrenzung der jährlichen Neuverschuldung auf die Höhe der Nettoinvestitionen als unzureichend erwiesen.

Frühere Anläufe zur Übertragung der Grundsätze des Europäischen Stabilitätspakts in einen nationalen Stabilitätspakt scheiterten am Widerstand der Bundesländer. Im Rahmen der Föderalismuskommission I gelang es, in Art. 109 GG eine gemeinsame Festlegung von Bund und Ländern auf eine solide Haushaltspolitik und die Aufteilung evtl. Sanktionszahlungen an die EU festzuschreiben. Danach müssten evtl. Sanktionen zu 65 Prozent vom Bund und zu 35 Prozent von den Ländern aufgebracht werden. Mit der Föderalismuskommission II gelang es schließlich, einen echten nationalen Stabilitätspakt verfassungsrechtlich zu verankern.[5]

Künftig müssen Bund und Länder grundsätzlich auf eine Neuverschuldung verzichten, wobei Ausnahmen nur in eng begrenzten Notfällen erlaubt sind. Der Bund erhält eine sog. strukturelle Reserve von maximal 0,35 Prozent des BIP. Der Bund erhält einen Übergangszeitraum bis 2016, die Länder bis 2020.

Das Wirksamwerden lassen der automatischen Stabilisatoren ist ebenso erlaubt wie ein aktives Gegensteuern im Falle einer Rezession, was mit einer entsprechenden Neuverschuldung verbunden ist. Diese muss jedoch entsprechend einem Tilgungsplan in den Folgejahren abgebaut werden.

Die Regelung entspricht im Prinzip den Grundsätzen des Europäischen Stabilitätspakts. Eine symmetrische Berücksichtigung der konjunkturellen Entwicklung ist zulässig. Das heißt: konjunkturbedinge Defizite im Falle einer Rezession sind erlaubt. Sie müssen aber in Phasen des Aufschwungs abgebaut werden.

Die Begrenzung der Neuverschuldung im Rahmen des Grundgesetzes zeigt jedoch auch, wie schwierig es ist, ein haushaltspolitisches Regelwerk justiziabel zu gestalten. Das Gesetz zur Ausführung von Art. 115 des Grundgesetzes und die Verordnung über das Verfahren zur Bestimmung der Konjunkturkomponente nach § 5 des Art. 115-Gesetzes ähneln dem Ausschnitt aus einem finanzwissenschaftlichen Lehrbuch für Fortgeschrittene. Es bleibt zu hoffen, dass sich das höchste deutsche Gericht in Zukunft nicht mit der Auslegung von Begriffen wie Produktionslücke, Budgetsensitivität oder Produktionsfunktion vom Typ Cobb-Douglas auseinandersetzen muss.

Grundlage des Stabilitätspakts bildet der frühere Artikel 104c EU-Vertrag. Er verpflichtet die Mitglieder zur Vermeidung übermäßiger Defizite. Er beauftragt die Kommission mit der Überwachung der Defizit- und Schuldenstandsquote. Er ermächtigt die Kommission zur Abgabe von Stellungnahmen und Empfehlungen bei tatsächlichen oder drohenden Verletzungen des Regelwerks.

---

[5] Siehe hierzu Deutsche Bundesbank, Die Schuldenbremse in Deutschland, Monatsbericht Oktober 2011.

Und schließlich ermächtigt er die Kommission im Falle des Ausbleibens von Gegenmaßnahmen zur Verhängung von Sanktionen, wobei hierbei das letzte Entscheidungsrecht beim Rat liegt.

IV. Eckpunkte des Stabilitätspakts

Inhalt des Stabilitätspakts ist die nähere Ausgestaltung dieses Artikels 104c. Beim Pakt handelt es sich um keine in sich geschlossene Abmachung. Vielmehr besteht der Pakt aus drei Elementen:

Die „Entschließung" des EU-Rats von 1996 und die „Verordnung über den Ausbau der haushaltspolitischen Überwachung sowie der Überwachung und Koordinierung der Wirtschaftspolitiken" bilden den sog. präventiven Arm des Pakts. Sie enthalten die ausdrückliche Verpflichtung der Euro-Mitglieder zu einer soliden Haushaltspolitik, die Bekräftigung der Referenzwerte sowie die Einrichtung eines Überwachungs- und Frühwarnsystems. Darüber hinaus werden die Teilnehmer zur Vorlage von Stabilitätsprogrammen verpflichtet, die den geplanten Konsolidierungspfad beschreiben und Grundlage für weitere Empfehlungen der Kommission bilden.

Die „Verordnung über die Beschleunigung und Klärung des Verfahrens bei einem übermäßigen Defizit" stellt den sog. korrektiven Arm des Pakts dar. Diese Verordnung enthält die Vorschriften über die einzelnen Schritte und Fristen des Überwachungsverfahrens. Sie enthält im Falle von Regelverletzungen die Liste der Sanktionsmöglichkeiten angefangen von der Abmahnung (sog. Blauer Brief) über die Verpflichtung zur Erbringung einer unverzinslichen Einlage bis hin zur Umwandlung der Einlage in eine Geldbuße. Die Verhängung der Sanktionen muss letztlich vom Rat mit qualifizierter Mehrheit getroffen werden. Schließlich wird in der Verordnung die Ausnahme konkretisiert, nach der die Quote von 3 Prozent „ausnahmsweise und vorübergehend" überschritten werden darf, „wenn dies auf ein außergewöhnliches Ereignis, das sich der Kontrolle des betreffenden Mitgliedstaates entzieht und die staatliche Finanzlage erheblich beeinträchtigt oder auf einen schwerwiegenden Wirtschaftsabschwung zurückzuführen ist". Letzteres wird dann angenommen, wenn innerhalb eines Jahres der reale BIP-Rückgang „mindestens 2 Prozent beträgt".

V. Koordinierung der Wirtschaftspolitik

Der Pakt lautet in vollem Wortlaut: „Europäischer Stabilitäts- und *Wachstums*pakt". Dies verweist auf die Ziele der sog. Lissabon-Strategie und auf die Bemühungen zur stärkeren Koordinierung der Wirtschaftspolitik.

Schon im früheren Artikel 103 des EU-Vertrags verpflichteten sich die Mitgliedstaaten zur Koordinierung der Wirtschaftspolitik und deren Überwachung durch den Rat, wobei die konkrete Umsetzung von Maßnahmen in nationaler Verantwortung blieb. Danach erstellt der Rat „mit qualifizierter Mehrheit auf Empfehlung der Kommission einen Entwurf für die Grundzüge der Wirtschaftspolitik der Mitgliedstaaten".

Bekräftigt wurde dieses Ziel durch eine „Zusatzerklärung des Rates" vom 1. Mai 1998. Darin vereinbarten die Mitglieder eine aktive Wachstumspolitik durch gezielte Reformen, u.a. durch eine Flexibilisierung der Arbeitsmärkte, eine Deregulierung der Gütermärkte, die Schaffung effizienter Bildungs-, Steuer- und Sozialsysteme.

Insoweit ist die regelmäßig wiederholte Kritik, dem Vertrag von Maastricht und dem Stabilitätspakt mangle es an Vorgaben zur Koordinierung der Wirtschafts- und Reformpolitik sowie zur Stärkung des Wachstums und der Wettbewerbsfähigkeit, unbegründet. Der Mangel lag ausschließlich darin, dass die genannten Abmachungen nach Beginn der 3. Stufe der Währungsunion keine bzw. eine zu geringe Beachtung fanden.

Es war klar, dass ein einheitlicher Binnenmarkt mit einer gemeinsamen Währung als monetärem Dach die strukturellen Schwachstellen eines jeden Mitglieds der Währungszone schnell und schonungslos offenlegen würde. In den meisten Mitgliedstaaten wurde jedoch dieser Zwang, umfassende Strukturreformen auf den Arbeitsmärkten, im Bereich der sozialen Sicherung und in der Steuerpolitik auf den Weg zu bringen, sträflich vernachlässigt. In Deutschland war dies glücklicherweise nicht der Fall. Schon vor der Einführung des Euro verabschiedete die damalige Koalition der Mitte umfassende – wenn auch noch nicht ausreichende – Reformen in der Renten-, Gesundheits- und Arbeitsmarktpolitik.

Die damals konzipierte Petersberger Steuerreform mit der Verbreiterung der Bemessungsgrundlage und der durchgehenden Senkung der Steuersätze scheiterte zwar an der Oppositionsmehrheit im Bundesrat. Dennoch orientierten sich alle späteren Steuerreformschritte in den grundlegenden Punkten am Petersberger Konzept. Rot/Grün hat diese Reformpolitik fortgesetzt. Zu verweisen ist insbesondere auf die sog. Hartz-Reformen und die Förderung der privaten Altersvorsorge. In den Jahren der großen Koalition folgten weitere Schritte mit der Reform der Unternehmensbesteuerung und der Rente 67.

VI. Verwässerung des Pakts

Der Stabilitätspakt entfaltete zunächst eine überaus positive Wirkung. Entscheidend hierfür war vor allem der Druck der Öffentlichkeit und der Märkte, dem die Regierungen mit lascher Haushaltspolitik ausgesetzt waren. Die aggregierte Defizitquote aller Euro-Teilnehmer lag in 2000 bei minus 1,0 Prozent und in 2001 bei minus 1,1 Prozent. Belgien, Finnland, Irland, Luxemburg, Österreich und Spanien hatten 2001 einen ausgeglichenen Haushalt erreicht. Demgegenüber zählten die beiden großen Volkswirtschaften Deutschland mit 2,7 Prozent und Frankreich mit 1,9 Prozent Defizitquote nicht mehr zu den Musterschülern. Das Jahr 2002 markiert eine Wende. In 2002 wiesen das neue Euro-Mitglied Griechenland mit minus 4,9 Prozent, Frankreich mit minus 3,2 Prozent und Deutschland mit minus 3,8 Prozent nennenswerte „Ausreißer" auf.

Die steigenden Defizite in Deutschland und Frankreich veranlassten die Kommission 2003 zur Abfassung von „Blauen Briefen" und damit zur Eröffnung von Defizit-Verfahren gegen beide Länder. Sanktionsverfahren wurden jedoch durch die Intervention der beiden Regierungen im EU-Rat verhindert. Dies war ein eklatanter Verstoß gegen Geist und Buchstabe von Maastricht und den Stabilitätspakt.

Im Anschluss daran drängten Deutschland und Frankreich auf eine Änderung des Pakts. Dies löste eine heftige Diskussion sowohl im Bereich der Politik als auch der Währungsexperten aus. Der damalige Finanzminister Hans Eichel begründete die Lockerung des Pakts mit der Formel: „Der Pakt ist kein Strafgesetzbuch".[6] Nach der endgültigen Verwässerung des Pakts stellte Jürgen Stark zu Recht fest: „Die Büchse der Pandora ist geöffnet".[7]

Die Reform des Stabilitätspakts erfolgte endgültig 2005 durch entsprechende Änderungen der Verordnungen sowohl über die Defizitverfahren als auch über den Ausbau der haushaltspolitischen Überwachung.[8]

Im präventiven Teil wurde vom Ziel eines nahezu ausgeglichenen Haushalts aller Mitglieder abgerückt. Stattdessen werden seither länderspezifische mittelfristige Haushaltsziele je nach Potentialwachstum und Schuldenstandsentwicklung angestrebt. Dies soll umgesetzt werden durch einen Abbau der strukturellen Defizite um jährlich 0,5 Prozent bezogen auf das BIP.

Im korrektiven Teil des Pakts blieb der ursprüngliche Referenzwert von 3 Prozent für die Defizitquote unverändert. Allerdings wurde die Liste der Ausnahmen beträchtlich erweitert u.a. um die Auswirkungen von Rentenreformen auf die öffentlichen Haushalte. Ferner wurden die Fristen zum Defizitabbau verlängert und die Definition der Rezession von einem BIP-Rückgang von 2 Prozent gelockert.

Die Reform des Pakts in 2005 mag in einzelnen Punkten sachlich durchaus vertretbar gewesen sein. Dennoch war die Änderung des Pakts letztlich ein schwerer Schlag gegen die Fundamente der Stabilitätskultur. Von ihr ging ein überaus gefährliches Signal zur Rückkehr zur Defizitpolitik früherer Jahre aus.

---

[6] *Eichel*, Der Pakt ist kein Strafgesetzbuch, FAZ vom 15.11.2003, Nr. 266, S. 12.

[7] *Stark*, Die Büchse der Pandora ist geöffnet, FAZ vom 18.02.2005.

[8] Zu Einzelheiten siehe Deutsche Bundesbank, Monatsbericht April 2005; Europäische Zentralbank, Monatsbericht August 2005.

Nachdem Deutschland und Frankreich den Pakt geändert hatten, um für sich ein Defizitverfahren abzuwenden, sahen sich vor allem kleinere Mitgliedsländer ermutigt, eine wieder expansivere Finanzpolitik zu betreiben, da sie konkrete Sanktionen offensichtlich nicht mehr befürchteten.

Die Verwässerung des Pakts zeitigte kurzfristig keine negativen Folgen. Bis 2007 – Jahre eines europaweiten Aufschwungs – entwickelten sich die Haushaltsdefizite im Euro-Raum moderat. Vor allem Deutschland und Frankreich gelang es, ihre Haushaltssalden auf minus 0,3 Prozent bzw. minus 0,6 Prozent zurückzuführen.

VII. Staatsschuldenkrise

Nachdem aber die globale Finanz- und Wirtschaftskrise eingesetzt hatte, stiegen die Defizite rapide an und entwickelten sich zu echten Staatsschuldenkrisen – nicht nur in Europa, sondern in allen westlichen Industriestaaten. Die USA standen infolge einer parlamentarischen Blockade kurz vor der Zahlungsunfähigkeit. Japan wies eine Schuldenstandsquote von rund 200 Prozent auf. Großbritannien sah sich zur Verabschiedung des umfangreichsten Sparpakets seiner Geschichte gezwungen. Und auch Deutschland kam nicht umhin, ein umfassendes Konsolidierungsprogramm mit Ausgabenkürzungen und Steuererhöhungen auf den Weg zu bringen. Der Anstieg der Neuverschuldung hängt eng mit den Folgen der US-Hypothekenkrise zusammen. Die meisten westlichen Industriestaaten mussten Milliardenbeträge zur Verfügung stellen – zunächst zur Rettung und Stabilisierung ihrer Finanzinstitute und anschließend zur Überwindung des Konjunktureinbruchs. Anzumerken bleibt, dass viele tatsächliche oder vermeintliche Experten, die 2009 die Wiederauferstehung des Keynesianismus – also kreditfinanzierte Steuer- und Investitionsprogramme zur Ankurbelung der Konjunktur – gefeiert haben, heute zu den Kritikern der ausufernden Staatsverschuldung zählen.

Besonders betroffen sind jedoch einige Mitglieder der Euro-Zone. Griechenland wies in der Spitze eine Defizitquote von über 15 Prozent auf. Es hat sich durch Fälschung von Haushaltsdaten Eintritt in die Euro-Zone verschafft. Irland wurde zusätzlich von einer Krise des Bankensektors getroffen. Spanien, Portugal und Italien verspüren jetzt die Folgen unterbliebener Reformen und geplatzter Immobilienblasen.

Die Reaktion der Märkte blieb nicht aus. Die „Sünderstaaten“ liefen Gefahr, ihre Kreditfähigkeit zu verlieren und von den internationalen Kapitalmärkten ausgeschlossen zu werden. Die Risikoaufschläge auf öffentliche Schuldtitel dieser Staaten stiegen rasant an. Die Rating-Agenturen reagierten in gleicher Weise und stuften die Bonität dieser Staaten bis auf sog. „Ramsch-Niveau“ herab. Mittlerweile steht die Haushaltspolitik in allen westlichen Industriestaaten im

Zeichen der Krisenbewältigung, d.h. mehr oder weniger zügige Reduzierung der Defizit- bzw. Staatsschuldenquoten in Verbindung mit gezielten Reformen zur Stärkung der Konjunktur und zur Verbesserung der Wettbewerbsfähigkeit.

VIII. Krisenbewältigung

Zur Abwendung der Staatsschuldenkrisen wurden auf EU-Ebene bislang folgende Maßnahmen in Angriff genommen. Für Griechenland wurde zunächst ein Hilfspaket aus Krediten der Euro-Mitglieder, des IWF und des EU-Haushalts zur Verfügung gestellt. Um bedrohten Staaten den Zugang zu den Kapitalmärkten offen zu halten, wurde ein Rettungsschirm, die sog. EFSF, gespannt, der gestützt auf Garantien der Euro-Mitglieder Kredite zu tragbaren Zinsen bereitstellt. Das Volumen der EFSF wurde später erhöht und um das Instrumentarium im Hinblick auf vorbeugende Kreditlinien, Re-Kapitalisierung von Banken und Anleihekäufe auf dem Sekundärmarkt erweitert. Der dauerhafte Krisenbewältigungsmechanismus ESM soll im Sommer 2012 in Kraft treten und mit der EFSF verschmolzen werden. Für Griechenland wurde ein weiteres Hilfspaket geschnürt, was verbunden mit einem Schuldenschnitt unter spürbarer Heranziehung der privaten Gläubiger den Schuldenstand in Griechenland auf etwa 120 Prozent senken soll.

Die Hilfen werden nicht aus purer Nächstenliebe geleistet. Entscheidendes Ziel ist vielmehr die Verhinderung eines Wiederaufflammens der Krise auf den Finanzmärkten mit der Gefahr einer allgemeinen Kreditklemme. Die Solidarität der Geberländer erfordert im Gegenzug eine erhöhte Selbstverantwortung der Krisenstaaten. Alle Hilfen sind konditioniert und verlangen von der Bevölkerung der betroffenen Staaten schmerzhafte Einschnitte in Form von Steuererhöhungen, Leistungskürzungen, Personalabbau und Strukturreformen.

IX. Verschärfung des Stabilitätspakts

Mittelfristig ist es entscheidend, die Weichen so zu stellen, dass keine Inanspruchnahme des Stabilitätsmechanismus erforderlich wird. Im Kern geht es darum, das zuvor gelockerte haushaltspolitische Regelwerk wieder auszubauen.

Die Haushaltsüberwachung und der Stabilitätspakt werden verschärft. Aufbauend auf Vorarbeiten der EU-Kommission und der sog. Van-Rompuy-Arbeitsgruppe wurde auf EU-Ebene Einigung über folgende Änderungen des Stabilitätspakts sowohl im präventiven als auch im korrektiven Arm erzielt:

- Ein strukturell ausgeglichener Haushalt in allen Mitgliedstaaten als mittelfristiges Ziel.
- Eine Ausweitung der Sanktionen, indem künftig Verfahren auch dann eingeleitet werden können, wenn Mittelfristziele unterhalb des 3-Prozent-Kriteriums nicht eingehalten werden. Auch bei einer übermäßigen Entwicklung der Staatsschuldenquote greifen künftig Sanktionen. Die Euro-Länder werden verpflichtet, die Differenz ihrer Schuldenstandsquote zum Referenzwert von 60 Prozent um jährlich 5 Prozent abzubauen.
- Eine Verschärfung der präventiven Haushaltsüberwachung durch mehr Rechte von EuroStat und durch frühere Überprüfung der Stabilitäts- bzw. Konvergenzprogramme, wobei bereits in der Überwachungsphase Sanktionen eingeleitet werden können von einer verzinslichen Einlage bis hin zu einem Bußgeld.
- Eine Straffung und Beschleunigung der Defizitverfahren.
- Eine Quasi-Automatik bei der Verschärfung von Sanktionen, die der betroffene Haushaltssünder nur durch ein qualifiziertes Veto im Rat zurückweisen kann.

Die Umsetzung der neuen Regelungen erfolgt durch Änderungen der geltenden Verordnungen zum Stabilitätspakt. Zur Umsetzung der Vereinbarungen über die wirtschaftspolitische Koordinierung und die Stärkung der Wettbewerbsfähigkeit kommen eine „Richtlinie über die Anforderungen an die haushaltspolitischen Rahmen der Mitgliedstaaten" und eine „Verordnung zur Vermeidung und Korrektur übermäßiger makro-ökonomischer Ungleichgewichte im Euro-Raum" hinzu. Auf dieser Grundlage erfolgt eine Überwachung der makro-ökonomischen Entwicklung der Euro-Mitglieder. Ziel ist die Stärkung der Wettbewerbsfähigkeit. Bei Fehlentwicklungen und ausbleibenden Reformen kann die Kommission zukünftig Sanktionen verhängen.

Auch für die Zukunft gilt der Grundsatz: der neue Pakt wird nur dann greifen, wenn sich alle Beteiligten an seinen Buchstaben und Geist halten. Die Wirksamkeit der Regeln wird weiterhin vom politischen Willen zu ihrer strikten Anwendung abhängig bleiben.

X. Fiskalvertrag

Um den Verordnungen im Zusammenhang mit dem Stabilitätspakt mehr „Biss" zu verleihen, einigten sich die Euro-Mitglieder auf einen Vertrag über Stabilität, Koordinierung und Steuerung in der Wirtschafts- und Währungsunion, kurz Fiskalvertrag genannt. Alle Mitglieder verpflichten sich zur Verabschiedung einer Schuldenbremse nach deutschem Vorbild, wobei das konjunkturbereinigte Defizit auf einen mittelfristigen Konsolidierungspfad auf 0,5 Prozent des BIP zurückzuführen ist. Liegt die Schuldenstandsquote unter 60 Prozent, so gilt als Obergrenze ein strukturelles Defizit von maximal 1 Prozent. Für außergewöhnliche Ereignisse sind Ausnahmeregelungen vorgesehen. Gegen eine unzureichende Umsetzung der Schuldenbremse können andere Länder vor dem Europäischen Gerichtshof klagen.

Mit dem sog. Fiskalvertrag, der am 1.1.2013 in Kraft tritt, wird das haushaltspolitische Regelwerk nicht mehr allein über EU-Sekundärrecht, sondern direkt über das nationale Recht der Vertragsparteien festgeschrieben. Auch künftig bleibt das Budget-Bewilligungsrecht der nationalen Parlamente gewahrt. Sie können selbstverantwortlich über die Höhe der Haushaltsausgaben und der Steuereinnahmen entscheiden. Das Budget-Bewilligungsrecht ist nur insoweit eingeschränkt, als die nationalen Parlamente den Defizit-Quoten des europäischen Stabilitätspakts bzw. des Fiskalvertrags Rechnung tragen müssen.

XI. Lehren aus der Krise

Die Lehren, die aus der globalen Staatsschuldenkrise im Allgemeinen und der Schuldenkrise einiger Euro-Mitglieder im Besonderen zu ziehen sind, lauten: kein Staat kann auf Dauer über seine Verhältnisse leben. Wer bei Strukturreformen und bei der Haushaltskonsolidierung zu spät kommt, den bestrafen die Märkte. Die aktuelle Schuldenkrise ist nicht über Nacht hereingebrochen, sie kann auch nicht von einem auf den anderen Tag überwunden werden. Vermutlich werden die Aufräumarbeiten noch rund 10 Jahre andauern.

Ein Scheitern der Währungsunion hätte unabsehbare Folgen: nicht nur Deutschlands Wirtschaft würde verlieren. Im Falle eines Rückfalls in die Kleinstaaterei wäre Europas Stimme auf der Bühne der internationalen Politik nicht mehr gefragt.

Die leistungsstarken Euro-Mitglieder haben ihre Solidarität unter Beweis gestellt. Aber diese Solidarität darf ihre Leistungsfähigkeit nicht überbelasten.

Die Euro-Skeptiker und die grundlegenden EU-Kritiker sind nicht in der Lage eine erfolgversprechende Alternative zur Wirtschafts- und Währungsunion vorzulegen.

Europa muss den Mut aufbringen, den Weg von der wirtschaftlichen Integration zur verstärkten politischen Integration zu intensivieren. Dabei ist insbesondere die Verantwortung von Deutschland und Frankreich gefragt. Dies muss einhergehen mit einer klaren und verständlichen Abgrenzung der Kompetenzen zwischen der europäischen und der nationalstaatlichen Ebene. Wo europäische Regelungen unabdingbar sind, muss der Mut zum nationalen Souveränitätsverzicht aufgebracht werden. Umgekehrt muss die europäische Ebene auch bereit sein, Kompetenzen auf die nationale Ebene zurückzuführen, um einen ausufernden Bürokratismus und Zentralismus zu verhindern.

Die europäischen Gründungsväter haben die Lehre aus der geschichtlichen Entwicklung gezogen. Es ist Aufgabe der jungen Generation ihr Erbe zu bewahren und fortzuentwickeln.

Missachtung rechtlicher Vorgaben bei der Umsetzung der Währungsunion

Christoph Degenhart

Macht es Sinn, längst vollzogene Entwicklungen nachträglich auf ihre Rechtmäßigkeit zu überprüfen? Bei näherer Befassung wird deutlich: die hier aufgeworfenen Rechtsfragen sind aktueller denn je. Die Erwartung allerdings, aus seinerzeitigen Fehlern würden Konsequenzen gezogen, scheint sich als trügerisch zu erweisen.

I. Europa als Rechtsgemeinschaft

Die Europäische Union versteht sich als Rechtsgemeinschaft.[1] Sie ist in der Tat in spezifischer Weise Rechtsgemeinschaft.[2] Sie ist im Unterschied zu Staaten im Sinn des tradierten Staatsbegriffs in erster Linie durch ihre Rechtsordnung definiert. Staaten geben sich eine Verfassung,[3] die Europäische Union ist durch ihre Rechtsakte – durch den Abschluss von Verträgen – und damit erst nach Maßgabe ihrer „Verfassung" entstanden. Die Werte, auf denen sie beruht, sind grundlegende Werte des Rechts, wie dies auch Art. 2 EUV zum Ausdruck bringt: Menschenrechte, Demokratie, Rechtsstaatlichkeit.

1. Europa als Rechtsgemeinschaft: Begründung der Währungsunion

Nur als Rechtsgemeinschaft konnten die Staaten Europas in eine Währungsunion eintreten. Die Gemeinschaft konnte eine gemeinsame Währung nicht kraft eigener Hoheitsgewalt einführen. Es bedurfte hierzu der vertraglichen Festlegungen zwischen den Mitgliedstaaten im Rahmen ihrer Rechtsgemeinschaft. Auf primärrechtlicher Ebene waren dies die Bestimmungen insbesondere des Vertrags von Maastricht über die Wirtschafts- und Währungsunion. Ihnen ist ein hoher grundsätzlicher Anspruch zu Eigen. Gleichzeitig sind gerade die entscheidenden Bestimmungen von ausgeprägter Gestaltungsoffenheit.

---

1 BVerfG, Urt. v. 12.10.1993 – 2 BvR 2159/92, BVerfGE 89, 155, 202 – Maastricht.

2 Zu den einzelnen Aspekten s. näher *Calliess*, ZEuS 2011, 213, 222 ff.

3 Sie können also auch ohne Verfassung existieren, vgl. *Calliess*, ZEuS 2011, 213, 222 f.

Dies gilt in besonderem Maße für den seinerzeitigen Art. 109j Abs. 4 EGV. Dort waren die entscheidenden Konvergenzkriterien niedergelegt, die für den Eintritt in die dritte Stufe der Währungsunion[4] erfüllt sein mussten.[5] Der Gegensatz zwischen dem hohen grundsätzlichen Anspruch einerseits und der ausgeprägten Gestaltungsoffenheit gerade der entscheidenden Bestimmungen ist durchaus bemerkenswert.

2. Finalität der Rechtsgemeinschaft: das Fundamentalziel der „immer engeren Union"

Dies gibt Anlass zu grundsätzlichen Anmerkungen zur Europäischen Gemeinschaft als Rechtsgemeinschaft. Die finale Ausrichtung der Europäischen Union auf das Fundamentalziel[6] der „immer engeren Union" wirkt als Direktive auch für die Union als Rechtsgemeinschaft. Sie bestimmt auch die Funktionen der Rechtsordnung innerhalb der Union, auch ihrer verfassungsrechtliche Ordnung. Sie bestimmt sie in einer Weise, die sie von der rechtsstaatlichen und demokratischen Ordnung des Verfassungsstaates klassischer Prägung, auch der des Grundgesetzes, unterscheidet. Dies ist stets zu vergegenwärtigen, wenn wir die Union als Rechtsgemeinschaft deuten. Der freiheitliche Rechtsstaat des Grundgesetzes ist auf die Mäßigung und Begrenzung staatlicher Macht angelegt. Eine Rechtsordnung, die vor allem der Verwirklichung eines vorgegebenen Fundamentalzieles dient, ist sehr viel stärker auf die effektive Entfaltung staatlicher bzw. hoheitlicher Funktionen ausgerichtet. Sie identifiziert sich mit diesem Ziel; Rechtsstaatlichkeit aber ist eine Staatsform der Distanz.[7]

So fügen sich denn auch die europäischen Institutionen nur sehr bedingt in die klassische Vorstellung der checks and balances. Dies betrifft auch die Rolle der Verfassungsgerichtsbarkeit – auf Unionsebene also des EuGH als des Gerichts, das die Funktionen eines Verfassungsgerichts wahrnimmt. Es wird dort dazu tendieren, nicht in der gebotenen rechtsstaatlichen Distanz zu entscheiden, wo es sich als Motor eben dieser immer engeren Integration versteht. Denn es ist dann vor allem dem einen Fundamentalziel verpflichtet. Deshalb erhebt es den effet utile[8] zur obersten Leitlinie der Interpretation.[9] Und dieses Denken in Kategorien des effet utile bestimmt dann die Praxis des Unionsrechts.[10] Aber

---

[4] Vgl. *Häde*, JZ 1998, 1088 ff.

[5] Vgl. zur Verbindlichkeit *Zeitler*, WM 1995, 1609, 1609 f.

[6] Vgl. *Pechstein*, in: Streinz, EUV/AEUV, 2. Aufl. 2012, Art. 1 EUV Rdn. 19.

[7] Vgl. *Kloepfer*, VVDStRL 40 (1982), 63, 65 f.; *Degenhart*, DÖV 1981, 477, 479.

[8] Vgl. *Streinz*, in: Streinz, EUV/AEUV, 2. Aufl. 2012, Art. 4 EUV Rdn. 33; *Hobe*, Europarecht, 5. Aufl. 2010, § 10 Rdn. 50; *Faßbender*, NVwZ 2010, 799, 800.

[9] S. hierzu BVerfG, Urt. v. 30.6.2009 – 2 BvR 182/09, BVerfGE 123, 267, 351 f., 355 – Lissabon-Urteil.

[10] Vgl. *Kirn*, in: von Münch/Kunig (Hrsg.), GG II, 6. Aufl. 2012, Art. 146 Rdn. 10.

auch der effet le plus utile droht irgendwann inutile, ja sogar schädlich zu werden, wenn er dazu verleitet, sich über rechtliche Bindungen hinwegzusetzen. Es bedeutet noch kein unzulässiges Beharren auf struktureller Identität,[11] wenn auch in einer krisenhaften Situation die Geltung der Rechtsordnung eingefordert wird – anstatt sich auf ein kommodes „Not kennt kein Gebot"[12] zurückzuziehen.

3. Finalität der Union und Offenheit demokratischer Verfahren

Und ebenso wenig verträgt sich diese finale Ausrichtung auf die immer intensivere Integration mit der Vorstellung der Offenheit demokratischer Prozesse. Dies gilt vor allem dann, wenn der Bestimmung des Art. 1 EUV und insbesondere der Formulierung „immer enger" ein Rückschrittsverbot entnommen wird.[13] Demokratisch legitimierte Entscheidungen müssen einer ebenso demokratisch legitimierten Korrektur zugänglich sein. Die notwendige Offenheit demokratischer Verfahren verträgt sich daher auch nicht ohne weiteres mit dem Anspruch auf Unumkehrbarkeit und Unwiderruflichkeit.[14] Sie verträgt sich auch nur bedingt mit der Vorstellung einer Unantastbarkeit des acquis communitaire, auch wenn der, der einer internationalen Organisation beitritt, eine gewisse Tendenz zur Besitzstandswahrung hinzunehmen hat.[15] Doch ist den Akteuren der Währungsunion im Hinblick auf das Ziel der vertieften Integration zuzugestehen, dass sie boni voluntatis handelten, als sie die Konvergenzkriterien für den Eintritt in die dritte Stufe der Währungsunion in einigen Fällen mit äußerster Geschmeidigkeit handhabten, um einen weiteren beliebten Auslegungstopos zu zitieren.

---

[11] Vgl. BVerfG, Urt. v. 30.6.2009 – 2 BvR 182/09, BVerfGE 123, 267, 368 – Lissabon-Urteil.

[12] Für ein „EU-Notrecht" als Instrument der Euro-Stabilisierung *Oppermann*, in: Festschrift Möschel, 2011, S. 909 ff.; s. dazu auch die Diskussion im Anschluss an die Referate von *Calliess* und *Schorkopf* „Finanzkrisen als Herausforderung der internationalen, europäischen und nationalen Rechtsetzung" anlässlich der 71. Jahrestagung der Vereinigung der Deutschen Staatsrechtslehrer am 6. Oktober 2011 in Münster.

[13] Vgl. *Calliess*, in: Calliess/Ruffert (Hrsg.), in: EUV/AEUV, 4. Aufl. 2011, Art. 1 EUV Rdn. 12.

[14] S. auch *Schorkopf*, Finanzkrisen als Herausforderung der internationalen, europäischen und nationalen Rechtsetzung" anlässlich der 71. Jahrestagung der Vereinigung der Deutschen Staatsrechtslehrer am 6. Oktober 2011, VVDStRL 71 (2012), 166 ff.

[15] Vgl. BVerfG, Urt. v. 30.6.2009 – 2 BvR 182/09, BVerfGE 123, 267, 351 f. – Lissabon-Urteil.

II. Begründung der Währungsunion zwischen Recht und Politik

1. Währungsunion ohne wirtschaftspolitische Union: Mängel in der rechtlichen Konstruktion

Deshalb dürfen hier auch „Recht" und „Politik" nicht ohne weiteres als Gegensatzbegriffe verstanden werden,[16] wenn etwa für die Reform des Stabilitäts- und Wachstumspaktes[17] ein Zurückweichen des Rechts gegenüber der Politik moniert wird. Kodifizierte Wirtschaftspolitik[18] bringt die Kodifizierung, bringt das Recht in verstärkte Abhängigkeit von der Wirtschaftspolitik. Es hat dann an deren Schwächen teil, und auch an deren Scheitern. Dies betrifft auch die Konzeption des Vertrags von Maastricht, mit seiner normativen Festlegung auf den Grundsatz einer offenen Marktwirtschaft mit freiem Wettbewerb,[19] auf Monetarismus[20] und auf die Korrektivkraft der Finanzmärkte.[21] In der Asymmetrie von Währungsunion einerseits, fehlender politischer Union und nur unvollständig ausgeprägter[22] Wirtschaftsunion wird eine maßgebliche Konstruktionsschwäche der Währungsunion gesehen.[23] Das Bundesverfassungsgericht spricht im Maastricht-Urteil von der „wechselseitigen Bedingtheit von vertraglich vereinbarter Währungsunion und vorausgesetzter Entwicklung auch zu einer Wirtschaftsunion".[24] Diese war aber eben nicht vereinbart.

Den seinerzeitigen Akteuren ist nicht zu unterstellen, sie hätten diesen Konstruktionsfehler übersehen – auch wenn sie ihn vermutlich in seinen Auswirkungen unterschätzten. Doch wurde bereits die Währungsunion als ein wesentlicher Integrationsschritt gesehen. Rechtliche Zweifel kamen nicht auf, denn die Währungsunion diente ja der Integration, und entsprach damit auch der finalen Ausrichtung der Gemeinschaft in ihren rechtlichen Grundlagen. Möglicherweise war damit auch die Erwartung verbunden, jedenfalls bei manchen der beteiligten Akteure, die Währungsunion werde im weiteren Verlauf eine Wirtschaftsunion oder auch eine politischen Union nach sich ziehen – eine Erwartung, die mitunter auch ganz unverblümt ausgesprochen wurde, etwa vom damaligen Bundespräsidenten von Weizsäcker: *„Die Gewöhnung an die Wäh-*

---

[16] Vgl. z.B. *Hatje*, DÖV 2006, 567.
[17] Kritisch *Seidel*, EuR 2000, 861, 867.
[18] Vgl. *Nicolaysen*, Festschrift Selmer, 2004, S. 833, 850.
[19] Vgl. Art. 4 Abs. 2 und 3 EGV.
[20] Vgl. *Nicolaysen*, Festschrift Selmer, 2004, S. 833, 840.
[21] Vgl. *Calliess*, ZEuS 2011, 213, 275.
[22] So die Feststellung von *Calliess* a.a.O.
[23] Vgl. auch *Kirchhof*, in: Festschrift Klein, 1994, S. 61, 76 f.; *Zeitler*, in: Festschrift R. Schmidt, 2006, S. 111, 227; *Calliess*, NVwZ 2012, 1, 1 f., sowie *ders./Schoenfleisch*, Vom Fiskalpakt zur „Fiskalunion", http://portal-europarecht.de.
[24] BVerfG, Urt. v. 12.10.1993 – 2 BvR 2159/92, BVerfGE 89, 155, 201 – Maastricht.

rungsunion ist für mich der einzig erkennbare Weg, um schließlich eine gemeinsame Außenpolitik zu erreichen."[25]

Es ging also auch darum, vollendete Tatsachen zu schaffen – also eine Entwicklung zu initiieren, die die letztlich angestrebten Konsequenzen nach sich zieht, weil die Kosten einer Rückabwicklung in der Abwägung überwiegen. Eben diese Situation scheint nun einzutreten und erneut sollen unumkehrbare, vorgeblich alternativlose Integrationsschritte unternommen werden. All dies geschieht jedoch unter dem Druck der wirtschaftlichen Entwicklungen und nicht in freier demokratischer Entscheidung der Völker Europas. Um sie geht es ja doch letztlich – oder sollte es gehen. Dabei scheint das Demokratieverständnis maßgeblicher Akteure der europäischen Ebene seinerseits sich nicht entscheidend weiterentwickelt zu haben, wie das bekannte Zitat von Juncker[26] oder auch aktuelle Äußerungen der IWF-Chefin Lagarde belegen. In dieses Bild fügt sich auch die Erwartung des irischen Ministerpräsidenten, *dass dann, wenn Fiskalpakt und ESM-Vertrag erst einmal ratifiziert seien, eine rationale Diskussion unter den Staats- und Regierungschefs möglich werde* – konkret über die direkte Bankenhilfe aus dem ESM; deutlicher lässt sich die Geringschätzung demokratischer Verfahren kaum ausdrücken. Doch auch die bundesdeutschen Akteure scheinen geordnete parlamentarische Verfahren mitunter eher als hinderlich zu empfinden, wie das Bundesverfassungsgericht in seinem Urteil vom 19. Juni 2012 durchaus nachhaltig moniert.[27]

2. Währungsunion „am Volk vorbei": Defizite in der demokratischen Legitimation

Denn auch hierin liegt ein maßgebliches Defizit in der Begründung der Währungsunion, eine entscheidende Schwäche in ihrer Konstruktion: sie wurde verfügt, ohne die Völker zu beteiligen. Sie wurde geplant, ohne danach zu fragen, ob sich hier die Bereitschaft herausgebildet hatte für den Eintritt in eine weitergehende politische Union, und ob diese über die adäquaten demokratischen Institutionen verfügte. Deshalb ist auch der in diesem Zusammenhang mitunter geäußerten Auffassung zu widersprechen, es bestehe ein untrennbarer Zusammenhang zwischen Integration, Friedenssicherung und Währung – im Gegenteil. Europa war auf einem guten Weg – es war die Schuldenkrise im gemeinsamen Währungsraum, die Missgunst und Missverständnisse produziert, und die

[25] So *von Weizsäcker* in Focus vom 28.11.1994, zitiert nach *Issing*, EWS 2011, 257, 258.

[26] „Wir beschließen etwas, stellen das dann in den Raum und warten einige Zeit ab, ob was passiert. Wenn es dann kein großes Geschrei gibt und keine Aufstände, weil die meisten gar nicht begreifen, was da beschlossen wurde, dann machen wir weiter – Schritt für Schritt, bis es kein Zurück mehr gibt." (*Jean-Claude Juncker* erklärt seinen EU-Kollegen die Demokratie, SPIEGEL 52/1999, S. 136).

[27] BVerfG, Urt. v. 19.6.2012 – 2 BvE 4/11 – Euro-Plus-Pakt.

zum Wiedererstarken längst überwunden geglaubter nationalstaatlicher Atavismen führt.

Damals mochte aus der Sicht des Grundgesetzes noch nicht der Vorbehalt der verfassungsgebenden Gewalt des Volkes eingreifen. Doch wurde ein Prozess in Gang gesetzt, der nunmehr zu Entscheidungen zu zwingen scheint, die die Forderung nach einem Referendum – und diese Forderung wird zusehends vernehmbar – ebenso unabweisbar erscheinen lässt wie sie als unerfüllbar dargestellt wird, unerfüllbar jedenfalls nach Kriterien der Alternativlosigkeit und Unwiderruflichkeit.

Es geht hier nicht darum, seinerzeitige Versäumnisse einer rechtlichen Bewertung ex post zu unterziehen. Fortwirkende rechtliche Defizite aber bedürfen der Korrektur – dies umso mehr, wenn die Politik dahin geht, sie fortzuschreiben statt sie auszugleichen.[28] Eben dies ist die aktuelle Situation, in der bezeichnenderweise in Anwendung der sog. „Unionsmethode“[29] auf das Instrumentarium des klassischen Völkerrechts zurückgegriffen wird.[30] Dieses aber ist gerade kein Recht der Völker, sondern ein Recht der Staaten. Soll die Divergenz zwischen Währungsunion und unvollständiger wirtschaftlicher Union überwunden werden, so dürfen die Staaten Europas nicht auf Dauer die Rechtsgemeinschaft der Union verlassen. Deshalb stellt es auch die Union als Rechtsgemeinschaft in grundsätzlicher Weise in Frage, die Praxis der konkludenten, einvernehmlichen Änderung völkerrechtlicher Verträge durch abweichende, konsensuale Vertragspraxis zu übernehmen. Und es stellt die Union als Rechtsgemeinschaft erst recht in Frage, wenn die Mitgliedstaaten die von den Verträgen vorgezeichneten Bahnen verlassen, um auf intergouvermentaler Ebene zu völkerrechtlichen Vereinbarungen neben den Verträgen zu gelangen.[31] Eben dies ist die Vorgehensweise bei ESM und Fiskalpakt.

3. Rechtsfragen der Umsetzung der Währungsunion: Stabilitätsunion und Konvergenzkriterien nach Gemeinschaftsrecht

a. Griechenland, Italien, Belgien – die Zweifelsfälle

Schon seinerzeit wurde die Kluft zwischen vergemeinschafteter Währungspolitik und im Wesentlichen mitgliedstaatlicher Wirtschafts- und Fiskalpolitik[32] gesehen. Sie zumindest zu überbrücken, war wesentliche Funktion der Divergenzkriterien des EGV in der Fassung des Vertrags von Maastricht. Dass Griechen-

---

[28] So auch *Regling*, EWS 2011, 261, 262.

[29] Vgl. *Calliess*, NVwZ 2012, 1, 2.

[30] Zur unionsrechtlichen Zulässigkeit vgl. kritisch *Müller-Graff*, in: Festschrift Möschel, 2011, S. 885, 896 f.

[31] Dass auch dann die verfassungsrechtlichen Anforderungen des Art. 23 GG gelten, bestätigt nunmehr BVerfG, Urt. v. 19.6.2012 – 2 BvE 4/11, Rdn. 100 – Euro-Plus-Pakt.

[32] Vgl. *Hatje*, DÖV 2006, 597, 598 f.: Kompetenzasymmetrie; *Calliess*, NVwZ 2012, 1 ff.

land nicht hätte in die Währungsunion aufgenommen werden dürfen, darüber scheint zumindest Einigkeit zu bestehen. Ich frage mich allerdings: wusste man damals, dass die Bilanzen falsch waren und setzte sich bewusst darüber hinweg, oder wusste man es nicht und entschied in gutem Glauben? Oder – und dies erscheint als die naheliegendste Alternative, man wollte es nicht so genau wissen.[33]

Zu Italien sind die Meinungen geteilt. So wird vertreten, die Voraussetzungen des damaligen Art. 109j EGV für den Eintritt in die dritte Stufe der Währungsunion seien nicht erfüllt gewesen, Italien hätte – wie auch Belgien – nicht aufgenommen werden dürfen.[34] Die Gegenauffassung verweist auf weite Einschätzungs-, Prognose- und Gestaltungsspielräume in den einschlägigen Vorschriften. Diese seien gewahrt worden. Beide Alternativen lassen die Entscheidung gleichermaßen fragwürdig erscheinen. Denn entweder wurden die maßgeblichen Bestimmungen missachtet – dann liegt der Fehler in der Anwendung der Norm. Oder aber diese Bestimmungen waren so gefasst, dass sie keine effektive Schranke für den politisch gewollten Beitritt von Mitgliedstaaten unabhängig von ihrer tatsächlichen Beitrittsreife aufrichten konnten – dann lag der Fehler auf der Ebene der Normsetzung.

Entscheidendes Kriterium im Fall Italiens war das der auf Dauer tragbaren Finanzlage der öffentlichen Hand ohne übermäßiges Defizit, Art. 109j Abs. 2 Satz 2 2. Spiegelstrich. Dieses Kriterium ist zunächst formalen Charakters: es gilt nach Art. 2 des Protokolls über die Konvergenzkriterien[35] dann als erfüllt, wenn keine Ratsentscheidung nach Art. 104c Abs. 6 EGV (jetzt Art. 126 AEUV, ex Art. 104 EG) vorliegt, wonach in dem betreffenden Mitgliedstaat ein übermäßiges Defizit besteht. Ob ein „übermäßiges" Defizit besteht, dies stellt der Rat verbindlich auf der Grundlage einer Prüfung der „Gesamtlage" fest. Der Entscheidung des Rats wiederum geht der Bericht der Kommission nach Abs. 3 voraus, der im Fall eines Verstoßes gegen das Schuldenstandkriterium des Abs. 2 erstellt wird. Ein solcher Verstoß ist zwar grundsätzlich bei einer Überschreitung der Referenzwerte gegeben, doch enthält schon Abs. 2 eine Reihe von Ausnahmen, deren Feststellung in wertender Ausfüllung unbestimmter Rechtsbegriffe – hinreichend genug, rasch rückläufig, Nähe zum Referenzwert – zu treffen ist. Und auch der Bericht der Kommission nach Abs. 3 ist rechtlich nur unzureichend strukturiert, wenn er unter Berücksichtigung aller einschlägigen Faktoren abzugeben ist.[36] Der Bericht wiederum bindet den Rat nicht bei seiner Entscheidung nach Abs. 6 – er kann allerdings nur für die Mitgliedstaaten die

---

[33] *Häde*, EuR 2010, 854, 863. Verweist allerdings darauf, dass schon an Hand der offiziell vorliegenden Zahlen Griechenland nicht hätte aufgenommen werden dürfen.

[34] Vgl. *Häde*, EuR 2010, 854, 863.

[35] Vgl. *Kempen*, in: Streinz (Hrsg.), EUV/AEUV, 2. Aufl. 2012, Art. 126 AEUV Rdn. 30; zur Bedeutung des Protokolls s. *Zeitler*, WM 1996, 1609.

[36] Kritisch zum seinerzeitigen Konvergenzbericht der Kommission zu Recht *Häde*, JZ 1998, 1088, 1091.

Feststellung nach Art. 104c (EGV) bzw. Art. 126 Abs. 6 (AEUV) treffen, die der Rat benannt hat.

b. Einschätzungsspielräume und gestuftes Verfahren als Einfallstor für politisches Ermessen

Die hier im Einzelnen nicht näher darzustellende Rechtslage beruht auf diesem Grundprinzip: Die Entscheidung über das Vorliegen der Konvergenzkriterien und damit über die Aufnahme eines Mitgliedstaats erfolgte in mehreren aufeinanderfolgenden Stufen. Auf jeder dieser Stufen hatte die Beurteilung an Hand unbestimmter, in hohem Maße ausfüllungs- und konkretisierungsbedürftiger und wertungsoffener Rechtsbegriffe zu erfolgen – die im Übrigen auch die Unterscheidung von unbestimmtem Rechtsbegriff und Ermessen obsolet machen. Die Akteure nahmen weites politisches Ermessen[37] für sich in Anspruch. Ausgehend vom Grundaxiom weiter Beurteilungsspielräume und Einschätzungsprärogativen der handelnden Organe[38] öffneten sich breite Einfallstore für den Eingang politischer Wertungen und letztlich auch politischer Zielvorstellungen, dies umso mehr, als für die Ausfüllung dieser „Einschätzung-, Prognose- und Bewertungsspielräume" das Mehrheitsprinzip gelten sollte.[39] Es war schlicht politisch nicht gewollt, dass ein Gründungsmitglied der EWG, ein Kernland Europas nicht an der Währungsunion beteiligt sein sollte, die ja doch ihrerseits den Kern einer politischen Union bilden sollte. Und da es auch integrationspolitisch intendiert war, war für die Akteure nicht mehr die Frage nach der Gemeinschaftsrechtskonformität mehr oder minder beantwortet (sofern sie dies interessierte). Denn die Währungsunion diente ja der weiteren Integration der Völker der Europäischen Gemeinschaft, und da es eben diesem Ziel diente, brauchten – aus der Sicht der Akteure – die Völker auch nicht befragt zu werden.

Und damit ist erneut der fundamentale Konstruktionsfehler der Wirtschafts- und Währungsunion angesprochen – nachträglich aber die fehlenden Stützen in das Europäische Haus einzuziehen, ist aufwendig und wird deshalb gescheut.

4. Verfassungsrechtliche Maßgaben für den Eintritt in die dritte Stufe

Die Maßgaben des Bundesverfassungsgerichts im Maastricht-Urteil für die verfassungsrechtliche Akzeptanz der Währungsunion wurden bei deren Umsetzung nur teilweise beachtet. So stellt das Bundesverfassungsgericht maßgeb-

---

[37] Gegen weites politisches Ermessen im Rahmen des Art. 126 AEUV *Kempen*, in: Streinz, EUV/AEUV, 2. Aufl. 2012, Art. 126 AEUV Rdn. 28.

[38] S. dazu auch BVerfG, Urt. v. 12.10.1993 – 2 BvR 2159/92, BVerfGE 89, 155, 202 f. – Maastricht.

[39] Vgl. BVerfG a.a.O. in Differenzierung zwischen der Entscheidung über die Aufnahme in die dritte Stufe der Währungsunion und Ausfüllung der hierbei eröffneten Beurteilungsspielräume.

lich auf das Anliegen des Bundestages ab, sich für den Übergang zur dritten Stufe der Wirtschafts- und Währungsunion eine eigene Bewertung vorzubehalten und sich damit einer Aufweichung der Stabilitätskriterien zu widersetzen.[40] Tatsächlich wurden bereits bei Eintritt in die Währungsunion die Stabilitätskriterien hinsichtlich einzelner Staaten zumindest elastisch gehandhabt, will man den Vorwurf der Aufweichung vermeiden.

Die Bestimmungen des Art. 105 – 109m EGV (Art. 127–144 AEUV, ex Art. 195–124 EG) zeichneten den dreistufigen Weg zu einer Währungsunion in seinen Entstehungsbedingungen und wachsenden Aufgaben im Einzelnen vor.[41] Hiernach ist die Währungsunion als Stabilitätsgemeinschaft konzipiert, die vorrangig die Preisstabilität zu gewährleisten hat, Art. 3a Abs. 2, Art. 105 Abs. 1 Satz 1 EGV (Art. 8, 127 AEUV, ex Art. 3, 105 EG).

Die vorrangige Ausrichtung der Währungsunion als Stabilitätsgemeinschaft[42] und die Verpflichtung der Europäischen Zentralbank zu Stabilität war für das Bundesverfassungsgericht ein wesentliches Entscheidungskriterium im Maastricht-Urteil und erneut im Urteil zur Griechenlandhilfe[43] – auch diese Maßgabe wird derzeit eher flexibel gehandhabt.

Deutlich wird: Wesentliche Voraussetzungen, die von der Bundesregierung und den gesetzgebenden Körperschaften – Bundestag und Bundesrat – der Zustimmung zum Eintritt in die dritte Stufe der Währungsunion zugrunde gelegt wurden,[44] waren von Anfang nicht uneingeschränkt erfüllt. Damit wurden wesentliche unions- und verfassungsrechtliche Vorgaben bei der Umsetzung der Währungsunion missachtet. Sie wurden, wie zu zeigen sein wird, auch in der Folgezeit missachtet.

---

[40] BVerfG, Urt. v. 12.10.1993 – 2 BvR 2159/92, BVerfGE 89, 155, 202 – Maastricht.

[41] BVerfG, Urt. v. 12.10.1993 – 2 BvR 2159/92, BVerfGE 89, 155, 194 – Maastricht.

[42] Vgl. *Müller-Graff*, in: Festschrift Möschel, 2011, S. 885, 893.

[43] BVerfG, Urt. v. 7.9.2011 – 2 BvR 1099/10, BVerfGE 129, 124, 181.

[44] S. auch die Entschließung des Deutschen Bundestags vom 2. Dezember 1992: „Die Entscheidung für den Übergang zur dritten Stufe kann nur auf der Grundlage erwiesener Stabilität, des Gleichlaufs bei den wirtschaftlichen Grunddaten und erwiesener dauerhafter haushalts- und finanzpolitischer Solidität der teilnehmenden Mitgliedstaaten getroffen werden. Sie darf sich nicht an Opportunitätsgesichtspunkten, sondern muß sich an den realen ökonomischen Gegebenheiten orientieren", BT-Drucks 12/3906; StenBer 12/126 S.10879 ff.

III. Umsetzung der Währungsunion – der Bruch des Stabilitätspaktes

1. Das Defizitverfahren gegen Frankreich und Deutschland: politisch veranlasste Einstellung

Auch nach erfolgtem Eintritt in die Währungsunion blieben die Mitgliedstaaten zu fortdauernder Haushaltsdisziplin verpflichtet. Hinsichtlich der materiellen Bindungen wurde den Gemeinschaftsorganen nach Art. 104 EGV (Art. 126 AEUV) jedoch weites wirtschaftspolitisches Ermessen eingeräumt.[45] Dem entsprach von Anfang an auch ein weites Gestaltungsermessen hinsichtlich des Defizitverfahrens.[46] Zwei Rechtsverordnungen[47] regelten Einzelheiten der Überwachung der nationalen Finanz- und Wirtschaftspolitik entsprechend Art. 99 Abs. 3 EGV (Art. 113 AEUV, ex Art. 93 EG) und des Defizitverfahrens nach Art. 104 EGV (Art. 123 AEUV, ex Art. 191 EG). Sie machen, zusammen mit einer Entschließung des Europäischen Rats,[48] den eigentlichen Stabilitätspakt aus.[49] Zur praktischen Umsetzung kam es – oder kam es gerade nicht – in einem Defizitverfahren gegen Portugal 2002[50] und im Defizitverfahren gegen Deutschland und Frankreich.[51] Das Vorgehen des Rats, so etwa die Deutschland gewährte Fristverlängerung,[52] mochte wiederum, je nach Vorverständnis, als Ausschöpfung weitreichender Ermessensspielräume,[53] als Beliebigkeit im Vorgehen[54] oder aber als offener Bruch des Stabilitäts- und Wachstumspaktes gelten.[55] Er war ohnehin bereits gegenüber den ursprünglichen Vorstellungen der Bundesrepublik Deutschland entschärft worden.[56] Flexibilität in der Handhabung der Kriterien entspricht aber durchaus der Absicht des Vertrags.[57]

---

[45] Vgl. *Hatje*, DÖV 2006, 597, 599.

[46] Vgl. *Hatje*, DÖV 2006, 597, 600 f.

[47] VO Nr. 1466/97 und VO Nr. 1467/97.

[48] Zu deren Rechtsgehalt s. *Hahn*, JZ 1997, 1133, 1136.

[49] Vgl. *Hahn*, JZ 1997, 1133, 1134; *Nicolaysen*, in: Festschrift Selmer, 2004, S. 833, 842; *Palm*, EuZW 2004, 71.

[50] Vgl. *Horn*, NJW 2011, 1398, 1399.

[51] Zum Verlauf des Defizitverfahrens gegen Deutschland und Frankreich s. *Palm*, EuZW 2004, 71, 72; kritisch etwa *Streinz/Ohler/Herrmann*, NJW 2004, 1553 ff.; *Hatje*, DÖV 2006, 597 ff.

[52] Vgl. *Palm*, EuZW 2004, 71, 74.

[53] Zum Ermessen des Rats in der Feststellung eines übermäßigen Defizits nach Art. 104 Abs. 6 EG (Art. 126 AEUV, Art. 104c in der Fassung des Vertrags von Maastricht) s. EuGH, Urt. v. 13. Juli 2004, Rs. C-27/04, DVBl 2004, 1017 mit Anm. *Nicolaysen*, DVBl 1004, 1321.

[54] *Nicolaysen*, DVBl 2004, 1321, 1323.

[55] So *Palm*, EuZW 2004, 71, 75.

[56] Vgl. *Hahn*, JZ 1997, 1133, 1134.

[57] *Nicolaysen*, DVBl 2004, 1321, 1326.

Ein Dissens zwischen Kommission und Mitgliedstaaten in der Auslegung zentraler Bestimmungen des Stabilitäts- und Wachstumspaktes[58] gaben Anlass zu dessen Reform. Sie bestand vor allem in einer Erweiterung der vorgesehenen Ausnahmen und durch Einräumung zusätzlicher, weitergehender Ermessens- und Auslegungsspielräume.[59] In den Änderungen der genannten Verordnungen wurde ganz überwiegend eine deutliche Schwächung des fiskalischen Regelwerks gesehen.[60] Dies betrifft etwa den Übergang zu länderspezifischen Haushaltszielen.[61] In den Erwägungsgründen wird auf die wirtschaftliche und haushaltspolitische Heterogenität der Mitgliedstaaten verwiesen.[62] Möglicherweise war diese Heterogenität keinem der Akteure des ursprünglichen Stabilitäts- und Wachstumspaktes aufgefallen. Wahrscheinlicher ist: Man war sich der Notwendigkeit bewusst, in der Währungspolitik der Gemeinschaft auf die nicht notwendig konvergenten Entwicklungen in den Mitgliedstaaten Rücksicht zu nehmen.[63] Man vertraute aber darauf, dass sich die Unterschiede im Zuge der Umsetzung einebnen würden. Dies würde bedeuten: die Gestaltungskraft der Rechtsordnung wurde überschätzt. Nicht zuletzt auch deshalb erscheint mir eine gewisse Skepsis angebracht, wenn es um die Tragfähigkeit der rechtlichen Sicherungen aktueller Vorhaben geht. Auch haben sich die ursprünglichen deutschen Vorstellungen hinsichtlich der Verbindlichkeit des Stabilitäts- und Wachstumspaktes offensichtlich nicht uneingeschränkt durchsetzen lassen. Gleichwohl erscheint das Vertrauen in die Bereitschaft zur Umsetzung derartiger Pakte ungebrochen, so im Fall des Fiskalpaktes.

2. Die Missachtung der No-Bail-out-Klausel – der doppelte Rechtsbruch

Die Skepsis erscheint umso mehr angebracht angesichts der Largesse, die den Umgang mit einem weiteren zentralen Element der Währungsunion kennzeichnet – die No-Bail-out-Klausel des Art. 125 AEUV. Dass eine Schuldenübernahme faktisch erfolgt ist, wird kaum bestritten. In der rechtlichen Bewertung begegnen wir wiederum zwei Sichtweisen. Einerseits wird die Haftungsübernahme im Wege einer großzügigen Auslegung der Bestimmung als hinnehmbar gerechtfertigt, sei es im Rahmen einer teleologischen Normreduktion,[64] sei es mit dem Hinweis auf Leerstellen des Primärrechts, die hier im Wege inter-

---

[58] Zum Verfahren s. *Nicolaysen*, in: Festschrift Selmer, 2004, S. 833, 846; *Palm*, EuZW 2004, 71.

[59] Vgl. *Zeitler*, in: Festschrift R. Schmidt, 2006, S. 223, 234.

[60] Vgl. *Zeitler*, in: Festschrift R. Schmidt, 2006, S. 223, 225.

[61] *Zeitler*, in: Festschrift R. Schmidt, 2006, S. 223, 231.

[62] Erwägungsgrund 5 zur Änderung der Ratsverordnung Nr. 1466/97, s. dazu *Zeitler*, in: Festschrift R. Schmidt, 2006, S. 111, 221.

[63] Vgl. *Seidel*, EuR 2000, 861, 863.

[64] So *Häde*, EuZR 2010, 854 ff.

gouvernementaler Zusammenarbeit ausgefüllt worden seien.[65] Doch handelt es sich bei Art. 125 AEUV um keinen bloßen Haftungsausschluss, sondern ein Beistandsverbot.[66] Ganz überwiegend wird denn auch ein klarer Verstoß gegen Art. 125 AEUV gesehen,[67] neben weiteren Verstößen gegen Primärrecht der Union im Fall des temporären Rettungsschirms.[68] Der Verordnung (EU) Nr. 407/2010 zur Einführung des europäischen Finanzstabilisierungsmechanismus etwa wird bescheinigt, noch kaum ein Rechtsakt der EU habe in ähnlich eklatanter Weise gegen vertragliches Unionsrecht verstoßen.[69]

Dies dürfte auch der Position des Bundesverfassungsgerichts entsprechen, das von einem Verbot der Haftungsübernahme als maßgeblicher verfassungsrechtlicher Voraussetzung der Währungsunion ausgeht,[70] unabhängig davon, ob es sich um „freiwillig" geleistete Hilfe handelt[71] oder um nur bilaterale Hilfsmaßnahmen.[72] Damit spielt sich der Rechtsbruch auf der Ebene nicht nur des Unionsrechts, sondern gleichermaßen des nationalen Verfassungsrechts ab. Auch das unionsrechtliche Solidaritätsprinzip,[73] wie es in Art. 122 AEUV auch für die gemeinsame Wirtschaftspolitik zum Ausdruck kommt, führt hier nicht weiter. Es ist im systematischen Zusammenhang mit Art. 125 AEUV zu sehen.[74] Danach gilt: Vorrang der Eigenverantwortung,[75] Solidarität im Rahmen der Solidität.[76] Dem *moral hazard* Problem[77] zu begegnen, erscheint das Prinzip jedenfalls nicht geeignet.

Es wäre auch im Zeichen der Subsidiarität nach dem Verhältnis von zwischenstaatlicher und intranationaler Solidarität zu fragen. Nicht Heterogenität in der Wirtschafts- und Finanzpolitik, auch Unterschiede in der Einstel-

---

65 *Thym*, EuZW 2011, 167; zust. *Calliess*, ZEuS 2011, 213, 221.

66 So auch *Seidel*, EuZW 2011, 529 f.

67 *Seidel*, EuZW, 529; Faßbender, NVwZ 2010, 799 ff.; *Frenz/Ehlenz*, EWS 2010, 211 (213) – Umgehung des Art. 352 Abs. 2 AEUV; *Knopp*, NVwZ 2011, 1480, 1482; *Issing*, EWS 2011, 257, 258.

68 Vgl. z.B. *Rathke*, DÖV 2011, 753 ff.

69 Vgl. *Seidel*, EuZW 2011, 241: Europarechtsverstöße und Verfassungsbruch im Doppelpack.

70 So auch *Faßbender*, NVwZ 2010, 799, 801.

71 Für ein Verbot auch „freiwilliger" Hilfen auch das überwiegende Schrifttum, vgl. *Kube/Reimer*, NJW 2010, 1911, 1912 f.; *Fassbender*, NVwZ 2010, 799, 800; *Brück/Schalastt/Schanz*, BB 2010, 2522, 2525; *Hentschelmann*, EuR 2011, 282; a.A. *Herrmann*, EuZW 2010, 413, 415; *Mayer/Heidfeld*, NJW 2012, 422, 424.

72 So etwa *Herrmann*, EuZW 2010, 413, 415 f. – dessen Terminologie – „Griechische Tragödie" dem Sachverhalt allerdings nicht adäquat erscheint.

73 Dazu näher *Calliess*, ZEuS 2011, 213, 222 ff.

74 Vgl. *Kempen*, in: Streinz, EUV/AEUV, 2. Aufl. 2012, Art. 122 AEUV Rdn. 8.

75 Vgl. etwa *Hentschelmann*, EuR 2011, 282, 287.

76 *Regling*, EWS 2011, 261, 265 – der i.ü. den Charakter der Währungsunion als Transferunion verneint, gleichzeitig aber von Geberländern spricht.

77 S. dazu etwa *Müller-Franken*, JZ 2012, 219, 221; *Issing*, EWS 2011, 257, 259; *Sester*, EWS 2012, 80, 81.

lung zum Staat, Heterogenität im Staatsverständnis kann den Erfolg einer Währungsunion gefährden, ungeachtet aller den Völkern der Union verordneten Solidarität. Der inflatorische Gebrauch des Begriffs der Solidarität im Vertrag von Lissabon sollte ohnehin misstrauisch machen.

Mit dem neuen Art. 136 Abs. 3 AEUV dürfte das Verbot der Haftungsübernahme faktisch erheblich entwertet werden, wenngleich Hilfsmaßnahmen auch dann der Rechtfertigung gegenüber Art. 125 AEUV bedürfen.[78] Damit werden Hilfen zur Wahrung der Finanzstabilität des Euro-Währungsgebiets insgesamt und seiner Mitgliedstaaten unionsrechtlich ermöglicht, und es kommt zu eben der Haftungsunion.[79] Eine Norm des Primärrechts, immerhin ein verfassungsrechtlicher Eckpfeiler der Währungsunion, wurde also im ersten Konfliktfall, da nicht passend, beiseitegeschoben und als Reaktion darauf passend gemacht. Dies stärkt nicht zwingend das Vertrauen in die Union als Rechtsgemeinschaft.

3. Missachtung und Schwächung der konstitutiven Voraussetzungen der Währungsunion

Die Umsetzung der Währungsunion gibt Anlass zu fragen, ob es nicht mittlerweile doch zu einem unüberschaubaren, in seinem Selbstlauf nicht mehr steuerbaren „Automatismus" in der Entwicklung der Währungsunion gekommen ist,[80] in der die weiteren Schritte zur Integration der Europäischen Rechtsgemeinschaft sich der Herrschaft des Parlaments zu einem erheblichen Teil entzogen. Das Bundesverfassungsgericht durfte noch im Maastricht-Urteil die „Befürchtung eines Fehlschlags der Stabilitätsbemühungen, der sodann weitere finanzpolitische Zugeständnisse der Mitgliedstaaten zur Folge haben könnte, als zu wenig greifbar" sehen, „als daß sich daraus die rechtliche Unbestimmtheit des Vertrages ergäbe".[81] Es sah auch im Urteil zur Griechenlandhilfe die vertragliche Konzeption der Währungsunion noch nicht als gefährdet.[82]

Dieses Zustands richterlicher Unschuld, des Schutzes durch den Schleier des Nichtwissens dürfte das Gericht mittlerweile verlustig gegangen sein. Auch hat es den Anschein, als würde die EZB ihre vorrangige Verpflichtung auf Stabilität kreativer interpretieren als die Bundesbank, und ebenso das Verbot monetärer Staatsfinanzierung. Eine Orientierung am Leitbild der Bundesbank aber war aus Sicht des Bundesverfassungsgerichts wesentliche Grundlage des Vertrags über die Währungsunion und wesentliche Maßgabe für deren Umsetzung.[83] Sie

---

[78] *Ohler*, DVBl 2011, 1061, 1066.
[79] Ähnlich *Rathke*, DÖV 2011, 753, 755.
[80] I.S.v. BVerfG, Urt. v. 12.10.1993 – 2 BvR 2159/92, BVerfGE 89, 155, 204– Maastricht.
[81] BVerfG, Urt. v. 12.10.1993 – 2 BvR 2159/92, BVerfGE 89, 155, 204 – Maastricht.
[82] BVerfG, Urt. v. 7.9.2011 – 2 BvR 1099/10, BVerfGE 129, 124, 184.
[83] BVerfG, Urt. v. 12.10.1993 – 2 BvR 2159/92, BVerfGE 89, 155, 205 – Maastricht; *Kirchhof*, in: Festschrift Klein, 1994, S. 61, 65 f.

ist wesentliches Element der Konzeption der Währungsunion als Stabilitätsgemeinschaft.[84] Nur als Stabilitätsgemeinschaft aber erfüllt die Währungsunion die verfassungsrechtlichen Maßgaben.[85] Als Stabilitätsgemeinschaft ist sie dabei nicht allein in Bezug auf Preisstabilität vorausgesetzt, sondern umfassend und insbesondere unter Einbeziehung eines tragbaren Zustands der öffentlichen Finanzen.[86] Die zentralen unionsrechtlichen Bestimmungen zur Ausgestaltung der Währungsunion als Stabilitätsgemeinschaft gewährleisten also auch die verfassungsrechtliche Akzeptanz der Währungsunion. Das Bundesverfassungsgericht hebt im Urteil vom 7. September 2011 zur Griechenlandhilfe u.a. das Verbot der Haftungsübernahme oder das Verbot der monetären Staatsfinanzierung hervor. Die maßgebliche Passage lautet: „Auch weitere zentrale Vorschriften zur Ausgestaltung der Währungsunion sichern unionsrechtlich verfassungsrechtliche Anforderungen des Demokratiegebots. Zu nennen sind in diesem Zusammenhang insbesondere das Verbot des unmittelbaren Erwerbs von Schuldtiteln öffentlicher Einrichtungen durch die Europäische Zentralbank, das Verbot der Haftungsübernahme (Bail-out-Klausel) und die Stabilitätskriterien für eine tragfähige Haushaltswirtschaft (Art. 123 – 126, Art. 136 AEUV). Ohne dass es hier auf die Auslegung dieser Bestimmungen im Einzelnen ankäme, lässt sich ihnen doch entnehmen, dass die Eigenständigkeit der nationalen Haushalte für die gegenwärtige Ausgestaltung der Währungsunion konstitutiv ist."

Der Senat sieht zu Recht in diesen unionsrechtlichen Bestimmungen auch maßgebliche Sicherungen für die verfassungsrechtlichen Anforderungen des Demokratiegebots.[87] Denn sie verhindern eine die Legitimationsgrundlagen des Staatenverbundes überdehnende Haftungsübernahme für finanzwirksame Willensentschließungen anderer Mitgliedstaaten, durch direkte oder indirekte Vergemeinschaftung von Staatsschulden. Die No-Bail-Out-Klausel wurde, wie ausgeführt, im Zuge der Griechenlandhilfe negiert. Das Verbot des Anleiheerwerbs auf dem Primärmarkt wurde umgangen durch den mittelbaren Erwerb solcher Staatsanleihen auf dem Sekundärmarkt. Auch hierbei entstehen im Fall überschuldeter Euro-Staaten Verluste, für die letztlich die Bundesrepublik haftet, obwohl keine Zustimmung des Bundestages zum Erwerb solcher Staatsanleihen durch die EZB vorliegt.[88] Es erfolgt eine Vergemeinschaftung von Staatsschulden.

Bilanz: Auch die Umsetzung der Währungsunion belegt, wie brüchig deren verfassungsrechtliche Eckpfeiler von Anfang an waren.

---

[84] Vgl. auch *Zeitler*, WM 1995, 1609 zur Konzeption der Währungsunion als Stabilitätsgemeinschaft.

[85] So auch *Kirchhof*, in: Festschrift Klein (1994), S. 61, 65 f., 81; *Zeitler*, WM 1995, 1609.

[86] Vgl. zu den einzelnen Stabilitätskriterien *Zeitler*, WM 1996, 1609, 1610.

[87] BVerfG, U. v. 7.9.2011 – 2 BvR 1099/10, BVerfGE 129, 124, 181.

[88] Für diesen Hinweis danke ich Herrn Min.-rat a.D. J. Koch, Höhenkirchen.

IV. Stabilitätspakt in demokratischer Legitimation – Fiskalunion als Ausweg?

Die Umsetzung der Währungsunion hat bestätigt: die ursprüngliche deutsche Forderung nach einem Gleichklang von Währungsunion und politischer Union war berechtigt.[89] Letztere war politisch nicht durchsetzbar,[90] und war wohl auch nicht in verfassungskonformer Weise realisierbar. Warnende Stimmen gab es von Anfang an. Bereits 1994 äußerte Kirchhof die Befürchtung,[91] die Währungsunion könne zu einer großzügigen Transferunion werden. Es war eine politische Entscheidung, die Währungsunion vorzuziehen, es war eine politische Entscheidung, die Kriterien für den Eintritt in die Währungsunion geschmeidig zu handhaben, es waren ebenso politische Entscheidungen, den Stabilitätspakt aufzuweichen und das Verbot der Haftungsübernahme zu missachten.

Es sind eben diese politischen Entscheidungen, die in der Folge die Handlungsspielräume der Politik in einer Weise verengten, dass an sich unionsrechtswidrige Maßnahmen als alternativlos den demokratisch legitimierten Parlamenten präsentiert werden konnten. Sie wurden zur Debatte gestellt mit der Drohung, ein Scheitern des Euro bedeute ein Scheitern Europas. Dies ist eine Gleichsetzung, der ebenso zu widersprechen ist, wie der Gleichsetzung der Währungsunion mit der europäischen Idee.[92] Sie führen zur Schwächung demokratischer Institutionen in den Staaten der Union, die auf Unionsebene nicht ausgeglichen wird. Sie führen zum Verlust demokratischer Kultur. Der Umgang mit Griechenland, die Installation einer nicht gewählten Regierung in Italien, die Einflussnahme auf die Wahlentscheidung in Frankreich, oder auch, auf nationaler Ebene, die Bestrebungen, schon im Vorfeld des Ratifizierungsverfahrens von EMS und Fiskalpakt die parlamentarische Willensbildung durch Eingriffe in den Abgeordnetenstatus zu kanalisieren,[93] die Missachtung parlamentarischer Beteiligungsrechte[94] – hieran könnte letztlich die europäische Idee Schaden nehmen.

Um das Auseinanderfallen von vergemeinschafteter Währungspolitik und noch wesentlich mitgliedstaatlich geprägter Wirtschaftspolitik[95] dauerhaft zu überwinden, bedarf es letztlich einer Integration der Wirtschaftspolitik – diese aber impliziert die Umgestaltung der Gemeinschaft in ein echtes Staatswesen bundesstaatlicher Ausprägung.[96] Schon die Errichtung der Währungsunion

---

[89] Vgl. auch *Calliess*, ZEuS 2011, 213, 275.

[90] Vgl. *Seidel*, in: Festschrift Börner, 1992, 417, 421 ff.

[91] *Kirchhof*, in: Festschrift Klein, 1994, S. 61, 76 f.

[92] So die Bundeskanzlerin in ihrer Regierungserklärung vom 19. Mai 2010, Bulletin der Bundesregierung Nr. 55–1, vom 19.5.2010, zitiert bei *Calliess*, ZEuS 2011, 213, 217.

[93] Süddeutsche Zeitung von 14./15.4.2012, S. 1.

[94] Vgl. BVerfG, U. v. 19.6.2012 – 2 BvE 4/11 – Euro-Plus-Pakt.

[95] *Seidel*, in: Festschrift Börner, 1992, 417, 421 ff.

[96] *Seidel*, in: Festschrift Börner, 1992, 417, 420.

über das Europäische System der Zentralbanken hatte die Frage des Übergangs zum Bundesstaat aufgeworfen.[97] Sie stellt sich mir verstärkt mit der Vergemeinschaftung von Staatsschulden und mit der Begründung einer Fiskalunion im Rahmen des sog. Fiskalpakts.[98] Eine solche Umgestaltung der Gemeinschaft überschreitet die Befugnisse des verfassungsändernden Gesetzgebers.[99]

Aus den vorstehenden Überlegungen wurde deutlich: die Missachtung rechtlicher Vorgaben bei Umsetzung der Währungsunion wirkt in die Gegenwart fort. Mit der grundlegenden Umgestaltung der Verfasstheit Europas im Zuge der aktuellen Rettungsgesetzgebung werden Entwicklungen fortgeführt, die in der Begründung und Umsetzung der Währungsunion angelegt waren. Seinerzeit wurde die Frage gestellt: Maastricht – ein Staatsstreich?[100] Kommt es zur Fiskalunion ohne ausreichende demokratische Legitimation, dann wäre das Fragezeichen durch ein Ausrufezeichen zu ersetzen.

---

[97] *Seidel*, in: Festschrift Börner, 1992, 417, 426.

[98] S. dazu *Schorkopf*, ZSE 2012, 1–29 – dem Verf. bin ich für die vorzeitige Überlassung des Manuskripts zu Dank verpflichtet.

[99] Vgl. auch *Calliess*, NVwZ 2012, 1, 7; *Müller-Franken*, JZ 2012, 219, 224 f.

[100] *Huber*, Maastricht – Ein Staatsstreich?, Jenaer Schriften zum Recht, Band 1, 1993.

Missachtung rechtlicher Vorgaben des AEUV durch die Mitgliedstaaten und die EZB in der Schuldenkrise

Helmut Siekmann

I. Einführung und Grundlagen

Sinnvoll kann über eine Missachtung des Vertrages über die Arbeitsweise der Europäischen Union (AEUV) in der Schuldenkrise nur geurteilt werden, wenn zuvor die Maßnahmen genauer bezeichnet werden, die möglicherweise den Vertrag verletzen. Es bedarf aber auch einer Klärung, welche Schuldenkrise gemeint ist.[1] Zumindest ist zwischen einer Bankenkrise und einer Staatsschuldenkrise zu unterscheiden, auch wenn es Querverbindungen gibt.[2] Darüber hinaus spielt das Verhalten der Finanzmärkte, ihre fehlerhafte Bewertung von Staatsanleihen, ihre verspäteten Reaktionen und ihre überschießenden Reaktionen eine wesentliche Rolle.[3] Die Reaktionen der Finanzmärkte können als sich selbst erfüllende Prophezeiungen die Schuldner in eine (unnötig) schwierige Lage bringen.[4] Meist wird in diesem Zusammenhang von Ökonomen auch

---

[1] *Dyson*, Krise? Welche Krise? Wessen Krise? APuZ 43/2010, 19 ff.

[2] Sachverständigenrat zur Begutachtung der gesamtwirtschaftlichen Entwicklung, Verantwortung für Europa wahrnehmen, Jahresgutachten 2011/2012, November 2011, S. 131, 135; *Schorkopf*, Finanzkrisen als Herausforderung der internationalen, europäischen und nationalen Rechtsetzung, VVDStRL 71 (2012), 183, 191, der von zwei Teilkrisen spricht, die einen gemeinsamen Hintergrund haben.

[3] Bereits sehr klar im Bericht der Delors-Kommission aus dem Jahre 1989 gesehen, die zur Vorbereitung der Währungsunion von der EG-Kommission eingesetzt worden war, Committee for the study of economic and monetary union, Report on economic and monetary union in the European Community, 1989, S. 24: „However, experience suggests that market perceptions do not necessarily provide strong and compelling signals and that access to a large capital market may for some time even facilitate the financing of economic imbalances. Rather than leading to a gradual adaption of borrowing costs, market views about the creditworthiness of official borrowers tend to change abruptly and result in the closure of access to market financing. The constraints imposed by market forces might either be too slow and weak or too sudden and disruptive.

[4] *Tröger*, Organizational Choices of Banks and the Effective Supervision of Transnational Financial Institutions, Institute for Monetary and Financial Stability, Working Paper Series No. 54 (2012), S. 13.

noch die Währungskrise genannt,[5] während sie in maßgebenden juristischen Untersuchungen fehlt.[6]

Wenn (Finanz-)Marktstabilität zu einem umfassenden, überragenden „Ordnungsauftrag" für nationale und supranationale Entscheidungsträger wird,[7] ist der Schritt zur Missachtung von Kompetenzgrenzen und materiellen Vorgaben nicht mehr weit. Ob aber die überaus pessimistische Schlussfolgerung von *Schorkopf* berechtigt ist, dass „sich die Politik in der Krise letzten Endes nicht aufhalten" lasse und das Recht „entweder geändert oder in einer Weise ausgelegt" werde, dass sich der „politische Wille ... durchsetzt",[8] ist nicht sicher. Träfe sie zu, würde das zugleich das Ende des Versuchs bedeuten, der Macht durch das Recht Grenzen zu setzen. Dies soll im Folgenden etwas näher beleuchtet werden.

1. Die Schuldenkrise als Bankenkrise und Staatsschuldenkrise

Um mit dem zweiten Punkt zu beginnen: Vereinfacht gesprochen, handelt es sich immer noch um dieselbe Krise, die seit dem Sommer 2007 die Weltwirtschaft belastet und mühsam geschaffene Institutionen in Europa ernsthaft zu gefährden droht. Allerdings hat diese Krise im Laufe von nunmehr fast fünf Jahren ihre Gestalt geändert und ist einmal mehr und einmal weniger virulent. Von einer Bankenkrise im Jahre 2007 ist sie zu einer Staatsschuldenkrise Anfang 2010 mutiert und dann seit Spätsommer 2011 wieder zu einer Bankenkrise.[9] Im Kern liegen ihr aber immer noch dieselben Fehlentwicklungen und destabilisierenden Faktoren zugrunde. Sie sind auch nicht unvermeidbar, sondern Folge von Entscheidungen von Akteuren auf den Finanzmärkten und in den Staatsleitungen, die durch fehlerhafte gesetzliche Rahmenbedingungen, ungenügendes Verwaltungshandeln und möglicherweise eine verfehlte Geldpolitik in den USA begünstigt oder erst ermöglicht worden sind.

a. Ausgangspunkt

Ausgangspunkt der Krise war eine – politisch gewollte – Finanzierung von Wohnimmobilien für einkommensschwache Bevölkerungskreise in den USA durch amerikanische Finanzinstitute, die nach den bis dahin geltende Maßstä-

---

[5] Sachverständigenrat (Fn. 2), S. 137–139, der einen „Teufelskreis von Banken-, Schulden- und Währungskrisen" beschreibt.

[6] Beispielsweise *Schorkopf* (Fn. 2), S. 191, 195.

[7] Vgl. *Schorkopf* (Fn. 2), S. 198.

[8] *Schorkopf* (Fn. 2), S. 202 f.

[9] Sachverständigenrat (Fn. 2), S. 130 ff.; *Schorkopf* (Fn. 2), S. 191, der von einer „Erweiterung" der Finanzmarktkrise zu einer europäischen Staatsschuldenkrise spricht; etwas anders die Abgrenzung von *Dyson* (Fn. 1), S. 21 f., der im Jahre 2010 zu Recht darauf hinweist, dass die grundlegende Rolle des Staates im Verhältnis zu den Finanzmärkten immer noch ungeklärt sei.

ben weder juristisch noch ökonomisch zu vertreten war. Es ging also um (unsolide) Immobilienfinanzierung und ihre Verbriefung; ein Problemkreis, dessen Gefährlichkeit nicht neu war und deswegen – zumindest in Preußen/Deutschland – schon im 19. Jahrhundert mit größter Vorsicht geregelt worden war.[10]

Diese „subprime"-Krise in den USA wurde von Analysten und akademischen Ökonomen im Sommer 2007 als ein regional begrenztes Problem einiger weniger Kreditinstitute in einem abgegrenzten Marktsegment, dem der zweitklassigen Kredite für Wohnimmobilien, angesehen. In Schwierigkeiten gerieten zunächst tatsächlich auch nur einige amerikanische Spezialkreditinstitute (e.g. Countrywide Financial Corporation), deren Ruf bei Eingeweihten ohnehin nicht der Beste war. Ein Übergreifen auf Europa wurde fast unisono für ausgeschlossen gehalten. Ein Warnzeichen war aber bereits, dass die „Schieflage" einer mittelgroßen deutschen Regionalbank (IKB), die zudem noch teilweise in mittelbarem Eigentum des Bundes stand, die Stabilität der gesamten Finanzmärkte in Europa zu gefährden drohte, obwohl auch das von offizieller Seite zunächst anders dargestellt worden ist. Es lohnt sich, den Wortlaut der offiziellen Erklärung nach fünf Jahren Krise zu rekapitulieren:

„1. Befürchtungen bezüglich einer Bankenkrise in Deutschland entbehren jeder Grundlage. Die Probleme der IKB sind institutsspezifischer Natur. Sie wurden durch den Beistand der KfW wirkungsvoll aufgefangen.
2. Das Engagement deutscher Kreditinstitute am amerikanischen Immobilienmarkt ist überschaubar und insgesamt begrenzt. Es konzentriert sich auf Anlagen mit hoher Bonität.
3. Der in einigen Medienberichten hergestellte Vergleich der aktuellen Wirtschaftslage zur Bankenkrise 1931 ist völlig abwegig: Die Weltwirtschaft ist weiterhin auf einem robusten Expansionspfad. Die Schwellenländer in Asien wachsen mit unverminderter Dynamik. Die US-Wirtschaft hat nach dem etwas schwächeren Jahresauftakt wieder an Fahrt gewonnen und der Aufschwung im Euro-Gebiet hat sich als robust erwiesen. Auch in Deutschland sind die Wirtschaftsperspektiven unverändert günstig."[11]

---

[10] Beispielsweise durch das grundsätzliche Verbot (mit Erlaubnisvorbehalt) von Inhaberschuldverschreibungen, § 1 Gesetz, wegen Ausstellung von Papieren, welche eine Zahlungsverpflichtung an jeden Inhaber enthalten vom 17. Juni 1833, PrGBl., S. 75; durch Nr. 4 lit. a, 5 und 6, Reglement, die Einrichtung des Sparkassenwesens betreffend vom 12. Dezember 1838, PrGBl, S. 5; durch die strengen Vorgaben für die Ausgabe von Pfandbriefen als wichtigstem Instrument für die Immobilienfinanzierung, §§ 11, 12, 22 und 35 Hypothekenbankgesetz vom 13. Juli 1899, RGBl., S. 375.

[11] Presseerklärung der Deutschen Bundesbank vom 2. August 2007; weitere Beispiele für das auffällige Bemühen offizieller Stellen, Vergleiche der gegenwärtigen Krise mit der Weltwirtschaftskrise 1929/1931 zu unterbinden bei *Schorkopf* (Fn. 2), S. 190 Fn. 29.

b. Die Erzeugung von Intransparenz und das Versagen der Ratingagenturen

Unabhängig davon, ob es sich bei dieser Äußerung um eine der nicht seltenen gravierenden Fehleinschätzungen der hoch gezüchteten Makroökonomie[12] handelte oder um den Versuch, das Publikum zur Vermeidung von Panikreaktionen zu beruhigen, war fast vollständig unterschätzt worden, in welchem Ausmaß mittlerweile Risiken weltweit gestreut worden waren; zum Teil in guter Absicht, weil von Seiten der Wirtschaftswissenschaften jahrzehntelang gepredigt worden war, dass Risiken durch Diversifizierung per Saldo tatsächlich verringert werden könnten. Zum Teil waren aber Anleihen, Bankdienstleistungen und andere Finanzgeschäfte, gerne beschönigend als Finanz„produkte" bezeichnet, von ihren Schöpfern gezielt so gestaltet worden, dass ihr wahrer Risikogehalt für die Abnehmer nur schwer zu erkennen war oder ökonomisch gesprochen: die Kosten der Beurteilung ihrer Qualität ins Unermessliche gestiegen waren.[13] Teilweise ist aber auch vorgegeben worden, Risiken einschätzen zu können, die einer Messung nicht wirklich zugänglich sind.[14] Teilweise sind die Risiken zwar durchaus erkannt, aber mit Hilfe der Ratingagenturen verschleiert worden.[15]

In der Theorie ist die zentrale Beurteilung von Kreditrisiken durch spezialisierte Einrichtungen sicher effizient, in der Praxis haben die Ratingagenturen aber eine verhängnisvolle Rolle für Entstehung und Verlauf der gegenwärtigen Krise gespielt.[16] Ohne ihr Wirken und ohne die Art und Weise, wie sie ihre Zensuren verteilt haben, hätte die Krise entweder nicht entstehen können oder

---

[12] Paradigmatisch: *Richter/Furubotn*, Neue Institutionenökonomik, 4. Aufl. 2010, S. VI: „... daß die neoklassischen Erklärungsversuche auf zu starken Vereinfachungen beruhen und zum Teil irreführend sind. (...) Im Übrigen vertrauen wir darauf, dass analytische Einsicht und die nicht abreißende Folge wirtschaftlicher und politischer Misserfolge [im Hinblick auf die Finanzkrise] zu einer grundlegend neuen Sichtweise der Ökonomik führen werden."

[13] *Richter/Furubotn* (Fn. 12), S. 385.

[14] *Hellwig*, Finanzmarktregulierung – Welche Regulierungen empfehlen sich für den deutschen und europäischen Finanzsektor? Gutachten E zum 68. Deutschen Juristentag, 2010, S. E45 ff.

[15] Vgl. *Inderst*, Regulation and Supervision in Financial Markets – Lessons Learned From the Crisis, House of Finance der Universität Frankfurt am Main, Policy Platform White Paper, June 2010, S. 3, der bezweifelt, dass es überhaupt um Diversifizierung und Risikoverminderung ging. In Betracht komme auch die Verlagerung von Risiken in Bereiche, die schlecht beaufsichtigt waren.

[16] *Cortez/Schön*, Die neue EU-Verordnung über Ratingagenturen, ZfK 2010, 226; *Möllers*, Regulierung von Ratingagenturen, JZ 2009, 861, 862, 868; referierend sowohl im Hinblick auf die ursprünglichen Bewertungen als auch für verspätete Anpassungen: Minister *Reinhart* (Baden-Württemberg), BR-Prot., 871. Sitzung am 4. Juni 2010, S. 218 (C), (D); *Kumpan*, Regulierung von Ratingagenturen – ein anreizorientierter Ansatz, in: Unternehmen, Markt und Verantwortung: Festschrift für Klaus J. Hopt zum 70. Geburtstag, 2010, S. 2157, 2157 m.w.N.; *Zimmer*, Rating-Agenturen: Reformbedarf nach der Reform, in: Unternehmen, Markt und Verantwortung: Festschrift für Klaus J. Hopt zum 70. Geburtstag, 2010, S. 2689, 2693; unzutreffend *Hopt*, Auf dem Weg zu einer neuen europäischen und internationalen Finanzmarktarchitektur, NZG 2009, 1401, 1401.

wäre weniger gravierend verlaufen. Das gilt namentlich für „strukturierte" Finanzprodukte,[17] die maßgebend für die Ausbreitung der Risiken aus der unseriösen Kreditvergabe in den USA waren. Erst durch Bewertungen der Ratingagenturen wurden sie verkäuflich. Als besonders problematisch hat sich herausgestellt, wenn nach der Zusammenfassung von schwachen Forderungen in „strukturierten Produkten" in größerem Umfang Spitzennoten vergeben wurden, als wenn jede darin enthaltene Einzelforderung getrennt bewertet worden wäre.[18] Zutreffend gingen die Beteiligten davon aus, dass die „dummen Leute in Düsseldorf" den so verpackten „Schrott" kaufen würden und dass die „gesetzestreuen" Deutschen den Traumnoten, welche die Ratingagenturen dafür verliehen hatten, glauben würden.[19] Die Umverteilung und Verschleierung der fortbestehenden Risiken ist von den Aufsichtseinrichtungen und der Marktgegenseite entweder nicht erkannt oder verdrängt worden. Ähnliches gilt für die Bewertung von Staatsanleihen, die im weiteren Verlauf der Krise eine immer größere Rolle spielen sollten, auch wenn die Probleme dort anders gelagert sind.[20]

c. Der Beitrag der Gesetzgebung

Was aber neben den verfehlten makroökonomischen Modellvorstellungen noch viel zu wenig aufgearbeitet ist, ist die Rolle der Gesetzgebung, die zwar nicht die Krise verursacht, aber einen wesentlichen Beitrag zu ihrer Entstehung und ihrem Verlauf geleistet hat. Zumindest in Deutschland sind in den beiden Dekaden vor Ausbruch der Krise erprobte und sinnvolle Sicherungen sowie die stabilisierende Ausgestaltung unserer Finanzinstitute beseitigt oder aufgeweicht worden. Wenn man sich die Gesetzesbegründungen[21] und die Parlamentsprotokolle[22] anschaut, ist erschreckend zu sehen, mit welcher Blindheit Sicherun-

---

[17] Ausdrücklich anerkannt in Sec. 931 par. 5 des Dodd-Frank Act (An Act to promote the financial stability of the United States by improving accountability and transparency in the financial system, to end „too big to fail", to protect the American taxpayer by ending bailouts, to protect consumers from abusive financial services practices, and for other purposes [Dodd-Frank Wall Street Reform and Consumer Protection Act], 29 June 2010, H.R. 4173); zuvor bereits *Partnoy*, How and why credit rating agencies are not like other gatekeepers, in: Fuchita/Litan (eds.), Financial gatekeepers, 2006, S. 59, 60.

[18] Nähere Einzelheiten bei *Möllers* (Fn. 16), S. 867.

[19] *Lewis*, The Big Short, 2010, S. 93: „Who's on the other side? Who's the idiot? Düsseldorf. Stupid Germans. They take rating agencies seriously. They believe in the rules."

[20] Hochrangige Praktiker geben trotz des Wirbels, der immer noch regelmäßig in den Medien bei Herabstufungen von Staaten erzeugt wird, allmählich zu, dass die Entscheidungen der Ratingagenturen „von den Märkten" „seit einiger Zeit" „nicht mehr ernst genommen werden", so *Paul Donovan*, Chefvolkswirt der UBS in einem Interview, Börsen-Zeitung vom 21. August 2012, S. 17.

[21] Entwurf eines Gesetzes zur Neuordnung des Pfandbriefrechts vom 29. November 2011, BT-Drucks. 15/4321, S. 2 f., 26–28. Gegenäußerung der Bundesregierung zu der Stellungnahme des Bundesrates vom 13. Dezember 2004, BT-Drucks. 15/448, S. 1 f.

[22] Beschlussempfehlung und Bericht des Finanzausschusses vom 16. Februar 2005, BT-

gen beseitigt worden sind, die aus wohlerwogenen Gründen zum Teil schon im 19. Jahrhundert eingeführt worden waren. Trotz der unablässigen Propaganda, welche die deutschen Finanzmarktgesetze und Bankenstrukturen als vormodern und dringend reformbedürftig diffamiert hat, hätte man es besser wissen können. Die gesetzlichen Regelungen, die grundlegend geändert oder beseitigt wurden, waren weitsichtig und wohlüberlegt als Reaktion auf frühere verheerende Bankenkrisen, vor allem in England und Frankreich, aber auch in Preußen, geschaffen worden. Sie haben bis zu ihrer Aufweichung oder Aufhebung ihren Zweck weitgehend erfüllt.

Beispielhaft sollen nur die Beseitigung der flächendeckenden ausfallsicheren *Zahlungsverkehrssysteme*,[23] die Schaffung von vorher nicht existierenden *Adressrisiken* für die Endkunden der Banken[24] und die Aufweichung des bewährten *Pfandbriefrechts*[25] genannt werden. Es war wieder die Immobilienfinanzierung, aber auch die Finanzierung öffentlicher Defizite, die den Kern der Instabilitäten ausmachten. Es bestehen gute Gründe, anzunehmen, dass es die für Steuerzahler und Kleinaktionäre überaus schmerzhaften Sanierungsfälle Hypo Real Estate und Commerzbank unter Geltung des ursprünglichen Pfandbriefrechts nicht hätte geben können. Sowohl bei der Deutschen Pfandbriefanstalt (Depfa), einer *nicht* insolvenzfähigen Anstalt des deutschen Rechts, als auch bei der Eurohypo, die wesentlich zu den Schwierigkeiten der Commerzbank beigetragen haben, handelte es sich um Hypothekenbanken, die das besondere Recht zur Ausgabe von Pfandbriefen hatten. Auch die Hypo Real Estate selbst war im Kern eine Pfandbriefbank gewesen. Die deutschen Pfandbriefe, die eine maßgebende Rolle im gefahrenträchtigen Bereich der Immobilien- und Staatsfinanzierung spielen, waren zuvor als „langweilig" und angeblich nicht mehr konkurrenzfähig gegenüber den „covered bonds" angelsächsischer Provenienz diskreditiert worden.[26]

Drucks. 15/4878, S. 2, 12 (Zulassung von grundpfandrechtlich gesicherten Forderungen aus USA, Kanada und Japan, da deren „Immobilienmärkte im Vergleich zu den bisher zugelassenen Ländern ebenfalls die hohen Qualitätsanforderungen erfüllen"); BT-StenBer. S. 14754 (D), 14782 (C), 14783 (D).

[23] Privatkundengeschäft der Landeszentralbanken, Bankdienste der Post, Landesbanken und kommunale Sparkassen mit Anstaltslast und Gewährträgerhaftung; erkannt vom drittgrößten deutschen Versicherungskonzern, der die Deutsche Bundesbank auf Einrichtung eines Girokontos verklagt hat, allerdings ohne Erfolg, VG Frankfurt, Urteil vom 11. Februar 2010 – Az. 1 K 2319/09.F.

[24] Privatisierung der Bankdienste der Post.

[25] Gesetz zur Neuordnung des Pfandbriefrechts vom 22. Mai 2005, BGBl I, S. 1373.

[26] Vgl. die Begründung zum Gesetzentwurf, BT-Drucks. 15/4321, S. 1 f. Es herrscht immer noch eine weitgehende Unkenntnis über die Details des deutschen Pfandbriefrechts. Zwar hat IWF kürzlich eine Studie erstellt, die speziell auf die Unterschiede zwischen dem – bereits verwässerten – deutschen Pfandbrief und einem „covered bond" eingeht (International Monetary Fund, Technical Note on the Future of German Mortgage-Backed Covered Bond [PFandBrief] and Securitization Markets, IMF Country Report No. 11/369, S. 5 ff.).

Ein gravierender legislatorischer Fehler war aber auch die grundlegende Umgestaltung der Regeln über das aufsichtsrechtlich erforderliche Eigenkapital, die der Ausschuss für Bankenaufsicht[27] in Basel erarbeitet hatte („Basel II").[28] Darauf ist vereinzelt frühzeitig hingewiesen worden,[29] allerdings ohne Wirkung. Ihre Umsetzung führte in Europa[30] zu der grundsätzlich unzureichenden Eigenkapitalausstattung vieler Kreditinstitute[31] und der der unterschiedslosen Einstufung aller Staatsschulden aus dem Bereich des EWR und der USA als völlig risikolos.[32] Hier liegt einer der Hauptgründe für die Fehlentwicklung der

---

Diese Untersuchung weist allerdings trotz des erkennbaren Bemühens, die Besonderheiten eines Pfandbriefs zu verstehen, Mängel auf. Bereits das Kreditwesengesetz wird nur rudimentär ausgewertet. Die maßgebenden Vorschriften des Pfandbriefgesetzes und der dazu ergangenen Ausführungsverordnungen werden vollständig negiert. Lediglich einige Allgemeinplätze aus Studien von Moody's (!) werden herangezogen (S. 7).

[27] Das Basel Committee on Banking Supervision ist keine Abteilung oder Einrichtung der Bank für Internationalen Zahlungsausgleich (BIZ) in Basel, obwohl die Bank das Committee logistisch unterstützt. Aber selbst die BIZ hat nur eine höchst mittelbare Grundlage im Völkerrecht. Sie ist als Gesellschaft schweizerischen Rechts gegründet worden, an der auch eine Gruppe privater Banken beteiligt war. Das Haager Abkommen vom 20. Januar 1930 über die Bank für Internationalen Zahlungsausgleich zwischen Deutschland, Belgien, Frankreich, dem Vereinigten Königreiche von Großbritannien und Nord-Irland, Italien und Japan mit der Schweiz sieht lediglich vor, dass die Schweiz der Bank das beigefügte Grundgesetz mit einigen Vorrechten zu gewähren habe. Als Anhang sind dem Abkommen die Statuten der Bank beigefügt. Änderungen des Grundgesetzes und der Statuten der Bank für Internationalen Zahlungsausgleich sind am 22. Juni 1970 bekannt gemacht worden (BGBl II, S. 765). Mittlerweile hat sie nur noch öffentlich-rechtliche Gesellschafter und kann damit wohl als mittelbare Einrichtung öffentlicher Verwaltung angesehen werden.

[28] Committee on Banking Supervision, International Convergence of Capital Measurement and Capital Standards, A Revised Framework, Comprehensive Version, June 2006.

[29] *Danielson/Embrechts/Goodhart/Keating/Muennich/Renault/Shin*, An Academic Response to Basel II, Special Paper No. 130, LSE Financial Markets Group, May 2001.

[30] Das Regelwerk hat über Richtlinien der EU, Änderungen des Kreditwesengesetzes (KWG) und namentlich die Verordnung über die angemessene Eigenmittelausstattung von Instituten, Institutsgruppen und Finanzholding-Gruppen (Solvabilitätsverordnung SolvV) vom 14. Dezember 2006 (BGBl I, S. 2926), die Verordnung über die Erfassung, Bemessung, Gewichtung und Anzeige von Krediten im Bereich der Großkredit- und Millionenkreditvorschriften des Kreditwesengesetzes (Großkredit- und Millionenkreditverordnung – GroMiKV) vom 14. Dezember 2006 (BGBl I, S. 3065) sowie die Verordnung über die Liquidität der Institute (Liquiditätsverordnung – LiqV) vom 14. Dezember 2006 (BGBl I, S. 3117) Eingang in das deutsche Recht gefunden. Die maßgebenden Richtlinien der EU sind: Richtlinie 2006/48/EG des Europäischen Parlaments und des Rates vom 14. Juni 2006 über die Aufnahme und Ausübung der Tätigkeit der Kreditinstitute (Neufassung) (ABl 2006/L 177/1), Richtlinie 2006/49/EG des Europäischen Parlaments und des Rates vom 14. Juni 2006 über die angemessene Eigenkapitalausstattung von Wertpapierfirmen und Kreditinstituten (Neufassung) (ABl 2006/L 177/201).

[31] *Hellwig* (Fn. 14), S. E 29, E 32 f., E 43-E 45.

[32] Z.B.: Annex VI part 1 no 1.2.4. Directive 2006/48/EC of the European Parliament and of the Council of 14 June 2006 relative to the taking up and pursuit of credit institutions (recast), Official Journal L 177, 30 June 2006, 1, 81; § 26 Nr. 2, 27 Nr. 1 b SolvV im Kreditrisiko-Standardansatz, § 20 Abs. 1 Nr. 1 lit. b und c Pfandbriefgesetz.

öffentlichen Haushalte und die daraus folgenden Gefahren für das gesamte Finanzsystem.[33]

Hinzu kommen erhebliche Defizite in der Verwaltungspraxis der Aufsichtseinrichtungen. Angesichts der überaus schwachen Eigenkapitalausstattung in Relation zu den eingegangenen Risiken, vor allem durch Fristentransformation, wäre ein Einschreiten möglich und unbedingt erforderlich gewesen.[34] Über die Gründe für diese Untätigkeit gibt es verschiedene, nicht sehr erfreuliche Vermutungen. Auch Verbraucherschutz in Finanzangelegenheiten war eher ein Unwort für die zuständigen Aufsichtseinrichtungen. Das angeblich so scheue Reh Finanzkapital wäre sonst vergrämt worden. Stattdessen sollte alles getan werden, um den Finanzplatz Deutschland im Wettbewerb mit Irland, Luxemburg, den Cayman Inseln und anderen aufsichtsrechtlich milden Gefilden attraktiv zu machen.

Zur Begründung wurde gerne darauf verwiesen, dass nur mit einem deutlich größeren Anteil von Finanzdienstleistungen am Sozialprodukt in einem Hochlohnland wie Deutschland dauerhaft Wohlstand geschaffen werden könne, aber nicht mit so etwas Schmutzigem und Gestrigem wie der Konstruktion von Lastwagen und dem Bau von Maschinen. Es ist nicht klar, ob diese Rede, die noch im Sommer 2007 von hochrangigen Analysten und angelsächsisch geprägten Unternehmensberatern zu hören war, eine bewusste Irreführung oder eine Folge massiver Selbsttäuschung war.

Von maßgebender Bedeutung war auch die Gestattung einer *nicht fristenkongruenten Refinanzierung* von Ausleihungen der Banken in großem Stile;[35] ganz zu schweigen von den „grauen" Kapitalmärkten, deren wahres Ausmaß immer noch weitgehend unbekannt ist. Ebenso wenig ist die andauernde Bedrohung durch die global vagabundierende Hyperliquidität wirksam angegangen worden. Soweit überhaupt feststellbar, ist die weit gefasste Geldmenge (M3) in den letzten beiden Jahrzehnten völlig außer Kontrolle geraten. Sie ist um ein vielfaches stärker gewachsen als das reale Bruttosozialprodukt. Die lasche Geldpolitik des Federal Reserve Systems der USA spielt dabei nur eine kleinere Rolle,[36] da dieses Geldmengenwachstum im Wesentlichen von den Bankensystemen

---

[33] Einzelheiten bei *Siekmann*, Die Finanzmarktaufsicht in der Krise, in: Scherzberg/Dogan/Çan, Staatliche Finanzmarktregulierung und Eigentumsschutz, 2010, S. 9, 22 f.

[34] *Hellwig* (Fn. 31), S. E 41-E 43.

[35] *Brunnermeier/Crockett/Goodhart/Persaud/Shin*, The Fundamental Principles of Financial Regulation, Geneva Reports on the World Economy 11, 2009, 35 ff: Schwergewicht auf „maturity mismatch"; *Hellwig* (Fn. 14), S. E25 ff. Die Vorschläge für die neuen Eigenkapitalvorschriften (Basel III) werden die Möglichkeiten zur Fristentransformation durch die neue strukturelle Liquiditätsquote (Net Stable Funding Ratio) deutlich einschränken, vgl. *Reckers*, Börsen-Zeitung, 14. August 2012, S. 4.

[36] Sie wird aber als eine der Hauptursachen angesehen von *John B. Taylor*, Getting Off Track, 2009, S. 1–14.

verursacht worden ist. Der Anteil von Zentralbankgeld am gesamten Geldvolumen beträgt wohl nur noch zwischen 3 und 8 %. Legislatorische Fehlentscheidungen haben aber auch zu dieser Entwicklung ganz maßgeblich beigetragen.

d. Auswirkungen der Immobilien- und Bankenkrise auf die Staatshaushalte

Diese Fehlleistungen und strukturellen Schwächen sind in der Krise der öffentlichen Haushalte verschärft zum Ausdruck gekommen. Zwar hatte eine Reihe von EU-Mitgliedstaaten nicht die durch das EU-Vertragsrecht gebotene solide Haushaltspolitik betrieben. Sie hatten aber schon Fortschritte auf dem Weg zur notwendigen Konsolidierung gemacht. Keineswegs ausreichend, aber schon erkennbar, hatte Griechenland seinen Finanzierungssaldo beispielsweise von –7,4 %[37] im Haushaltsjahr 2004 auf – 6,1 % im Haushaltsjahr Jahr 2006 zu senken vermocht; Deutschland zum Vergleich von – 4,2 % auf –1,7 im selben Zeitraum.[38] Erst die Aufwendungen für Bankenrettungen und Konjunkturprogramme waren es, die zu einem Anstieg der Haushaltsdefizite und Staatsschulden geführt haben, die jedes Maß sprengen; und zwar unabhängig davon, ob zuvor die Maastricht-Kriterien eingehalten worden waren oder nicht. Im Gegensatz zu Deutschland und Frankreich waren die Referenzwerte von Spanien immer und von Irland mit Ausnahme des Jahres 2000 beachtet worden. In beiden Staaten sind sie nicht zuletzt wegen der Maßnahmen zur Bankenrettung drastisch angestiegen.[39]

Ob diese Schuldenlast allerdings so untragbar ist, wie das von Analysten, Gläubigern und Schuldnern behauptet wird, wenn sie um Hilfe nachsuchen, darf mit einem Fragezeichen versehen werden. Das gilt vor allem für die Mitgliedstaaten der EU, die einen positiven oder schwach negativen Primärsaldo aufweisen[40] oder deren pro Kopf Nettovermögen größer ist, als das mancher Geberländer, die massiv zu Unterstützungsleistungen gedrängt werden. Wenn diese Bedenken äußern, wird ihnen vorgeworfen, dass sie sich mit ihrer Zurückhaltung unsolidarisch verhielten und das europäische Einigungswerk gefährdeten, nicht aber die Mitgliedstaaten, die mit ihrer unverantwortlichen Kreditaufnahme ihre unerfreuliche Situation maßgebend selbst verursacht haben.

---

[37] In Relation zum nominalen Bruttoinlandsprodukt.

[38] Zahlen entnommen aus Sachverständigenrat (Fn. 2), S. 88, Tabelle 10.

[39] Irland von +2,9 % in Relation zum nominalen Bruttoinlandsprodukt (2006) auf –32 % (2010), Spanien von +2,0 % (2006) auf –11 % (2009) und 9,2 % (2010) mit erheblichem weiteren Abschreibungsbedarf im Bankensystem und entsprechendem Rekapitalisierungsbedarf, Zahlen entnommen aus Sachverständigenrat (Fn. 2), S. 88 Tabelle 10.

[40] Italien: konjunkturbereinigt 1,9 % in Relation zum nominellen Bruttoinlandsprodukt im Jahre 2011 (unbereinigt 0,5 %), Portugal 0,1 % (unbereinigt 0 %); Primärdaten aus der Aufstellung des IWF und der BIZ, aufbereitet durch den Sachverständigenrat (Fn. 2), S. 88, Tabelle 11.

e. Die vernachlässigte Rolle der Gläubiger

Die Entscheidungsträger in internationalen und supranationalen Einrichtungen, die sich zunehmend in diesem Sinne äußern, bewegen sich damit ganz in den Denkschemata von Finanzanalysten und Investmentbanken, in deren Diensten sie zum Teil gestanden haben. Sie übersehen dabei allzu gerne, dass es nicht nur unverantwortliche Kreditaufnahme („preditory borrowing"), sondern auch unverantwortliche Kreditgewährung („preditory lending") gibt. Die Kreditgeber, die entweder blind waren, weil sie das Primärrecht der EU nicht zur Kenntnis genommen haben, oder auf einen Rechtsbruch gewettet haben, wollen nun aber geschont werden, da sie angeblich für die Stabilität des Gesamtsystems unersetzlich seien. Insoweit besteht eine unheilvolle Übereinstimmung der Interessen von Gläubigern *und* Schuldnern. Beide sind an einer Bedienung der finanziellen Verpflichtungen interessiert, die aber nur durch belastende Maßnahmen (Forderungsverzicht, Inanspruchnahme der eigenen Bevölkerung) zu erreichen ist. Es besteht ein *gemeinsames Interesse* daran, die Lasten möglichst auf Dritte abzuwälzen. Die damit verbundenen Gefahren (Inflation, Glaubwürdigkeit, Rechtsbruch) treten für sie in den Hintergrund.

Es handelt sich also im Kern immer noch oder schon wieder um eine Bankenkrise, beileibe nicht aller Banken, aber um die Instabilität wichtiger Banken und einiger anderer großer Akteure auf den Finanzmärkten. Die Staatsschuldenkrise ist zumindest auch Ausdruck und Folge der Schwächen und Konstruktionsfehler von Banken und Bankensystemen.[41] Hinzu kommt ein weitreichendes Versagen der Aufsichtseinrichtungen[42] und auch der Wissenschaft.[43]

---

[41] Weitere Einzelheiten zur Verknüpfung von Banken und Staatsschuldenkrise sind dargestellt vom Sachverständigenrat zur Begutachtung der gesamtwirtschaftlichen Entwicklung (Fn. 2), S. 130–141, der von einem Versagen der Märkte für Staatsanleihen spricht (S. 136) und die in der Ökonomie verbreitete, aber nicht unproblematische Sicht eines Dreiecksverhältnisses „Bankenkrise – Schuldenkrise – Währungskrise" einbringt (S. 138 f.), allerdings die gegenwärtige Krise zutreffend noch als „Zwillingskrise" einstuft (S. 137); ebenso *Ohler*, Finanzkrisen als Herausforderung der internationalen, europäischen und nationalen Rechtsetzung, DVBl. 2011, 1061; zust. *Calliess*, Finanzkrisen als Herausforderung der internationalen und nationalen Rechtsetzung, VVDStRL 71 (2012), 113, 116. Das Währungssystem verursacht weder eine Banken- und Staatsschuldenkrise noch ist es ein Instrument zur Lösung dieser Krise. Das hat auch die Währungsreform von 1948 deutlich gezeigt. Das Staatsschuldenproblem und die massive Überschuldung des Bankensystems wurden nicht durch die Einführung einer neuen Währung gelöst.

[42] *Siekmann*, Die Neuordnung der Finanzmarktaufsicht, Die Verwaltung, Bd. 43 (2010), 95, 100 f.

[43] Zum Versagen der Wissenschaft: *Bayer*, Wirtschaftsrecht in einer freiheitlichen demokratischen Gesellschaft, in: Pauly (Hrsg.), Wendepunkte – Beiträge zur Rechtsentwicklung der letzten 100 Jahre, 2009, S. 101, 121. Das schließt nicht aus, dass auch der eine oder andere Ökonom nicht auch Bedenken im Hinblick auf Einzelaspekte der Wirtschaftsentwicklung geäußert hat. Nur eine Krise dieser Art und dieses Ausmaßes hat von ihnen keiner vorausgesagt oder zumindest hinreichend deutlich auf die Gefahren hingewiesen; vgl. *Nienhaus*, Die Blindgänger, 2009, S. 9 f., 13–35, die auch auf das merkwürdige Phänomen hinweist, dass trotz

Es sind also Marktversagen, Staatsversagen und Versagen der Wissenschaft zu konstatieren.[44]

f. Die Notwendigkeit grundlegender Strukturreformen

Trotz aller hektischen Reformbemühungen,[45] die für sich genommen auch nicht falsch sind, werden die wirklich *wichtigen Strukturfragen* in Deutschland erst ganz allmählich gestellt: Welchen Nettonutzen stiften Banken nach Abzug aller richtig kalkulierten (sozialen) Kosten? Welche Bankdienstleistungen sind für die Bürger und die Wirtschaft außerhalb des Finanzsektors unabdingbar? Wie können die vom Finanzsektor ausgehenden Gefahren nach ordnungsrechtlichen Maßstäben verlässlich bekämpft werden? Wie muss ein Bankensystem konstruiert sein, das keine Gefahr (mehr) für die öffentliche Sicherheit oder Ordnung darstellt? Einige dieser Fragen sind im Ausland schon erörtert worden.[46] In Deutschland steht diese Diskussion weitgehend noch aus.[47] Immerhin haben zwei Mitarbeiter des IWF ein grundsätzlich anders strukturiertes Bankensystem untersucht, in dem alle Kundeneinlagen bei der Zentralbank zu deponieren sind.[48] Auch wenn einige historische Details nicht korrekt darge-

---

dieses eklatanten Versagens die Nachfrage nach Beratung durch (dieselben) Ökonomen nicht abgenommen hat, so als sei nichts Nennenswertes geschehen.

[44] *Siekmann* (Fn. 42), S. 99: Marktversagen, Staatsversagen, Versagen der Wissenschaft; *ders.*, Life in the Eurozone With or Without Sovereign Default? – The Current Situation, in: Allen/Carletti/Corsetti (eds.), Life in the eurozone with or without sovereign default?, 2011, S. 13, 13 f.; insoweit ähnlich *Rudolph*, Die internationale Finanzkrise: Ursachen, Treiber, Veränderungsbedarf und Reformansätze, ZGR 2010, 4, 27: „schweres Marktversagen", „Regulierungs- oder Staatsversagen". Dezidiert vom Versagen des Staates spricht auch der Sachverständigenrat zur Begutachtung der gesamtwirtschaftlichen Entwicklung, Die Finanzkrise meistern – Wachstumskräfte stärken, Jahresgutachten 2008/09, November 2008, Text-Nr. 257–259. Allerdings ist seine Feststellung, dass das „Bankensystem weltweit zu den besonders stark regulierten Sektoren" zähle (Text-Nr. 257), viel zu vordergründig. Die anschließend behaupteten massiven Defizite der „nationalen wie globalen Organisation der staatlichen Aufsicht" verkürzt die Problematik ebenfalls. Die genannten Schwächen der Aufsicht lassen sich keineswegs auf Organisationsfragen reduzieren. *Inderst* (Fn. 15), S. 3, sieht fast ausschließlich Staatsversagen. Wenn es eine sachgerechte Aufsicht gegeben hätte, wäre auch kein Marktversagen zu beobachten gewesen. Eine wichtige Rolle bei der Ansteckung über Zwangsverkäufe hätten zudem Vorschriften über die Rechnungslegung gespielt, also auch ein Beitrag des Staates. Es liege im Wesentlichen also nur Staatsversagen vor.

[45] Überblick bis 2010 bei *Siekmann* (Fn. 33), S. 25–35.

[46] Financial Crisis Inquiry Commission, The Financial Crisis, Inquiry Report, Final Report of the National Commission on the Causes of the Financial and Economic Crisis in the United States, January 2011; Independent Commission on Banking, Final ICB-Report, September 2011; nun auch auf EU-Ebene: High-level Expert Group on reforming the structure of the EU banking sector, chaired by Erkki Liikanen, Final Report, 2 October 2012.

[47] Siehe aber *Inderst* (Fn. 15), S. 12; *Siekmann* (Fn. 33), S. 42–45.

[48] *Benes/Kumhof*, The Chicago Plan Revisited, IMF Working Paper, WP/12/202, August 2012.

stellt sind, wie die Hyperinflation 1922/23 in Deutschland,[49] ist es richtig, so grundsätzlich das bestehende Bankensystem zu überprüfen.

In jedem Fall müssen Aufsicht und Kontrolle über Finanzmärkte und Finanzinstitute wieder als *Aufgabe der Gefahrenabwehr* verstanden werden. Es müssen die bewährten polizei- und ordnungsrechtlichen Prinzipien auch wieder im Finanzsektor zur Geltung kommen.[50] Die lange Zeit propagierte Idee der „regulierten Selbstregulierung"[51] hat sich jedenfalls als fundamentaler Irrweg erwiesen.[52]

2. *Die Sachverhalte*

Welche Maßnahmen haben nun aber möglicherweise gegen den AEUV verstoßen? An erster Stelle sind die Unterstützungsmechanismen der EU und der Mitgliedstaaten und dann die mehr oder weniger unorthodoxen Aktionen der EZB und anderer Zentralbanken des ESZB in Betracht zu ziehen:

Im Einzelnen sind folgende Entscheidungen und Mechanismen der EU und der Mitgliedstaaten näher zu betrachten:

2.5.2010	Hilfsmaßnahmen für Griechenland im Gesamtvolumen von 110 Mrd. Euro – bilaterale, koordinierte Kreditvergabe durch Mitgliedstaaten (80 Mrd. Euro) – Kredite des IWF (30 Mrd. Euro)
25.3.2011	Beschluss zur Einfügung von Abs. 3 in Art. 136 AEUV
9.5.2011	Allgemeiner „Rettungsschirm" im Gesamtvolumen von 750 Mrd. Euro mit drei Bestandteilen – Europäischer Finanzstabilisierungsmechanismus (EFSM) der EU (60 Mrd. Euro) – Europäische Finanzstabilisierungsfazilität (EFSF) der Mitgliedstaaten (440 Mrd. Euro) – Unterstützung durch den IWF (250 Mrd. Euro)

49 *Benes/Kumhof* (Fn. 48), S. 16.

50 *Siekmann* (Fn. 33), S. 46.

51 Dafür beispielsweise *Junker*, Die Gewährleistungsaufsicht über Wertpapierdienstleistungsunternehmen, 2003, S. 68; propagiert für den Bereich der Medien: *Schulz/Held*, Regulierte Selbstregulierung als Form modernen Regierens, Im Auftrag des Bundesbeauftragten für Angelegenheiten der Kultur und der Medien, Endbericht Mai 2002; historische Untersuchung: *Collin/Bender/Ruppert/Seckelmann/Stolleis* (Hrsg.), Regulierte Selbstregulierung im frühen Interventions- und Sozialstaat, 2012.

52 *Siekmann* (Fn. 42), S. 109; *Siekmann* (Fn. 33), S. 22.

11.7.2011 Vertrag zur Einrichtung des Europäischen Stabilitätsmechanismus (ESM)
- geplanter Beginn des ESM: 1. Juli 2012
- geplantes Volumen: 700 Mrd. Euro

2.2.2012 Nachverhandlungen und Änderung des Vertrags zur Errichtung des Europäischen Stabilitätsmechanismus (ESM)

2.3.2012 Vertrag über Stabilität, Koordinierung und Steuerung in der Wirtschafts- und Währungsunion („Fiskalpakt")

Parallel dazu haben die EZB und die nationalen Zentralbanken des Eurosystems Maßnahmen zur Krisenbewältigung ergriffen, deren Vereinbarkeit mit dem AEUV zweifelhaft ist:

2.7.2009 Umsetzung des Programms zum Ankauf gedeckter Schuldverschreibungen[53]

9.5.2010 Beginn des Ankaufs von Staatsanleihen im Rahmen des Programms für Wertpapiermärkte (bis Anfang 2011)

8.8.2011 Wiederaufnahme des Programms für Wertpapiermärkte

3.11.2011 Wiederaufnahme des Programms zum Ankauf gedeckter Schuldverschreibungen[54]

8.12.2011 Ankündigung zusätzlicher Maßnahmen zur verstärkten Kreditvergabe

Hinzu kommen verschiedene Entscheidungen zur Herabsetzung der Anforderungen an die Notenbankfähigkeit von Sicherheiten.[55] Die Erlaubnis, welche die EZB den nationalen Zentralbanken gegeben hat, auf eigene Rechnung und eigenes Risiko den nationalen Bankensystemen Liquiditätshilfen zu gewähren, entpuppt sich angesichts ihres Umfangs und ihrer Dauer als immer problematischer.

a. Griechenlandhilfe

Nach wachsenden Unruhen an den Finanzmärkten hatten die Staats- und Regierungschefs der Mitgliedstaaten, die den Euro eingeführt hatten, der Hellenischen Republik (Griechenland) politische Unterstützung zugesagt. Falls erfor-

---

[53] EZB/2009/16, ABl 2009/L 175/18.

[54] EZB/2011/17, ABl 2011/L 297/70.

[55] Verordnung (EG) Nr. 1053/2008 der EZB vom 23. Oktober 2008 (EZB/2008/11), ABl 2008/L 282/17;

Beschluss der EZB vom 14. November 2008 über die Durchführung der Verordnung EZB/2008/11 (EZB/2008/15);

Leitlinie der EZB vom 21. November 2008 (EZB/2008/18), ABl 2008/L 314/14;

Leitlinie der EZB vom 10. Dezember 2009 (EZB/2009/24), ABl 2009/L 330/95;

Beschluss der EZB vom 31. März 2011 (EZB/2011/4), ABl 2011/L 94/33;

Beschluss der EZB vom 7. Juli 2011 (EZB/2011/10), ABl 2011/L 182/31;

Beschluss der EZB vom 14. Dezember 2011 (EZB/2011/25), ABl 2011/L 341/65;

Beschluss der EZB vom 5. März 2012 (EZB/2012/3), ABl 2012/L 77/19.

derlich würden Maßnahmen zur Sicherung der Finanzstabilität im Euro-Raum ergriffen werden. Auf ihrem Treffen am 25./26. März 2010 stellten sie bilaterale Kredite in Aussicht, die gemeinsam mit dem Internationalen Währungsfonds (IWF) und unter strengen Auflagen und ohne Subventionselemente gewährt werden sollten. Am 11. April 2010 verabschiedeten die Finanzminister der Euro-Zone Eckpunkte eines Hilfspakets. Auf Antrag Griechenlands vom 23. April 2010 erklärten sich die Staats- und Regierungschefs des Eurogebiets am 2. Mai 2010 bereit, im Zusammenhang mit einem dreijährigen Programm des IWF in Höhe von 30 Mrd. Euro bis zu 80 Mrd. Euro an Griechenland in der Form von koordinierten bilateralen Krediten bereit zu stellen.[56] Der geschätzte Gesamtumfang der Hilfsmaßnahmen sollte 110 Mrd. Euro betragen.

Sekundärrechtliche Rechtsakte ergingen nicht, da die Kredite als bilaterale Hilfen einzelner Mitgliedstaaten gewährt wurden. Allerdings legten die Kommission, der IWF und Griechenland in einem Abkommen fest, unter welchen Bedingungen die Kredite oder Kredithilfen gewährt werden sollten.[57]

Auf nationaler Ebene wurde daraufhin das Währungsunion-Finanzstabilitätsgesetz (WFStG) erlassen.[58] § 1 dieses Gesetzes ermächtigt den Bundesminister der Finanzen, Gewährleistungen des Bundes für Anleihen der Kreditanstalt für Wiederaufbau (KfW) bis zur Höhe des auf Deutschland entfallenden Anteils der versprochenen bilateralen Kredite (22,4 Mrd. Euro) zu übernehmen.

b. Befristete allgemeine Unterstützungsmaßnahmen der EU und der Mitgliedstaaten

Wenige Tage später, am 7. Mai 2010, vereinbarten die Staats- und Regierungschefs der Euro-Gruppe auf ihrem Treffen in Brüssel, dass die EU-Kommission einen europäischen Stabilisierungsmechanismus zur Wahrung der Finanzstabilität in Europa vorschlagen sollte („Euro-Rettungsschirm"). Zwei Tage später, am 9. Mai 2010, konkretisierte der ECOFIN-Rat den Auftrag dahingehend, dass durch eine EU-Verordnung der Europäische Finanzstabilisierungsmechanismus (EFSM) und durch zwischenstaatliche Vereinbarung der Mitgliedstaaten der Euro-Gruppe die Europäische Finanzstabilisierungsfazilität (European Financial Support Facility – EFSF) geschaffen werden sollte. Die Maßnahmen

---

[56] Näher *Louis*, The no-bailout clause and rescue packages, CMLR, Bd. 47 (2010), 971; *Nettesheim*, Der Umbau der europäischen Währungsunion: Politische Aktion und rechtliche Grenzen, in: Kadelbach (Hrsg.), Nach der Finanzkrise, 2012, S. 31, 35.

[57] Für die Einzelheiten maßgebend waren schließlich das „Loan Facility Agreement" der Staaten, die den Euro eingeführt hatten mit der Hellenischen Republik, und das „Memorandum of Understanding on Specific Economic Policy Conditionality" vom 2. Mai 2010. Hinzu kam ein Abkommen zwischen den Hilfe leistenden Mitgliedstaaten: „Intercreditor Agreement"; vgl. *Nettesheim* (Fn. 56), S. 36.

[58] Gesetz zur Übernahme von Gewährleistungen zum Erhalt der für die Finanzstabilität in der Währungsunion erforderlichen Zahlungsfähigkeit der Hellenischen Republik (Währungsunion-Finanzstabilitätsgesetz – WFStG) vom 7. Mai 2010, BGBl I, S. 537.

sollten auf zwei Jahre angelegt sein. Die dafür geschaffenen Ermächtigungen sind denn auch bis zum 30. Juni 2013 befristet.[59]

(1) EFSM

Die zur Schaffung des EFSM erlassene Verordnung stützt sich ausdrücklich auf Art. 122 Abs. 2 AEUV.[60] Sie begrenzt das Volumen der Hilfen der EU auf 60 Mrd. Euro. Die Entscheidung über die Gewährung von Beistandsleistungen trifft der Rat auf Vorschlag der Kommission mit qualifizierter Mehrheit. Die Unterstützung durch die Mitgliedstaaten wird nicht als direkte Zahlungen, sondern durch die Übernahme von Garantien gewährt.

(2) EFSF

Die European Financial Stability Facility (EFSF) wurde am 7. Juni 2010 vom Großherzogtum Luxemburg als „société anonyme" nach luxemburgischem Recht mit Sitz in Luxemburg (Stadt) gegründet. Sie war nur mit dem gesetzlichen Mindestkapital von 31.000 Euro ausgestattet, allerdings versehen mit einem genehmigten Grundkapital von 30 Millionen Euro.[61] Die Mitgliedstaaten des Euro-Gebiets unterzeichneten am 7. Juni 2010 einen Rahmenvertrag zur Leitung dieses Spezialinstruments (special purpose vehicle) und übernahmen die Anteile an der Gesellschaft entsprechend ihrem Anteil am Kapital der EZB. Das EFSF sollte Kredite gewähren und (bilaterale) Vereinbarungen über Kreditfazilitäten schließen dürfen. Durch die Emission von Anleihen sollte er sich die notwendigen Mittel am Kapitalmarkt beschaffen. Da die Gesellschaft wegen ihres minimalen Eigenkapitals, wie auch die „special purpose vehicles", die eine so verhängnisvolle Rolle für die Verschärfung und Ausbreitung der Krise gespielt hatten, als solche nicht kreditwürdig war, mussten die Mitgliedstaaten, die später die Anteile übernahmen, anteilmäßig Garantien für die Bedienung dieser Anleihen übernehmen.

Der Betrag, bis zu dem Deutschland auf diese Weise maximal haften würde, wurde auf 123 Mrd. Euro festgelegt, § 1 Abs. 1 StabMechG.[62] Mit Zustimmung

---

[59] § 1 Abs. 1 Satz 4 des Gesetzes zur Übernahme von Gewährleistungen im Rahmen eines europäischen Stabilisierungsmechanismus vom 22. Mai 2010, BGBl I, S. 627.

[60] Verordnung (EU) Nr. 407/2010 des Rates vom 11. Mai 2010 zur Einführung eines Europäischen Finanzstabilisierungsmechanismus, ABl 2010/L 118/1. Der EU-Kommission ist erlaubt worden, zur Finanzierung der danach gewährten Unterstützung bis zu 60 Mrd. Euro am Kapitalmarkt aufzunehmen, vgl. Europäische Zentralbank, Aktuelle Entwicklungen im Bereich der EU-Regelungen zur Finanzstabilität, Monatsbericht Dezember 2010, S. 89, 90.

[61] Vgl. Europäische Zentralbank (Fn. 60), S. 90; *Philipp*, „Europäische Finanzstabilisierungsfazilität AG", AG 2010, 538: eine Aktiengesellschaft, die „nicht den Zweck hat, durch wirtschaftliche Tätigkeit, Gewinne zu erzielen, sondern als ‚Sozialamt für Euro-Staaten' zu fungieren"; *Nettesheim* (Fn. 56), S. 38 f. mit weiteren Einzelheiten.

[62] Gesetz zur Übernahme von Gewährleistungen im Rahmen eines europäischen Stabilisierungsmechanismus (Stabilisierungsmechanismusgesetz – StabMechG) vom 22. Mai 2010, BGBl I, S. 627. Es handelt sich nicht um ein Zustimmungs- oder Ratifikationsgesetz zu der intergouvernementalen Übereinkunft, sondern um die nach Art. 115 GG erforderliche in-

des Haushaltsausschusses kann allerdings unter den Voraussetzungen von § 37 Abs. 1 Satz 2 BHO dieser Betrag um 20 % überschritten werden, § 1 Abs. 6 StabMechG. Im Rahmen des EFSF wurden am 21. November 2010 von Irland und am 7. April 2011 von Portugal Hilfen beantragt und auch bewilligt.

Es ist im Grunde wieder dieselbe problematische Struktur gewählt worden, die wirtschaftlichen Risiken einer Kreditvergabe von anderen als den Kreditgebern tragen zu lassen. Liquidität brauchten sie nicht bereit zu stellen, und sie konnten hoffen, es werde für sie alles ohne echte Belastungen ausgehen. Vor allem wird damit versucht, die „lästige" Verpflichtung zu umgehen, hinreichend große Ausgabeansätze im Haushaltsplan vorzusehen. Da die EFSF im Grunde Bankgeschäfte tätigt,[63] wäre zu prüfen, ob sie nicht – wie andere staatliche Banken in Privatrechtsform (z.B. Landesbanken) – eine Erlaubnis nach dem Recht des Großherzogtums Luxemburg oder des Vereinigten Königreichs[64] für ihre Tätigkeit benötigt. Dabei kann es nicht darauf ankommen, ob im Rahmenvertrag festgelegt ist, dass sie kein Kreditinstitut sei.[65] Ein solcher Vertrag kann nicht von nationalem oder supranationalem Recht dispensieren. Auch ist nicht sicher, ob die Gesellschaft nicht von Anfang an überschuldet ist, da sie praktisch über kein Eigenkapital verfügt und ihren Verbindlichkeiten im dreistelligen Milliardenbereich nur Forderungen gegen Mitgliedstaaten mit teilweise zweifelhafter Bonität gegenüberstehen. Möglicherweise können die Garantien und Bürgschaften ihrer Gesellschafter als Eigenkapital ersetzend passiviert werden.[66]

Am 21. Juli 2011 kündigten die Staats- und Regierungschefs der Eurozone an, dass sie die Effektivität der EFSF verbessern und seine Flexibilität erhöhen wollten. Zu diesem Zwecke wurden die Befugnisse der EFSF dahingehend erweitert, dass sie nicht nur Kredite gewähren, sondern auch Kreditlinien einräumen, Kreditzusagen zur Rekapitalisierung von Finanzinstituten erteilen und vor allem auch Anleihen von Hoheitsträgern *(debt instruments)* auf dem Primär- und Sekundärmarkt erwerben durfte, um auch auf diese Weise die Emittenten stützen zu können. Zudem wurde der Umfang der zur Verfügung stehenden Mittel auf 780 Mrd. Euro erweitert. Auf diese Weise sollte das maximal mit Spitzennoten der Ratingagenturen tatsächlich zur Verfügung stehende Kreditvolumen auf 440 Mrd. Euro erhöht werden.[67] Die maximale Haftung Deutschlands, die

---

nerstaatliche Ermächtigung, vgl. *Kube/Reimers*, Grenzen des Europäischen Stabilisierungsmechanismus, NJW 2010, 1911, 1912.

[63] *Philipp* (Fn. 61), S. 539.

[64] Nach seiner Nr. 16 soll der Rahmenvertrag englischem Recht unterliegen.

[65] Nr. 2 (1) (a) Rahmenvertrag.

[66] Vgl. *Philipp* (Fn. 61), S. 540, der auf weitere rechtliche Schwierigkeiten hinweist.

[67] Kritische Würdigung durch *Nettesheim* (Fn. 56), S. 43: „Kredite des EFSF nehmen so den Charakter eines ‚Euro-Bonds' an".

sich aus dem von ihm übernommenen Anteil ergeben konnte, erhöhte sich dadurch auf 211,0459 Mrd. Euro.[68]

Zugleich gaben die Staats- und Regierungschefs das zweite Paket der Griechenlandhilfe im Gesamtumfang von 159 Mrd. Euro frei, verlangten einen Forderungsverzicht der privaten Investoren in Höhe von 21 %, verlängerten die Laufzeit der Unterstützungsleistungen und verringerten die Zinssätze, welche die Empfängerländer Griechenland, Irland und Portugal zu bezahlen hatten.[69]

c. Kredite des IWF

Ob die Beteiligung des IWF an den Stützungsmaßnahmen in Einklang mit seinen Statuten steht, ist eher zweifelhaft. Seine Aufgaben sind monetärer Natur. Er ist im Rahmen des Abkommens von Bretton-Woods geschaffen worden,[70] um vorübergehende Zahlungsbilanzungleichgewichte, die sich aus dem damals geschaffenen System fester Wechselkurse ergeben könnten, zu bekämpfen.[71]

---

[68] Gesetz zur Änderung des Gesetzes zur Übernahme von Gewährleistungen im Rahmen eines europäischen Stabilisierungsmechanismus vom 9. Oktober 2011, BGBl I S. 1992.

[69] Einzelheiten bei *Nettesheim* (Fn. 56), S. 42 f.

[70] Adopted at the United Nations Monetary and Financial Conference, Bretton Woods, New Hampshire, July 22, 1944 entering into force December 27, 1945; amended effective July 28, 1969, by the modifications approved by the Board of Governors in Resolution No. 23–5, adopted May 31, 1968; amended effective April 1, 1978, by the modifications approved by the Board of Governors in Resolution No. 31–4, adopted April 30, 1976; amended effective November 11, 1992, by the modifications approved by the Board of Governors in Resolution No. 45–3, adopted June 28, 1990; amended effective August 10, 2009, by the modifications approved by the Board of Governors in Resolution No. 52–4, adopted September 23, 1997; amended effective February 18, 2011, by the modifications approved by the Board of Governors in Resolution No. 63–3, adopted May 5, 2008; and amended effective March 3, 2011, by the modifications approved by the Board of Governors in Resolution No. 63–2, adopted April 28, 2008; Quelle: International Monetary Fund, Articles of Agreement of the International Monetary Fund (1944), 2011.

[71] Art. I: Purposes, Articles of Agreement of the International Monetary Fund:
The purposes of the International Monetary Fund are:

(i) To promote international monetary cooperation through a permanent institution which provides the machinery for consultation and collaboration on international monetary problems.

(ii) To facilitate the expansion and balanced growth of international trade, and to contribute thereby to the promotion and maintenance of high levels of employment and real income and to the development of the productive resources of all members as primary objectives of economic policy.

(iii) To promote exchange stability, to maintain orderly exchange arrangements among members, and to avoid competitive exchange depreciation.

(iv) To assist in the establishment of a multilateral system of payments in respect of current transactions between members and in the elimination of foreign exchange restrictions which hamper the growth of world trade.

(v) To give confidence to members by making the general resources of the Fund temporarily available to them under adequate safeguards, thus providing them with opportunity to correct maladjustments in their balance of payments without resorting to measures destructive of national or international prosperity.

Deshalb sind die ihm zugewiesenen Aufgaben auf die Stabilisierung von Wechselkursen und die Beseitigung von Zahlungsbilanzungleichgewichten ausgerichtet. Hilfen sind zudem grundsätzlich auf die Gewährung von zusätzlichen Sonderziehungsrechten beschränkt.[72] Der IWF ist auch nach dem Zusammenbruch des Systems fester Wechselkurse eine „monetäre Institution".[73]

Bei den Maßnahmen zur Stützung von Mitgliedern des Euro-Gebiets gibt es jedoch keine Wechselkurse, die zu stabilisieren sind, sondern eine einheitliche Währung. Die Währungshoheit ist auf die EU übertragen und es wird keine Währung gestützt, sondern Staaten und (mittelbar) Banken in einem kleinen Teilgebiet des Währungsraums, die überschuldet sind. Das ist aber keine Wechselkurspolitik. Die Maßnahmen sind auch nicht auf die Kernaufgabe des Fonds, den Ausgleich von Zahlungsbilanzungleichgewichten, gerichtet, sondern dienen der Beseitigung der Folgen einer übermäßigen Staatsverschuldung und eines weltweit durch eine Abfolge von Fehlentscheidungen in den letzten zwanzig Jahren destabilisierten Finanzsystems. Allerdings hat der IWF im März 2009 eine „flexible credit line" (FLC) eingeführt, die eine Kreditvergabe ohne vorherige Auflagen und vor Eintritt von Zahlungsbilanzschwierigkeiten in dem betreffenden Mitgliedstaat ermöglicht.[74] Ob sie eine geeignete Grundlage darstellt und ob sie mit dem Vertragsrecht übereinstimmt, kann ebenfalls bezweifelt werden.[75]

(vi) In accordance with the above, to shorten the duration and lessen the degree of disequilibrium in the international balances of payments of members.

The Fund shall be guided in all its policies and decisions by the purposes set forth in this Article.

[72] Article V Section 2 agreement. Limitation on the Fund's operations and transactions:

(a) Except as otherwise provided in this Agreement, transactions on the account of the Fund shall be limited to transactions for the purpose of supplying a member, on the initiative of such member, with special drawing rights or the currencies of other members from the general resources of the Fund, which shall be held in the General Resources Account, in exchange for the currency of the member desiring to make the purchase.

[73] Deutsche Bundesbank, Finanzierung und Repräsentanz im Internationalen Währungsfonds, Monatsbericht 2010, S. 53, 63; *Kempen*, Die Zukunft des Internationalen Währungsfonds, ZEuS 2000, 13, 17; *Herdegen*, Internationales Wirtschaftsrecht, 8. Aufl. 2009, § 22 Rdn. 11: zur Bewältigung kurzfristiger Zahlungsbilanzungleichgewichte; krit. zur Ausweitung der Kreditgewährungen durch den IWF: *Aschinger*, Der Währungsfonds auf dem Wege zur internationalen Geldmaschine?, ZgesKreditwesen 1978, 714.

[74] *Hagan*, Reforming the IMF, in: Giovanoli/Devos (eds.), International Monetary and Financial Law, 2010, 40, 58; Darstellung der gesamten Entwicklung bei *Tietje*, Architektur der Weltfinanzordnung, 2011, S. 13–26, der zutreffend darauf hinweist, dass Finanzmarktstabilität und die Rolle eines „lenders of last resort" nur sehr begrenzt zum Aufgabenspektrum gehört hat (S. 13).

[75] Anders wohl *Thym*, Euro-Rettungsschirm: zwischenstaatliche Rechtskonstruktion und verfassungsgerichtliche Kontrolle, EuZW 2011, 167, 169, der eine Rechtsänderung im Wege „späterer Übung" für möglich hält.

d. Permanenter Unterstützungsmechanismus (ESM) und Fiskalpakt

Auf ihrer Sitzung am 11./12. Juli 2011 unterzeichneten die Mitglieder des ECOFIN-Rates ein Abkommen zur Errichtung eines permanenten europäischen Stabilitätsmechanismus. Die Staats- und Regierungschefs des Euro-Gebiets billigten am 21. Juli 2011 das Abkommen.[76] Der Europäische Stabilitätsmechanismus (ESM) ist als Instrument zur dauerhaften Krisenbewältigung konzipiert und Bestandteil einer umfassenden Strategie, zu der auch der Vertrag über Stabilität, Koordinierung und Steuerung der Wirtschafts- und Währungsunion (sog. *Fiskalpakt*) gehört, den 25 Mitgliedstaaten der EU am 2. März 2012 unterzeichnet haben, also alle außer Großbritannien und der Tschechischen Republik.[77] Der Vertrag sieht ausdrücklich vor, dass der ESM kein Kreditinstitut ist.[78]

Um primärrechtlich den Weg zur Einrichtung eines Stabilitätsmechanismus zu öffnen, hatte der Europäische Rat bereits am 25. März 2011 beschlossen, einen neuen Absatz 3 in Art. 136 AEUV aufzunehmen.[79] Diese Vorschrift sieht

[76] Vertrag zur Einrichtung eines Europäischen Stabilitätsmechanismus zwischen dem Königreich Belgien, der Bundesrepublik Deutschland, der Republik Estland, Irland, der Hellenischen Republik, dem Königreich Spanien, der Französischen Republik, der Italienischen Republik, der Republik Zypern, dem Großherzogtum Luxemburg, Malta, dem Königreich der Niederlande, der Republik Österreich, der Portugiesischen Republik, der Republik Slowenien, der Slowakischen Republik und der Republik Finnland (*Treaty establishing the European Stability Mechanism between the Kingdom of Belgium, the Federal Republic of Germany, the Republic of Estonia, Ireland, the Hellenic Republic, the Kingdom of Spain, the French Republic, the Italian Republic, the Republic of Cyprus, the Grand Duchy of Luxembourg, Malta, the Kingdom of the Netherlands, the Republic of Austria, the Portuguese Republic, the Republic of Slovenia, the Slovak Republic and the Republic of Finland*), abgedruckt in der zur Ratifikation anstehenden Version in: BT-Drucks. 17/9045, S. 6.

[77] Vertrag über Stabilität, Koordinierung und Steuerung in der Wirtschafts- und Währungsunion zwischen dem Königreich Belgien, der Republik Bulgarien, dem Königreich Dänemark, der Bundesrepublik Deutschland, der Republik Estland, Irland, der Hellenischen Republik, dem Königreich Spanien, der Französischen Republik, der Italienischen Republik, der Republik Zypern, der Republik Lettland, der Republik Litauen, dem Großherzogtum Luxemburg, Ungarn, Malta, dem Königreich der Niederlande, der Republik Österreich, der Republik Polen, der Portugiesischen Republik, Rumänien, der Republik Slowenien, der Slowakischen Republik, der Republik Finnland und dem Königreich Schweden *(Treaty on Stability, Coordination and Governance in the Economic and Monetary Union between the Kingdom of Belgium, the Republic of Bulgaria, the Kingdom of Denmark, the Federal Republic of Germany, the Republic of Estonia, Ireland, the Hellenic Republic, the Kingdom of Spain, the French Republic, the Italian Republic, the Republic of Cyprus, The Republic of Latvia, the Republic of Lithuania, the Grand Duchy of Luxembourg, Hungary, Malta, the Kingdom of the Netherlands, the Republic of Austria, the Republic of Poland, the Portuguese Republic, Romanie, the Republic of Slovenia, the Slovak Republic, the Republic of Finland and the Kingdom of Sweden)*, abgedruckt in der zur Ratifikation anstehenden Version in: BT-Drucks. 17/9046, S. 6.

[78] Art. 32 Nr. 9 des Vertrags.

[79] Beschluss des Europäischen Rates vom 25. März 2011 zur Änderung des Artikels 136 des Vertrags über die Arbeitsweise der Europäischen Union hinsichtlich eines Stabilisierungsmechanismus für die Mitgliedstaaten, deren Währung der Euro ist (2011/199/EU), ABl 2011/L 91/1.

vor, dass die Mitgliedstaaten, deren Währung der Euro ist, einen Stabilitätsmechanismus einrichten dürfen, wenn dies unabdingbar ist, um die Stabilität des Euro-Währungsgebiets insgesamt zu wahren. Die Gewährung von Finanzhilfen ist allerdings an strenge Auflagen zu knüpfen („strikte Konditionalität"). Wichtig ist dabei, dass es sich um eine Ermächtigung *der Mitgliedstaaten*, *nicht* aber der *EU* handelt. Auch wenn die Vorschrift im vereinfachten Änderungsverfahren erlassen worden ist, tritt sie erst in Kraft, wenn alle Mitgliedstaaten zugestimmt haben, Art. 48 Abs. 6 UAbs. 2 Satz 3 EUV.

Eckpunkte für den *Fiskalpakt* waren von den Staats- und Regierungschefs des Euroraums bereits am 9. Dezember 2011 vereinbart worden. Großbritannien hatte sich auf der Sitzung des Europäischen Rates am 3. Januar 2012 geweigert, an einer Änderung des AEUV mitzuwirken. Deshalb entschieden sich die Staats- und Regierungschefs der restlichen Mitgliedstaaten der EU auf einem informalen Treffen, einen separaten Vertrag zu schließen. Nur unter dieser Bedingung war Deutschland bereit gewesen, Einzelheiten des ESM zuzustimmen. Der Fiskalpakt enthält einen „Fiskalpolitischen Pakt" (Titel III) sowie Regeln für die „Wirtschaftspolitische Koordinierung und Konvergenz" (Titel IV) sowie die „Steuerung des Euro-Währungsgebiets" (Titel V).

Der Vertrag zielt darauf ab, die fiskalische Disziplin der Mitgliedstaaten zu stärken und zumindest halbautomatische Sanktionen einzuführen. Auch sollten die Mechanismen zur Haushaltsüberwachung gestärkt werden. Im Mittelpunkt des Fiskalpolitischen Paktes steht die Verpflichtung, den gesamtstaatlichen Haushalt auszugleichen oder einen Überschuss zu erzielen, Art. 3 Abs. 1 des Paktes. Dieses Erfordernis gilt als erfüllt, wenn das strukturelle Haushaltsdefizit 0,5 % nicht überschreitet. Diese Pflicht zum Haushaltsausgleich ist binnen eines Jahres in verbindliches und dauerhaftes Recht, vorzugsweise mit Verfassungsrang, der Mitgliedstaaten aufzunehmen, Art. 3 Abs. 2 des Vertrags. Bei Abweichungen von diesen Vorgaben, treten Sanktionen ein, wenn nicht mit qualifizierter Mehrheit dagegen entschieden wird, Art. 4 des Vertrags.

Zuvor waren schon auf der Ebene des Sekundärrechts der EU der Stabilitäts- und Wachstumspakt verschärft, die Überwachung der Wettbewerbsfähigkeit durch das neue Verfahren zur Vermeidung und Korrektur makroökonomischer Ungleichgewichte verbessert und eine effizientere Finanzmarktaufsicht auf europäischer Ebene eingeführt worden („six-pack").[80]

---

[80] *Stabilitäts- und Wachstumspakt:*

Verordnung (EU) Nr. 1175/2011 des Rates zur Änderung der Verordnung (EG) Nr. 1466/97 des Rates über den Ausbau der haushaltspolitischen Überwachung und Koordinierung der Wirtschaftspolitiken vom 16. November 2011, ABl 2011/L 306/12;

Verordnung (EU) Nr. 1177/2011 des Rates zur Änderung der Verordnung (EG) Nr. 1467/97 des Rates über die Beschleunigung und Klärung des Verfahrens bei einem übermäßigen Defizit vom 8. November 2011, ABl 2011/L 306/33;

Es handelt sich also um *drei Rechtsakte*, die gemeinsam betrachtet werden müssen und sich teilweise gegenseitig bedingen:

1. Änderung des Primärrechts (Art. 136 Abs. 3 AEUV)
2. Stabilitätsmechanismus – ESM
3. Fiskalpakt

Der Vertrag zur Einrichtung des ESM sollte am 1. Juli 2012 in Kraft treten; ein Jahr früher als zunächst geplant;[81] der Fiskalpakt zum 1. Januar 2013. Gemäß Art. 23 Abs. 1 Satz 3 GG haben Bundestag und Bundesrat mit Zweidrittelmehrheit den erforderlichen Gesetzen[82] zugestimmt.[83] Auf Bitten des Bundesverfassungsgerichts ist das weitere Zustimmungs- und Ratifikationsverfahren angehalten worden, um genauer den Antrag auf Erlass einer einstweiligen Anordnung prüfen zu können. Ungewöhnlich war bereits, dass das Gericht in diesem Verfahren eine mündliche Anhörung durchgeführt hat. Mittlerweile hat das Gericht den Erlass einer einstweiligen Anordnung unter Auflagen abgelehnt.[84]

Makroökonomische Ungleichgewichte:

Verordnung (EU) Nr. 1174/2011 des Europäischen Parlaments und des Rates über Durchsetzungsmaßnahmen zur Korrektur übermäßiger makroökomischer Ungleichgewichte im Euro-Währungsgebiet vom 16. November 2011, ABl 2011/L 306/8;

Verordnung (EU) Nr. 1176/2011 des Europäischen Parlaments und des Rates über die Vermeidung makroökonomischer Ungleichgewichte vom 16. November 2011, ABl 2011/L 306/25;

Haushaltspolitische Überwachung:

Verordnung (EU) Nr. 1173/2011 des Europäischen Parlaments und des Rates über die wirksame Durchsetzung der haushaltspolitischen Überwachung im Euro-Währungsgebiet vom 16. November 2011, ABl 2011/L 306/1;

Richtlinie 2011/85/EU des Rates über die Anforderungen an die haushaltspolitischen Rahmen der Mitgliedstaaten vom 8. November 2011, ABl 2011/L 306/41.

[81] Entwurf eines Zustimmungsgesetzes zu dem Vertrag vom 2. Februar 2012 zur Errichtung des Europäischen Stabilitätsmechanismus vom 20. März 2012, BT-Drucks. 17/9045; Entwurf eines Gesetzes zur finanziellen Beteiligung am Europäischen Stabilitätsmechanismus (ESM-Finanzierungsgesetz – ESMFinG) vom 20. März 2012, BT-Drucks. 17/9048.

[82] Entwurf eines Gesetzes zu dem Vertrag vom 2. Februar 2012 zur Errichtung des Europäischen Stabilitätsmechanismus, BT-Drucks. 17/9045; Entwurf eines Gesetzes zu dem Vertrag vom 2. März 2012 über Stabilität, Koordinierung und Steuerung in der Wirtschafts- und Währungsunion, BT-Drucks. 17/9046; Entwurf eines Gesetzes zu dem Beschluss des Europäischen Rates vom 25. März 2011 zur Änderung des Artikels 136 des Vertrags über die Arbeitsweise der Europäischen Union hinsichtlich eines Stabilitätsmechanismus für die Mitgliedstaaten, deren Währung der Euro ist, BT-Drucks. 17/9047; Entwurf eines Gesetzes zur finanziellen Beteiligung am Europäischen Stabilitätsmechanismus (ESM-Finanzierungsgesetz – ESMFinG), BT-Drucks. 17/9048; Entwurf eines Gesetzes zur Änderung des Bundesschuldenwesengesetzes, BT-Drucksache 17/9049.

[83] Beschluss des Bundestages vom 22. Juli 2012, BT-Prot. 16/13335; Beschluss des Bundesrates vom 22. Juli 2012, BR-Prot. 5566/2012.

[84] Urteil vom 12. September 2012, NJW 2012, 3145.

e. Wertpapiermärkte Programm des Eurosystems (SMP)
Bei der Schaffung des allgemeinen Rettungsschirms im Mai 2010 hatte sich die EZB zu Unterstützungsleistungen heranziehen lassen, indem sie ein Programm für Wertpapiermärkte – Securities Markets Programme (SMP) – beschloss. Dabei ermächtigte der EZB-Rat die Zentralbanken des Eurosystems, Schuldtitel auf dem Sekundärmarkt anzukaufen, die von Mitgliedstaaten oder anderen öffentlichen Stellen begeben worden waren.[85]

Im Verlauf des Jahres 2010 haben die Mitglieder des ESZB auf dem Sekundärmarkt Anleihen von Hoheitsträgern mit Haushaltsproblemen oder Anleihen, die von ihnen garantiert sind, erworben. Der Erwerb war endgültig und diente nicht nur zur Kreditsicherung oder der zeitweiligen Verwahrung (Wertpapierpension). Diese Anleihen sind nur zu einem sehr kleinen Teil von der EZB selbst angeschafft worden. Es waren vielmehr die nationalen Zentralbanken des Eurosystems, die von der EZB angewiesen worden sind nach einem festgelegten Verteilungsschlüssel, die betreffenden Käufe vorzunehmen. Deshalb sind diese Anleihen zunächst einmal auch in deren Bilanz auszuweisen. Diese Tatsache, die trotz der bilanzmäßigen Konsolidierung des Eurosystems nicht unwichtig ist, wird in den meisten Abhandlungen zum Problem nicht zur Kenntnis genommen.[86]

Zunächst wurden nur Anleihen der Krisenstaaten Griechenland, Portugal und Irland erworben und auch längere Zeit gehalten. Zur Rechtfertigung wurde angeführt, dass der monetäre Transmissionsmechanismus gestört sei.[87] Gegen Ende des Jahres wurden die Käufe allmählich eingestellt. Im August des Jahres 2011 wurden sie aber wieder aufgenommen. Sie erlangten allerdings eine andere Qualität, da es sich nun im Wesentlichen um spanische und italienische Anleihen handelte. Beide Staaten waren nicht insolvent oder in Gefahr dies zu werden. Spanien erfüllte noch die Maastricht-Kriterien und Italien wies einen positiven Primärsaldo auf.[88] Lediglich die von den Investoren verlangten Zinsen wurden als untragbar hoch empfunden.

Im Effekt wirkten die Anleihekäufe des ESZB wie eine marktwidrige Zinssubvention für die betroffenen Mitgliedstaaten. Die Marktsanktionen für eine unsolide Haushaltswirtschaft wurden (teilweise) außer Kraft gesetzt. In Betracht kommen Verstöße gegen Art. 123, 125, 130 und 283 AEUV.

---

[85] Entscheidung vom 14.5.2010, ECB/2010/5, ABl 2010/L 124/8.
[86] Vgl. beispielsweise *Sester*, Die Rolle der EZB in der europäischen Staatsschuldenkrise, EWS 2012, 80.
[87] EZB Mitteilung vom 23. Mai 2012.
[88] Sachverständigenrat (Fn. 2), S. 132.

f. Maßnahmen zur verstärkten Kreditvergabe des Eurosystems

Am 8. Dezember 2011 kündigte die EZB zusätzliche Maßnahmen zur verstärkten Kreditvergabe (enhanced credit support measures) an. Diese Maßnahmen setzten sich im Wesentlichen aus vier Elementen zusammen:

1. zwei „longer-term refinancing operations" (LTRO) (Dreijahrestender in unbegrenzter Höhe zum Referenzzinssatz von 1 %)
2. Senkung des Mindestreservesatzes
3. vorübergehend erneute Senkung der Qualitätsanforderungen für die zu stellenden Sicherheiten
4. Möglichkeit für Nationale Zentralbanken, vorübergehend Sicherheiten noch geringerer Qualität zu akzeptieren.

In Ausführung dieser Ankündigung wurden am 21. Dezember 2011 längerfristige Kredite im Umfang von 489,19 Mrd. Euro zugeteilt; am 29. Februar 2012 weitere 529,53 Mrd. Euro, also ein Gesamtvolumen von über einer Billion Euro.

Am 29. Februar 2012 gestattete die EZB den Zentralbanken von Irland, Spanien, Frankreich, Italien, Zypern, Österreich und Portugal, Sicherheiten von noch geringerer Qualität zu akzeptieren als nach den schon mehrfach abgesenkten allgemeinen Anforderungen. Allerdings sollten sie die daraus folgenden Ausfallrisiken selbst tragen und nicht das gesamte ESZB, wie es den allgemeinen Regeln entsprechen würde (emergency liquidity assistance- ELA).

g. Kreditgewährung an Mitgliedstaaten über die nationalen Zentralbanken

Die EZB hat am 20. Juli 2012 beschlossen, ab 25. Juli 2012 keine griechischen Staatsanleihen mehr als Sicherheit zu akzeptieren. Griechische Banken können sich aber weiterhin bei ihrer nationalen Zentralbank, der Bank of Greece, refinanzieren. Das Volumen dieser Hilfen durch die Zentralbank von Griechenland wird auf über 100 Mrd. Euro geschätzt.[89]

Die Bank of Greece darf auf eigene Rechnung und auf eigenes Risiko Kredite an notleidende Banken zu milderen Konditionen gewähren. Es handelt sich um Kredite im Rahmen der von der EZB erlaubten *emergency liquidity assistance – ELA*. Ob die dafür aufgestellten Regeln aber eingehalten werden ist eher zweifelhaft. Eigentlich dürfen sie nur gegen angemessene Sicherheiten und nur an „solvente" – wenn auch „illiquide" – Banken gewährt werden. Bei einer Solvabilitätskrise soll die Hauptverantwortung bei den Finanzministerien liegen, die über die Bereitstellung finanzieller Unterstützung zu entscheiden haben.[90]

---

[89] Financial Times vom 25. Mai 2012. Es wird in der Bilanz der Bank nicht offen das Volumen ausgewiesen. Vermutlich sind die Forderungen unter: „6. Other claims on euro area credit institutions denominated in euro 106,315,345,333" versteckt, Bank of Greece, Financial Statement, 31st July 2012.

[90] Europäische Zentralbank, Monatsbericht – 10 Jahre EZB, 2008, S. 140.

In jedem Fall führt aber eine derartige Mittelzuführung zu einer Verlängerung der Bilanzsumme nicht nur der nationalen Zentralbanken, sondern auch der konsolidierten Bilanzsumme des Eurosystems. Das hat zwei Effekte: (1) Die Geldbasis wird vergrößert und damit werden die Kreditschöpfungsmöglichkeiten des Bankensystems – abhängig vom jeweiligen Geldschöpfungsmultiplikator – erweitert. (2) Eine mittelbare Finanzierung von Staatshaushalten durch Zentralbankgeld wird ermöglicht.

II. Vereinbarkeit mit den Vorgaben des AEUV

1. Grundlagen der Wirtschafts- und Währungsunion

Für die Beurteilung der Maßnahmen von EU, Mitgliedstaaten und ESZB in der Schuldenkrise ist es angezeigt, sich die wesentlichen Grundlagen, auf die sich die Vertragspartner in den Verträgen von Maastricht geeinigt hatten, in Erinnerung zu rufen:

- vollständige Ausrichtung der Währungspolitik auf die Sicherung der Preisstabilität
- Trennung der Währungspolitik von der Wirtschaftspolitik und Zuordnung zu unterschiedlichen Aufgabenträgern
- Errichtung einer Notenbank mit umfassend garantierter Unabhängigkeit
- Vorkehrungen zur Wahrung von Haushaltsdisziplin.

a. Vollständige Ausrichtung der Währungspolitik auf die Sicherung der Preisstabilität

Die „Preisstabilität" gehört zu den grundlegenden Zielen der Europäischen Union, Art. 3 Abs. 3 UAbs. 1 EUV. Sprachlich abgewandelt, aber inhaltlich identisch sind „stabile Preise" noch einmal speziell für die Wirtschafts- und Währungsunion zu „richtungweisenden Grundsätzen" erklärt worden, Art. 119 Abs. 3 AEUV. Trotz der damit klar zum Ausdruck gebrachten Bedeutung der Geldwertstabilität für das gesamte Handeln der Union kann aus diesen Vorschriften aber kein Vorrang des Ziels der Preisstabilität vor anderen Zielen der Union abgeleitet werden. Dieser *Vorrang* ist aber ausdrücklich nur für die *Währungspolitik* im weiteren Sinne, also unter Einschluss der Wechselkurspolitik, angeordnet, Art. 119 Abs. 2, 219 Abs. 1 UAbs. 2 AEUV. Für die Währungspolitik im engeren Sinne, also vor allem für die Geldpolitik, ist der Vorrang in Art. 127 Abs. 1 AEUV und für die Institution ESZB in Art. 282 Abs. 2 Satz 2 AEUV wiederholt. Diese Ausrichtung der Währungsunion auf *ein Ziel* unterscheidet sie grundlegend von früheren Währungsordnungen, aber vor allem auch vom Federal Reserve System der USA. Das wird von einem Großteil der aktuellen Diskussion nicht immer hinreichend beachtet. Die Währungsunion ist in diesem Sinne als Stabilitätsgemeinschaft konzipiert worden und muss das auf Dauer auch bleiben.[91]

b. Die Abtrennung der Währungspolitik von der Wirtschaftspolitik

Die strikte Trennung von Geld- und Wirtschaftspolitik ist unmissverständlich in der Systematik von Titel VIII im dritten Teil des AEUV, der die Wirtschafts- und Währungsunion regelt, zum Ausdruck gekommen:

Titel VIII: Die Wirtschafts- und Währungspolitik
  Kapitel 1: Die Wirtschaftspolitik
  Kapitel 2: Die Währungspolitik
  Kapitel 3: Institutionelle Bestimmungen
  [...]

Ebenfalls ist deutlich zum Ausdruck gekommen, dass das Primärrecht die Fiskal- und Haushaltspolitik als einen Teil der Wirtschaftspolitik betrachtet. Die Bestimmungen über Staatsfinanzen stehen in Kapitel 1 (Wirtschaftspolitik):

- Art. 123 AEUV: Verbot der Kreditgewährung an den öffentlichen Sektor durch die Notenbanken
- Art. 124 AEUV: Verbot des bevorrechtigten Zugangs von Einrichtungen des öffentlichen Sektors zu Finanzinstituten
- Art. 125 AEUV: Keine wechselseitige Haftung, Verbot der Haftungsübernahme
- Art. 126 AEUV: Haushaltsdisziplin, Vermeidung übermäßiger Defizite

Die beiden Politikbereiche weisen einen sehr unterschiedlichen Grad der „Vergemeinschaftung" auf.[92] Während die Währungspolitik vollständig von den Mitgliedstaaten auf die EU übertragen worden ist,[93] ist die Wirtschaftspolitik nach dem Prinzip der begrenzten Einzelermächtigung überwiegend in der Zuständigkeit der Mitgliedstaaten verblieben.[94] Für wirtschaftspolitische Spezial-

---

[91] BVerfGE 89, 155, 200, 204; BVerfGE 97, 350, 370; BVerfGE 129, 124, 181 f.; BGH, Urt. v. 12. September 2012, NJW 2012, 3145, 3149.

[92] *Nettesheim*, in: Oppermann/Classen/Nettesheim, Europarecht, 4. Aufl. 2009, § 19 Rdn. 17; *Thym* (Fn. 75), S. 167; *Rodi*, in: Vedder/Heintschel von Heinegg (Hrsg.), Art. 119 AEUV Rdn. 4; ähnlich *ders.*, in: BK, Art. 109 (2004) Rdn. 544 („Integrationstiefe"), 552 f.; *Kempen*, in: Streinz (Hrsg.), Art. 119 AEUV Rdn. 2, 8 („unterschiedliche Integrationstiefe", „Vergemeinschaftung"); terminologisch etwas anders *Häde*, in: Calliess/Ruffert (Hrsg.), Art. 119 Rdn. 15: „tiefgreifender Qualitätsunterschied".

[93] Ausschließliche Zuständigkeit der Union, Art. 3 Abs. 1 lit. c AEUV. Zu beachten ist aber, dass die „Währungsaußenpolitik" (Wechselkurspolitik) nur teilweise auf das ESZB übertragen worden ist, unten Rdn. 65, 71. Das verkennt *Thym* (Fn. 75), S. 167, der Währungspolitik mit den Zuständigkeiten und Aufgaben der EZB und des ESZB gleichsetzt.

[94] *Nettesheim*, in: Grabitz/Hilf/Nettesheim (Hrsg.), Das Recht der EU, 2010, Art. 5 AEUV Rdn. 1 ff.; *Palm*, Preisstabilität in der Europäischen Wirtschafts- und Währungsunion, 2000, S. 128; *Thym* (Fn. 75), S. 167.

gebiete sind zwar zahlreiche Zuständigkeiten der EU begründet worden, nicht aber für die Wirtschaftspolitik insgesamt. Die Regelungsbefugnis für die Wirtschaftspolitik, einschließlich der Haushaltspolitik ist bei den Mitgliedstaaten verblieben, allerdings mit der Pflicht zur Koordinierung, Art. 119 AEUV. Daraus wird geschlossen, dass die Kompetenzordnung der Wirtschafts- und Währungsunion durch eine „Asymmetrie" gekennzeichnet sei.[95]

c. Errichtung einer Notenbank mit umfassend garantierter Unabhängigkeit und Verpflichtung auf die vorrangige Sicherung der Preisstabilität

Die Unabhängigkeit aller Bestandteile des ESZB ist umfassend garantiert, Art. 130, 282 Abs. 3 Satz 2 AEUV, Art. 7, 11.2 UAbs. 2, 11.4, 14.2 Satzung ESZB/EZB. Sie umfasst die *sachliche Unabhängigkeit*, die im Kern Weisungsfreiheit bedeutet (Art. 130 AEUV) und den Schutz der persönlichen Stellung der Mitglieder der Beschlussorgane, *persönliche Unabhängigkeit*. Hinzu kommt die Selbständigkeit in wirtschaftlichen Angelegenheiten, *finanzielle Unabhängigkeit*. Diese Unabhängigkeit ist allerdings kein Selbstzweck, sondern dient der Sicherung der Erfüllung der durch die Verträge übertragenen Aufgaben.

d. Vorkehrungen zur Wahrung von Haushaltsdisziplin

Die Kernvorschrift zu Sicherung einer soliden Haushaltspolitik ist Art. 126 AEUV. In Verbindung mit dem Protokoll (Nr. 12) über das Verfahren bei einem übermäßigen Defizit,[96] das nach Art. 51 EUV Teil des Primärrechts der EU ist, enthält sie umfassende inhaltliche und verfahrensmäßige Vorgaben zur Sicherung einer soliden Haushaltspolitik. Allerdings sind nur verhältnismäßig schwache Sanktionsmechanismen vorgesehen und keine numerisch strikten Grenzwerte für die noch zulässigen Defizite. Entgegen einer verbreiteten öffentlichen Wahrnehmung sind in Art. 126 Abs. 2 AEUV und Art. 1 des Protokolls als Kompromiss lediglich „Referenzwerte" statuiert worden. Deutschland konnte sich mit weiter gehenden Forderungen nicht durchsetzen. Eingriffe in Haushaltsautonomie zur Wahrung der Haushaltsdisziplin waren nicht konsensfähig.

Dennoch gehen diese Regelungen weit über das hinaus, was selbst in echten Bundesstaaten der Zentralstaat seinen Gliedstaaten (states, Länder, Kantone) für ihre Haushaltswirtschaft vorschreibt und vorschreiben darf. Erst im Jahre 2009 sind erstmals – abgesehen von der reinen Konjunktursteuerung – durch den neuen Art. 109 Abs. 3 GG derartige Vorgaben für die Länder in Deutsch-

[95] *Hatje*, in: von Bogdandy/Bast (Hrsg.), Europäisches Verfassungsrecht, 2. Aufl. 2009, S. 801, 824 f, 841; *Snyder*, in: Craig/de Búrca (Hrsg.), The Evolution of EU Law, 1999, S. 417, 449 f., 457; *Issing*, Der Euro, 2008, S. 172; *Thym* (Fn. 75), S. 167; *Rodi* (Fn. 92), Art. 119 AEUV Rdn. 2, 4.

[96] ABl 2010/C 83/279.

land eingeführt worden.[97] Sie gelten allerdings unmittelbar und bedürfen nicht erst der Umsetzung durch das Landesrecht. Wenn ein Land bis zum Haushaltsjahr 2020 keine Regelung getroffen hat, gilt das Verbot der Kreditaufnahme aus Art. 109 Abs. 3 Satz 1 GG unmittelbar und unbedingt.[98]

Das Problem ist aber bei der Schaffung der Verträge eingehend diskutiert worden und es bestand Konsens, dass im Falle einer nicht tragfähigen Haushaltspolitik eines Mitgliedstaates, die Marktkräfte ungehindert wirken sollten. Sie würden eine heilsame Wirkung entfalten und eine unverantwortliche Haushaltspolitik den Sanktionen der Finanzmärkte unterwerfen. Deshalb sollte es auch keine Aussicht auf Unterstützung durch die EU oder die Mitgliedstaaten geben dürfen. Nur so könnten die Marktkräfte wirken.[99]

Dazu dienen vor allem auch das Verbot der monetären Staatsfinanzierung, Art. 123 AEUV, das Verbot eines bevorrechtigten Zugangs zu Kreditinstituten für Hoheitsträger, Art. 124 AEUV und der Ausschluss einer wechselseitigen Haftung und Eintritt für Verbindlichkeiten, Art. 125 AEUV. Diese Vorgaben für die Fiskalpolitik dienen letztlich auch der Sicherung der Stabilität der Währung.

---

[97] *Siekmann*, in: Sachs (Hrsg.), Grundgesetz, 6. Aufl. 2011, Art. 109 Rdn. 64.

[98] BT-Drucks. 16/12410, S. 6 (Gesetzentwurf); *Korioth*, Das neue Staatsschuldenrecht – zur zweiten Stufe der Föderalismusreform, JZ 2009, 729, 731; *ders.*, Die neuen Schuldenregeln für Bund und Länder und das Jahr 2020, Jahrbuch für öffentliche Finanzen 2009, 389, 396: „Das Verbot struktureller Neuverschuldung muss von den Ländern unmittelbar beachtet werden"; *Tappe*, Kreditbegrenzungsregeln im Bundesstaat – Spielräume und Bindungen nach der Föderalismusreform II, ebda., 417, 430 f.; im Ergebnis ebenso: *Gröpl*, Die „Schuldenbremse" in Hessen, Rheinland-Pfalz und im Saarland, LKRZ 2010, 401, 402, 404; *Berlit*, Schuldenbremse auch in die Sächsische Verfassung?, SächsVBl 2010, 53, 57; *ders.*, Die Umsetzung der Schuldenbremse in den Ländern – erste Ansätze und Probleme, Jahrbuch für öffentliche Finanzen 2010, S. 311, 321; *Christ*, Neue Schuldenregel für den Gesamtstaat: Instrument zur mittelfristigen Konsolidierung der Staatsfinanzen, NVwZ 2009, 1333, 1337; *Siekmann* (Fn. 97), Rdn. 79; *Heintzen*, in: von Münch/Kunig (Hrsg.), Grundgesetz, 6. Aufl. 2012, Art. 109 Rdn. 41: „Das Verbot struktureller Defizite gemäß Art. 109 Abs. 3 Satz 1 gilt unmittelbar für den Bund und die Länder"; *Kube*, in: Maunz/Dürig, Grundgesetz, Art. 109 (Loseblatt: 2011) Rdn. 154; *Heun*, in: Dreier (Hrsg.), Grundgesetz, 2. Aufl. Supplementum 2010, Art. 109 Rdn. 51; falsch daher: Sachverständigenrat (Fn. 2), S. 188, der unter Missachtung des gesamten verfassungsrechtlichen Schrifttums und des klaren Wortlauts von Art. 109 Abs. 3 GG die Wirksamkeit der Schuldenbremse davon abhängig machen will, dass die Länder eine eigene Schuldenbremse verabschieden (Text-Nr. 314).

[99] *Endler*, Europäische Zentralbank und Preisstabilität, 1997, S. 341 f.; *Gnan*, in: von der Groeben/Schwarze, Kommentar zum Vertrag über die Europäische Union und zur Gründung der Europäischen Gemeinschaft, 6. Aufl. 2003, Art. 103 EGV Rdn. 9–15; *Nettesheim* (Fn. 56), S. 47, 60.

2. Durchbrechungen?

a. Sonderrecht in der Krise

Gelegentlich ist versucht worden, einen Dispens von den zwingenden Vorschriften des Primärrechts für die gegenwärtige Notsituation zu konstruieren. Es wird darauf hingewiesen, dass die Normativität des Rechts ein Hindernis auf dem Weg zur Krisenbewältigung sein könne. Dabei wird bezweifelt, dass sich die Normativität des Rechts auch gegenüber politischem Pragmatismus und der Faktizität des Handelns der politischen Führung durchsetzen müsse.[100]

Die detaillierte positivrechtliche Ausgestaltung von Regeln zur Bewältigung von Krisensituationen in Art. 122 Abs. 2 und Art. 143 f. AEUV steht einer solchen Annahme entgegen. Die Festlegung von Voraussetzungen und Rechtsfolgen für die zu treffenden Maßnahmen wäre sinnlos, wenn sich die Exekutivorgane bei Eintritt der Situation, für welche die Vorschriften geschaffen worden sind, nach Belieben unter Berufung auf ein angebliches Notrecht davon dispensieren dürften.[101] Eine Absegnung von Rechtsverstößen nach dem Motto „Not kennt kein Gebot" wäre die Kapitulation der mühsam errungenen Bindung der Macht an das Recht. Über eine situationsangepasste Auslegung lässt sich reden. Es muss sich aber noch um Auslegung handeln.

b. Änderung der gesetzlichen Grundlagen durch übereinstimmende Praxis

Das andauernde Verhalten der Mitgliedstaaten, die den Euro eingeführt haben, kann schon deshalb nicht Vertragsrecht modifizieren, weil es sich nur um einen Teil der Mitgliedstaaten handelt.[102] Im Übrigen ist eine Änderung des Vertragsrechts der EU durch andauernde Übung nicht möglich, weil es ein ausgefeiltes Vertragsänderungsverfahren gibt (Art. 48 EUV) und Verstöße gegen das Vertragsrecht mit Sanktionen bedroht sind. Unionsgewohnheitsrecht, wenn es so etwas geben sollte, kann jedenfalls geschriebenes Recht nicht abändern, wenn man von kleineren Modifikationen absieht, die sich noch im Bereich einer sehr extensiven Auslegung bewegen.[103] Andernfalls ließe sich der Grundsatz der begrenzten Einzelermächtigung ohne mühsame Ratifikationsverfahren unterlaufen und die ausgefeilte Kompetenzabgrenzung zwischen Union und Mitgliedstaaten liefe weitgehend leer.[104]

Bisweilen wird die Handhabung der vertraglichen Rahmenbedingungen für die Währungsunion durch die (konsensuale) politische Praxis zum Anlass genommen, die „politische Qualität" der Rechtsbestimmungen zu betonen und

---

[100] Darstellung der Argumentationsmuster bei *Schorkopf* (Fn. 2), S. 186, 189.

[101] Im Ergebnis ebenso *Kube/Reimers* (Fn. 62), S. 1914.

[102] *Schröder*, Die Griechenlandhilfe im Falle ihrer Unionsrechtswidrigkeit, DÖV 2011, 61, 63.

[103] *Herdegen*, Europarecht, 11. Aufl. 2009, § 9 Rdn. 8; *Schröder* (Fn. 102), S. 64.

[104] *Schorkopf* (Fn. 2), S. 208 f.

damit eine „Verschiebung des rechtlichen Rahmens" zu rechtfertigen.[105] Zu Ende gedacht, werden auf diese Weise aber gefährliche Freiräume eröffnet, so sehr sie im Einzelfall sachlich begründet sein mögen. Es besteht die große Gefahr, dass die Bindungskraft des Rechts gegenüber der Macht grundsätzlich in Frage gestellt wird. Allenfalls in Bereichen, wo Ermessen eingeräumt ist oder Auslegungsspielräume bestehen, mag die Notsituation zu berücksichtigen sein. Eine rechtlich angreifbare Praxis wird nicht dadurch rechtmäßig, dass sie konsensual und andauernd erfolgt.

3. Verstöße der EU

a. EFSM

(1) Rechtfertigung durch Art. 122 Abs. 2 AEUV

Es ist zweifelhaft, ob die Voraussetzungen von Art. 122 Abs. 2 AEUV, auf die sich die Verordnung der EU zur Schaffung des EFSM stützt, erfüllt sind. Die Einführung der Vorschrift war umstritten,[106] da sie eine Durchbrechung des Grundprinzips darstellt, dass jeder Mitgliedstaat die Folgen seiner Haushaltspolitik selbst tragen muss.[107] Es solle das Prinzip der *finanzpolitischen Eigenverantwortlichkeit* gelten,[108] auch wenn es Kräfte gab, die sich die Möglichkeit von Transfers an die wirtschaftlich schwächeren Mitgliedstaaten bei Schwierigkeiten wünschten.[109] Stattdessen wurde schon im Zusammenhang mit den Verhandlungen, die zum Abschluss des Vertrags von Maastricht führten, eine deutliche Aufstockung von zweckgebundenen Mitteln für die schwächeren Mitgliedstaaten (Strukturfonds, Kohäsionsfonds) vereinbart. Das ist bei der Auslegung und Anwendung der Vorschrift hinreichend zu beachten.[110]

Die Mitgliedstaaten, die durch den EFSM der EU unterstützt werden, sind von gravierenden Schwierigkeiten betroffen oder von ihnen ernstlich bedroht.

---

[105] *Nettesheim* (Fn. 56), S. 59 f.

[106] *Smits*, European Central Bank, 1997, S. 135; *Kempen* (Fn. 92) Art. 122 Rdn. 7.

[107] Wirtschafts- und Sozialausschuß, Stellungnahme zu dem Bericht zur Wirtschafts- und Währungsunion in der Europäischen Gemeinschaft (Delors Bericht), abgedruckt in: Krägenau/Wetter, Europäische Wirtschafts- und Währungsunion, 1993, Text-Nr. 2.6 (S. 157, 161 f.); skeptisch im Hinblick auf die Funktionsfähigkeit der Märkte Committee for the study of economic and monetary union (Fn. 3), Text-Nr. 30 (S. 24), 33 (S. 27).

[108] Deutsche Bundesbank, Zur gemeinschaftlichen Haftung für Staatsschulden und zum Vorschlag eines Schuldentilgungsfonds, Monatsbericht Juni 2012, S. 8; *Hentschelmann*, Finanzhilfen im Lichte der No Bailout-Klausel – Eigenverantwortung und Solidarität in der Währungsunion, EuR 2011, 282, 284: „fiskalische Eigenverantwortlichkeit"; *Siekmann*, in: Siekmann (Hrsg.), Kommentar zur Europäischen Währungsunion, 2012, Einführung Rdn. 81.

[109] Vgl. *Pipkorn*, Legal arrangements in the Treaty of Maastricht for the effectiveness of the economic and monetary union, CMLR 1994, 274.

[110] *Häde* (Fn. 92), Art. 122 AEUV Rdn. 17: „eng auszulegen".

Allerdings ist es *keine Naturkatastrophe*, die dazu geführt hat. Sie können aber durch *außergewöhnliche Ereignisse*, die sich der Kontrolle des Mitgliedstaates entziehen, verursacht sein. Die Finanzmarktkrise kann als ein außergewöhnliches Ereignis angesehen werden, das sich auch der Kontrolle der Mitgliedstaaten entzieht.[111] Allerdings sind die (drohenden) Schwierigkeiten der betroffenen Mitgliedstaaten nicht nur Folge der Krise, sondern auch Folge ihrer übermäßigen Kreditaufnahme in den Jahren vor der Krise. Dieser Umstand entzog sich *nicht* ihrer Kontrolle. Allerdings wären sie mit einer gewissen Wahrscheinlichkeit ohne Eintritt der Krise nicht auf eine Unterstützung von außen angewiesen gewesen. Die Referenzwerte dieser Staaten zeigten schon Zeichen der Besserung.[112] Es kommt also darauf an, wie man die Kausalitätsfrage beurteilt.

Wenn man allerdings nicht auf die Umstände abstellt, die zur Notsituation geführt haben, sondern nur darauf, ob die eingetretene Situation noch beherrschbar ist oder nicht, kommt es auf die Kausalität nicht an.[113] Diese Auslegung ist aber kaum mit dem Wortlaut der Vorschrift zu vereinbaren, vor allem, wenn man auch die englische Fassung hinzuzieht, in der eindeutig auf die Kausalität abgestellt wird: „ a Member State" „in difficulties ... caused by natural disasters or exceptional occurences beyond its control". Danach kann es nicht darauf ankommen, ob der Mitgliedstaat, die eingetretenen Schwierigkeiten jetzt beherrschen kann oder nicht, sondern ob von ihm nicht beherrschbare Umstände zu den Schwierigkeiten geführt haben.

Es kommt also darauf an, ob die von dem betroffenen Mitgliedstaat beherrschbaren Umstände, wie die Höhe seiner Staatsschuld, die mitursächlich für die Schwierigkeiten sind, zu berücksichtigen sind. Wenn das zutrifft, können sie eine Anwendung der Vorschrift ausschließen. Das wird überwiegend angenommen und zumindest dann, wenn die beherrschbaren Umstände überwiegen, eine Anwendung der Vorschrift ausgeschlossen.[114] Dies sei bei Griechenland der Fall gewesen, da seine Staatsschuld, die weit jenseits der Referenzwerte von Art. 126 Abs. 2 AEUV lagen, die wesentliche Ursache für seine Schwierig-

---

[111] *Wieland*, Der Rettungsschirm für Irland, NVwZ 2011, 340, 341; *ders.*, Unter den Rettungsschirm – Der Euro, die PIIGS und das Recht, in: Festschrift für Rainer Wahl, 2011, S. 851, 854 f.; *Nettesheim* (Fn. 56), S. 70; Zweifel aber bei: *Seidel*, Europarechtsverstöße und Verfassungsbruch im Doppelpack, EuZW 2011, 241; *Thym* (Fn. 75), S. 169, der zudem die Befugnis zur Anleihefinanzierung durch die EU in Frage stellt.

[112] Nachweis oben Fn. 39.

[113] *Nettesheim* (Fn. 56), S. 70, der sich dagegen ausspricht, auf eine Verursachung des Ereignisses durch den bedürftigen Mitgliedstaat abzustellen. Maßgebend soll nur seine Stellung in der Krise sein; ähnlich *Häde*, Haushaltsdisziplin und Solidarität im Zeichen der Finanzkrise, EuZW 2009, 399, 403; eingehend zur Kausalitätsfrage *Knopp*, Griechenland-Nothilfe auf dem verfassungsrechtlichen Prüfstand, NJW 2010, 1777, 1780.

[114] *Seidel* (Fn. 111), S. 241; wohl *Frenz/Ehlenz*, Der Euro ist gefährdet: Hilfsmöglichkeiten bei drohendem Staatsbankrott?, EWS 2010, 65, 68: Voraussetzungen nur bei einer plötzlichen Krise erfüllt und wenn die Haushaltspolitik nicht erkennbar unsolide war.

keiten seien und nicht die Finanzmarktkrise.[115] Diese Auslegung kann jedoch dazu führen, dass eine Unterstützung von Irland oder Spanien, welche die Referenzwerte deutlich unterschritten hatten und nur in Schwierigkeiten gerieten, weil sie ihre Banken zu Lasten ihrer Staatshaushalte retten mussten oder noch retten müssen. Teilweise wird aber auch angenommen, dass es nicht erforderlich sei, dass die gravierenden Schwierigkeiten *allein* auf Grund der Finanzkrise eingetreten seien oder ernstlich drohten.[116] Im Ergebnis seien die Voraussetzungen von Art. 122 Abs. 2 Satz 1 AEUV für die Errichtung des EFSM wohl schon erfüllt gewesen.[117]

Wenn man die Voraussetzungen von Art. 122 Abs. 2 AEUV als erfüllt ansieht, hätte man diesen Weg aber auch weiter verfolgen sollen. Es hätte eine Alternative zu dem Neuland gegeben, das in den folgenden komplizierten Verhandlungen und mit zum Teil abenteuerlichen Hilfskonstruktionen betreten werden musste; bis hin zu einer Änderung des Primärrechts. Allerdings hätten die Mitgliedstaaten der EU die notwendigen finanziellen Ressourcen der Union zur Verfügung stellen müssen, soweit die eigenen Mittel der EU nicht ausgereicht hätten. Für eine solche Vorgehensweise hätte immerhin gesprochen, dass sich *alle* Mitgliedstaaten an den Lasten hätten beteiligen müssen und nicht nur die Mitgliedstaaten, die den Euro eingeführt haben. Trotz aller anders lautenden (offiziellen) Verlautbarungen handelte es sich nicht um eine Krise des Euro, sondern von Banken und überschuldeten Staaten.[118] Sie sind aber keine Probleme der Eurozone, sondern Probleme der Gesamtunion, wie auch die Unterstützung anderer Mitgliedstaaten durch die EU zeigt.[119]

Mit Wortlaut und ratio der Vorschrift ist es aber wohl noch eben vereinbar, Mitgliedstaaten zu unterstützen, die nur im Wesentlichen durch Umstände in Schwierigkeiten geraten sind, die sich ihrer Kontrolle entziehen. Das kann die

---

[115] *Seidel*, Der Euro – Schutzschild oder Falle? ZEI Working Paper B 01/2010, S. 8; *Ruffert*, FAZ vom 23. Januar 2010, S. 19; *Kube/Reimers* (Fn. 62), S. 1914; *Faßbender*, Der Europäische „Stabilisierungsmechanismus" im Lichte von Unionsrecht und deutschem Verfassungsrecht, NVwZ 2010, 799, 800; *Frenz/Ehlenz*, Schuldenkrise und Grenzen der europäischen Wirtschaftspolitik, EWS 2010, 211, 219; *Hentschelmann* (Fn. 108), S. 287, 300; *Rodi* (Fn. 92), Art. 122 AEUV Rdn. 14.

[116] *Wieland* (Fn. 111), S. 341; dagegen *Rodi* (Fn. 92), Art. 122 Rdn. 14: der für eine enge Auslegung von Art. 122 AEUV als Ausnahmevorschrift eintritt und darauf abstellt, dass Griechenland seine Haushaltsnotlage „wesentlich" durch seine gegen die Stabilitätsvorschriften der EU verstoßende Finanzpolitik selbst herbeigeführt habe.

[117] *Wieland* (Fn. 111), S. 341; vorsichtig dafür: *Häde*, Haushaltsdisziplin und Solidität im Zeichen der Finanzkrise, EuZW 2009, 399, 401 f.; *Nettesheim* (Fn. 56), S. 72; *Herrmann*, Griechische Tragödie – der währungsverfassungsrechtliche Rahmen für die Rettung, den Austritt oder den Ausschluss von überschuldeten Staaten aus der Eurozone, EuZW 2010, 413, 414: „vertretbar"; *Knopp* (Fn. 113), S. 1780: Beistandszahlungen als ultima ratio zulässig; dezidiert a. A. *Frenz/Ehlenz* (Fn. 115), S. 213.

[118] Oben A I.

[119] Siehe Fn. 133.

Finanzmarktkrise sein, wie bei Irland und Spanien, wenn man nicht das tatenlose Zusehen bei der Entstehung der Immobilienblasen, die zum Zusammenbruch von Banken führt, auch als von ihnen kontrollierbar ansieht. Jedenfalls haben sie sich an Art. 126 Abs. 1 AEUV gehalten, der dezidiert die Verschuldung des privaten Sektors nicht einbezieht. Griechenland ist ein Sonderfall. Bei diesem Mitgliedstaat ist es nur sehr schwer möglich, anzunehmen, dass seine Schwierigkeiten nicht auf Umständen beruhen, die sich seiner Kontrolle entzogen haben, auch wenn die Finanzmarktkrise letzter Auslöser war. Alleine die Intensität der Notlage, etwa ein drohender Staatsbankrott, erfüllt aber nicht die Voraussetzungen der Vorschrift.[120]

(2) Verstoß gegen Art. 123 AEUV

Die Darlehensvergabe verstößt nicht gegen Art. 123 AEUV, da sich die Vorschrift nur an die Zentralbanken des ESZB richtet. Eine mittelbare oder entsprechende Anwendung auf eine Darlehensvergabe durch die EU oder die Mitgliedstaaten ist nicht möglich,[121] da die Regelung nur eine „monetäre Staatsfinanzierung" unterbinden will.[122]

(3) Verstoß gegen Art. 125 Abs. 1 AEUV

Wenn die Voraussetzungen von Art. 122 Abs. 2 AEUV *nicht* erfüllt sind, könnte eine finanzielle Unterstützung durch das EFSM aber gegen Art. 125 Abs. 1 AEUV verstoßen. Auch wenn verbreitet von einer „no-bail-out"-Klausel gesprochen wird, ist ihr Wortlaut nicht so eindeutig und umfassend.[123] Unmissverständlich ausgeschlossen ist zunächst jegliche *Haftung* der Union und der Mitgliedstaaten für Verbindlichkeiten der Mitgliedstaaten einschließlich ihrer Untergliederungen und nachgeordneten Einrichtungen. Freiwillige, zeitlich begrenzte Unterstützungsleistungen werden jedoch von Teilen des Schrifttums für zulässig gehalten.[124] Die dafür gegebenen Begründungen sind vielfältig. Teilweise wird auf ein „europäisches Solidaritätsprinzip" rekurriert und in die Auslegung von Art. 125 Abs. 1 AEUV eingespeist.[125] Ganz überwiegend werden die Unterstützungsleistungen jedoch als *europarechtswidrig* beurteilt.[126]

---

[120] *Hentschelmann* (Fn. 108), S. 289; a.A. *Frenz/Ehlenz* (Fn. 114), S. 68.

[121] *Wieland* (Fn. 111), S. 341; *Nettesheim* (Fn. 56), S. 57; anders aber *Kube/Reimers* (Fn. 62), S. 1912.

[122] So jetzt auch der EuGH, Urteil vom 27.11.2012, BeckRS 2012, 82506.

[123] Zutreffend *Nettesheim* (Fn. 56), S. 58.

[124] *Bandilla*, in: Grabitz/Hilf/Nettesheim (Hrsg.), Das Recht der EU, Art. 125 AEUV (2011) Rdn. 10 ff.; *Wieland* (Fn. 111), S. 342; *Herrmann* (Fn. 117), S. 415; vorsichtig *Calliess*, Perspektiven des Euro zwischen Solidarität und Recht – Eine rechtliche Analyse der Griechenlandhilfe und des Rettungsschirms, ZEuS 2011, 213, 239 ff.; *ders.* (Fn. 149), S. 154 f.: in rechtlich vertretbarer Weise" unter Berufung auf die „Unionstreue", aber „rechtliche Grauzone" (S. 156); im Ergebnis auch *Nettesheim* (Fn. 56), S. 47, 66.

[125] *Calliess* (Fn. 124), S. 250 ff.; *ders.* (Fn. 41), S. 155 f.

[126] *Gnan* (Fn. 99), Art. 103 EGV Rdn. 23; *Faßbender* (Fn. 115), S. 800; *Horn*, Die Reform der Europäischen Währungsunion und die Zukunft des Euro, NJW 2011, 1398, 1400; *Hent-*

Auch Ausnahmen für Notsituationen kämen nicht in Betracht, weil dadurch die Regelung ihre Glaubwürdigkeit verlieren würde und letztlich auch die Stabilität des Euro gefährden würde.[127]

Eine Haftung des EFSM (und des EFSF) für Verbindlichkeiten der unterstützten Mitgliedstaaten wird tatsächlich nicht begründet. Allerdings schließt die Vorschrift nicht nur die Haftung aus, sondern verbietet explizit auch das „Eintreten" für derartige Verbindlichkeiten. Damit ist jede (rechtsgeschäftliche) Übernahme einer Haftung verboten. Eine sekundäre Haftung durch Übernahme von Bürgschaften, Gewährleistungen und Garantien ist von diesem Verbot erfasst.[128] Das zeigt vor allem auch die Ausnahmeklausel für die „gemeinsame Durchführung bestimmter Projekte", die „gegenseitige finanzielle Garantien" für diese Projekte erlaubt. Diese Befreiung wäre *überflüssig*, wenn der Verbotstatbestand finanzielle Garantien nicht erfassen würde.

Zahlungen aus den Haushalten der Union oder der Mitgliedstaaten wären danach aber zulässig. Ein solches Ergebnis könnte wohl noch von der ratio der Vorschrift gedeckt sein, da unmittelbar aus laufenden Etats zu begleichende Zahlungen der betragsmäßigen parlamentarischen Bewilligung bedürfen, das Risiko für die Geber genau begrenzt ist und die Widerstände bei den Geberländern hinreichend groß wären. Als Minus könnte die betragsmäßig genau begrenzte Kreditgewährung ebenfalls erlaubt sein.[129]

Nun verbietet das Primärrecht eine Haftungsübernahme („tritt nicht für derartige Verbindlichkeiten ein"). Eine Garantie oder Bürgschaft für Anleihen des EFSM oder des EFSF, wenn sie von diesen Einrichtungen begeben werden, begründet aber eine Haftung für Verbindlichkeiten der EU oder anderer Mitgliedstaaten. Auf die Zwischenschaltung eines „special purpose vehicles" in Luxemburg kann es dabei nicht ankommen. Die Verbindlichkeiten des EFSF sind für die Zwecke von Art. 125 Abs. 1 AEUV wie Verbindlichkeiten der Mitgliedstaaten zu behandeln. Andernfalls wäre die Umgehung des Verbots allzu

---

schelmann (Fn. 108), S. 291 ff.; *Frenz/Ehlenz* (Rn. 114), S. 67; *Kube/Reimers* (Fn. 62), S. 1912–1914; *Rodi* (Fn. 92), Art. 123 AEUV Rdn. 11; *Heß*, Finanzielle Unterstützung von EU-Mitgliedstaaten in der Finanz- und Wirtschaftskrise, ZJS 2010, 473; *Hafke*, Rechtsbruch oder kreative Interpretation? – Fragen zur „Nothilfe" für strauchelnde Euro-Staaten, Kreditwesen 9/2010, 393, 395; Wohl auch *Knopp* (Fn. 113), S. 1779; einschränkend *Häde* (Fn. 92), Art. 122 AEUV Rdn. 16: „wenn die Zahlungsunfähigkeit allein oder überwiegend wegen unsolider Haushaltspolitik" droht.

[127] *Faßbender* (Fn. 115), S. 800.

[128] *Kube/Reimers* (Fn. 62), S. 1913; insoweit zustimmend *Nettesheim* (Fn. 56), S. 58.

[129] Dafür: *Herrmann* (Fn. 117), S. 415, der die Gewährung eines Kredits schon „begrifflich" aus dem Tatbestand der Vorschrift aussondern will; *Nettesheim* (Fn. 56), S. 58 f.; a.A. *Gnan* (Fn. 99), Rdn. 23 („Die Gemeinschaft oder ein Mitgliedstaat ... dürfen schlichtweg nicht zur Hilfe kommen."). Die Feststellung in Rdn. 28, auf die sich verschiedene Autoren berufen, hat die – eng zu interpretierenden – Durchbrechung des allgemeinen Verbots durch Hilfen nach Art. 122 Abs. 2 AEUV zum Gegenstand, aber nicht die Reichweite des Verbotstatbestands.

einfach.[130] Nicht sicher ist jedoch, ob ein Mitgliedstaat einem anderen Mitgliedstaat eine finanzielle Unterstützung zum Ausgleich von Finanzierungslücken gewähren dürfte – gleich ob mittelbar oder unmittelbar.[131]

Für ein allgemeines primärrechtliches Verbot freiwilliger finanzieller Unterstützungsleistungen sprechen aber vor allem auch systematische Gründe und die Logik der Währungsunion:

- die schiere Existenz von Art. 122 Abs. 2 AEUV
- besondere Regelung für die Gewährung von Hilfen an Mitgliedstaaten mit Ausnahmeregelung in Art. 143 Abs. 1 AEUV
- die Überflüssigkeit eines bloßen Haftungsausschlusses
- die Entstehungsgeschichte

Bisweilen wird aus der Existenz von Art. 122 Abs. 2 AEUV abgeleitet, dass Nothilfen an einen Mitgliedstaat nicht gänzlich ausgeschlossen sein können.[132] Diese Aussage ist unzweifelhaft richtig, aber trivial, wenn damit gemeint ist, dass das Vertragsrecht Fälle kennt, in denen Unterstützung geleistet werden darf. Wenn sie aber bedeuten soll, dass deshalb auch außerhalb des Regelungsbereichs von Art. 122 Abs. 2 AEUV solche Leistungen zulässig sein müssten, ist die Aussage problematisch, da sie nichts darüber aussagt, was in den Fällen außerhalb ihres Regelungsbereichs gelten soll. Im Gegenteil liegt es angesichts ihrer Entstehungsgeschichte und ihrer Stellung sehr viel näher sie als *abschließende Ausnahmevorschrift* zu verstehen.

Allerdings könnte man Art. 122 Abs. 2 und Art. 143 Abs. 1 AEUV[133] auch als *bloße Ermächtigung* an die EU verstehen. Freiwillige Zahlungen der Mitgliedstaaten würden dann nicht zum Regelungsbereich der Vorschriften gehören. Sie wären als zulässig unterstellt. Das bei der Entstehung der Regelung als wichtig angesehene Wirken der Marktkräfte bei einer unverantwortlichen Haushaltspolitik, würde bei Leistungen ohne Rechtsanspruch zwar

---

[130] *Kube/Reimers* (Fn. 62), S. 1913; *Hentschelmann* (Fn. 108), S. 206; *Rodi* (Fn. 92), Art. 125 AEUV Rdn. 11; a.A. *Wieland* (Fn. 111), S. 342.

[131] Vgl. *Wieland* (Fn. 111), S. 342, der sie für zulässig hält.

[132] *Calliess* (Fn. 41), S. 154 f.

[133] Konkretisiert durch Verordnung (EG) Nr. 332/2002 des Rates vom 18. Februar 2002 zur Einführung einer Fazilität des mittelfristigen finanziellen Beistands zur Stützung der Zahlungsbilanzen der Mitgliedstaaten, ABl 2002/L 53/1; Erweiterung des Finanzrahmens in der Krise von 12 Mrd. Euro auf 50 Mrd. Euro durch Verordnung (EG) Nr. 413/2009 des Rates vom 18. Mai 2009 zur Änderung der Verordnung (EG) Nr. 332/2002 zur Einführung einer Fazilität des mittelfristigen Beistands zur Stützung der Zahlungsbilanzen der Mitgliedstaaten, ABl 2009/L 128/1. Auf dieser Grundlage wurden Hilfen gewährt an Ungarn (2008), Lettland (2009) und Rumänien (2011); Feststellung einer Bedrohung der ungarischen Zahlungsbilanz durch den Rat am 4. November 2008, ABl 2009/L 37/7; Gewährung eines Darlehens, ABl 2009/L 37/9.

geschwächt, aber nicht völlig ausgeschlossen werden, da sich Investoren nicht auf eine Hilfe verlassen könnten.[134]

Die Regelung würde dann jedoch einen großen Teil der intendierten Wirkung verlieren, da die Marktteilnehmer eine solche Deutung antizipieren und davon ausgehen würden, dass es zu einer mehr oder weniger freiwilligen Unterstützung kommen werde („ex-ante Wirkung"). Außerdem kann in einem bündischen System, das auf gegenseitige Kooperation angelegt ist, der politische Druck, sich „solidarisch" zu verhalten, so groß werden, dass ihm nicht standgehalten werden kann. Beide Effekte sind jetzt auf europäischer Ebene zu beobachten, sind aber auch im Finanzausgleichssystem der Bundesrepublik Deutschland seit langem gegenwärtig. Es hat im Ergebnis eher zu einer Verschleppung notwendiger Strukturreformen geführt. Ihr kann nur mit einem strikten gesetzlichen Verbot begegnet werden. Dabei darf es nicht darauf ankommen, ob „die Akteure auf den Finanzmärkten die Möglichkeiten gegenseitiger Unterstützungs- und Hilfsaktionen nie vollständig ausgeschlossen haben".[135] Zunächst ist nach der Relevanz des Verhaltens von Akteuren auf den Finanzmärkten für die Geltung von Rechtsnormen zu fragen. Aber selbst wenn man auf die hoheitlichen Schuldner abstellt, können sie kein Recht außerhalb des dafür vorgesehenen Verfahrens ändern. Es steht schlicht nicht zu ihrer Disposition. Wenn man aber auf ein stilles Einvernehmen von Schuldnern und Gläubigern abstellen würde – das noch zu beweisen wäre – um einen Dispens von geltendem Recht zu begründen, wäre das eine Prämierung des Rechtsbruchs, wenn er nur nachhaltig genug betrieben wird.

Obwohl es keinen Rechtsanspruch auf Unterstützung gibt und eine Haftung ausgeschlossen ist, haben sich die Investoren so verhalten, als gäbe es sie, ohne sich für die juristischen Feinheiten zu interessieren. Sie können deshalb nun hohe Gewinne auf Kosten leistungsfähiger Mitgliedstaaten realisieren. Genau das sollte aber durch die Schaffung von Art. 125 Abs. 1 AEUV, die keine Parallele im deutschen oder amerikanischen Recht hat, verhindert werden. Sie würde weitgehend ihren Zweck verfehlen, wenn man jeden freiwillig gewährten Beistand vom Geltungsbereich der Vorschrift ausnähme.[136] Das Fehlen einer Regelung für den „Staatsbankrott"[137] ist kein Argument, da ein Staat entweder zah-

---

[134] *Wieland* (Fn. 111), S. 342.

[135] So aber *Nettesheim* (Fn. 56), S. 61.

[136] *Hentschelmann* (Fn. 108), S. 291 ff.; *Rodi* (Fn. 92), Art. 125 AEUV Rdn. 10: „widerspricht der Gesamtarchitektur des in Art. 123 ff. AEUV angelegten marktgestützten Stabilisierungsmechanismus; a.A. *Wieland* (Fn. 111), S. 342.

[137] Gerne von Ökonomen als Argument verwendet (*Fuest*, Stabile fiskalpolitische Institutionen für die Europäische Währungsunion, Wirtschaftsdienst, X/1993, S. 539 (544 f.); Konrad, Schuldenkrise in der Europäischen Union, Wirtschaftsdienst 2010/3), obwohl der Umgang mit Zahlungsausfällen von Hoheitsträgern in der internationalen oder nationalen Praxis (USA) etwas anderes lehrt.

lungsfähig (und -willig) ist oder nicht. Auf die Existenz eines Insolvenzverfahrens für Staaten kommt es nicht an.

Vor allem wäre Art. 125 Abs. 1 AEUV überflüssig, wenn er auf den Ausschluss einer Haftung beschränkt würde, da es auch ohne diese Regelung keine Haftung der Union oder der Mitgliedstaaten gäbe. Die schrittweise Entstehung und Formung der Vorschrift zeigen, dass immer mehr auch die Gewährung von Hilfen und nicht nur die bloße Haftung zu ihrem Gegenstand wurde. Schließlich ist eine Deutung als bloße *Klarstellung*[138] ausgeschlossen, da es nichts klarzustellen gibt. Selbst in Bundesstaaten besteht keine derartige Haftung; auch nicht in Deutschland, wo das Bundesverfassungsgericht grundsätzlich einen Anspruch auf Unterstützungsleistungen in extremer Haushaltsnotlage bejaht hatte.[139] Von einer Haftung war dort aber nie die Rede. Es gab keinen Grund für eine Klarstellung. Die allmähliche Entstehung eines immer schärferen Verbotstatbestandes in den verschiedenen Entwürfen[140] ist ebenfalls mit einer Deutung als bloße Klarstellung unvereinbar. Eine solche Deutung würde auch in Widerspruch zu der differenzierten Ausgestaltung des Tatbestandes („haftet nicht", „tritt nicht ... ein") stehen. Vollends sinnlos wäre auch die Ausnahmeklausel für gemeinsame Projekte. Auch spricht die zunehmende Einschränkung des Regelungsbereichs der Vorgängervorschriften von Art. 143 AEUV mit fortschreitender Verwirklichung der Währungsunion dafür, dass bewusst der Bereich erlaubter freiwilliger Hilfen auf Art. 122 Abs. 2 und Art. 143 AEUV eingeschränkt werden sollte.

Wenn man allerdings an der grundsätzlichen Fähigkeit der Kapitalmärkte zweifelt, Risiken von Staatsschulden einigermaßen realistisch einzuschätzen, oder von der grundsätzlichen Irrationalität der Finanzmärkte ausgeht, für die einiges spricht, kann tatsächlich der Sinn von Art. 125 Abs. 1 AEUV bezweifelt werden.[141] Nur fragt sich dann, ob das seine Missachtung rechtfertigen kann. Immerhin liegt ihm ein Gesamtkonzept zugrunde, aus dem nicht nur nach dem Geschmack der Normadressaten ein Teil herausgebrochen werden dürfte. Auch müssten fast alle finanzrechtlichen Regelungswerke einschließlich Solvabilitätsverordnung und Versicherungsaufsichtsgesetz grundlegend umgeschrieben werden. Ratingagenturen müsste die Bewertung von Hoheitsträgern und ihren Anleihen verboten werden, weil sie gezielt die Öffentlichkeit täuschten.

Immerhin dürfte das Primärrecht aber nicht so gedeutet werden, dass es zu einer Zerstörung der EU, also auch sich selbst zwingt. Das bedeutet aber, dass eine finanzielle Unterstützung nur in der Form zulässig ist, dass sie unmittelbar zur Aufrechterhaltung der existenznotwendigen staatlichen Grundfunktion ei-

---

[138] Dafür aber *Herrmann* (Fn. 117), S. 415.

[139] BVerfGE 86, 148, 258, 263 – Saarland, Bremen; aber deutlich eingeschränkt und im Ergebnis verweigert in BVerfGE 116, 327, 382, 394 – Berlin.

[140] Näher *Gnan* (Fn. 99), Rdn. 9–15.

[141] So aber *Nettesheim* (Fn. 56), S. 63 f.

nes Mitgliedstaates erfolgt. Sie darf nicht zum Ausgleich von allgemeinen Haushaltsdefiziten geleistet werden. Zunächst muss der betroffene Mitgliedstaat sich selbst helfen und seiner Bevölkerung Opfer auferlegen und notfalls erhebliche Vermögenswerte aus dem privaten Sektor in den öffentlichen Sektor überführen. Auch kommt in Betracht, dass die Mitarbeiter des öffentlichen Dienstes in (unbezahlten) Urlaub geschickt werden oder teilweise Schuldscheine ihres Dienstherren als Bezahlung erhalten, also ihm einen Kredit einräumen müssen. Das ist schon mehrfach innerhalb einer anderen Währungsunion, den USA, geschehen. Die finanzielle Unterstützung darf *keinesfalls* die Funktion eines *Gläubigerschutzprogramms* haben. Die Gläubiger müssen ebenfalls Opfer bringen, damit sie künftig risikoadäquate Zinsen verlangen und so einer übermäßigen Kreditaufnahme natürliche Grenzen setzen. Bis dahin ist von der Unzulässigkeit auch freiwilliger Unterstützungsleistungen nach gegenwärtiger Rechtslage auszugehen, wenn sie über vorübergehende Liquiditätshilfen hinausgehen.

Es ist ein – nicht zuletzt von Seiten der Gläubiger – gern gepflegtes, aber empirisch in keiner Weise abgesichertes Schreckensszenario, die teilweise Nichtbegleichung von fälligen Schulden (ungenau: „Staatsbankrott“) mit der Herbeiführung des Zerfalls der Währungsunion gleichzusetzen.[142] Die Finanzgeschichte der USA beweist das Gegenteil.

(4) Kreditfinanzierung des EFSM

Darüber hinaus wird bezweifelt, dass die EU ihre Unterstützung durch die Aufnahme von Krediten finanzieren darf,[143] wie dies in Art. 2 Abs. 1 UAbs. 2 der Verordnung[144] vorgesehen ist. Art. 122 Abs. 2 AEUV bietet dafür jedenfalls keine hinreichende Grundlage und eine allgemeine Kreditaufnahmekompetenz ist der EU nicht eingeräumt worden.[145] Die Verschuldungsbefugnis der EU ist im Wesentlichen auf die Europäische Investitionsbank und Strukturmaßnahmen beschränkt. Allerdings hat die Kommission, gestützt auf Art. 308 EGV (jetzt Art. 352 AEUV) auch Anleihen zur Unterstützung wirtschaftlicher Reformen in Osteuropa aufgenommen.[146] Ungeachtet der rechtlichen Fragwürdigkeit dieses Vorgehens,[147] ist nach dem Vertrag von Lissabon für Maßnahmen, die auf Art. 352 AEUV gestützt werden, die Zustimmung des Parlaments erforderlich. Sie hat beim Erlass der Verordnung zur Schaffung des EFSM nicht vorgelegen.

---

142 So auch *Nettesheim* (Fn. 56), S. 73.

143 *Seidel* (Fn. 111), S. 241.

144 ABl. 2010/L 118/1.

145 Sowohl für allgemeine Haushaltszwecke als auch für eine zweckgebundene Verschuldung: *Gesmann-Nuissl*, Die Verschuldungsbefugnis der EU, 1999, S. 94, 124, 231, 273.

146 *Nettesheim* (Fn. 92), § 9 Rdn. 57, 59.

147 Ablehnung unter Geltung der Vorläuferversion *Gesmann-Nuissl* (Fn. 145), S. 124, 273.

b. Einfügung von Art. 136 Abs. 3 AEUV

Der neue Absatz 3 von Art. 136 AEUV sieht vor, dass die Mitgliedstaaten, deren Währung der Euro ist, einen Stabilitätsmechanismus einrichten dürfen, wenn dies unabdingbar ist, um die Stabilität des Euro-Währungsgebiets insgesamt zu wahren.[148]

Die Vorschrift kann als bloße Klarstellung interpretiert werden, wenn man davon ausgeht, dass es den Mitgliedstaaten nicht verboten ist, freiwillige Unterstützungen zu leisten. Es handelt sich aber um eine konstitutive Regelung, wenn dem Primärrecht ein derartiges Verbot zu entnehmen ist; wie hier vertreten wird. In jedem Fall sprechen aber die enge tatbestandliche Abgrenzung und die Anordnung in Satz 2, dass die Gewährung der Finanzhilfen unter strengen Auflagen zu erfolgen hat, für eine *konstitutive Regelung*.[149] Wenn die Mitgliedstaaten frei wären, finanziellen Beistand zu leisten, wäre auch die strikte Ausrichtung an der Stabilität des Währungsgebiets „insgesamt" nicht verständlich. Die Vorschrift bildet jedenfalls keine Rechtsgrundlage für die Schaffung des ESM, sondern dispensiert – teilweise und eingeschränkt – von dem Verbot einer solchen Unterstützung.[150]

Die Vorschrift ist im vereinfachten Änderungsverfahren nach Art. 48 Abs. 6 EUV erlassen worden. Allerdings bedarf sie zu ihrem Inkrafttreten der *Zustimmung aller Mitgliedstaaten* der EU – nicht nur der Mitgliedstaaten, deren Währung der Euro ist, auch wenn letztlich nur ein Weg für diese Staaten zur Leistung von finanziellen Hilfen geöffnet wird. Das ergibt sich aus dem unmissverständlichen Wortlaut von Art. 48 Abs. 6 und Abs. 2 Satz 3 EUV („... tritt erst nach Zustimmung der Mitgliedstaaten ... in Kraft"). Ausfertigung und Verkündung des deutschen Zustimmungsgesetzes sind aber auf Wunsch des Bundesverfassungsgerichts angehalten, sodass die Änderung noch nicht in Kraft getreten ist.

Änderungen im vereinfachten Änderungsverfahren dürfen nicht zu einer Ausdehnung der Zuständigkeiten der Union führen. Deshalb konnte auf diese

---

[148] Beschluss des Europäischen Rates vom 25. März 2011 zur Änderung des Artikels 136 des Vertrags über die Arbeitsweise der Europäischen Union hinsichtlich eines Stabilisierungsmechanismus für die Mitgliedstaaten, deren Währung der Euro ist (2011/199/EU), ABl 2011/L 91/1.

[149] Eindeutig für eine konstitutive Wirkung der Vorschrift jetzt auch das Bundesverfassungsgericht, Urteil vom 12. September 2012, NJW 2012, 3145, 3150; anders jetzt EuGH, Urteil vom 27. November 2012, Az. C-370/12, BeckRS 82506, Text-Nr. 184, aber fast ohne jede Begründung. Die dort in Bezug genommenen Stellen setzen das voraus, was zu begründen war.

[150] Das verkennt *Calliess* (Fn. 41), S. 156, wenn er Art. 136 Abs. 3 AEUV als „Rechtsgrundlage" für den ESM bezeichnet. Zudem brauchen die Mitgliedstaaten keine Rechtsgrundlage im Primärrecht der EU zu schaffen. Ihre Vertragsschließungsfreiheit folgt aus dem Völkerrecht. Es müssen nur entgegenstehende Verbote des Primärrechts beseitigt werden. *Calliess* betont aber, dass das Bail-Out-Verbot des Art. 125 Abs. 1 Regelfall bleiben müsse und die Hilfen im Rahmen von Art. 136 Abs. 3 AEUV die Ausnahme bleiben müssten (S. 157).

Weise auch nicht der Weg für finanzielle Hilfen der EU geöffnet werden. Genau genommen werden die Zuständigkeiten der Union durch die Regelung nicht angetastet, da sie sich nur an die Mitgliedstaaten richtet. Auch Art. 125 Abs. 1 AEUV ist nur insoweit berührt, als er sich an die Mitgliedstaaten wendet. Wenn überhaupt, werden deren Befugnisse erweitert, nicht aber die von Organen der EU.[151]

Die Regelung stellt wohl keinen unzulässigen Schritt in Richtung einer „Fiskalunion" oder einer „Transferunion" dar. Die Begriffe sind politische Kampfbegriffe, bilden aber keine juristischen Kategorien. Sie sind sowohl dem Europarecht als auch dem deutschen Verfassungsrecht fremd und sollten wegen seiner Unbestimmtheit vermieden werden. Wenn damit eine der Ausprägungen des deutschen bundesstaatlichen Finanzausgleichs gemeint sein sollte, wie Sonderergänzungszuweisungen des Bundes nach Art. 107 Abs. 2 GG, ist zu beachten, dass es sich um eine (fragwürdige) Besonderheit der deutschen Finanzverfassung handelt, die anderen bündischen Systemen fremd ist.[152] Jedenfalls wäre seine Einführung auf europäischer Ebene europarechtlich möglich, könnte aber mit deutschem Verfassungsrecht unvereinbar sein. Ob die Einführung eines sekundären Finanzausgleichs auf europäischer Ebene zweckmäßig wäre, dürfte angesichts der Konsistenz der Architektur der Wirtschafts- und Währungsunion und der (schlechten) deutschen Erfahrungen, die zu zahlreichen großen Verfahren vor dem Bundesverfassungsgericht geführt haben,[153] zu bezweifeln sein.

Einen Verstoß gegen den AEUV stellt Abs. 3 von Art. 136 AEUV wohl nicht dar; auch nicht gegen Art. 125 Abs. 1 AEUV, da dieser abgeändert werden darf. Das ist die Funktion von Art. 48 EUV. Eine Klausel, die mit Art. 79 Abs. 3 GG vergleichbar wäre, gibt es im EU-Recht nicht.[154] Ob die Zustimmung seiner Einführung aber mit deutschem Verfassungsrecht zu vereinbaren ist, steht auf

---

[151] Vgl. dazu *Häde*, Art. 136 AEUV – eine neue Generalklausel für die Wirtschafts- und Währungsunion? JZ 2011, 333. Mittlerweile ist der Erlass der einstweiligen Anordnung allerdings unter der Auflage abgelehnt worden, dass sicherzustellen ist, dass keine Vorschrift des ESM-Vertrages so ausgelegt werden kann, dass für die Bundesrepublik Deutschland ohne Zustimmung des deutschen Vertreters höhere Zahlungsverpflichtungen als in Anhang II des Vertrages festgelegt, entstehen (190 Mrd. Euro). Auch dürfen die im Vertrag vorgesehenen Schweigepflichten nicht gegen eine umfassende Unterrichtung des Deutschen Bundestags oder Bundesrats verwendet werden, Urteil vom 12. September 2012, NJW 2012, 3145, 3146. Auch der EuGH hat die Einführung des neuen Absatz 3 von Art. 136 AEUV im vereinfachten Verfahren gebilligt, Urteil vom 27. November 2012 – C-370/12, BeckRS 2012, 82506, Text-Nr. 45–70: keine ausschließlichen Zuständigkeiten der Union berührt, Text-Nr. 71–76: keine Erweiterung der Zuständigkeit der Union.

[152] Vgl. für die USA und die Schweiz *Calliess* (Fn. 41), S. 157 m.w.N.

[153] BVerfGE 1, 117 (Länderfinanzausgleich I); BVerfGE 72, 330 (Länderfinanzausgleich II); BVerfGE 86, 148 (Länderfinanzausgleich III); BVerfGE 101, 158 (Länderfinanzausgleich IV); BVerfGE 116, 327 (Länderfinanzausgleich V – extreme Haushaltsnotlage Berlin).

[154] Im Ergebnis wohl anders, aber mit unklarer Begründung *Sester* (Fn. 86), S. 86.

einem anderen Blatt. Im Ergebnis führen die Öffnung des Primärrechts für die Schaffung eines dauerhaften Stabilisierungsmechanismus und die gleichzeitige Errichtung des ESM zu einem strukturellen Umbau der Wirtschafts- und Währungsunion. Zumindest wird die Geltung des Prinzips der fiskalischen Eigenverantwortlichkeit deutlich relativiert.[155]

c. Mitwirkung von Organen der EU im ESM

Bedenken könnten an der geplanten Mitwirkung von Organen der EU im Rahmen des geplanten ESM bestehen. Insoweit wäre ein Verstoß gegen das Primärrecht denkbar, da Vertragsrecht außerhalb der EU-Verträge das Primärrecht zu beachten hat, solange es gültig ist. Wenn die für eine Änderung des Primärrechts nach Art. 48 EUV erforderliche Zustimmung aller Mitgliedstaaten nicht zu erzielen ist, darf dieses Erfordernis durch Abschluss separater Teilverträge der änderungswilligen Mitgliedstaaten unterlaufen werden.

Das Primärrecht verbietet aber nicht die Übertragung von neuen Aufgaben auf Organe und Einrichtungen der EU, wenn dadurch ihre Funktionsfähigkeit nicht beeinträchtigt wird.

d. Zwischenergebnisse

Es bestehen erhebliche Bedenken, ob die Unterstützung Griechenlands durch die EU (EFSM) auf Art. 122 Abs. 2 AEUV gestützt werden durfte. Für Staaten, die solide Haushalte vor der Krise hatten, dürfte das nicht gelten.

4. Verstöße der Mitgliedstaaten

a. Bilaterale Griechenlandhilfe

Für die bilaterale Griechenlandhilfe bietet Art. 122 Abs. 2 AEUV keine geeignete Rechtsgrundlage, da sie durch die Mitgliedstaaten erfolgt ist und nicht durch die EU.[156] Es ist zweifelhaft, ob die gewährten Kredite und Kreditgarantien eine Haftung oder Haftungsübernahme im Sinne von Art. 125 Abs. 1 AEUV darstellen. Bei enger Orientierung am Wortlaut dürfte das zu verneinen sein. Dann kommt es darauf an, ob das Primärrecht freiwillige Unterstützungsleistungen verbietet. Wie bereits dargestellt, existieren gute Gründe, das grundsätzlich zu bezweifeln. Im Ergebnis ist auch die Vereinbarkeit der bilateralen Griechenlandhilfe mit dem Europarecht nach der gegenwärtigen Rechtslage zweifelhaft.[157]

---

[155] *Nettesheim* (Fn. 56), S. 45.

[156] *Häde* (Fn. 92), Art. 122 AEUV Rdn. 10; *Schröder* (Fn. 102), S. 62; *Faßbender* (Fn. 115), S. 801; andeutungsweise *Hattenberger*, in: Schwarze (Hrsg.), EU-Kommentar, 2. Aufl. 2009, Art. 100 EGV Rdn. 7.

[157] Oben II 3 a.

b. European Financial Stability Facility (EFSF)

Wenn man die Rahmenvereinbarung über die EFSF als völkerrechtlichen Vertrag einstuft, stellt sich die Frage, ob die Mitgliedstaaten insoweit noch das Recht zum Abschluss von Verträgen haben. Durch den Beitritt zur EU verliert ein Staat nicht das Recht zum Vertragsschluss. Das gilt wohl auch für solche Verträge, deren Gegenstand im Primärrecht der EU geregelt ist, solange der EU nicht eine ausschließliche Kompetenz eingeräumt ist. Die finanzielle Unterstützung eines Staates oder einer Bank gehört aber zur Wirtschaftspolitik, für die keine ausschließliche Kompetenz der Union – im Gegensatz zur Währungspolitik – begründet worden ist, Art. 3 EUV, Art. 119 AEUV.[158] Derartige vertragliche Regelungen dürfen aber nicht gegen zwingendes EU-Recht verstoßen.[159]

Ein solcher Verstoß dürfte aus denselben Gründen gegeben sein, wie bei der Schaffung des EFSM durch die EU. Für die Unvereinbarkeit mit Art. 125 Abs. 1 AEUV spielt es jedenfalls keine entscheidende Rolle, dass die EFSF ein Privatrechtssubjekt ist und ihre Anleihen – nicht die der unterstützten Mitgliedstaaten – von den solventen Mitgliedstaaten garantiert werden.[160] Letztlich handelt es sich um eine Einrichtung der Mitgliedstaaten, die im Zusammenhang mit Art. 125 AEUV wie eine Gruppe von Mitgliedstaaten zu behandeln ist.

Es wird erwogen, der EFSF doch den Status eines Kreditinstituts zu verleihen,[161] ungenau als Erteilung einer „Banklizenz" diskutiert, um damit den Zugang zur verbotenen Kreditfinanzierung von Mitgliedstaaten durch die EZB zu ermöglichen. Allerdings geht diese Diskussion an dem eigentlichen Problem vorbei. Es spricht sogar einiges dafür, dass die EFSF eine Erlaubnis oder Genehmigung zum Betreiben von Bankgeschäften nach dem Recht des Großherzogtums Luxemburg benötigt.[162] Darauf kommt es aber nicht an, wenn es um den Zugang zum Notenbankkredit geht: (1) Die EZB darf nicht nur mit Banken Kreditgeschäfte abschließen, sondern auch mit „anderen Marktteilnehmern", Art. 18.1, 2. Spiegelstrich der Satzung des ESZB und der EZB. (2) In jedem Fall würde es sich um eine Durchbrechung des Verbots der Staatsfinanzierung durch die Notenbank, Art. 123 AEUV, handeln. Entscheidend ist, dass die Zentralbanken des Eurosystems keine monetäre Staatsfinanzierung betreiben dürfen,[163] unabhängig davon, in welche Verkleidung sie gehüllt ist.

---

158 *Nettesheim*, in: Grabitz/Hilf/Nettesheim (Hrsg.), Das Recht der EU, 2010, Art. 5 AEUV Rdn. 1 ff.

159 EuGH, Urteil vom 27. Juli 1998, Az. 235/87 (Matteuici), Slg. 1988, 5589 Rdn. 13 ff.; *Schröder* (Fn. 102), S. 64, der aber nicht vertretbar annimmt, dass die Mitgliedstaaten außerhalb des Vertragsänderungsverfahrens wieder Kompetenzen an sich ziehen könnten; *Thym* (Fn 75), S. 167; *Nettesheim* (Fn. 56), S. 56.

160 Oben II 3 a.

161 Oben I 2 b; für den ESM I 2 d.

162 *Schröder* (Fn. 102), S. 65.

163 Unten II 5 a und b.

Sie wäre zudem auch aus ökonomischen Gründen hochriskant. Im Grunde würde eine ähnliche Konstruktion gewählt wie zur Finanzierung von Arbeitsbeschaffungsmaßnahmen über die ÖFFAG im Jahre 1932 oder der Aufrüstung des Deutschen Reichs vor dem 2. Weltkrieg mit den Wechseln, die von den Lieferanten auf die Metallurgische Forschungsgesellschaft m.b.H. gezogen, von ihr akzeptiert und vom Reich garantiert waren. Diese „MeFo-Wechsel" hätten nach dem geltenden Notenbankrecht jederzeit bei der Reichsbank diskontiert werden können. Deshalb wurden sie wie Zentralbankgeld behandelt. Sie wirkten wie ein Kredit der Zentralbank an die Wirtschaft, ohne dass sie in der Geldstatistik auftauchten. Die wahren volkswirtschaftlichen Belastungen konnten so bis nach Kriegsende verschleiert werden. Die sich daraus zwangsläufig ergebende inflationäre Aufblähung der Geldmenge konnte zurück gestaut werden. Erst nach dem Ende des Krieges waren eine Währungsreform, aber vor allem eine fast vollständige *Streichung sämtlicher Staatsschulden* nicht mehr zu vermeiden.

Im Übrigen stellen sich dieselben Fragen, wie bei der bilateralen Griechenlandhilfe. Die Rahmenvereinbarung und die Tätigkeit der ESFS sind nicht mit dem AEUV zu vereinbaren, wenn ihm ein grundsätzliches Verbot auch freiwilliger Unterstützungsleistungen zu entnehmen ist.

c. European Stability Mechanism (ESM)

Der neue Art. 136 Abs. 3 AEUV enthält für den Unterstützungsmechanismus der Mitgliedstaaten, wie er im ESM-Vertrag und im Entwurf des deutschen Zustimmungsgesetzes vorgesehen ist, eine Freistellung von einem grundsätzlichen Verbot freiwilliger Unterstützungsleistungen. Die in der Bestimmung genannten Voraussetzungen sind eingehalten.

Einen Verstoß gegen den „Geist der Verträge" wird man im ESM nicht sehen können. Es ist schon zweifelhaft was dieser Geist sein soll und welchen Inhalt er hat. Jedenfalls ändert Art. 136 Abs. 3 AEUV die Verträge und kann nicht gegen sie oder ihren „Geist" verstoßen. Das wirkliche Problem ist seine Vereinbarkeit mit dem Grundgesetz, die aber an dieser Stelle nicht zu untersuchen ist.[164]

d. Fiskalpakt

Ob der von den Mitgliedstaaten in enger sachlicher Verbindung mit der Errichtung des (permanenten) Europäischen Stabililtätsmechanismus (ESM) abgeschlossene Fiskalpakt[165] gegen den AEUV verstößt, ist eher zweifelhaft. Er verfolgt ähnliche Ziele wie Art. 119, 121 und 126 AEUV. Die dort getroffenen Regelungen sind nur deshalb wenig stringent, weil eine Einigung auf strengere Sanktionsmechanismen nicht erzielt werden konnte. Es war die Übertragung von Hoheitsrechten, auch im Hinblick auf das Budgetrecht des Parlaments, zu der nicht alle Parteien der Verträge von Maastricht bereit waren.

---

[164] Im Ergebnis ähnlich *Thym* (Fn. 75), S. 170.

[165] Oben I 2 d.

Die haushaltspolitischen Befugnisse sind bei den Mitgliedstaaten verblieben. Das Primärrecht gibt nur Mindeststandards vor und enthält einige, aber nicht sehr strikte Mechanismen zu ihrer Durchsetzung vor. Die getroffenen Regelungen sind aber nicht abschließend. Eine konsensuale Verschärfung der Regeln, die für fiskalische Solidität sorgen sollen, wäre damit grundsätzlich zu vereinbaren.

Vor allem bestand schon damals Deutschland auf einer Verstärkung der Regeln des Primärrechts, die schließlich zum Stablitäts- und Wachstumspakt auf *sekundärrechtlicher Ebene* führte.[166] Die Rechtsakte, aus denen er besteht, stehen in Einklang mit dem Primärrecht. Nach der Aufweichung der sekundärrechtlichen Regeln im Jahre 2005 auf Wunsch Deutschlands und unter Zustimmung Frankreichs[167] wurden ihre Anforderungen in der Folge der Krise wieder verschärft und um Vorgaben für eine makro-ökonomische Steuerung ergänzt.[168]

Ähnlich wie bei der Griechenlandhilfe und dem Rahmenvertrag über die EFSF steht es den Mitgliedstaaten frei, völkerrechtliche Verträge abzuschließen; auch auf Gebieten, die in die Zuständigkeit der EU fallen. Sie dürfen nur nicht gegen zwingende Vorgaben des Unionsrechts verstoßen. Dementsprechend steht es einer Teilmenge der Mitgliedstaaten frei, vertraglich strengere Regeln zur Durchsetzung der Ziele, die im Primärrecht der EU enthalten sind, zu vereinbaren. Als Beispiel kann auch das Schengen-Abkommen genannt werden, dessen Regelungen später in das Primärrecht übernommen worden sind, Art. 77–80 AEUV.

Auf die Einhaltung dieser Vorgabe ist bei der Abfassung des Paktes erkennbar großer Wert gelegt worden. In seinem Art. 2 wird die Kohärenz mit dem Unionsrecht ausdrücklich betont. Art. 2 Abs. 2 des Paktes enthält zur Absicherung dieses Ziels eine Subsidiaritätsklausel: Der Vertrag soll nur insoweit gelten,

---

[166] Vgl. *Nettesheim*, NJW 2001, 3734, 3738. Der Pakt ist kein Vertrag im juristischen Sinne. Der Begriff „Pakt“ wird freilich auch in Rechtsdokumenten der Union verwendet. Er ist geprägt worden, um den zugrunde liegenden politischen Konsens zum Ausdruck zu bringen. Technisch besteht er aus einer Entschließung des Europäischen Rates, die nicht zwingendes Recht enthält, und zwei – bindenden – VO des Rates:

1. Entschließung des Europäischen Rates über den Stabilitäts- und Wachstumspakt vom 17. Juli 1997, im ABl 1997/C 236/1.

2. Verordnung (EG) Nr. 1466/97 des Rates vom 7. Juli 1997 über den Ausbau der haushaltspolitischen Überwachung und Koordinierung der Wirtschaftspolitiken, ABl 1997/L 209/1.

3. Verordnung (EG) des Rates Nr. 1467/97 vom 7. Juli 1997 über die Beschleunigung und Klärung des Verfahrens bei einem übermäßigen Defizit, ABl 1997/L 209/6.

[167] Verordnung (EG) des Rates Nr. 1055/2005 zur Änderung der Verordnung (EG) Nr. 1466/97 vom 27. Juni 2005, ABl 2005/L 174/1; Verordnung (EG) Nr. 1056/97 des Rates zur Änderung der Verordnung (EG) Nr. 1056/2005 vom 27. Juni 2005, ABl 2005/L 174/5.

[168] Dazu *Ohler*, Die zweite Reform des Stabilitäts- und Wachstumspaktes, ZG 2010, 330 ff.

als er mit dem Vertragsrecht, auf dem die Union beruht, und dem Unionsrecht, dem Sekundärrecht, vereinbar ist.

Auch die einzelnen Vorschriften stehen im Ergebnis nicht in Widerspruch zu den europarechtlichen Vorgaben. Problematisch ist allein die Beachtung des nationalen Verfassungsrechts, das hier aber nicht näher zu untersuchen ist.

Entscheidend ist jedoch, dass die austarierte Architektur der Europäischen Währungsunion durch die Gewährung von Hilfen in einem entscheidenden Punkt beschädigt wird. Das grundlegende Prinzip, auf das man sich in Maastricht geeinigt hatte, jeder Mitgliedstaat muss für die Folgen seiner (unverantwortlichen) Haushaltspolitik – wie in den USA und seinen „states" – selbst aufkommen, wird außer Kraft gesetzt. Dies ist aus der Logik einer Währungsunion nur dann hinnehmbar, wenn an die Stelle der Marktkräfte strikte und durchsetzbare Regeln für die Haushaltspolitik der Mitgliedstaaten treten. EFSF und vor allem ESM sind nur unter der Voraussetzung hinnehmbar, dass spätestens zur gleichen Zeit Art. 136 Abs. 3 AEUV und der „Fiskalpakt" in Kraft treten.[169]

Andernfalls sind nicht nur die innere Logik und ökonomische Rationalität der Währungsunion schwer beschädigt, sondern auch die vom Bundesverfassungsgericht für essentiell erachtete Voraussetzung einer „Stabilitätsgemeinschaft" dürfte nicht mehr erfüllt sein.

e. Zwischenergebnisse

Die Vereinbarkeit der Leistungen der Mitgliedstaaten im Rahmen der speziellen Griechenlandhilfe und im Rahmen der EFSF mit dem AEUV in der damals geltenden Fassung ist nicht sicher. Die Einführung von Art. 136 Abs. 3 AEUV modifiziert das Vertragsrecht und ist wohl noch in Einklang mit Art. 48 Abs. 6 EUV erfolgt. ESM und Fiskalpakt verstoßen nach der Änderung des Primärrechts wohl nicht gegen den AEUV. Unabdingbar für die Schaffung des ESM sind aber das Inkrafttreten von Art. 136 Abs. 3 AEUV und des „Fiskalpaktes" sowie deren Beachtung im Vollzug.

5. Verstöße des ESZB

a. Überschreitung des Kompetenzrahmens

Die Kompetenzen der EU folgen dem Prinzip der (begrenzten) Einzelermächtigung, Art. 3 Abs. 6, Art. 4 Abs. 1, Art. 5 Abs. 1, 2 EUV.[170] Das ist auch bei der Bestimmung der Aufgaben und Befugnisse des ESZB zu beachten.

---

[169] In dieser Konstellation bisher im Ergebnis auch nicht vom Bundesverfassungsgericht mit ähnlicher Argumentation beanstandet, Urteil vom 12. September 2012, NJW 2012, 3145, 3150 f.

[170] Näher beispielsweise *Pechstein*, in: Streinz (Hrsg.), EUV/AEUV, 2. Aufl. 2012, Art. 1 EUV Rdn. 10 a.E.

Die Währungspolitik gehört zu den ausschließlichen Zuständigkeiten der EU, Art. 3 Abs. 1 AEUV. Diese Bestimmung dient aber im Wesentlichen nur der innergemeinschaftlichen Klassifikation in Abgrenzung zu den geteilten Zuständigkeiten nach Art. 4 AEUV. Sie enthält aber keine Einzelermächtigung. Die Aufgaben und Befugnisse des ESZB sind vielmehr erst den Art. 127, 128, 129, 132, 133 und 136 AEUV zu entnehmen.[171]

Die Aufgaben des ESZB sind in Art. 127 Abs. 2 AEUV im Einzelnen aufgeführt:

- die Geldpolitik der Union festzulegen und auszuführen
- Devisengeschäfte durchzuführen
- Verwaltung der offiziellen Währungsreserven der Mitgliedstaaten
- Förderung des reibungslosen Funktionierens der Zahlungssysteme

Hinzu kommt das Recht der EZB die Euro-Banknoten auszugeben, Art. 128 Abs. 1 AEUV. Die Mitgliedstaaten haben das Recht zur Ausgabe von Münzen behalten, Art. 128 Abs. 2 AEUV. Zwischen der Aufgabenzuweisung in Art. 127 Abs. 2 und den Rechten aus Art. 128 AEUV ist deutlich zu unterscheiden. Die zuletzt genannten Rechte sind als Befugnisse zu deuten.[172] Die Befugnis zum Erlass von Rechtsakten ist gesondert in Art. 132, 133 AEUV geregelt. Diesen Regelungen kann entnommen werden, dass die Geld- und Währungspolitik insgesamt auf die EU und ihre Einrichtungen übertragen worden ist.[173]

Weitere Aufgaben dürfen nur gegenständlich eng begrenzt und nur unter engen Voraussetzungen durch den Rat übertragen werden, Art. 127 Abs. 6 AEUV. Vor allem existiert auch *kein „Mandat"* der EZB zur Finanzmarktaufsicht oder zur Förderung von Finanzstabilität. Maßnahmen des ESZB auf dem Gebiet der Finanzstabilität, die über die allgemeine Aufgabenzuweisung hinausgehen, sind nur in dem sehr eng gezogenen Rahmen von Art. 127 Abs. 5 AEUV (Art. 3.1. Satzung ESZB/EZB) erlaubt. Danach darf das ESZB lediglich zur „reibungslosen Durchführung" von Maßnahmen „der zuständigen Behörden" beitragen.[174] Das Schwergewicht muss bei den Maßnahmen der zuständigen Behörden liegen. Der Beitrag des ESZB kann nur dann als Beitrag zur reibungslosen *Durchführung* dieser Maßnahmen qualifiziert werden, wenn er lediglich sekundäre, unterstützende Bedeutung hat.

Als mögliche Rechtsgrundlagen für die Maßnahmen kommen weiter in Betracht Art. 3 Abs. 3 EUV, Art. 119 AEUV und Art. 2 Satzung ESZB/EZB.

---

[171] *Lenski*, in: Lenz/Borchardt (Hrsg.), EU-Verträge, Kommentar nach dem Vertrag von Lissabon, 5. Aufl. 2010, Art. 3 AEUV Rdn. 12.

[172] *Kempen* (Fn. 92), Art. 122 AEUV Rdn. 8.

[173] Vgl. *Thym* (Fn. 75), S. 167.

[174] Art. 127 Abs. 5 AEUV (Art. 3.1. Satzung ESZB/EZB: „Das ESZB trägt zur reibungslosen Durchführung der von den zuständigen Behörden auf dem Gebiet der Aufsicht über die Kreditinstitute und der Stabilität des Finanzsystems ergriffenen Maßnahmen bei.".

Im ersten Unterabsatz von Art. 3 Abs. 3 EUV wird die nachhaltige Entwicklung Europas auf der Grundlage eines ausgewogenen Wirtschaftswachstums und von Preisstabilität genannt. Es soll eine wettbewerbsfähige soziale Marktwirtschaft mit den Zielen Vollbeschäftigung und sozialer Fortschritt errichtet werden. Im dritten Unterabsatz dieser Bestimmung ist angeordnet, dass die EU den wirtschaftlichen, sozialen und territorialen Zusammenhalt und die Solidarität zwischen den Mitgliedstaaten fördert. Art. 3 EUV weist aber keine Aufgaben und Befugnisse zu. Er muss als reine (Staats-)Zielbestimmung verstanden werden. Das ergibt sich eindeutig aus Art. 3 Abs. 6 EUV, der die Verfolgung der aufgeführten Ziele von einer (anderweitig) eingeräumten Kompetenz abhängig macht.[175] Art. 3 EUV ist keine Kompetenznorm.[176]

In Art. 119 AEUV sind allgemeine Regeln für die Wirtschafts- und Währungsunion aufgestellt und die notwendigen Ermächtigungen für die Einführung der gemeinsamen Währung erteilt. Beide Regelungen sind jedoch unter den Vorbehalt der Maßgabe der Verträge und der darin vorgesehenen Verfahren gestellt. Es kommt also auch insoweit darauf an, ob spezielle Regeln die Maßnahmen der EZB abdecken.

In Betracht kommt schließlich noch Art. 2 Satzung ESZB/EZB, der die Unterstützung der allgemeinen Wirtschaftspolitik „in der Union" und einen Beitrag zur Verwirklichung der in Art. 3 EUV durch das ESZB vorsieht. Aber auch diese Vorschrift enthält keine Zuweisung von Aufgaben oder Befugnissen. Es handelt sich erneut um eine reine Zielbestimmung. Das ergibt sich auch aus der (amtlichen) Überschrift.

Eigene Befugnisse im Bereich der Finanzstabilität sind der EZB nicht eingeräumt und können auch nicht aus allgemeinen Kompetenznormen abgeleitet werden. Die Materie „Finanzstabilität" ist für das ESZB speziell und auf eine ganz besondere Weise in Art. 127 Abs. 5 AEUV geregelt. Diese Regelung wäre sinnlos, wenn es der EZB erlaubt wäre, die ihr zugewiesenen Instrumente freizügig auch für Zwecke der Finanzstabilität einzusetzen. Auch die Berufung auf Krisensituationen oder die Usancen anderer Notenbanken bieten keine tragfähige Grundlage für eine solche Vorgehensweise.

Insgesamt folgt daraus, dass das ESZB nach der Architektur der Europäischen Währungsunion – im Gegensatz zur Praxis in anderen Währungsräumen – nicht als „lender of last resort" für überschuldete Banken oder Hoheitsträger auftreten darf. Etwas anderes kann nur gelten, wenn eine dahingehende besondere Ermächtigung im Primärrecht zu finden ist.

---

[175] „Die Union verfolgt ihre Ziele … entsprechend den Zuständigkeiten, die ihr in den Verträgen übertragen sind."

[176] *Pechstein* (Fn. 170), Art. 3 EUV Rdn. 2.

b. Gestattung durch Art. 18.1. Satzung ESZB/EZB?

Die EZB hat das Programm für Wertpapiermärkte auf Art. 127 Abs. 2 AEUV und vor allem Art. 12.1. UAbs. 2, Art. 3.1. und 18.1. Satzung ESZB/EZB gestützt. Von den aufgeführten Vorschriften kommt als spezielle Ermächtigung nur Art. 18.1. Satzung ESZB/EZB näher in Betracht.

Art. 18.1. Satzung ESZB/EZB erlaubt zwar Offenmarktgeschäfte der EZB und der nationalen Zentralbanken, doch dürfen sie allein der Erfüllung der Aufgaben der EZB dienen. Dabei ist die klare Unterscheidung im Gesetzestext zwischen Zielen und Aufgaben zu beachten. Nach Art. 127 Abs. 2 AEUV gehören zu den Aufgaben des ESZB die Geldpolitik und die Abwicklung eines reibungslosen Zahlungsverkehrs. Kreditgeschäfte dürfen allerdings nur gegen Stellung ausreichender Sicherheiten abgeschlossen werden, Art. 18.1., zweiter Spiegelstrich, Satzung ESZB/EZB getätigt werden.

Der Erwerb von Anleihen mag eine Maßnahme der Geldpolitik sein, wenn er dazu dient, kurzfristige Marktstörungen zu bekämpfen. Offenmarktgeschäfte sind in diesem Fall eine Maßnahme der Geldpolitik. Sie müssen allerdings zur Steuerung der geldpolitischen Parameter im gesamten Währungsgebiet eingesetzt werden. Keine Maßnahme der Geldpolitik ist dagegen der Erwerb von Forderungen, die von den Marktteilnehmern als nicht investitionswürdig eingestuft werden oder die kurze Zeit später weitgehend abgeschrieben werden müssen. Es handelt sich um Wirtschaftspolitik, für welche die EU kaum Kompetenzen hat. Der Erwerb von Forderungen, um gezielt die Zinslasten von ausgewählten Marktteilnehmern zu subventionieren, ist ebenfalls keine Maßnahme der Geldpolitik, sondern der Wirtschaftspolitik. Sehr zweifelhaft ist auch, ob das ESZB im Rahmen seiner Kompetenzen bleibt, wenn die Offenmarktgeschäfte nicht das allgemeine Zinsniveau beeinflussen sollen, sondern gezielt und selektiv einzelnen Mitgliedstaaten oder seinen Banken helfen sollen. Sie sind (unzulässige) Staatsfinanzierung, wenn sie letztlich der Finanzierung von (laufenden) Defiziten des öffentlichen Sektors dienen sollen.

Dabei kommt es nicht darauf an, ob das ESZB von einem vereinbarten Forderungsverzicht freigestellt wird. Es kommt ferner nicht darauf an, ob die Geschäfte in einer Form durchgeführt werden, die eine zulässige geldpolitische Maßnahme sein kann (Offenmarktgeschäft). Schon der Erwerb solcher Forderungen und nicht erst der Verlust durch Abschreibungen ist eine Maßnahme der Wirtschaftspolitik.

Die Ausstattung von Kreditinstituten mit langfristigem Kapital ist Wirtschaftspolitik und keine Maßnahme der Geldpolitik. Der Versuch einer Rechtfertigung durch die EZB mag für eine begrenzte Zeit vor dem Primärrecht Bestand haben. Als Richtschnur kann dabei die bis zur Krise übliche Höchstdauer für die Kreditgewährung an Banken von drei Monaten dienen. Wenn aber die angeblichen Störungen der Transmissionsmechanismen, die mit den Offenmarktgeschäften bekämpft werden sollen, länger als ein Jahr dauern, handelt es sich nicht mehr um Geldpolitik, sondern um Marktstrukturpolitik oder eben um mittelbare Staatsfinanzierung.

Dieser Punkt war bei dem ersten Teil des Programms für Wertpapiermärkte schon erreicht. Überschritten worden ist er aber im zweiten Teil seit August 2011. Sowohl Spanien als auch Italien konnten Kredite erhalten, allerdings zu Zinssätzen, die diesen Staaten missfielen. Sie wurden als untragbar bezeichnet, obwohl sie kaum die Renditen überschritten, welche die Bundesrepublik Deutschland im langjährigen Mittel für ihre Kredite zu gewähren gehabt hatte. Sie waren vor allem noch weit von den Sätzen entfernt, welche die betroffenen Staaten vor Eintritt in die dritte Stufe der Währungsunion akzeptieren mussten. Dem steht nicht entgegen, dass sie fast ein Jahrzehnt von den überaus günstigen Konditionen profitiert hatten, welche die Finanzmärkte allmählich allen Staaten der Eurozone eingeräumt hatten, ohne die nach den ökonomischen Fundamentaldaten angezeigten Differenzierungen vorzunehmen. Dies war teilweise eine Folge von Marktversagen und teilweise eine Folge des erwähnten legislatorischen Fehlers, Staatsschulden von EWR-Mitgliedstaaten unterschiedslos als völlig risikolos einzustufen (Risikogewicht Null).

Die mehrfach vorgenommene Reduzierung der Qualitätsanforderungen für „notenbankfähige“ Forderungen und ihre Verbriefungen geraten in Konflikt mit dem Erfordernis „ausreichender“ Sicherheiten für die Kreditgewährung in Art. 18.2., zweiter Spiegelstrich, Satzung ESZB/EZB. Erkennbar ausfallgefährdete Forderungen, wie griechische Staatsanleihen, erfüllen nicht die gesetzlichen Anforderungen. Entsprechendes gilt für nichtverbriefte Forderungen gegen Einzelunternehmen, die im Einzelfall nunmehr von den nationalen Zentralbanken als Sicherheiten akzeptiert werden dürfen. Zumindest sollte der Mindeststandard von zwei (ursprünglich drei) solventen Haftenden des traditionellen Notenbankrechts erfüllt sein. Auch dürften Forderungen, die lediglich aus Finanztransaktionen stammen, kaum eine „ausreichende“ Sicherheit darstellen.

Das Programm für Wertpapiermärkte vom 14. Mai 2010 und die zwei Dreijahrestender in unbegrenzter Höhe zum Referenzzinssatz von 1 % („longer-term refinancing operations“ – LTRO) sind kein Beitrag zur bloßen Unterstützung von Maßnahmen der zuständigen Behörden. Auch die verschiedenen Programme zum Ankauf gedeckter Schuldverschreibungen sind in dieser Hinsicht fraglich, da sie auch eine selbständige Stabilisierungspolitik manifestieren können. Gedeckte Schuldverschreibungen sind zudem auch deutsche öffentliche Pfandbriefe. Art. 127 Abs. 5 (Art. 3.3. Satzung ESZB/EZB) bietet keine genügende Grundlage für diese Maßnahmen des ESZB.

Die Maßnahmen des ESZB können im Ergebnis nicht mehr über Art. 18.1. Satzung ESZB/EZB gerechtfertigt werden.[177] Nach dem bisher Gesagten hat

---

177 *Frenz/Ehlenz* (Fn. 115), S. 212; *Seidel*, Der Ankauf nicht markt- und börsengängiger

das ESZB mit dem „Programm für Wertpapiermärkte" und den „longer-term refinancing operations" seine Kompetenzen überschritten, da diese Geschäfte keine Maßnahme der Geldpolitik sind.

c. Verstoß gegen Art. 123 AEUV

Die Ankaufprogramme können aber auch einen Verstoß gegen das *Verbot der Staatsfinanzierung* (nicht: Regierungsfinanzierung) durch die Zentralbanken nach Art. 123 AEUV darstellen. Zwar ist nach dem Wortlaut der Bestimmung nur der unmittelbare Erwerb von Schuldtiteln der Hoheitsträger verboten, doch ist ihr Erwerb am Sekundärmarkt nur als eng begrenzte Ausnahme erlaubt. Andernfalls würde das grundsätzliche Verbot der unmittelbaren Staatsfinanzierung durch die Zentralbanken leerlaufen. Es könnte beliebig unterlaufen werden, indem der (verbriefte) Kredit zunächst von einem mehr oder weniger staatlich beherrschten Kreditinstitut gewährt wird, das sich dann durch Verkauf der Anleihen an die Zentralbanken refinanzieren könnte. Es würde dann nur der Durchleitung des Notenbankkredits an den zu finanzierenden Hoheitsträger dienen.

d. Kein Verstoß gegen Art. 125, 130 AEUV

(1) Art. 125 AEUV

Nach Art. 125 Abs. 1 AEUV haften die Union und die Mitgliedstaaten nicht für Forderungen gegen die Union, die Mitgliedstaaten oder Hoheitsträger anderer Art. Sie dürfen auch keine Haftung übernehmen. Ob auch freiwillige Unterstützungsleistungen von einem „no-bail out" erfasst werden, ist nicht sicher. Gleichwohl wird ein Verstoß gegen Art. 125 Abs. 1 AEUV für die Ankaufprogramme des ESZB erwogen.[178]

Dazu ist Folgendes zu bemerken. Anders als gelegentlich behauptet,[179] sind nicht die Mitgliedstaaten, sondern ihre Zentralbanken alleinige Zeichner und Inhaber des Kapitals der EZB, Art. 28.2. Satzung ESZB/EZB. Eventuelle Verluste haben sie nur aus ihrem Anteil an den monetären Einkünften des betreffenden Geschäftsjahres zu tragen, Art. 33.2. Satzung ESZB/EZB. Darüber hinaus ist ein Verlustausgleich nicht vorgesehen.[180] Zudem kann eine Notenbank unbegrenzt Verluste vortragen. Vorschriften des Gesellschaftsrechts über

Staatsanleihen, namentlich Griechenlands, durch die Europäische Zentralbank und durch nationale Zentralbanken – rechtlich nur fragwürdig oder Rechtsverstoß?, EuZW 2010, 521; a.A. *Herrmann*, EZB-Programm für die Kapitalmärkte verstößt nicht gegen die Verträge – eine Erwiderung auf Martin Seidel, EuZW 2010, 521; *Sester* (Fn. 86), S. 85.

[178] *Sester* (Fn. 86), S. 84.

[179] *Sester* (Fn. 86), S. 84: „im Eigentum der Euro-Staaten".

[180] Im Ergebnis auch *Scheller*, in: von der Groeben/Schwarze (Hrsg.), Vertrag über die Europäische Union und Vertrag zur Gründung der Europäischen Gemeinschaft, 6. Auflage, Bd. 3, 2003, Art. 33 ESZB-Satzung Rdn. 24.

eine Mindestkapitalausstattung gelten nicht. Die EZB ist keine Aktiengesellschaft.[181]

Zu bezweifeln ist, dass der Bund zum Ausgleich von Verlusten der Deutschen Bundesbank verpflichtet wäre, wenn sie dort anfallen sollten. Die Bundesbank ist eine Anstalt des öffentlichen Rechts, auch wenn sie im Gesetz unspezifisch als bundesunmittelbare juristische Person des öffentlichen Rechts bezeichnet wird, § 2 Satz 1 BBankG. Der Regierungsentwurf des Bundesbankgesetzes ordnet sie eindeutig als „Anstalt" ein.[182] Sie erfüllt zudem alle Merkmale, die üblicherweise mit dem Institut „Anstalt" verbunden werden.[183] Anstaltslast oder Gewährträgerhaftung ordnet das Gesetz nicht an.

Anstaltslast oder Gewährträgerhaftung ergeben sich regelmäßig aus dem Gesetz, das die Anstalt errichtet oder das als Grundlage für die Errichtung dient. Ein solches Gesetz ist unabdingbar, wenn sie Rechtsfähigkeit erlangen soll (institutioneller Gesetzesvorbehalt). Ein allgemeines Anstaltsgesetz des Bundes oder der Länder gibt es nicht. Es war längere Zeit umstritten, ob Anstaltslast und Gewährträgerhaftung aus dem Wesen der Anstalt folgten, wenn das Errichtungsgesetz zu diesem Punkt schweigt. Eine Annahme von Anstaltslast oder Gewährträgerhaftung ist mittlerweile aber kaum noch vertretbar. Die seit 2005 weitgehend beseitigte Haftung der Träger für die zahlreichen Kreditinstitute, vor allem die kommunalen Sparkassen, wäre mit einer solchen Ableitung kaum zu vereinbaren, zumal das „Wesen" der Anstalt wenig klare Konturen aufweist. Die Vielfalt der tatsächlich zu beobachtenden Gestaltungen ist zu groß.

Die Gewinnverwendung ist in § 27 BBankG geregelt, so dass auch andere Formen der Verlustübernahme nicht durch Auslegung konstruiert werden dürfen. Mangels gesetzlicher Anordnung kann daher nicht davon ausgegangen werden, dass der Bund in irgendeiner Form zur Übernahme von Verlusten der Deutschen Bundesbank verpflichtet ist oder gar unmittelbar für sie haftet. Die Last des Bundes und damit des deutschen Steuerzahlers beschränkt sich auf die entgangenen Gewinne, die – nach einigen Abzügen – dem Bund zustehen, § 27 Nr. 2 BBankG. Ob entgangene Gewinne jedoch eine eventuell nach Art. 125 Abs. 2 AEUV verbotene Unterstützungsleistung („bail-out") darstellen können, dürfte zu bezweifeln sein.

(2) Art. 130 AEUV

Weiter wird ein Verstoß gegen die verfassungsrechtlich und europarechtlich garantierte *Unabhängigkeit* der EZB und der Nationalen Zentralbanken erwogen. Eine Bedrohung für die Unabhängigkeit der EZB wird daraus abgeleitet, dass

---

[181] In mehrfacher Hinsicht falsch daher *Sester* (Fn. 86), S. 84: „Aktiengesellschaft im Eigentum der Eurostaaten".

[182] BT-Drucks. 2/2781.

[183] Näher *Stern*, Das Staatsrecht der Bundesrepublik Deutschland, Bd. II, 1980, S. 471.

im „Falle eines Default“ die EZB unter „wachsenden politischen Druck“ geraten würde, „Zahlungsaufschübe“ oder „Teilerlasse“ zu akzeptieren.[184]

Art. 130, 131 und 282 Abs. 3 AEUV sowie Art. 7 Satzung ESZB/EZB enthalten eine umfassende Garantie der Unabhängigkeit aller Teile des ESZB. Dabei ist es problematisch von einer „institutionellen Garantie“ zu sprechen;[185] da die Unabhängigkeitsgarantien des Primärrechts ausdrücklich auch die Mitglieder der Entscheidungsorgane der EZB und der Nationalen Zentralbanken erfassen und nicht nur die jeweiligen Institutionen.

Es trifft aber nicht zu, dass erst ein Teilerlass von Schulden eine unzulässige Staatsfinanzierung durch die Notenbank darstellt. Bereits die Kreditgewährung an Hoheitsträger ist durch Art. 123 AEUV untersagt und nicht erst ein Forderungsverzicht.[186] Allerdings würde das ESZB tatsächlich einen Teil seiner Entscheidungsfreiheit verlieren, wenn es nicht nur die (makroökonomischen) Anforderungen an die Geldpolitik zu berücksichtigen hätte, sondern auch sein Verlustrisiko aus seiner Rolle als Gläubiger von Staatsanleihen. Allerdings beruht dieses mögliche Dilemma auf einer freien Entscheidung des ESZB und verletzt als solches nicht die Unabhängigkeitsgarantie. Ob es zudem in Konflikt mit dem primären Ziel der Sicherung der Preisstabilität geraten kann, ist nicht sicher. Auch wenn eine restriktive Geldpolitik möglicherweise zu einem Ausfall von Forderungen führt, welche die Mitglieder des ESZB halten, ist die Rückkoppelung nicht zwingend, da eine Notenbank Verluste in beliebiger Höhe tragen kann. Der mögliche geldpolitische Sündenfall geschieht im Kern schon bei Erwerb der Forderungen am Sekundärmarkt und nicht erst bei ihrem Ausfall. Deshalb liegt ein Eingriff in die Unabhängigkeitsgarantien nicht vor, da er immer nur von außen erfolgen kann, nicht aber durch eigene Entscheidungen.

e. Zwischenergebnisse

Der über einen längeren Zeitraum andauernde Erwerb von Staatsanleihen, spätestens aber der Erwerb von Forderungen gegen Spanien und Italien, zur Subventionierung von Zinslasten, verstößt gegen das grundsätzliche Verbot der Kreditfinanzierung von Hoheitsträgern (Art. 123 Abs. 1 AEUV). Er kann nicht nach Art. 18.1. Satzung ESZB/EZB gerechtfertigt werden. Es handelt sich um Wirtschaftspolitik, für die das ESZB nicht zuständig ist. Erkennbar ausfallgefährdete Forderungen sind keine „ausreichende Sicherheiten“ im Sinne von Art. 18.1. Satzung ESZB/EZB. Das gilt auch, wenn diese Forderungen im Finanzmarktrecht mit einem niedrigen Risikogewicht oder einem Risikogewicht

---

[184] *Sester* (Fn. 86), S. 80, 81, aber ohne eindeutige Stellungnahme.

[185] *Sester* (Fn. 86), S. 80, 81.

[186] Anders aber wohl *Sester* (Fn. 86), S. 80, der zudem ungenau von einem „Verbot der Finanzierung von Regierungen mit Zentralbankgeld spricht. Es geht um die Finanzierung von Staaten und nicht von Regierungen. Auch ist eine Finanzierung durch Private unter Verwendung von Zentralbankgeld nicht verboten.

von Null bewertet werden, wie das bei Forderungen gegen Hoheitsträger des Europäischen Wirtschaftsraum (EWR) der Fall ist.

III. Auswirkungen auf das deutsche Verfassungsrecht

Verstöße gegen europarechtliche Vorgaben sind nicht zwangsläufig auch Verstöße gegen das Grundgesetz, die vor dem Bundesverfassungsgericht beanstandet werden könnten. Das Bundesverfassungsgericht hat aber Grenzen gezogen, bei deren Überschreitung deutsches Verfassungsrecht verletzt sein kann. Die Einhaltung dieser Grenzen ist nicht nur eine materiell-rechtliche Frage, sondern ist vom Bundesverfassungsgericht an erster Stelle prozessual verstanden worden. Diese Vorgaben gelten unter bestimmten Voraussetzungen auch für völkerrechtliche Verträge, die von Mitgliedstaaten miteinander geschlossen werden, wie EFSF-Rahmenvertrag und ESM-Vertrag.

1. Ausbrechende Rechtsakte und Verfassungsidentität des Grundgesetzes

Das Gericht hat sich vorbehalten, im Einzelfall zu prüfen, ob sich die Rechtsakte der europäischen Organe oder Einrichtungen in den „Grenzen der ihnen … eingeräumten Hoheitsrechte" halten.[187] Solche „Grenzüberschreitungen" sind nicht mehr von der Ermächtigung gedeckt, die der Bundestag durch seine Zustimmung zu den Verträgen erteilt hat. Eine Überschreitung der „begrenzten Einzelermächtigungen", die das Europarecht kennzeichnen, wird deshalb auch als „ausbrechender Rechtsakt" bezeichnet. Darüber hinaus prüft das Bundesverfassungsgericht nach, ob bei der Übertragung von Kompetenzen auf die EU der „unantastbare Kernbereich der Verfassungsidentität des Grundgesetzes" gewahrt ist.[188] Die zuletzt genannte Kontrolle stellt aber insoweit keine Besonderheit dar, als die Einhaltung der durch Art. 79 Abs. 3 GG gezogenen Grenzen in jedem Fall vom Bundesverfassungsgericht kontrolliert wird.[189] Im Grunde handelt es sich nur um eine inhaltliche Anreicherung und Konkretisierung der Vorschrift, namentlich des Demokratieprinzips.

Sowohl die „Ultra-vires- als auch die Identitätskontrolle" sollen sicherstellen, dass die deutschen Verfassungsorgane ihre „Integrationsverantwortung" dauerhaft wahrnehmen. In deren Rahmen haben sie dafür zu sorgen, dass die „autonom handelnde Unionsgewalt" demokratischen Grundsätzen entspricht.[190] Im

---

[187] BVerfGE 89, 155, 188; BVerfGE 123, 267, 353 f.

[188] BVerfGE 123, 267, 268, 354; aufgegriffen in BVerfGE 129, 124, 177 im Hinblick auf die Wahrung des Wahlrechts.

[189] *Faßbender* (Fn. 115), S. 801.

[190] BVerfGE 123, 267, 356.

Kern geht es dem Bundesverfassungsgericht also um eine Wahrung hinreichender demokratischer Legitimation des Unionshandelns. Dazu will es sicherstellen, dass die Rechte des Bundestages in wesentlichen Bereichen nicht völlig ausgehöhlt werden, auch nicht mit seiner Zustimmung.

2. *Schwere der Überschreitung*

Für eine Verletzung dieser Anforderungen genügt aber nicht jede Kompetenzüberschreitung. Schon in seiner Entscheidung zum Lissabon-Vertrag hatte das Gericht verlangt, dass es sich um „ersichtliche" Grenzüberschreitungen handeln müsse. Wenig später hat es dieses Erfordernis in seiner „Honeywell-Entscheidung" konkretisiert und verschärft: Das „kompetenzwidrige Handeln der Unionsgewalt" müsse „offensichtlich" sein und „der angegriffene Akt im Kompetenzgefüge zu einer strukturell bedeutsamen Verschiebung zulasten der Mitgliedstaaten" führen.[191] Allerdings müssen dem Bundestag in jedem Fall „eigene Aufgaben und Befugnisse von substantiellem politischen Gewicht" verbleiben.[192]

3. *Anwendung*

a. Bisher keine Grenzüberschreitungen

Im rechtswissenschaftlichen Fachschrifttum ist umstritten, ob die ergriffenen Unterstützungsmaßnahmen mit dem Primärrecht, vor allem Art. 123 und 125 AEUV vereinbar sind.[193] Auch wenn man von Verstößen ausgeht, ist keinesfalls sicher, dass freiwillige Unterstützungsmaßnahmen zu der „strukturell bedeutsamen Verschiebung zulasten der Mitgliedstaaten" führen, welche die Grenzen überschreiten, die das Bundesverfassungsgericht gezogen hat, damit ein Verstoß gegen deutsches Verfassungsrecht anzunehmen ist.[194] Das gilt vor allem für die multilateralen Unterstützungsmaßnahmen für Griechenland, EFSF in Luxemburg und den neuen permanenten Unterstützungsmechanismus ESM. Ihr zwischenstaatlicher Charakter ist immer wieder von den Beteiligten betont worden. Eine Kompetenzanmaßung der EU kommt allenfalls im Hinblick auf die supranationale Unterstützung durch den EFSM in Betracht. Die EU-Verordnung, durch die ein Unterstützungsfonds in Höhe von 80 Mrd. Euro errichtet worden ist, stützt sich ausdrücklich auf Art. 122 Abs. 2 AEUV.[195] Auch wenn man davon ausgeht, dass seine Voraussetzungen nicht erfüllt sind, dürfte es sich

[191] BVerfGE 126, 286, Leitsatz, 304.
[192] BVerfGE 123, 267, 356.
[193] Oben II 3 d, 4 e, 5 e.
[194] Vgl. *Thym* (Fn. 75), S. 170 f. Er wird aber bejaht von *Faßbender* (Fn. 115), S. 801.
[195] Oben Fn. 60.

nicht um einen Verstoß handeln, der schwergewichtig genug ist, um eine Verletzung deutschen Verfassungsrechts anzunehmen.

Allerdings ist eine *unmittelbare* Verletzung von Art. 109 Abs. 3 und Art. 115 Abs. 2 GG mit der Begründung bejaht worden, dass schon die bisherigen Garantieübernahmen und Bürgschaften die Einhaltung der neuen Kreditaufnahmeregeln im Grundgesetz, die sogenannte Schuldenbremse, faktisch unmöglich machten. Zusätzlich wird eine Einhaltung der Verpflichtung auf europarechtliche Vorgaben in Art. 109 Abs. 2 GG in Frage gestellt.[196] Beide Ansätze bedürften aber einer näheren kritischen Würdigung.

b. Die Ergebnisse des Bundesverfassungsgerichts

Das Bundesverfassungsgericht hat bisher in den maßgebenden Entscheidungen keine Stellungnahme zu den *europarechtlichen* Fragen bezogen. Ebenso wenig hat es die Möglichkeit einer Vorlage an den EuGH erwähnt, obwohl Anlass dazu bestanden hätte.[197]

(1) Griechenlandhilfe und EFSF

Das Bundesverfassungsgericht beschäftigte sich auch im Verfahren zur Überprüfung der Griechenlandhilfe und des EFSF nicht näher mit den europarechtlichen Vorgaben. Vielmehr konzentrierte es sich darauf, ob die deutschen Gesetze, welche die Ermächtigung zur Übernahme von Garantien enthalten, mit der „parlamentarischen Haushaltsverantwortung" des Deutschen Bundestages zu vereinbaren sind. Eine verfassungsrechtlich unzulässige Entleerung des Budgetrechts hat es aber nicht feststellen können.[198] Es verlangte lediglich eine verfassungskonforme Auslegung dahingehend, dass der Haushaltsausschuss nicht nur vor Übernahme einer Bürgschaft möglichst zu unterrichten ist, sondern seine vorherige Zustimmung einzuholen ist.[199] Mit der Verankerung des Budgetrechts im Kern des Demokratieprinzips dürfte das Gericht dieses Recht über Art. 79 Abs. 3 GG in einem vom Gericht selbst zu bestimmenden Umfang „europafest" gemacht haben.[200]

---

[196] *Kube/Reimers* (Fn. 62), S. 1916; dezidiert dagegen, allerdings von einem grundsätzlich abweichenden europarechtlichen Ausgangspunkt: *Wieland* (Fn. 111), S. 342 f., der schon eine Verletzung von Unionsrecht verneint und – nach seinem Ausgangspunkt folgerichtig – zusätzlich annimmt, dass eine Ausnahmesituation vorliegt, die auch nach nationalem Recht Abweichungen erlaubt, das insoweit fast wörtlich mit Art. 122 Abs. 2 AEUV übereinstimmt (Art. 109 Abs. 2 Satz 2, Art. 115 Abs. 2 Satz 6–8 GG).

[197] Die europarechtlichen Fragen wurden teilweise schon in der Zulässigkeitsprüfung ausgesondert, krit. *Thym*, Anmerkung, JZ 2011, S. 1011, 1014: „bemerkenswerte Leerstelle". Nach den Regeln über das Vorabentscheidungsverfahren gemäß Art. 267 AEUV wäre auch das Bundesverfassungsgericht erfasst, *Faßbender* (Fn. 115), S. 802.

[198] BVerfGE 129, 124 (176 f., 183).

[199] BVerfGE 129, 124 (186).

[200] *Calliess* (Fn. 41), S. 173; ferner *Thym* (Fn. 75), S. 1012, der auf Grund des Urteils die Pauschalität einer Übertragung von Rechten oder einer Kreditermächtigung als entscheiden-

(2) Entscheidungsverlagerung auf ein Sondergremium des Bundestages
In der Entscheidung zur Bildung eines *Sondergremiums* des Bundestages zur Beteiligung an Entscheidungen im Rahmen des EFSF hat das Bundesverfassungsgericht die haushaltsrechtlichen Rechte des Plenums und damit auch jedes einzelnen Abgeordneten gestärkt. Zu Recht hat es klargestellt, dass der Deutsche Bundestag bei der Ausübung des Budgetrechts und bei der Wahrnehmung seiner „haushaltspolitischen Gesamtverantwortung" die „wesentlichen Entscheidungen" selbst treffen müsse.[201] Wie sie abzugrenzen sein sollen, blieb offen. Die europarechtliche Zulässigkeit der getroffenen Maßnahmen spielte aber wieder keine nennenswerte Rolle. Es ging in der Entscheidung im Kern um die binnenstaatliche Wahrung demokratischer Grundsätze, namentlich des Haushaltsrechts. Ein „kleinstmögliches" Untergremium des Bundestags sei von den Aufgaben und den Arbeitsabläufen des EFSF nicht gefordert.[202]

(3) Unterrichtung des Bundestages
In dem Organstreitverfahren zwischen der Fraktion Bündnis 90/Die Grünen im Bundestag und der Bundesregierung hatte das Bundesverfassungsgericht zunächst zu klären, ob die Unterrichtungspflichten nach Art. 23 Abs. 2 GG auch für völkerrechtliche Verträge gelten, die von Mitgliedstaaten der EU geschlossen werden. In seinem Urteil vom 19. Juni 2012 hat es diese Frage bejaht und festgestellt, dass solche Verträge dann Angelegenheiten der Europäischen Union sind, wenn sie in einem „Ergänzungs- oder sonstigen besonderen Näheverhältnis zum Recht der Europäischen Union" stehen. Maßgebend soll eine Gesamtbetrachtung der Umstände, einschließlich der Regelungsinhalte, -ziele und -wirkungen sein.[203] Im Übrigen befasste sich das Gericht wieder im Wesentlichen nur mit Fragen des deutschen Verfassungsrechts und stellte eine Verletzung der Unterrichtungsansprüche des Deutschen Bundestages aus Art. 23 Abs. 2 Satz 2 GG in Bezug auf den ESM-Vertrag und den Euro-Plus-Vertrag fest.[204]

(4) Ausblick auf den ESM-Vertrag
Nach der bisherigen Rechtsprechung ist deshalb nicht sicher festzustellen, wann ein „Rettungsprogramm" die „Verfassungsidentität" berührt.[205] Insoweit ist auch die Entscheidung im Verfahren zur Überprüfung des ESM-Vertrags of-

---

des Kriterium ansieht. Bei Überschreitung dieser Grenze seien Einzelzustimmungsakte des Parlaments erforderlich.

201 BVerfG, NVwZ 2012, 495, 496, 497, Nr. 110; zust. *Nettesheim*, Verfassungsrecht und Politik in der Staatsschuldenkrise, NJW 2012, 1409, 1410, der aber zu Recht Kritik an dem zugrunde gelegten „Gleichbehandlungsanspruch" der Abgeordneten übt.

202 BVerfG, NVwZ 2012, 495, 502, Nr. 146 ff.

203 BGH, Urt. v. 19. Juni 2012, NVwZ 2012, Leitsatz 1, Rdn. 135, 144.

204 BGH, Urt. v. 19.6.2012 – 2 BvE 4/11, Rdn. 133, 154.

205 *Nettesheim* (Fn. 201), S. 1412, sieht darin eine destabilisierende Wirkung für die Rettungsmaßnahmen.

fen. Das Bundesverfassungsgericht hat aber die europarechtlichen Fragen auch in seinem Urteil vom 12. September 2012 ausgeklammert.[206] Daher brauchte es die Auswirkungen möglicher Verletzungen des Primärrechts auf das deutsche Verfassungsrecht nicht näher zu prüfen. Das wird möglicherweise im noch ausstehenden Verfahren in der Hauptsache anders sein.

c. Würdigung

Bisher hat das Bundesverfassungsgericht die vielfach geäußerten Zweifel an der europarechtlichen Zulässigkeit der bisherigen Hilfsmaßnahmen durch EU, ESZB und Mitgliedstaaten nicht aufgegriffen und seine „ultra-vires" Rechtsprechung (noch) nicht angewendet, obwohl hochrangige Politiker von einer de facto Vertragsänderung gesprochen haben.[207] Die zwei Haupteinbruchstellen von Maßnahmen auf europäischer Ebene in das deutsche Verfassungsrecht, die in der Lissabon-Entscheidung entworfen worden sind („ausbrechende Rechtsakte", „Verfassungsidentität"),[208] wurden (bisher) nicht weiter herangezogen. Das gilt auch für das übergeordnete Element der „Integrationsverantwortung".[209] Hier werden Verfassungsverstöße im Schrifttum gesehen.[210]

Sein redliches Bemühen, die demokratische Legitimation der Entscheidungen zu stärken ist anerkennenswert, doch ist zu bezweifeln, dass sich das Parlament den angeblich alternativlosen Sachzwängen der Finanzmärkte entziehen kann.[211] Wie bereits zu erkennen ist, wird es doch nur „abnicken", was andernorts schon entschieden worden ist. Im Zweifel wird es noch weniger den Mut und Sachverstand haben, die notwendigen (schmerzhaften) Bereinigungen vorzunehmen und anschließend wieder die stabilen Finanzstrukturen aufzubauen, die Deutschland noch vor wenigen Jahren gehabt hat, bevor den Sirenengesängen von den effizienten Finanzmärkten und den billigen oder gar kostenlosen Finanzierungsquellen – auch für den öffentlichen Sektor – blind gefolgt wurde. Eigentlich sollten die Herrscher über die Jahrhunderte gelernt haben, dass den Versprechungen von Alchimisten und anderen Experten, aus Stroh Gold zu machen, nicht zu trauen ist.

Die Verankerung des Budgetrechts im Demokratieprinzip, das durch Art. 79 Abs. 3 GG geschützt wird, kann als „integrationsfester Rückzugsraum" gedeutet werden. Er kann als die „absolute Integrationsgrenze" dienen, die auch nicht durch hinreichend bestimmte Einzelermächtigungen überschritten werden kann.[212] Auch wenn bisher eine Grenzüberschreitung noch nicht festgestellt worden ist, kann sie jederzeit aktiviert werden, um Maßnahmen, denen

---

206 NJW 2012, 3145.
207 *Faßbender* (Fn. 115), S. 802.
208 BVerfGE 123, 267, 356.
209 *Nettesheim* (Fn. 201), S. 1410; *Rodi* (Fn. 92), Art. 125 AEUV Rdn. 12.
210 *Faßbender* (Fn. 115), S. 802.
211 Skeptisch auch *Thym* (Fn. 75), S. 1012.
212 *Thym* (Fn. 75), S. 1013.

mit verfassungsändernder Mehrheit zugestimmt worden ist, wie die Einfügung von Absatz 3 in Art. 136 AEUV, Fiskalpakt und ESM, entgegen zu treten. Ob die danach unzulässige umfassende Haftungsgemeinschaft aber durch den ESM überschritten wird, ist bei genauer Prüfung der Einzelregelungen nicht ersichtlich, da in den kritischen Punkten Einvernehmen, also Einstimmigkeit, erforderlich ist. Allerdings sind die Beteiligungsrechte des Bundestages nicht wie in Art. 10 ESM-Vertrag auch in den anderen Bereichen gegen Eintritt völkerrechtlicher Verbindlichkeit ohne seine Zustimmung hinreichend abgesichert.

Möglicherweise ist schon jetzt der Verfassungsstaatlichkeit irreparabler Schaden zugefügt worden. Rechtsbrüche, begangen von oberen und obersten Staatsorganen sind die wirkliche Gefahr für die freiheitlich-demokratische Grundordnung des Grundgesetzes und nicht die Nervosität „der" Finanzmärkte oder Bankeninsolvenzen. Die sicher wünschenswerte Stärkung plebiszitärer Mitwirkung wird daran und an der Auslieferung an die (wenigen) Personen, die tatsächlich „die" Finanzmärkte sind, nichts ändern.[213] Nur mittelfristig ist zu erwarten, dass die unmittelbare Entscheidung des Volkes über (kostenträchtige) Projekte und staatliche Wohltaten verbunden mit der Entscheidung über ihre Finanzierung durch von allen (!) zu tragende Abgaben, also vor allem Verbrauchsteuern, zu soliderem Finanzgebaren und damit zur Rückgewinnung politischer Gestaltungsspielräume führt. Allerdings ist das dafür zur Verfügung stehende Zeitfenster möglicherweise schon geschlossen, wenn zu viele Stimmberechtigte von diesen Wohltaten profitieren und zu wenige die dafür erforderlichen Leistungen erbringen, wie das Beispiel Nordrhein-Westfalen zeigt.

IV. Zusammenfassung und Ergebnisse

1. Es gibt gute Argumente für ein generelles Verbot (freiwilliger) Unterstützungsleistungen an Euro-Mitgliedstaaten.
2. Die Vereinbarkeit der Leistungen der EU im Rahmen des EFSM mit Art. 122 Abs. 2 AEUV ist fraglich. Die Beurteilung der Kausalitätsfrage ist maßgebend.
3. Die Vereinbarkeit der Leistungen der Mitgliedstaaten im Rahmen der speziellen Griechenlandhilfe und im Rahmen des EFSF mit dem AEUV in der damals geltenden Fassung ist nicht sicher.
4. Die Einführung von Art. 136 Abs. 3 AEUV modifiziert das Vertragsrecht und ist wohl noch in Einklang mit Art. 48 Abs. 6 EUV erfolgt.

---

[213] Ebenso *Nettesheim* (Fn. 201), S. 1412.

5. ESM und Fiskalpakt verstoßen nach der Änderung des Primärrechts wohl nicht gegen den AEUV.
6. Unabdingbar für die Schaffung des ESM sind aber das Inkrafttreten von Art. 136 Abs. 3 AEUV und des „Fiskalpaktes" sowie deren Beachtung im Vollzug.
7. Der Erwerb von Forderungen gegen Mitgliedstaaten über einen längeren Zeitraum und zur Erleichterung von Zinslasten überschreitet die Befugnisse und Zuständigkeiten des ESZB.
8. Der Erwerb von Forderungen gegen Mitgliedstaaten über einen längeren Zeitraum und zur Erleichterung von Zinslasten ist nicht mit dem Verbot der Kreditgewährung durch Zentralbanken an Hoheitsträger nach Art. 123 AEUV zu vereinbaren.
9. Die Gewährung von langfristigen Krediten an Banken verstößt ebenfalls gegen die Zuständigkeitsordnung des AEUV und ist bei einer Weiterleitung der Mittel an Hoheitsträger nicht mit Art. 123 AEUV zu vereinbaren.
10. Die Akzeptierung von ausfallgefährdeten Forderungen als Sicherheit für die Gewährung von Krediten durch das ESZB verstößt gegen Art. 18.1., zweiter Spiegelstrich, Satzung ESZB/EZB.

Lösungsvorschläge –
Die Rückkehr zum Recht

„Die Rückkehr zum Recht" – Weiterentwicklung des institutionellen Rahmens der Währungsunion – ökonomische und rechtliche Überlegungen

Franz-Christoph Zeitler

„Rückkehr zum Recht" – bedeutet dies nicht, angesichts der in der Entwicklung der Währungsunion seit 2010 zu beobachtenden „normativen Kraft des Faktischen", eine „Rückkehr zu alten Illusionen"? Bedeutet dies nicht, ökonomische Vorgänge und Marktprozesse mit einer juristischen Elle zu messen, nach dem Grundsatz „fiat iustitia, pereat mundus"? Bei Licht besehen kann es nicht darum gehen, ökonomische und rechtliche Sichtweise gegeneinander auszuspielen, sondern es geht um die Rückkehr zu dem, was der Begriff „Ökonomie" (griechisch oikonomía) im Wortsinne meint: „Regeln für das Haus" – Regeln für das politische und wirtschaftliche Leben innerhalb des gemeinsamen Hauses einer Demokratie.

Im Übrigen wird auch der viel zitierte Satz „fiat iustitia, pereat mundus" falsch verstanden. Er soll auf Papst Hadrian VI. (16. Jahrhundert) zurückgehen, der den biblischen Begriff von „Welt" (mundus) als Inbegriff äußerer, hohler Machtausübung ohne innere Rechtfertigung und deshalb ohne dauernden Bestand, verwendete. Richtig verstanden hieße der Satz somit: „Die Gerechtigkeit muss sich gegenüber bloßer Machtausübung durchsetzen!"[1]

I. Staatsschuldenkrise und Prinzipien der Währungsunion

Die seit Mai 2010 im Euroraum aufgetretene Staatsschuldenkrise, die die seit 2007 zu beobachtende weltweite Finanzkrise überlagert und verschärft, hat erhebliche Schwächen in der Beachtung des Regelwerks der Währungsunion und auch Schwachstellen in der Gestaltung des Regelwerks selbst bloß gelegt.

Jeder der drei „Pfeiler" im Konzept der Währungsunion nach dem Maastricht-Vertrag ist nach seinem Wortlaut oder seinem Sinne beschädigt, gedehnt oder – um das mildeste Wort zu wählen – massiv unter Druck gesetzt worden.

---

[1] Vgl. zur Geschichte des Zitats *Heussen*, ZRP 2011, 251 f.

- Dies gilt für das so genannte *no bail out*-Prinzip des Artikels 125 AEUV, nach dem kein Mitgliedsstaat für die Verbindlichkeiten eines anderen Mitgliedsstaates haftet oder für sie eintritt. Das Spannungsverhältnis dieser Bestimmung mit den seit Mai 2010 aufgelegten „Rettungsschirmen" ist oft diskutiert worden.[2]
- Dies gilt für das in Artikel 123 AEUV enthaltene grundlegende *Verbot der „monetären Staatsfinanzierung"*. Die Praxis der EZB/des Eurosystems, Staatsanleihen von Mitgliedsstaaten, die an den Märkten unter Druck geraten sind, zu erwerben, führt in eine rechtliche Grauzone. Zwar ist nach dem Wortlaut des Vertrags der „unmittelbare" Erwerb von Staatsanleihen verboten, da ein Kauf am Primärmarkt ökonomisch einer Kreditvergabe gleichzustellen ist. Käufe am Sekundärmarkt geraten aber jedenfalls dann in ein Spannungsverhältnis zu Sinn und Zweck dieser Norm, wenn sie in unmittelbarem zeitlichen Vorlauf vor der Emission neuer Staatstitel stattfinden, weil dies für eine Intention der unmittelbaren Beeinflussung der Zinsspreads am Primärmarkt spricht.

  Positiv anzumerken für die politische Wirkung der rechtlichen Prinzipien ist immerhin die (bisher) unterbliebene Gewährung einer Banklizenz an die „Rettungsschirme" (EFSF, ESM), wie sie vielfach empfohlen wird. Dieser Vorschlag hätte es den Rettungsfonds ermöglicht, erworbene Staatsanleihen beim ESZB zur Refinanzierung einzureichen, mit der erhaltenen Notenbank- Liquidität neue Staatsanleihen zu erwerben und diese wiederum als Sicherheit für EZB-Refinanzierungskredite zu verwenden. Ein solches „monetäres perpetuum mobile" hätte dem ESZB die Herrschaft über die Geldmenge entzogen und damit den direkten Einstieg in eine „Inflationsgemeinschaft" bedeutet. Die Nähe zu den verdeckten Inflationsinstrumenten der 30'er und 40'er Jahre ist nicht von der Hand zu weisen (damals konnten Unternehmen als Mittel der Kriegsfinanzierung vom Dt. Reich garantierte Handelswechsel [„Mefo-Wechsel"] bei der Reichsbank unlimitiert rediskontieren).[3]
- Dies gilt schließlich für das Prinzip des Artikels 126 AEUV und des sog. *Stabilitäts- und Wachstumspakts* (hier als Oberbegriff für Art. 126 AEUV und die ihn ausfüllenden Verordnungen der EU zur haushaltspolitischen Überwachung, Beschleunigung des Verfahrens und Korrektur makroökonomi-

---

[2] Vgl. *Knopp*, NJW 2010, 1777ff. (ggf. Rechtfertigung über Art 122 Abs. 2 AEUV); *Degenhardt*, Wirtschaftsdienst 2011, 374 (klarer Verstoß gegen Art. 125 AEUV); *Streinz*, Europarecht, 9. Aufl. 2012, Rdn. 1097f. („grundsätzlicher Konflikt" mit Art 125). M.E. ist bei „benigna interpretatio" angesichts der außergewöhnlichen Situation am 9./10. Mai 2011 die Rechtfertigungsbrücke des Art. 122 Abs. 2 AEUV gangbar, sie trägt allerdings nur, solange die außergewöhnlich kritische Marktsituation anhielt. Spätestens nach der relativen Beruhigung der Märkte ist eine primärrechtliche Grundlage (Art. 136 Abs. 3 AEUV) zwingend.

[3] Vgl. *Homburg*, Ifc-Schnelldienst 19/2011, S. 17, 19.

scher Ungleichgewichte verstanden), wonach „übermäßige öffentliche Defizite“ zu vermeiden sind. Der extreme Konfliktfall mit dieser Bestimmung war das griechische Defizit für 2009, das ursprünglich mit 3,6 % gemeldet worden war und nach mehreren Korrekturrunden bei schließlich 15,9 % des BIP lag; bekanntlich war dies der Funke, der die Staatsschuldenkrise am 09./10. Mai 2010 zum Ausbruch brachte.

- Nur der Vollständigkeit halber sei erwähnt, dass auch der „vierte Pfeiler“ im Konzept der Währungsunion, die *Unabhängigkeit der EZB/der Notenbanken des Eurosystems strapaziert* worden ist – nach dem klaren Wortlaut des Artikels 130 AEUV ist ja nicht nur ein nachgewiesener und erfolgreicher Einfluss auf die Beschlusstätigkeit des Eurosystems, sondern der – etwa anhand öffentlicher Erklärungen zur Geschäftsverteilung im EZB-Direktorium durchaus naheliegende – *Versuch* einer Beeinflussung der Meinungsbildung im Direktorium verboten.[4] Art. 130 AEUV ist – um eine strafrechtliche Analogie zu bemühen – nicht als „Erfolgsdelikt“, sondern als (konkretes) „Gefährdungsdelikt“ ausgestaltet.

Für das Verständnis der Währungsunion hilfreich ist der Blick auf das Zusammenspiel der drei genannten Grundpfeiler; diese stehen ja nicht unverbunden nebeneinander, sondern bilden eine Architektur, die sich mit dem *Leitbegriff der finanziellen Eigenverantwortung* eines jeden Mitgliedsstaates zusammenfassen lässt oder – ins ökonomische gewendet – der Vermeidung von „moral hazard“, also der (un)moralischen Versuchung, selbst verursachte Lasten auf die Schultern der Nachbarn zu verteilen. Nach dem Konzept des Vertrags soll dieser Versuchung die „Marktdisziplin“, die Eigenverantwortung eines jeden Mitgliedsstaates für Erwerb oder Verfall von Marktvertrauen, entgegen wirken.

II. Extreme Reaktionen auf die Probleme und Schwachstellen der Währungsunion

1. Im politischen Bereich wird von verschiedenen Seiten empfohlen, aus der Not eine (Un-)Tugend zu machen, das Maastricht-Konzept der finanziellen Eigenverantwortung der Mitgliedsstaaten aufzugeben und explizit den Weg in eine „*Transferunion*“ zu gehen, etwa über die Ausgabe sog. *Eurobonds*. Damit sind Anleihen gemeint, über deren Emission die einzelnen Mitgliedsstaaten autonom entscheiden, für die aber im Außenverhältnis alle Staaten des Euroraums (und damit letztlich die finanziell starken AAA-Staaten) gemeinsam (gesamt-

[4] Vgl. etwa SZ vom 30.11.2011, S. 17, wonach sich die Finanzminister der 17 Eurostaaten „in nächtlicher Runde in Brüssel“ auf einen Franzosen als Nachfolger des zurückgetretenen Chefvolkswirts der EZB, Jürgen Stark, geeinigt hatten (so jedenfalls eine Mitteilung des Eurogruppenvorsitzenden *Jean-Claude Junker*).

schuldnerisch) haften. Es liegt auf der Hand, dass die Verbindung nationaler Ausgabenentscheidung und Verlagerung der Finanzierungslast auf Dritte dramatische moral hazard-Effekte zur Folge hätte, die letztlich den Euro als Währung selbst in Mitleidenschaft ziehen würden. Denn die Märkte wissen, dass die Belastbarkeit der sog. AAA-Staaten, darunter Deutschland, nicht unbegrenzt ist; diese Staaten stehen aber letztlich für die Stärke des Euro. Da die Finanzmärkte zudem sehr stark „zukunftslastig" und „erwartungsgetrieben" handeln, dürfte es nach der Einführung von Eurobonds nicht lange dauern, bis das Vertrauen in den Euro als starke Währung schwindet – ablesbar am Wechselkurs, an höheren Inflationserwartungen und Inflationsraten und in der Folge höheren Kapitalmarktzinsen und niedrigeren Wachstumsraten im Euroraum. Mit der Konzeption einer Transferunion könnte somit die gegenwärtige Staatsschuldenkrise zur Krise des Euro selbst werden.

Anders als bisherige Transfers im Rahmen europäischer Programme nach dem EU-Haushalt (Art. 310 AEUV) wären die Transfers über Euro-Bonds nicht transparent (sondern eine verdeckte Zinssubvention), nicht limitiert und faktisch nicht reversibel. Auch europapolitisch wären sie mit hoher Wahrscheinlichkeit kontraproduktiv; denn die Teilhabe an der deutschen Bonität am Kapitalmarkt ist ein Anreiz für andere Staaten, für eine engere Union Souveränitätsverzichte zu leisten. Dieser Anreiz entfiele, wenn das „upgrading" der Bonität schon vorweg und ohne eigenen Souveränitätsverzicht erreicht würde.

Verfassungsrechtlich wäre mit Eurobonds der Rubikon der „Griechenland-Entscheidung" des Bundesverfassungsgerichts vom 7.9.2011[5] überschritten, wonach „vertragsrechtliche Mechanismen, die auf eine Haftungsübernahme für Willensentscheidungen anderer Staaten hinauslaufen", mangels konkreter Bewilligung durch den Bundestag nicht mit dem Budgetrecht des Parlaments und damit einem Kernelement des Demokratieprinzips (Art. 79 Abs. 3 GG) zu vereinbaren sind.

2. Als diametral entgegengesetzter Ansatz wird von anderer Seite vorgeschlagen, auf einen Ausschluss oder Austritt von Problemstaaten aus der Währungsunion hinzuwirken, oft bagatellisierend als „Abschneiden der dürren Äste vom vitalen Baum" bezeichnet. Unabhängig von rechtlichen Implikationen – Art. 50 EUV ermöglicht nur den Austritt aus der Europäischen Union insgesamt, nicht aber aus der Währungsunion unter Beibehaltung der EU-Mitgliedschaft[6] – würde dieser Weg mit massiven Konsequenzen nicht nur für den Problemstaat selbst, sondern auch für den verbleibenden Euroraum und für den

---

[5] BVerfG, Urt. v. 7.9.2011, NJW 2011, 2946 ff., 2950; zu den rechtlichen Aspekten von Eurobonds vgl. *Mayer/Heidfeld*, NJW 2012, 422 ff., ferner *Zeitler*, FAZ v. 12.1.2012, S. 12.

[6] Andererseits sind die Mitgliedsstaaten nach wie vor die „Herren der Verträge" und könnten eine Vereinbarung über das Ausscheiden eines Landes erzielen, vgl. die für das Ausscheiden Grönlands gefundene Lösung (Art 204 AEUV); dazu *Streinz*, Europarecht, 9. Aufl. 2012, Rdn. 104.

europäischen Steuerzahler mit hohen Lasten verbunden sein, was von den Befürwortern dieser Vorschläge oft verdrängt wird. Das „respice finem“-Gebot gebietet den Blick zu werfen

- auf das hohe Risiko einer Ansteckung („contagion“) anderer Staaten des Euroraums, die sich „dominosteinartig“ bis in die Kernstaaten des Euroraums weiterfressen könnte. Neben der ökonomischen droht auch die politische Ansteckung: die Integration Europas könnte in eine Tendenz zur Desintegration umschlagen.
- auf „bank runs“ mit drastischer Kapitalflucht und der Folge von Kapitalverkehrskontrollen und der Notwendigkeit, nicht nur das Bankensystem des betroffenen Landes, sondern große Teile seiner Wirtschaft zu „rekapitalisieren“.
- vor allem aber hätte ein Austritt/Ausschluss eines Staates aus der Währungsunion dessen *ungeordnete Insolvenz* zur Folge mit massiven sozialen Konsequenzen für die Bevölkerung und hohen Lasten für den Steuerzahler der übrigen EU-Staaten, da diese zunächst die aufgelaufenen Kredite und die Target-Salden abschreiben müssten und gleichzeitig den Problemstaat (mit einer in dieser Situation wohl kaum handlungsfähigen Regierung) finanziell weiter unterstützen müssten, um eine Verelendung des Landes zu vermeiden.

Insgesamt hieße die Perspektive für den Euroraum: weiterhin hohe Lasten, aber nur geringer Einfluss auf die Entwicklung des Problemstaates. Entgegen den geweckten Erwartungen wäre dies nicht „ein Ende mit Schrecken“, sondern eine „Fortsetzung des Schreckens“. Zwar lässt sich politisch ein Austritt eines Landes aus der Währungsunion bzw. seine ungeordnete Insolvenz nicht völlig ausschließen – wenn z.B. die demokratisch gewählten Institutionen eines Landes die mit Hilfskrediten verbundenen Reformauflagen ablehnen – es wäre aber unverantwortlich, einen solchen Schritt anzustreben.

III. Der „dritte Weg“: Verbesserung und Ergänzung des bisherigen Regelwerkes

Da die beschriebenen Extremvarianten wenig tröstlich sind, bleibt als „dritter Weg“ eine Verbesserung und Weiterentwicklung des bestehenden Rahmenwerks der Währungsunion. Die Erfahrungen der ersten Dekade der Währungsunion machen allerdings deutlich, dass der Respekt vor rechtlichen Regeln in politischen Konfliktfällen begrenzt ist und diese Regeln nicht als solche oder wegen des Prinzips der Rechtstreue („law abiding community“) beachtet werden, sondern nur, wenn sie durch *fühlbare ökonomische und politische Anreize* untermauert sind. Die zentrale Aufgabe für eine langfristig stabile Währungsunion lautet also, die Incentivestruktur zu verbessern, Fehlanreize zu vermeiden und das Regelwerk stärker auf die Vermeidung der Krisenursachen auszurichten: fehlendes Vertrauen in die finanzpolitische Handlungsfähigkeit eines Staates und in die Wettbewerbsfähigkeit eines Staates, die ja die Grundlage der finanzpolitischen Handlungsfähigkeit ist. Positiv gesprochen geht es darum, Regeln und Anreize noch stärker auszurichten auf:

a) Die Konsolidierung der Haushalte als Grundlage des Marktvertrauens und
b) die Stärkung der wirtschaftlichen Wettbewerbsfähigkeit durch eine interne/reale Abwertung und potentialsteigernde Strukturreformen (vom Arbeitsrecht über das Renten- und Gesundheitssystem bis zur besseren Effizienz des öffentlichen Dienstes).

Hierzu erscheinen drei Ansätze vordringlich:

1. Die (Wieder-)Herstellung eines funktionsfähigen Stabilitäts- und Wachstumspakts. (Ziel: Konsolidierung).
2. Die Akzeptanz von „Rettungsschirmen" (Regelwerke des finanziellen Beistandes) nur unter strikter und ausnahmsloser „Konditionalität". (Ziel: Wettbewerbsfähigkeit und Konsolidierung).
3. Schließlich für die Anreizwirkung zentral: Die Einführung eines Staatsinsolvenzrechts, also eines geordneten Restrukturierungsverfahrens für Mitgliedsstaaten der Währungsunion. (Ziel: Eigenverantwortung).

1. Die unter Anreizgesichtspunkten verwundbarste Stelle – die „Archilles-Ferse" – des bisherigen Stabilitätspakts (genauer: Art. 126 AEUV und der Ausführungsverordnungen) war, dass bei der Entscheidung über das Vorliegen eines „exzessiven Defizits" und somit der Eröffnung eines Sanktionsverfahrens (EDP) im Finanzministerrat „potenzielle Sünder" über einen „aktuellen Sünder" zu entscheiden hatten und es deshalb nur schwer möglich war, für einen entsprechenden Vorschlag der Kommission eine positive qualifizierte Mehrheit zu erreichen. Bekanntestes Beispiel hierfür ist das gemeinsame Vorgehen Frankreichs und Deutschlands bei der Aushebelung des Stabilitätspakt im Jahre 2003/2004, das allerdings im Ergebnis durch eine Entscheidung des Europäischen Gerichtshofs vom 13.7.2004[7] gedeckt wurde, worin die Ablehnung der Kommissionsempfehlung zur In-Verzugssetzung Deutschlands und Frankreichs und die schlichte Nichtweiterbehandlung des Vorgangs im Rat als nicht anfechtbar bezeichnet wurden.

Die *Six Pack-Beschlüsse* der Staats- und Regierungschefs, in der vom Europäischen Parlament angenommenen Fassung vom 28.9.2011[8] lösen dieses Problem noch nicht: zwar wird der präventive Arm des Stabilitätspakts verbessert und im korrektiven Arm das Verfahren der „umgekehrten Mehrheit" (reverse

[7] EuGH, Urt. v. 13.7.2004, NJW 2004, 2359 ff.
[8] Fundstelle über EurAktiv.de v. 6.10.2011.

majority) für Sanktionsentscheidungen *innerhalb* eines laufenden Defizitverfahrens eingeführt (Art. 4–8 der Verordnung zur haushaltpolitischen Überwachung im Euroraum – Änderung der VO Nr. 1466/97; 1467/97 vom 7.7.1997). Eine Empfehlung der Kommission gilt demnach als angenommen, wenn ihr der Rat nicht innerhalb von zehn Tagen mit qualifizierter Mehrheit widerspricht, wobei die Abstimmung ohne Berücksichtigung der Stimme des betroffenen Staates erfolgt. Für die Frage der *Eröffnung* eines Defizitverfahrens bleibt es aber bei der „Deauville-Formel“ zwischen dem französischen Präsidenten und der deutschen Kanzlerin, wonach hierfür weiterhin eine positive qualifizierte Mehrheit notwendig ist.

Der unter dem Eindruck stark ansteigender Zinszuschläge für viele Staaten des Euroraums, insbesondere für Spanien und Italien, von den Staats- und Regierungschefs am 9.12.2011 beschlossene (und am 2.3.2012 unterzeichnete) Fiskalpakt[9] (fiscal compact) – Treaty on stability, coordination and governance (SCG-Vertrag) bringt hier eine wichtige Verbesserung:

- In Art. 7 SCG-Vertrag verpflichten sich die teilnehmenden EU-Staaten (ohne UK, ČSR) im Wege einer „Stimmbindung“ zur Unterstützung von Kommissionempfehlungen bei der Frage des Bruchs des Defizitkriteriums/der Eröffnung eines Defizitverfahrens, sofern nicht eine qualifizierte Mehrheit ohne Berücksichtigung des betroffenen Staates dem *widerspricht*. Zum ersten Mal in der Geschichte des Stabilitätspakts verdient dieses Verfahren die Bezeichnung „quasiautomatisch“. Dies gilt jedenfalls, sofern nicht die kryptische Bezugnahme in Art. 4 S. 2 SCG-Vertrag auf das Verfahren nach Art. 126 AEUV für Länder, die neben dem Defizit- auch das Schuldenstandskriterium verfehlen, sinnwichtig als Ausnahme zu den Verpflichtungen des Art. 7 SCG-Vertrag interpretiert wird. Bei zutreffender Auslegung ändert der Hinweis auf Art. 126 AEUV nichts an den in Art 7 vereinbarten Regeln für die *Anwendung* des auf Art 126 beruhenden Verfahrens.
- Darüber hinaus verpflichten sich die teilnehmenden Staaten in Art. 3 SCG-Vertrag zur Einführung von Schuldenbremsen in das nationale Recht (strukturelles Defizit unter 0,5 % des BIP) und geben dadurch den bisherigen „nachlaufenden“ Regeln des Stabilitätspakts einen nationalen „Vorlauf“.
- Wichtig ist in diesem Zusammenhang auch Erwägungsgrund Nr. 25 des SCG-Vertrags und Nr. 5 des ESM-Vertrags vom 2.2.2012, wonach jegliche finanzielle Hilfen durch den europäischen Stabilitätsmechanismus nur einem Staat gewährt werden, der den Fiskalpakt ratifiziert hat und ihn anwendet („in compliance“ mit den Bestimmungen des Art. 3 ist).

[9] Text über consilium.europa.eu v. 2.3.2012.

Die Frage der Konsistenz des Fiskalpakts mit europäischem Primärrecht ist häufig gestellt[10] und überwiegend verneint worden. Er geht sicherlich über den AEUV hinaus, wird aber von den handelnden Parteien neben Art. 4 Abs. 3 EUV (Grundsatz der loyalen Zusammenarbeit) auf die Möglichkeit der „verstärkten Zusammenarbeit" nach Art. 20 EUV[11], Art. 326 ff. AEUV gestützt, die außerhalb des Bereichs ausschließlicher Zuständigkeiten der Union möglich ist, wenn es um die Förderung der „Ziele der Union" geht, wozu sicherlich auch das Prinzip der finanziellen Selbstverantwortung (Art. 125 AEUV) als Grundlage einer funktionierenden Währungsunion gehört.

Bedeuten diese Regeln – ihre Ratifizierung unterstellt – einen wichtigen Fortschritt in der Anwendung des Stabilitäts- und Wachstumspakts, so dürfen die nach wie vor bestehenden, zum großen Teil auf die Aufweichung des Pakts im Jahre 2005 zurückgehenden, „weichen Stellen" nicht übersehen werden:

- Während die EWU bei den monetären Größen (z.B. Leitzinssätze im Euroraum) auf dem Prinzip „one size fits all" beruht, werden die Defizitziele länderspezifisch in MTO's (mid term objectives) festgelegt, die zwar auch eine Festlegung unterhalb der 3 %-Grenze und in der Nähe eines ausgeglichenen Haushalts ermöglichen sollen, aber letztlich doch die Klarheit und Transparenz des Regelwerks reduzieren.
- Die Erreichung der Defizitziele ist mit einem großen Kranz von Ausnahmen verbunden, die im Zuge der Six Pack-Beschlüsse noch überarbeitet und erweitert wurden (vgl. Art. 2 Abs. 3–5 VO 1467/97, einschließlich der Berücksichtigung von Renten-Reformen im jeweiligen Land).
- Die Möglichkeit von Verfahrensschleifen (mehrmaliges Durchlaufen von Stationen des Sanktionsverfahrens), die durch die Beschleunigung des Verfahrens im „Six Pack" nicht grundsätzlich ausgeschlossen wurde.

2. Jegliche Inanspruchnahme eines Beistandsmechanismus („Rettungsschirms"), wie sie im Rahmen der intergouvernementalen Zusammenarbeit der Eurostaaten als EFSF und ESM vereinbart wurden, ist strikt und ausnahmslos mit Auflagen zu verbinden (*Gebot der Konditionalität*, vgl. Art. 136 Abs. 3 AEUV – einer vom Europäischen Rat am 25.03.2011[12] beschlossenen Vertragsergänzung). Mit der Konditionalität soll auf der einen Seite ein Anreiz zur Haushaltskontrolle schon im Vorfeld möglicher Krisen und zur Vermeidung

---

[10] Vgl. FAZ v. 14.12.2011, S. 11 mit Hinweisen auf die Zweifel von *Ruffert*, *Schorkopf u.a.*; im Ergebnis wie hier *Kube*, WM 2012, 245 ff., 250.

[11] In Art. 20 Abs. 1 EUV ist auch die Möglichkeit einer „Organleihe" (Inanspruchnahme der Organe der Union") vorgesehen.

[12] 2011/199/EU; zur „Heilungswirkung" des Art. 136 III – sollte er in Kraft treten – für die Zukunft (ESM), nicht für die Vergangenheit (EFSF) s.a. *Kempen*, in: Streinz (EUV/AEUV) Rdn. 1; zu Art. 136 Abs. 3 als (konstitutive) Grundlage des ESM *Kube*, WM 2012, 245 ff.

spezieller Beistandsmaßnahmen begründet werden, auf der anderen Seite sollen die Auflagen die Wiederherstellung der Wettbewerbsfähigkeit des betreffenden Landes ermöglichen und damit die notwendige „interne Abwertung" (reale Abwertung durch Anpassung des Lohn- und Preisgefüges) sicherstellen, die in der Währungsunion an die Stelle der definitionsgemäß nicht mehr möglichen Veränderung des äußeren, nominellen Wechselkurses tritt.

Die Konditionalität ist somit aus zwei Gründen wichtig: einmal begrenzt sie die durch die Rettungsschirme zweifellos bewirkte Einschränkung des Prinzips der finanzpolitischen Selbstverantwortung[13] (no bail out-Regel des Art. 125 AEUV), zum anderen sollen die aufgrund der Auflagen ergriffenen Maßnahmen das Vertrauen in die finanzpolitische Handlungsfähigkeit und wirtschaftliche Wettbewerbsfähigkeit des betroffenen Staates wieder stärken und damit die Krisenursachen – wenn auch erst in einem sehr späten Stadium – ausräumen.

Konzeptionell erscheinen die Rettungsschirme zunächst als eine Art „zweite Verteidigungslinie" hinter dem Stabilitätspakt, wenn dieser – wie in der Vergangenheit im Falle Griechenlands und Portugals – nicht verhindert hat, dass übermäßige Defizite und Schuldenstände aufgelaufen sind, die das Vertrauen der Investoren und damit die Finanzierbarkeit der Staatsverschuldung unterminiert haben.

Es ist aber auch einzuräumen, dass Schuldenkrisen denkbar sind, die nicht auf eine laxe Haushaltspolitik in den Jahren vor der Krise zurückgehen, sondern – wie der Fall Irlands zeigt (Staatsverschuldung Irlands 2007 25 %; 2010, nach Ausbruch der Krise 96 %) – auf Ursachen wie eine geplatzte Blase im Immobilien- und Finanzsektor und damit auf Fehler in der allgemeinen Wirtschafts- und Finanzpolitik (Bankaufsichtsrecht, Steuerpolitik), die Kollateraleffekte der einheitlichen Geldpolitik nicht hinreichend kompensiert hatten.

Leider wird das in dem geplanten Art. 136 Abs. 3 AEUV fixierte Konzept der „Hilfen gegen strenge Auflagen" in seiner Anreizwirkung durch eine Reihe zwischenzeitlich vereinbarter politischer Kompromisse wieder abgeschwächt:

- Entgegen der Bestimmung des Art. 20 ESM-Vertrag, wonach die Zinsen für Kredithilfen neben den operativen und Finanzierungskosten auch einen „angemessenen Aufschlag" (appropriate margin) enthalten müssen, ist im Erwägungsgrund Nr. 15 des ESM-Vertrags (und abweichend von Regeln und Praxis des IWF) auf die mittlerweile gegenüber Irland und Portugal gewährten Zinsnachlässe Bezug genommen. Dadurch kann es zu beachtlichen moral hazard-Effekten kommen, z.B. können die Finanzierungskosten für einzelne Hilfe gewährende Staaten am Kapitalmarkt höher sein als die Zinsen für Kreditnehmer unter den Rettungsschirmen.

---

[13] Vgl. *Sester*, EWS 2012, 80, 88; *Nettesheim*, Finanzkrise, Staatshilfen und Bail-out-Verbot, Europarecht 2011, Heft 4; *Kube*, Rechtsprobleme des Rettungsschirms, unveröff. Vortragsfolien von 23.11.2011.

- Die von den Staatsregierungschefs am 21.7.2011 im Zusammenhang mit der Erweiterung des EFSF (und der damals erfolgten Ablehnung von Eurobonds) im Kompromisswege beschlossene Ausdehnung der Hilfsmaßnahmen auf „vorsorgliche Kreditlinien" sowie auf Käufe von Staatsanleihen am „Primär- und Sekundärmarkt" soll zwar nach Art. 17 und 18 des ESM-Vertrags nichts an der notwendigen Konditionalität ändern (Vereinbarung eines Memorandum of Understanding mit Kommission, EZB, IWF); gleichwohl besteht die Gefahr, dass dieser Grundsatz im konkreten Einzelfall vorgeblichen „praktischen Zwängen" geopfert wird (z.B. könnte vorgetragen werden, Sekundärmarktkäufe bedürften zum Erfolg am Markt eines „Überraschungsmoments", dass sich nicht mit lange vorher verhandelten Auflagen verträgt).[14]
- Entgegen Art. 136 Abs. 3 AEUV – neu – sieht Art. 13 Nr. 1 a ESM-Vertrag vor, nicht nur die Finanzstabilität des Euroraums insgesamt, sondern auch die eines seiner Mitgliedstaaten als Grundlage eines Beistandes zu bewerten.
- Schließlich ist auch die mehrmals abgeschlossene, aber von interessierter Seite immer wieder angestoßene Debatte um das *Volumen* der Rettungsschirme geeignet, die Anreizwirkung des Konzepts zu untergraben. Der These, nur eine möglichst hohe, am besten unlimitierte „Brandmauer" könne die Märkte hinreichend „abschrecken", mag für die ganz kurze Frist bei den Marktteilnehmern Zustimmung finden (diese sind selbstverständlich über jede Risikoübernahme durch Dritte erfreut). Mittelfristig kann eine immer höhere Brandmauer aber die Marktdisziplin, den Druck für notwendige und schmerzhafte Strukturreformen vor allem in den großen Mitgliedstaaten schmälern und dadurch die Krise eher perpetuieren statt sie lösen.
- Auch die immer wieder erhobene Forderung nach direkter Bankenrekapitalisierung aus dem Rettungsschirm[15] – ohne Aktivierung des Mechanismus im Übrigen – ist der Versuch einer „Flucht aus der Konditionalität".

Soll die Anreizorientierung des künftigen Regelwerks der Währungsunion tatsächlich Wirkung zeigen, sind deshalb weitergehende Ergänzungen notwendig:

---

[14] Vgl. hierzu auch die Entscheidung des Bundesverfassungsgerichts vom 28.2.2012 – 2 BvE 8/11, wonach bei Sekundärmarktkäufen ausnahmsweise ein neunköpfiger parlamentarischer Ausschuss ausreicht, während für Hilfsmaßnahmen im Übrigen das Plenum des Bundestages zuständig ist (Pressemitteilung des BVerG Nr. 14/2012 v. 28.2.2012).

[15] Vgl. SZ v. 26.4.2012.

IV. Ergänzung des Regelwerks um ein Staatsinsolvenzrecht/Restrukturierungsverfahren von Mitgliedsstaaten der EU

Die in der Einrichtung von „Stabilitätsmechanismen“ („Rettungsschirm“) liegende Einschränkung des no bail out-Prinzips ist nur dann vertretbar, wenn der *Kern* der finanziellen Selbstverantwortung erhalten bleibt. Dieses Prinzip ist kein Selbstzweck oder „deutsche Rigidität“, sondern die von der finanzpolitischen Selbstverantwortung ausgehenden verhaltenslenkenden Effekte unterstreichen das Eigeninteresse jedes Staates, auch durch kurzfristig unpopuläre Maßnahmen das Marktvertrauen zu stärken und schaffen damit die Voraussetzung für die langfristige Stabilität der Währungsunion.

Neben den Rettungshilfen beizufügenden Auflagen – bei denen jedoch immer die Gefahr der Abschwächung oder Nichterfüllung aufgrund politischer Opportunität besteht,[16] ist es deshalb von essentieller Bedeutung, *ex ante* klar vereinbarte, für die Mitgliedsstaaten und Marktteilnehmer berechenbare Regeln einer *geordneten* Staatsinsolvenz oder „politisch korrekter“ – eines Restrukturierungsverfahrens für Mitgliedsstaaten – vorzusehen.[17] Diese Konsequenz ist für den betroffenen Mitgliedstaat und seine organisierte Öffentlichkeit (Parteien, Gewerkschaften, Medien) derart einschneidend, dass hiervon ein starker Anreiz zu ihrer Vermeidung und damit zur Befolgung der Regeln ausgeht.

Konzeptionell erweist sich ein Staatenrestrukturierungsrecht als *Schlussstein der „Maastricht-Architektur“* für eine einheitliche Währung ohne gleichzeitige politische Union. Die Mitgliedsstaaten verwenden ja nach diesem Konzept Geld, das sie (bzw. ihre nationalen Notenbanken) nicht selbst herstellen, kontrollieren und vermehren können – stabilitätspolitisch ein immenser Vorteil, der sich auch in dem bisher erreichten hohen Maß an Preisstabilität des Euroraums niedergeschlagen hat.[18] Verschuldet sich aber ein Staat in einer „fremden“ Währung, die er nicht selbst durch Inflation entwerten oder durch politische Entscheidungen abwerten kann, führt dies bei zu hoher Verschuldung zur größeren Wahrscheinlichkeit einer Staatsinsolvenz und damit zur Notwendigkeit, für diesen Fall durch klare ex ante-Regeln vorzusorgen.

---

[16] So wird z.B. schon im ESM-Vertrag in Erwägungsgrund Nr. 3 statt der von den Staats- und Regierungschefs am 25.3.2011 vereinbarten „strict conditionality“ nur mehr von „appropriate conditionality“ gesprochen.

[17] *Paulus*, RIW 2010, 1 spricht von „Resolvenzrecht“.

[18] Darauf wurde im Vorfeld der Währungsunion wiederholt hingewiesen, vgl. etwa *Siebert*, Geld, das man nicht selbst herstellen kann – ein ordnungspolitisches Plädoyer für die Währungsunion, in: Bofinger, Währungsunion oder Währungschaos, 1993, S. 13–24.

Die Möglichkeit einer geordneten Staatsinsolvenz und Einführung eines Restrukturierungsverfahrens für Staaten ist auch eine ehrliche und glaubwürdige Antwort an die in der Öffentlichkeit der Geberstaaten zurecht gestellte Frage, was geschehen soll, wenn ein Problemstaat nicht bereit oder – z.B. aufgrund fehlender politischer Unterstützung im Parlament oder in der Öffentlichkeit bei Wahlen – nicht in der Lage ist, die für eine interne Abwertung und Wiederherstellung der Wettbewerbsfähigkeit nötigen Auflagen und harten Einschnitte zu erfüllen. Zwar zeigt die jüngere Wirtschaftsgeschichte durchaus positive Beispiele solcher „realer Abwertungen" durch Anpassung des Preis- und Lohnniveaus und einschneidende Strukturreformen (im Rentensystem, Gesundheitssystem, durch Effizienzsteigerung des öffentlichen Dienstes); baltische Staaten wie *Lettland*[19] haben dies genauso gezeigt wie *Irland*, das von einem vorher erreichten Rekordniveau aus die Lohnstückkosten zwischen 2008 und 2011 um 20–25 % reduziert und das Leistungsbilanzdefizit ausgeglichen hat. Dennoch gibt es keine politische Gewähr dafür, dass die notwendigen Anpassungsmaßnahmen von allen Staaten dauerhaft durchgehalten werden.

Unter dem gegenwertigen Regelwerk der Währungsunion ist jedoch der „Instrumentenkasten" (tool box) für die Staats- und Regierungschefs der anderen Staaten in einem solchen Fall begrenzt: letztlich waren bisher nur die „Nuklearoptionen" eines durch Überredung oder wirtschaftlichen Zwang erreichten Austritts aus der Währungsunion oder einer ungeordneten Insolvenz (gleichfalls mit dem Ergebnis eines faktischen Austritts aus der Währungsunion) denkbar. Wie in der Militärdoktrin sind aber „Nuklearoptionen" für den, der sie ausspricht eine genauso große Bedrohung wie für den Adressaten, so dass letztlich ein „free rider-Verhalten" belohnt würde, wonach ein nicht kooperationswilliger Staat in der Währungsunion „durchfinanziert" würde, während die Führungsschicht kooperationswilliger Staaten, die hohe kurzfristige Belastungen für die wirtschaftliche Gesundung in Kauf nehmen, vor ihrer eigenen Bevölkerung diskreditiert wäre.

Was sind die wesentlichen Elemente eines Restrukturierungsverfahrens?[20]

---

[19] Nach geplatzter Immobilienblase 2009 interne Abwertung durch ca. 20 % (!) Lohnrückgänge, im öffentlichen Dienst ca. 40 % (!); durch Verbesserung der Wettbewerbsfähigkeit ab 2011 wieder Wachstum von 4–5 %. (Lettland ist an den Euro durch ein „currency board"-System angebunden).

[20] Das von *Paulus*, Ifo-Schnelldienst 2010, Nr. 23, S. 7 ff. entwickelte Gerüst einer Resolvenzordnung (gerichtliche Entscheidung, Verfahrungsordnung laut Restrukturierungsplan) ist m.E. weitgehend kompatibel mit den hier dargestellten Elementen. Auf Grund der Spezifika einer Währungsunion (z.B. Unmöglichkeit einer nominellen Abwertung; Refinanzierung durch die EZB) sind m.E. aber einige zusätzliche institutionelle Vorkehrungen zu treffen (vor allem für die angesprochenen Fragen der Sicherheiten und der grenzüberschreitenden Bankenrestrukturierung).

- Einführung von Umschuldungklauseln (CAC’s) in alle Staatenanleihen, um geordnete Entscheidungsprozesse der Gläubiger zu ermöglichen. Dies ist im Grundsatz vereinbart (Erwägungsgrund Nr. 11 des ESM-Vertrags entsprechend der Entscheidung der Staats- und Regierungschefs vom 25.03.2011). Allerdings sind im Beschluss der Finanzminister/der Eurogruppe Ausnahmen für unterjährige Anleihen vorgesehen, die zumindest theoretisch eine „Flucht in die kurzen Laufzeiten“ begünstigen könnten. Der am 20.3.2012 von den Koalitionsfraktionen der Bundesregierung eingebrachte Entwurf einer Änderung des Bundesschuldenwesengesetzes[21] sieht in § 4 a bis k die „Möglichkeit“ der Einführung solcher konkret beschriebener Umschuldungklauseln in die deutschen Staatsanleihen von über einem Jahr Laufzeit vor.
- Grenzüberschreitende Regeln für die Bankenrestrukturierung: Da eine Staateninsolvenz regelmäßig (wegen der Abschreibung auf Staatsanleihen, die die Kreditinstitute aus Liquiditätsgründen vorhalten müssen und als Beleihungsgrundlage bei den Notenbanken des Eurosystems nutzen) zum Zusammenbruch des Bankensystems im betroffenen Land führt, sind über eine Rekapitalisierung hinausgehende Regeln zur Bankenrestrukturierung nötig, die z.B. während des Restrukturierungsvorganges auch ein grenzüberschreitendes Stillhalten der Gläubiger vorsehen müssen. Die Wirkung von §§ 48 a, g Abs. 7 KWG in der Fassung des deutschen Restrukturierungsgesetzes endet naturgemäß an den nationalen Grenzen.
- Die Verantwortung der Gläubiger und damit die Marktdisziplin wird gestärkt durch einen „bevorrechtigten Gläubigerstatus“ für die Rettungskredite des EFSF/ESM, der – um Konflikte mit dem IWF zu vermeiden und eine weitere Beteiligung des IWF an den Rettungsmaßnahmen zu ermöglichen – gegenüber der Position des IMF nachrangig ist (junior preferred creditor status, vgl. Erwägungsgrund Nr. 13 des ESM-Vertrags).
- Als springender Punkt eines Insolvenz-/Restrukturierungsrechts erscheinen mir aber Vorkehrungen zur *Bereitstellung valider Sicherheiten*, die dem insolventen Staat die Möglichkeit geben, weiterhin Zugang zum Zahlungskreislauf und den Refinanzierungsmöglichkeiten des Eurosystems zu erhalten (nachdem die emittierten Staatsanleihen in der Insolvenz ausgefallen sind und die EZB diese nicht mehr als Sicherheit für Refinanzierungskredite akzeptieren kann, vgl. Art. 18 ESZB-Statut). Ohne einen solchen Zugang zum Zahlungskreislauf des Eurosystems (inkl. des Target Zahlungssystems) wäre das betroffene Land von der Währungsunion faktisch ausgeschlossen. Der Hauptanreiz für ein geordnetes Insolvenz-/Restrukturierungsverfahren liegt somit darin, dass es dem betroffenen Staat ein Verbleiben in der Währungsunion ermöglicht.

---

[21] Bundestags-Drucksache 17/9049.

Die Sicherheiten könnten in der Verpfändung staatlich gehaltener Unternehmensbeteiligungen oder nicht für hoheitliche Zwecke erforderlichen staatlichen Grundbesitzes bestehen. Auch die Devisenreserven (die nach einer Insolvenz nicht besonders hoch sein werden) sind selbstverständlich in Betracht zu ziehen. In vielen Fällen wird aber letztlich an der Verpfändung zukünftiger Steuereinnahmen (im amerikanischen Sprachgebrauch oft „tax farming" genannt) kein Weg vorbeiführen. Die Sicherheiten könnten zur Erhöhung der Fungibilität in eine nationale Treuhand (trust) eingebracht oder als Deckungsstock („underlying") für spezielle Wertpapiere (Staatspfandbriefe) dienen.[22] Entscheidend ist dabei ein klares Verfahren zur Benennung („earmarking") der betreffenden Eigentumstitel oder Zahlungsströme. Als ein erster Schritt in diese Richtung kann das im Zusammenhang mit dem „Griechenland II Paket" diskutierte/vereinbarte (?)[23] Treuhandkonto (escrow account) angesehen werden, auf das die zur Bedienung der umgeschuldeten, neuen Anleihen notwendigen Mittel fließen sollen.

Gelänge es, ein solches, auf der Bereitstellung von Sicherheiten beruhendes Insolvenz- und Restrukturierungsverfahren einzuführen, würde dies schon im Vorfeld seine Wirkung auf die Märkte nicht verfehlen und die Marktdisziplin erheblich stärken. Das geringe Risikobewusstsein und vor allem die geringe Risikodifferenzierung, die die Finanzmärkte in der „Honeymoon-Phase" der EWU, der Periode der Zinskonvergenz von 1995 bis 2007 an den Tag legten, hat bekanntlich mit dazu beigetragen, dass die Krisenursachen jahrelang beschönigt wurden und sich bis zum Ausbruch der Staatsschuldenkrise über die Zeit hinweg auftürmen konnten. Ein ergänztes Regelwerk der Währungsunion würde deshalb schon im Vorfeld seine Wirkung entfalten und idealiter mehr durch „Abschreckung" statt durch „tatsächlichen Einsatz" wirken.

---

[22] Vgl. den Vorschlag der European Economic Advisory Group für „European Standard Bonds", *Sinn*, Fed versus EZB, in: FAZ v. 26.2.2012.

[23] Nach Mitteilung von Kommissar *Rehn* ist ein solches „segregated account" von der griechischen Regierung im Rahmen der Gespräche über die Rettungsmaßnahmen zugesagt worden, vgl. The Guardian v. 21.2.2012, www.guardian.co.uk/business; präzisere Quellen konnten nicht in Erfahrung gebracht werden.

Status und Zukunft der Währungsunion

Peter Sester

I. Einleitung

1. Ausgangspunkt

Die Banken- und Staatschuldenkrise, die seit 2008 andauert, war der erste große Test für die ökonomische Konzeption der Währungsunion und ihren institutionellen Rahmen, wie er im AEUV und der EZB-Satzung niedergelegt ist. Das Zwischenfazit lautet: Das ökonomische Konzept einer Währungsunion ohne Aufgabe der nationalen Haushaltsouveränität hat versagt; der institutionelle Rahmen, in den dieses Konzept gegossen wurde, hat sich als zu starr erwiesen, weil zu schwer änderbar. Da Zentralbanken und das Währungssystem aber den Lebensnerv einer jeden Volkswirtschaft darstellen, muss ihre Funktionsfähigkeit um jeden Preis erhalten werden. Weil der Rechtsrahmen, in den sie gegossen sind, keinen hohen Grad an normativer Sättigung aufweist, wie dies etwa bei den Grundrechten oder Grundfreiheiten der Fall ist, sondern „nur" Organisationsrecht darstellt, kann und muss er im Sinne der institutionellen Zwecksetzung flexibel ausgelegt werden. Dies gilt vor allem in einer existentiellen Krise, in der die Zentralbank mit einer Situation konfrontiert ist, für die der europäische Gesetzgeber keine Vorkehrungen getroffen hat, die aber sofort gelöst werden muss. Eine statische Anwendung bzw. Übertragung der klassischen (nationalen) Verwaltungs- und Verfassungsrechtsdogmatik auf die Interpretation des (europäischen) Zentralbankrechts, wie sie gerade in Deutschland manchmal zu beobachten ist, stößt nicht nur international auf Unverständnis, sondern wird auch der Verantwortung für das europäische Gemeinwesen nicht gerecht. Am Schicksal des Euro bzw. der Währungsunion hängt nicht nur die Zukunft Europas, sondern auch unser nationaler Wohlstand und sozialer Frieden. Dieser Verantwortung für die Menschen muss der Rechtsanwender gerecht werden, wenn er die gesellschaftliche Akzeptanz nicht verlieren möchte.

2. *Aufriss der Rechtsprobleme*

Das Securities Market Programme (SMP) der EZB wurde im Mai 2010 eingeführt.[1] Es war eine unmittelbare Reaktion auf den Ausbruch der Krise in Griechenland und die sich rasch anschließenden Krisen in Irland und Portugal. Im Rahmen des SMP erwarb die EZB auf dem sog. Zweitmarkt, wo bereits emittierte Wertpapiere gehandelt wurden, sukzessive Staatsanleihen der drei Krisenstaaten. Im ersten Halbjahr 2011 kam das SMP zum Stillstand, wurde jedoch im August 2011 wieder aufgenommen und erweitert.[2] Wenige Tage nachdem die EZB erstmals spanische und italienische Staatsanleihen gekauft hatte, schrieb Ottmar Issing, einer der Gründungsväter des Euro, in der Financial Times folgende scharfe Kritik[3]: „A monetary union with a stable euro can only survive if central bank independence is fully respected. This implies that the ECB abstains from fiscal policy actions (such as buying sovereign bonds in secondary markets). Yet to change the „no bail-out“ clause ever more in the direction of a bail-out regime is not a step towards a democratically-legitimised political union.“

Aus rechtlicher Perspektive wirft die deutlich formulierte Stellungnahme Issing's vor allem drei wesentliche Fragen auf: (1) Stellt das SMP eine ernstzunehmende Gefahr dar für die Unabhängigkeit der EZB (Art. 130 AEUV)? (2) Bringt das SMP die Staaten der Eurozone dergestalt in die Gefahr eines Bail-out, dass Art. 125 (1) AEUV verletzt wird? (3) Kann das SMP dazu führen, dass gegen das Verbot, Regierungen durch Zentralbankkredite zu finanzieren (Art. 123 AEUV), verstoßen wird?

Losgelöst von der grundsätzlichen Frage, ob das SMP demokratisch ausreichend legitimiert und langfristig effektiv ist, kann man sich jedenfalls nicht der Tatsache verschließen, dass die Unabhängigkeit der EZB tatsächlich durch das SMP bedroht wird. Als maßgeblicher Gläubiger von Krisenstaaten wird die EZB unter verschiedenen Gesichtspunkten verwundbar. Im Falle eines Default (Zahlungsausfall oder Zahlungsstörung) wird die EZB unter wachsenden politischen Druck geraten, Zahlungsaufschübe (waivers) oder gar Teilerlasse (haircuts) zu akzeptieren. Dass dies nicht nur eine theoretische Sorge ist, sondern Realität werden kann, wurde im ersten Quartal 2012 deutlich: Als die Verhandlungen über die Restrukturierung der griechischen Schulden (vor allem mit Finanzinstitutionen, die griechische Staatsanleihen halten) einen ent-

---

[1] Beschluss der EZB vom 14. Mai 2010 zur Einführung eines Programms für die Wertpapiermärkte (EZB/2010/5), Amtsblatt EU, 20.05.2010 L 124/8 (http://www.ecb.int/ecb/legal/pdf/l_12420100520de00080009.pdf).

[2] Vgl. http://www.centralbanknews.info/2011/08/european-central-bank-signals-expansion.html.

[3] *Issing*, Slithering to the wrong kind of union, Financial Times, 08.08.2011 (http://www.ft.com/intl/cms/s/0/c4159b34-c1a8-11e0-acb3-00144feabdc0.htmlaxzz1mFeLpNbi); vgl. auch *Issing*, Die Währungsunion im Spannungsfeld von Politik und Ökonomie, EWS 2011, 257 ff.

scheidenden Punkt erreichten, forderten einflussreiche Ökonomen, wie z.B. der Wirtschaftsweise Wolfgang Franz, dass sich die EZB an der Restrukturierung der Schulden beteiligen sollte.[4] Sollte die EZB jedoch einen „haircut" auf den Nominalwert der von ihr gehaltenen Staatsanleihen hinnehmen (müssen), durch den die Forderungen der EZB gegen Griechenland unter den Preis sinken, den die EZB beim Erwerb der Anleihen im Zweitmarkt bezahlt hat, dann wird die EZB spürbare Verluste erleiden. Außerdem würde das Akzeptieren eines solchen haircuts dazu führen, dass gegen das Verbot der Finanzierung von Regierungen mit Zentralbankgeld verstoßen würde (Art. 123 AEUV).[5]

Zudem gerät die EZB als Hauptgläubiger eines europäischen Krisenstaates automatisch in einen Interessenkonflikt: Wie alle Gläubiger von Staatsanleihen hat die EZB ein natürliches Interesse daran, dass ihr Schuldner seine wirtschaftliche Leistungsfähigkeit verbessert. Folglich wird die EZB ein hohes Wirtschaftswachstum und niedrige Arbeitslosenzahlen begrüßen, wenn nicht sogar fördern. Dieses Interesse steht aber im Widerspruch zur Konzeption der EZB, wie sie in Art. 127 (1) AEUV verankert ist. Diese eiserne Regel legt eine klare Zielhierarchie für die Geldpolitik der EZB fest: an erste Stelle steht Preisstabilität! Die EZB hat kein Mandat den Arbeitsmarkt bzw. das Wirtschaftswachstum zu fördern (wenn dies mit dem Preis einer höheren Inflationsrate erkauft wird).

Das Ziel Preisstabilität wird nicht nur durch den dargelegten Interessenkonflikt gefährdet, wie er vom SMP ausgelöst wird, sondern auch durch ein Moral Hazard Problem, das gleichfalls durch das SMP hervorgerufen wird. Es kann im Ausgangspunkt kein Zweifel darüber bestehen, dass die Geldwertstabilität im Euroraum entscheidend davon abhängt, dass jeder einzelne Mitgliedstaat Fiskaldisziplin wahrt. Wenn die Liquidität am Zweitmarkt für Staatsanleihen eines bestimmten Eurostaates austrocknet, so sendet dies ein glasklares Signal an den betreffenden Staat: Stelle das Vertrauen der Investoren wieder her, indem Haushaltsdisziplin geschaffen und die Wettbewerbsfähigkeit verbessert wird; andernfalls gibt es keine Möglichkeit, die aufgelaufenen Schulden zu refinanzieren (sprich: in die Zukunft zu „rollen")! Der Preis für Staatsanleihen am Zweitmarkt ist das entscheidende Signal für den Zinssatz, den der betreffende Staat am Primärmarkt anbieten muss, wenn er erfolgreich neue Staatsanleihen platzieren will. Angesichts der Tatsache, dass Staaten ihre Schulden (fast) nie wirklich abbauen, sondern nur in die Zukunft verschieben, hängt ihre Zahlungsfähigkeit entscheidend davon ab, dass sie stets dazu in der Lage sind, neue Staatsanleihen am Primärmarkt zu möglichst günstigen Zinskonditionen zu platzieren. Wegen ihrer Signalwirkung für diesen Markt haben die Zweitmärkte für Staatsanleihen eine disziplinierende Wirkung auf Politiker.

---

[4] Vgl. http://www.deutsche-mittelstands-nachrichten.de/2012/01/37140/.

[5] Siehe unten II 2 sowie *Atkins*, Financial Times, 16.11.2011, ECN under strain as political masters bicker (http://www.ft.com/intl/cms/s/0/402b158c-1073-11e1-8298-00144feabdc0.html#axzz1mFeLpNbi); Interview mit *Jens Weidemann*, Handelsblatt vom 16.02.2012, S. 6f.

Wenn sich aber die Politiker eines Schuldnerstaates, die sich an eine laxe Haushaltsdisziplin gewöhnt haben, darauf verlassen können, dass die EZB als letzter Käufer von Staatsanleihen einspringen wird, dann nimmt der Reformdruck, der von den Marktkräften ausgeht, sofort ab und die betreffenden Politiker können einstweilen damit fortfahren, mehr Geld auszugeben als sie Steuern einnehmen. Wir alle erinnern uns daran, dass die Regierung des Ex-Präsidenten Berlusconi nur wenige Tage, nachdem die EZB im Sommer 2011 begonnen hatte, italienische Staatsanleihen zu kaufen, sich schnurstracks daran machte, ein bereits zugesagtes und beschlossenes Sparprogramm wieder aufzuschnüren.[6]

Dennoch ist es von einem rechtlichen Standpunkt aus betrachtet sehr schwer, ein Urteil darüber zu fällen, ob die institutionelle Garantie der Unabhängigkeit der EZB[7] durch eine geldpolitische, von der Zentralbank selbst getroffene Maßnahme verletzt wurde. Diese Frage überhaupt zu stellen bedeutet für sich genommen schon fast eine Verletzung ihrer Unabhängigkeit. Zentralbanken müssen ein hohes Maß an Entscheidungsfreiheit genießen[8] – vor allem in einer nie dagewesenen Krise – und sollten nicht dadurch gemaßregelt werden, dass man die institutionelle Garantie der Unabhängigkeit in ein richterliches Korrektiv verwandelt. Aus Respekt vor der Unabhängigkeit wird sich dieser Artikel auf die zweite und dritte Frage konzentrieren, die sich aus dem Zitat von Issing ergeben. Es wird zunächst die Frage diskutiert, ob das SMP ein Bail-out Risiko schafft, das gegen Art. 125 (1) AEUV verstößt. Weiter wird analysiert, ob der dauerhafte European Stability Mechanism (ESM) – wie er im Januar 2012 beschlossen wurde[9] – die EZB von den Risiken des SMP befreien und in Zukunft selbst die Rolle des letzten Käufer von Staatsanleihen im Zweitmarkt übernehmen kann.

3. Vom EFSF zum ESM

Die European Financial Stability Facility (EFSF) wurde von den Mitgliedstaaten auf der Basis eines Beschlusses des Ecofin Rates vom 9. Mai 2010 errichtet. Das Mandat der EFSF besteht darin, die Finanzstabilität in Europa dadurch zu

---

[6] *Atkins*, Eurozone crisis: A deft to buy time, Financial Times, 07.02.2012 (http://www.ft.com/intl/cms/s/0/a7ade85e-5184-11e1-a99d-00144feabdc0.html).

[7] Vgl. *Zilioli/Selmayr*, The Constitutional Status of the European Central Bank, CML Rev. 2007, 355–399.

[8] Um einen Eindruck davon zu gewinnen, wie die EZB die Unabhängigkeitsregel selbst auslegt, vgl. ECB Opinion of 1 July 2010 on the remuneration of the staff of Banca Natională a Romaniei (CON/2010/51); ECB Opinion of 25 March 2010 on independence, confidentiality and the prohibition of monetary financing (CON/2010/25); ECB Opinion of 14 July 2009 on the taxation of Banca d'Italia's gold reserves (CON/2009/59); ECB Opinion of 18 May 2009 on measures on public sector remuneration with regard to central bank independence (CON/2009/47); vgl. auch *Zilioli/Selmayr*, The Constitutional Status of the European Central Bank, CML Rev. 2007, 355, 368–368.

[9] Vgl. http://www.efsf.europa.eu/attachments/esm_treaty_en.pdf.

schützen, dass bestimmte Krisenstaaten der Eurozone finanzielle Hilfen erhalten.[10] Der Krisenfonds war eine Notfallmaßnahme, mit der die Mitglieder der Eurozone auf den Ausbruch der griechischen Krise reagierten, auf die alsbald die irische und die portugiesische Krise folgten. In seiner ursprünglichen Fassung verfügte der Fonds nur über ein begrenztes Volumen an Finanzmitteln und nur über wenige Interventionsinstrumente. Er konnte vor allem Kredite an Krisenstaaten vergeben, die den gleichen Rang (pari passu) haben wie Ansprüche privater Gläubiger gegen diese Staaten.[11] Der Eingriff in Wertpapiermärkte gehörte nicht zu den ursprünglich vorgesehenen Instrumenten.

Von Anfang an war klar, dass die EFSF nur als Übergangslösung dienen sollte. Insbesondere die deutsche Regierung bestand darauf, dass eine dauerhafte Lösung auch die Beteiligung privater (Alt-)Gläubiger regeln müsse.[12] Daher begannen die Mitglieder der Eurozone alsbald mit der Konzeption des ESM, der eine dauerhafte europäische Institution werden sollte. Damals war geplant, dass der ESM die EFSF im Jahre 2013 ablösen sollte.[13] Die Dynamik der Krise zwang die Mitgliedstaaten der Eurozone jedoch dazu, die Übergangslösung, also die EFSF, schon ein Jahr nach seiner Errichtung zu reformieren.[14] Die Reform wurde im Herbst 2011 umgesetzt. Seitdem ist die EFSF ermächtigt, in den Erst- und Zweitmarkt für Staatsanleihen zu intervenieren. Die Intervention in den Zweitmarkt ist nur auf der Basis einer EZB-Studie möglich, in der das Bestehen außergewöhnlicher Umstände auf dem Finanzmarkt festgestellt wird, die die Finanzmarktstabilität bedrohen.

Bei ihrem Gipfeltreffen im Januar 2012 unterschrieben die Mitglieder der Eurozone den sogenannten ESM-Vertrag, der die Basis für den dauerhaften europäischen Rettungsfonds bildet.[15] Angesichts der tiefen Krise und der offensichtlich unzureichenden Finanzmittel der EFSF vereinbarten die Staaten außerdem, den operativen Start des ESM von 2013 auf Mitte 2012 vorzuziehen. Angesichts der andauernden Diskussion über die Aufstockung des ESM erscheint es wahrscheinlich, dass die ESM-Staaten bei ihrem nächsten Gipfeltreffen im März 2012 beschließen werden, beide Rettungsfonds parallel zu betreiben. Ursprünglich war vorgesehen, dass der ESM die EFSF ersetzen sollte. In Bezug auf den Wertpapiermarkt wird der ESM ähnliche Interventionsrechte haben wie die EFSF. Daher sind beide Rettungsfonds zumindest theoretisch dazu in der Lage, das umstrittene SMP der EZB zu ersetzen.

---

[10] http://www.efsf.europa.eu/about/index.htm.

[11] Vgl. die Einführung zur Funktionsweise der EFSF von *Regling*, Aufgaben und Herausforderungen des EFSF, EWS 2011, 261 ff.

[12] *Sester*, Beteiligung von privaten Investoren im Rahmen des ESM, WM 2011, 1057 ff.

[13] European Council, EUCO 10/11 of 20.04.2011 (http://register.consilium.europa.eu/pdf/de/11/st00/st00010-re01.en11.pdf).

[14] European Council, 24/25 March 2011, EUCO 10/11, Co EUR 6, CONCL 3, S. 6.

[15] Vgl. http://www.efsf.europa.eu/attachments/esm_treaty_en.pdf.

Beide Rettungsfonds beruhen auf zwischenstaatlichen Vereinbarungen. Die Fonds selbst wurden in Form einer Aktiengesellschaft (sociétés anonyme) in Luxemburg errichtet, die voll rechtsfähig ist, jedoch über keine Banklizenz verfügt. Die Gründe dafür, eine zwischenstaatliche Organisation zu schaffen, anstatt eine neue europäische Institution (im Primärrecht) zu errichten, waren Zeitmangel und das hohe politische Risiko, das mit jeder Änderung der europäischen Verträge verbunden ist. Letzteres wurde von vielen nationalen Regierungen angesichts der Krise und einer tief verunsicherten Bevölkerung als besonders hoch eingeschätzt. Gleichwohl offenbarte das politisch wohl unvermeidbare Ausweichmanöver „zwischenstaatliche Vereinbarung" schon bald, wenn nicht sogar von Beginn an, seine Schwächen. Als es nach nur einem Jahr notwendig wurde, die Vereinbarung zur EFSF zu ändern, zeigte sich, dass die notwendige Zustimmung der 17 Vertragsstaaten (und besonders ihrer Parlamente) fast ebenso schwer zu erreichen war, wie man es von den Änderungen der europäischen Verträge (EUV/AEUV) kannte. Darüber hinaus ruft der Übergang zu zwischenstaatlichen Organisationen zumindest zwei grundlegende Bedenken hervor: Es geht einmal um das unklare Verhältnis zwischen den Rettungsfonds auf der einen Seite sowie den bestehenden EU-Institutionen und Prinzipien der europäischen Verträge auf der anderen Seite. Das Bedenken betrifft den Mangel an demokratischer Kontrolle auf der EU-Ebene. Der erste Punkt wird im Folgenden erörtert. Dagegen kann das sehr viel komplexere Thema, wie sich in der Nachkrisenzeit eine Legitimation für die entstehende Fiskalunion schaffen lässt, nur angerissen werden.[16]

4. Strategiewechsel durch Mario Draghi: Focus auf LTRO statt Ausbau des SMP

Der auffälligste Strategiewechsel, den Mario Draghi kurz nach der Ablösung von Jean Claude Trichet als EZB-Präsident vollzog, war die Ankündigung von zwei massiven Long Term Refinancing Operations (LTRO).[17] Draghi hatte die Idee, den Banken ein bisher nie dagewesenes Angebot zu machen: Sie sollten bei der EZB für drei Jahre billige (aber gesicherte) Kredite aufnehmen, und zwar in jedem gewünschten Umfang. Ziel war eine „Wand aus Geld" zu errichten, um das europäische Bankensystem vor einer Liquiditätsklemme zu schützen. Nach Aussagen des für gewöhnlich gut informierten Financial Times-Journalisten Ralph Atkins war diese neue Strategie mit der Hoffnung verbunden, dass die partizipierenden Banken die aufgenommenen Finanzmittel in hochverzins-

---

[16] Vgl. *Monti/Goulard*, Die Demokratie neu denken, FAZ vom 15.02.2012, S. 8 sowie unten IV.

[17] Vgl. *Linzert/Nautz/Bindseil*, The Longer Term Refinancing Operations of the ECB, ECB Working Paper Series NO. 359 / May 2004 (http://www.ecb.int/pub/pdf/scpwps/ecbwp359.pdf).

liche Staatsanleihen der Krisenstaaten anlegen würden, um an der erheblichen Zinsspanne zu verdienen. Laut Atkins wurde dies zwar bei verschiedenen Sitzungen des EZB-Rates diskutiert; Bestandteil der offiziellen Begründung für das LTRO wurden diese Überlegungen jedoch nicht.[18] Die LTROs wurden am 8. Dezember 2011 angekündigt.[19] Die erste Operation wurde am 20. Dezember 2011 abgeschlossen, die zweite wurde im Februar 2012 abgeschlossen. Das Gesamtvolumen an dreijährigen Darlehen, die bei der ersten Runde zugeteilt wurden, belief sich auf ca. € 1.000 Mrd. Dies entspricht etwa 10 % des BIP der Eurozone.

Vor dem Hintergrund, dass Banken an LTROs nur in dem Umfang teilnehmen können, wie sie über zentralbankfähige Sicherheiten (eligible assets) verfügen, verband die EZB ihre Ankündigung der dreijährigen LTROs mit einer Änderung der Regelung zu den Sicherheiten.[20] Zunächst wurden die Ratinganforderungen für bestimmte Asset Backed Securities (ABS) abgesenkt. Ferner gestattete die EZB den nationalen Zentralbanken (NZB), vorübergehende Kreditsicherheiten zu akzeptieren, die spezielle Anforderungen erfüllen, die jedoch geringer sein können als diejenigen für gewöhnliche zentralbankfähige Sicherheiten.[21] Am 9. Februar 2012 informierte die EZB darüber, dass sie die individuellen Vorschläge von sieben nationalen Zentralbanken (Ireland, Spain, France, Italy, Cyprus, Austria and Portugal) genehmigt habe, in denen diese Banken jeweils für ihr Land Kriterien für zusätzliche (vorübergehende) zentralbankfähige Sicherheiten aufgestellt haben.[22] Nach den gewöhnlichen Regeln stellen nur solche Forderungen zentralbankfähige Sicherheiten dar, deren Ausfallwahrscheinlichkeit weniger als 0.4 % beträgt; die betreffenden sieben Zentralbanken werden nun (zumindest für die nächsten 12 Monate) auch

---

[18] *Atkins*, Eurozone crisis: A deft way to buy time, Financial Times, February 8, 2012, p. 7.

[19] ECB Press Release, 8 December 2011 (http://www.ecb.eu/press/pr/date/2011/html/pr111208_1.en.html).

[20] EZB-Entscheidung vom 14. Dezember 2011 on additional temporary measures relating to Eurosystem refinancing operations and eligibility of collateral (ECB/2011/05).

[21] EZB-Pressemitteilung vom 8. Dezember 2011 – ECB announces measures to support bank lending and money market activity (http://www.ecb.eu/press/pr/date/2011/html/pr111208_1.en.html); ECB-Decision of 14 December 2011 on additional temporary measures relating to Eurosystem refinancing operations and eligibility of collateral (ECB/2011/05), Art. 4 (1) An NCB may accept as collateral for Eurosystem monetary policy operations credit claims that do not satisfy the Eurosystem eligibility criteria. (2) The NCBs shall establish eligibility criteria and risk control measures for accepting credit claims pursuant to paragraph 1. Such eligibility criteria and risk control measures shall be subject to prior approval by the Governing Council.

[22] EZB-Pressemitteilung Release of 9 February 2012 – ECB's Governing Council approves criteria for additional credit claims (http://www.ecb.europa.eu/press/pr/date/2012/html/pr120209_2.en.html); vgl. auch Introductory statement to the press conference (with Q&A) and transcript of the questions asked and the answers given by *Mario Draghi*, President of the ECB, and *Vítor Constâncio* Vice-President of the ECB, 09.02.2012 (http://www.ecb.int/press/pressconf/2012/html/is120209.en.html).

solche Forderungen akzeptieren, deren Ausfallwahrscheinlichkeit bei 1 oder sogar 1,5 % liegt.

Als Folge dieser Aufweichung der Kriterien konnten zusätzliche Forderungen im Wert von € 600 bis 700 Mrd. als Sicherheiten bei der zweiten LTRO-Runde eingesetzt werden. Allerdings hat EZB-Präsident Mario Draghi in einer Pressekonferenz vom 9. Februar 2012 angekündigt, dass die Zentralbank auf diese neue Sicherheitenkategorie einen deutlich höheren Sicherheitsabschlag („haircut") vornehmen bzw. eine stärkere Übersicherung („over-collateralisation") verlangen wird als bei den gewöhnlichen Zentralbanksicherheiten.

Der Wermutstropfen für die sieben nationalen Zentralbanken, die nunmehr schwächere Sicherheiten akzeptieren, besteht darin, dass sie das zusätzliche Kreditausfallrisiko direkt tragen müssen. Fällt eine kreditnehmende Bank aus und kommt es nach Verwertung der Sicherheiten zu einem Fehlbetrag, wird der daraus resultierende Verlust nicht im europäischen Zentralbanksystem mit den anderen Zentralbanken geteilt.[23]

Der Übergang vom SMP zu massiven LTRO hatte zumindest aus strategischer Perspektive klare Vorteile für Herrn Draghi und die Mehrheit im EZB-Rat: Bei der Durchführung von LTRO handelt die EZB offensichtlich als sog. liquidity provider of last resort für den Bankensektor, also übernimmt sie eine Rolle, die klar in ihre Kompetenzen bzw. in ihren Verantwortungsbereich fällt. Folglich konnte Herr Draghi – zumindest vorübergehend – der andauernden Kritik der Bundesbank am SMP entkommen, die dieses Programm von Beginn an als potentiellen Bruch der goldenen Regel ansah, die eine Finanzierung von Regierungen durch Zentralbankgeld verbietet (Art. 123 AEUV). Gleichwohl liegt es auf der Hand, dass die exzessive Vergabe von Zentralbankkrediten an private Banken das Risiko für die EZB, für die nationalen Zentralbanken und ihre Eigentümer erhöht. Außerdem kann eine heute zu großzügige Liquiditätspolitik der EZB bei den privaten Banken Anreize schaffen, für morgen Inflationsrisiken aufzubauen.[24] Und sollten die an LTRO teilnehmenden Banken die zusätzliche Liquidität tatsächlich in hochverzinsliche Anleihen von Krisenstaaten anlegen, die sie sodann wieder im Rahmen von Rückkauf- oder Darlehensgeschäften mit der EZB einsetzen, wird deutlich, dass die LTROs letztlich ganz ähnliche Effekte auf die EZB-Bilanz haben können wie das SMP. Man kann daher LTRO auch als eine Kredithebelung (leveraging) durch die Hintertür bezeichnen.[25]

Schließlich bedeutet eine Verschiebung des Fokus auf LTRO nicht, dass damit das SMP Geschichte wäre. Zunächst einmal wurde das SMP nie offiziell beendet und kann jederzeit wieder ausgebaut werden. Und außerdem sind die

---

[23] Vgl. *Atkins*, Eurozone crisis: A deft way to buy time, Financial Times, February 7, 2012, p. 3.

[24] *Atkins/Watkins*, Germans concerned over Draghi liquidity offer, 09.02.2012 (http://www.ft.com/intl/cms/s/0/f7a0b748-5345-11e1-aafd-00144feabdc0.html).

[25] Siehe unten II 1.

bereits erworbenen „minderwertigen" Staatsanleihen (junk bonds) nicht verschwunden, sondern vergiften noch immer die Bilanz der EZB.

II. Verursacht das SMP ein Bail-out Risiko unter Verstoß gegen Art. 125 (1) AEUV?

1. SMP – Rekapitalisierung der EZB – „backdoor" Bail-out

Einstweilen ist es zu früh, um die langfristigen finanziellen Konsequenzen des SMP für die EZB abzuschätzen. Derzeit kann man nur folgende triviale Feststellung treffen: Das endgültige Ergebnis des SMP wird von der wirtschaftlichen Zukunft der Anleiheschuldner abhängen. Sollten die Staaten, welche die problematischen Staatsanleihen emittiert haben, ihre Zinsen und fälligen Rückzahlungen leisten, ohne dass ein Programm zur Schuldenrestrukturierung (mit Schuldenschnitt, direkten oder indirekten Zinsreduktionen oder Laufzeitverlängerungen) nötig wird, dann sind die EZB und ihre Eigentümer, die Mitglieder der Eurozone, auf der sicheren Seite. In diesem Fall kann die EZB entweder die Anleihen nach der (unmittelbaren) Krise sukzessive wieder im Zweitmarkt verkaufen oder aber bis zum Ende der Laufzeit halten. In beiden Fällen kann die EZB sogar einen Nettogewinn erzielen, immer vorausgesetzt, der Emittent kehrt zu einer gesunden Haushaltslage zurück.

Gelingt dies dem Emittenten nicht, ohne zuvor ein einschneidendes Schuldenrestrukturierungsprogramm (mit Schuldenschnitten etc.) zu durchlaufen, dann wird die EZB Verluste erleiden. Nach dem EZB-Statut wird ein Fehlbetrag durch Entnahmen aus dem allgemeinen Reserevefonds ausgeglichen (Art. 33.1 EZB-Satzung). Genügt dieser Fonds nicht, werden die monetären Einkünfte herangezogen. Letztlich muss die EZB von den Mitgliedstaaten der Eurozone rekapitalisiert werden. Zwar behaupten viele Ökonomen, dass (klassische) Zentralbanken problemlos ohne Eigenkapital im klassischen Sinne arbeiten können, sie räumen aber zumeist ein, dass ein hoher negativer Bilanzwert wahrscheinlich ihre Unabhängigkeit gefährden und ihre Fähigkeit beeinträchtigen wird, effektiv ihre geldpolitischen Ziele umzusetzen.[26] Sofern eine Gesellschaft der Unabhängigkeit ihrer Zentralbank einen hohen Stellenwert beimesse, wie es in Europa weithin üblich ist, könne die Rekapitalisierung der Zentralbank wesentlich werden.[27] Diese Feststellung trifft auf die EZB angesichts ih-

---

[26] *Stella*, ILF Working Paper WP/97/83, Do Central Banks Need Capital?, 2005 http://www.perjacobsson.org/ external/pubs/ft/wp/wp9783.pdf; for recommendations on how recapitalization of central banks can be done in practice see *Dalton/Dziobek*, IMF Working Paper WP/05/72, Central Bank Losses and Experiences in Selected Countries.

[27] *Stella*, ILF Working Paper WP/97/83, Do Central Banks Need Capital?, 2005 http://www.perjacobsson.org/ external/pubs/ft/wp/wp9783.pdf; for an example of a central bank

rer einzigartigen Struktur als Aktiengesellschaft im Eigentum der Eurostaaten in besonderer Weise zu (Art. 28 EZB-Satzung).

Sollte sich die Notwendigkeit einer Rekapitalisierung der EZB als direkte Konsequenz des SMP in Verbindung mit einem „freiwilligen" Schuldenschnitt ergeben, dann müsste diese Rekapitalisierung zumindest als Bail-out durch die Hintertür qualifiziert werden; entsprechendes würde für das Thema Finanzierung von Regierungen durch Zentralbankgeld gelten. Das SMP mit einem Bail-out Risiko für die Eurostaaten in Verbindung zu bringen, ist keineswegs nur ein theoretisches Gedankenspiel. Vielmehr konnte man dieses Risiko im Markt für Staatsanleihen bereits beobachten. Unmittelbar nachdem die EZB ihre SMP Mitte 2011 reaktiviert hatte, stiegen die Prämien für Kreditausfallversicherungen (Credit Default Swaps) für fünfjährige deutsche Staatsanleihen signifikant an.[28] Bei entsprechenden französischen Staatsanleihen war der Effekt noch stärker.[29] Die Prämien für solche Kreditausfallversicherungen gelten als guter Indikator für das mittelfristige Länderrisiko.[30] Es gibt also durchaus einen empirischen Beleg dafür, dass das SMP – nach Meinung der Märkte – ein Bail-out Risiko für die Staaten der Eurozone mit sich bringt.

2. *Rechtliche Basis des SMP*

Gemäß der EZB-Entscheidung, mit der das SMP eingerichtet wurde, ergibt sich seine rechtliche Basis aus den folgenden Bestimmungen des AEUV und der EZB-Satzung:

Art. 127 (2) AEUV (entspricht Art. 3.1 EZB-Satzung):
Die grundlegenden Aufgaben des ESZB bestehen darin: – die Geldpolitik der Union festzulegen und auszuführen (…).

Art. 12.1 (2) EZB-Satzung:
Das Direktorium führt die Geldpolitik gemäß den Leitlinien und Beschlüssen des EZB-Rates aus. Es erteilt hierzu den nationalen Zentralbanken die erforderlichen Weisungen. (…)

Art. 18.1 EZB-Satzung:
Zur Erreichung der Ziele des ESZB und zur Erfüllung seiner Aufgaben können die EZB und die nationalen Zentralbanken: – auf den Finanzmärkten tätig wer-

---

recapitalization law see Law No. 167–07 for the Recapitalization of the Central Bank of the Dominican Republic http://www.creditopublico.gov.do/ingles/Legal%20Framework/law/Recapitalization%20Law_167–07.pdf.

[28] Vgl. http://m.faz.net/aktuell/finanzen/anleihen-zinsen/kreditversicherungen-praemien-deutscher-papiere-steigen-stark-11115152.html.

[29] Vgl. http://m.faz.net/aktuell/finanzen/anleihen-zinsen/kreditversicherungen-praemien-deutscher-papiere-steigen-stark-11115152.html.

[30] Vgl. ECB Financial Stability Review, June 2011, pp. 72–73.

den, indem sie auf Euro oder sonstige Währungen lautende Forderungen oder börsengängige *Wertpapiere* sowie Edelmetalle *endgültig* oder im Rahmen von Rückkaufvereinbarungen *kaufen* (...).

In der Tat ermächtigt Art. 18.1 EZB-Satzung die EZB dazu, Wertpapiere im Finanzmarkt endgültig zu kaufen, wenn diese Transaktionen dazu beitragen, ihre geldpolitischen Ziele umzusetzen, wie sie vom EZB-Rat festgelegt werden. Als die EZB im Mai 2010 ihre Entscheidung zum SMP bekannt gab, begründete sie diesen Schritt mit dem Argument, die Intervention in den Zweitmarkt sei gerechtfertigt, weil Spannungen in den Wertpapiermärkten abgebaut werden müssten, die den geldpolitischen Transmissionsmechanismus beeinträchtigten. Andernfalls könne die Geldpolitik nicht effektiv umgesetzt werden.[31] Dieses Argument ist tragfähig, denn das EZB-Statut ermächtigt die EZB explizit dazu, geldpolitische Zwischenziele zu verfolgen (Art. 12.1 EZB-Statut) wie z.B. die Funktionsfähigkeit des geldpolitischen Transmissionsmechanismus. Als die EZB das SMP im Sommer 2011 reaktivierte, blieb die Argumentation im Wesentlichen gleich.

Im Lichte der klaren Zielhierarchie, wie sie in Art. 127 (1) AEUV festgelegt ist, muss die EZB jedoch sicherstellen, dass die Verfolgung geldpolitischer Zwischenziele keine negativen Auswirkungen auf die Preisstabilität hat. Denn dieses Ziel hat eindeutig Vorrang. Nur wenn keine negativen Wirkungen auf die Preisstabilität drohen, darf die EZB die allgemeine Wirtschaftspolitik der EU unterstützen (Art. 2 EZB-Satzung). Nun liegt auf der Hand, dass jeder Ankauf von Staatsanleihen durch eine Zentralbank tendenziell die umlaufende Geldmenge erhöht, wenn keine effektiven Gegenmaßnahmen ergriffen werden. Aus diesem Grund nennt die Federal Reserve ihr Programm zum Ankauf von US-Staatsanleihen vielsagend „Quantitative Easing".[32] Die zusätzliche Liquidität, die mit dem SMP in den Markt fließt, bringt logischerweise ein gewisses Liquiditätsrisiko mit sich (vor allem, wenn sie bei den Konsumenten ankäme). Natürlich ist sich die EZB dieser Gefahr bewusst. Deshalb unterstreicht sie immer wieder – wenn auch nicht in der offiziellen Entscheidung zum SMP[33] –, dass sie die zusätzliche Liquidität „sterilisieren" würde, indem sie über den Geldmarkt die zusätzliche Liquidität auf wöchentlicher Basis wieder abzieht.[34]

---

[31] Decision of the ECB of 14 May 2010 establishing a securities market programme (ECB/2010/0), Official Journal EU, 20.05.2010, L 124/8 (http://www.ecb.int/ecb/legal/pdf/l_12420100520en00080009.pdf).

[32] Vgl. http://www.guardian.co.uk/business/2011/aug/26/bernanke-jackson-hole-speech-qe.

[33] EZB-Entscheidung zum SMP vom 14. Mai 2010 (EZB/2010/5), Official Journal EU, 20.05.2010 L 124/8 (http://www.ecb.int/ecb/legal/pdf/l_12420100520en00080009.pdf).

[34] *Peel/Milne*, Bond move deepens ECB divide, FT August 7, 2011 (http://www.ft.com/intl/cms/s/0/70dbb426-c103-11e0-b8c2-00144feabdc0.html#axzz1mFeLpNbi).

Kann die EZB diese Sterilisierung wirklich garantieren? Um diese Frage beantworten zu können, muss man die geldpolitischen Instrumente der EZB betrachten. Der Werkzeugkasten der EZB ist in Art. 17–24 EZB-Satzung[35] geregelt und in Standard- und Nicht-Standardoperationen unterteilt. Der systematische Ankauf von Staatsanleihen im Rahmen des SMP kann nur als Nicht-Standardmaßnahme qualifiziert werden, bei der die EZB als liquidity provider of last resort für den Zweitmarkt von Staatsanleihen agiert. Die Standardoperationen beziehen sich insbesondere auf Kreditgeschäfte und Rückkaufvereinbarungen, bei denen die EZB als lender of last resort für den Bankensektor auftritt. Im Hinblick auf die Steuerung der kurzfristigen Liquidität sind Offenmarkttransaktionen und die ständigen Fazilitäten von entscheidender Bedeutung. Offenmarkttransaktionen werden von der EZB initiiert, die auch über das eingesetzte Instrument und die Ausführungsbedingungen bestimmt. Bei den Ständigen Fazilitäten geht die Initiative dagegen von den Geschäftsbanken aus, die sich auf diese Weise insbesondere mit Übernachtliquidität versorgen können (speziell wenn der Interbankenmarkt gestört ist). Unter gewöhnlichen Umständen gibt es keine Kreditlimits oder andere Beschränkungen für geeignete Gegenparteien der EZB – immer vorausgesetzt, sie können ausreichend zentralbankfähige Kreditsicherheiten anbieten. Die skizzierten Operationen haben den Effekt, dass sie die umlaufende Geldmenge erhöhen.

Wie kann also die EZB Liquidität vom Geldmarkt abziehen? Auf einer wöchentlichen Basis gibt es dafür im Wesentlichen zwei Hebel: Die EZB kann (theoretisch) das Tender-Volumen für das Hauptrefinanzierungsinstrument reduzieren und/oder sie kann Termineinlagen hereinnehmen. Bei Letzterem handelt es sich um eine sogenannte Feinsteuerungsoperation.[36] Angesichts eines gestörten Interbankenmarktes setzt die EZB insbesondere den zweiten Hebel ein, um die Liquidität abzusaugen, die durch das SMP zusätzlich generiert wird. Bislang hat diese Strategie recht gut funktioniert. Wegen des Vertrauensverlustes der Privatbanken untereinander hat die Nachfrage nach Termineinlagen im Interbankenmarkt abgenommen; dies hat zur Konsequenz, dass die Nachfrage nach Termineinlagen bei der Zentralbank steigt.

Dennoch gibt es keine Garantie dafür, dass diese neuartige Strategie immer und in ausreichendem Umfang funktionieren wird. Trotz des starken Widerstandes der deutschen Ex-Zentralbanker, namentlich Otmar Issing[37], Axel

---

[35] Die möglichen Operationen und Instrumente werden spezifiziert in den Guidelines of the ECB of 20 September 2011 on monetary policy instruments and procedures of the Euro system, Official Journal EU, 14.12.2011, L 331/1.

[36] Vgl. ECB/2011/14, No 1.131 (c), Official Journal EU, 14.11.2011, L 331/1 (http://www.ecb.int/ecb/legal/pdf/l_33120111214en000100951.pdf).

[37] *Issing*, Slithering to the wrong kind of union, Financial Times, 08.08.2011: „A monetary union with a stable euro can only survive if central bank independence is fully respected. This implies that the ECB abstains from fiscal policy actions *(such as the SMP)*. Yet to change the „no bail-out“ clause ever more in the direction of a bail-out regime is not a step

Weber[38] und Jürgen Stark[39], aber auch des aktuellen Bundesbankpräsidenten Jens Weidemann[40], muss man jedoch anerkennen, dass die große Mehrheit des EZB-Rates wiederholt für das SMP gestimmt hat. Es folgt aus der Unabhängigkeit der EZB und dem Entscheidungsprozess, wie er in der EZB-Satzung niedergelegt ist, dass die EZB eine Art „business judgment rule" genießt, wenn sie geldpolitische Entscheidungen trifft. Im Lichte dieser Entscheidungsfreiheit, die dem Prinzip der Unabhängigkeit immanent ist, erscheint das Urteil angemessen, dass die EZB ihr SMP zutreffenderweise über Art. 127 (2) AEUV, Art. 12.1 (2) und Art. 18.1 EZB-Satzung gerechtfertigt hat.[41] Ungeachtet dessen trifft aber Folgendes zu: Sollte die EZB dadurch Verluste erleiden, dass sie die erworbenen Staatsanleihen – aus welchen Gründen auch immer – an die EFSF, den ESM oder den Emittenten unter dem Einstandspreis verkauft, dann wäre

towards a democratically-legitimised political union. (...) The implied transfer of taxpayers' money would also take place without the involvement of national parliaments – a clear violation of the fundamental democratic principle „no taxation without representation". http://www.ft.com/intl/cms/s/0/c4159b34-c1a8-11e0-acb3-00144feabdc0.html#axzz1mBilTevU.

[38] *Weber*, Monetary policy after the crisis: A European perspective, 12.10.2010: „There is no evidence that asset purchases have had any significant impact on average euro-area sovereign bond yields on which euro-area monetary policy must exclusively focus as its main transmission channel. But the SMP risks blurring the different responsibilities between fiscal and monetary policy. As the risks associated with the SMP outweigh its benefits, these securities purchases should now be phased out permanently as part of our non-standard policy measures." (http://www.bundesbank.de/download/presse/reden/2010/20101012.weber.somc.en.php).

[39] *Elliot*, ECB reveals 22bn cost of bond rescue, The Guardian, 15.08.2011: „The ECB reactivated its securities market programme (SMP) after leaving it dormant for 19 weeks, despite opposition from a group on the bank's policymaking governing council, led by Germans Jens Weidmann and Jürgen Stark." (http://www.guardian.co.uk/business/2011/aug/15/european-central-bank-bonds); vgl. auch „The European Central Bank – Ready for the ruck?, The Economist, 22.10.2011 (http://www.economist.com/node/21533368) and http://www.reuters.com/article/2011/11/08/us-ecb-weidmann-idUSTRE7A74G120111108.

[40] *Atkins/Sandbu*, FT Interview Transcript: *Jens Weidmann*, 13.11.2011: „The ECB Governing Council has always stressed that the Securities Markets Programme is about ensuring the monetary policy transmission process. But it comes with risks. The risks are reflected in our balance sheet. There's also a risk that you mute the incentives that come from the market. Recent experience has shown that market interest rates do play a role in pushing governments towards reforms. You have seen that in the case of Italy quite clearly. We have a mandate and we have to stick to our mandate. Fixing an interest rate for a country is certainly not compatible with our mandate. You would guarantee a certain refinancing cost for a government and you could not argue that this was not monetary financing. The stated purpose of the SMP is to cope with dysfunctional markets and it's not to ensure a specific spread for a specific country." (http://www.ft.com/intl/cms/s/0/b3a2d19e-0de4-11e1-9d40-00144feabdc0.html#axzz1mBoB3GTD).

[41] Zu demselben Ergebnis gelangt *Herrmann*, EZB-Programm für die Kapitalmärkte verstößt nicht gegen die Verträge EuZW 2010, 645; anders, jedoch mit schwacher und polemischer Argumentation dagegen *Seidel*, Der Ankauf nicht markt- und börsengängiger Staatsanleihen, namentlich Griechenlands, durch die Europäische Zentralbank und durch nationale Zentralbanken – nur rechtlich fragwürdig oder Rechtsverstoß?, EuZW 2010, 521.

dies als verbotene Finanzierung von Regierungen über Zentralbankgeld zu qualifizieren. Dies haben EZB-Präsident Mario Draghi in einer Pressekonferenz und Bundesbankpräsident Jens Weidemann in einem Zeitungsinterview selbst eingeräumt.[42] Entsprechendes müsste gelten, wenn die EZB sich an einem freiwilligen Schuldenschnitt beteiligt.

Daher überrascht es nicht, dass sich weder der aktuelle noch der frühere EZB-Präsident mit dem SMP wohl fühlten. Sie haben es wohl eher als notwendiges Übel denn als zweitbestes Politikinstrument betrachtet. Deshalb hat Jean Claude Trichet im Sommer 2011 erheblichen Druck auf die Mitglieder der Eurozone ausgeübt, damit sie den ständigen Rettungsfonds ESM so konstruieren und den EFSF so umbauen, dass sie befugt sind, direkt in den Zweitmarkt für Staatsanleihen zu intervenieren. In einer seiner letzten Pressekonferenzen sagte EZB-Präsident Trichet am 4. August 2011[43]: „Of course, what we expect is that the EFSF, which will have the capacity to intervene in the secondary markets, will be effective and efficient in its interventions. That would permit us not to have to intervene to help restore more appropriate monetary policy transmission."

III. Die Rolle der EZB im Verhältnis zum modifizierten EFSF und künftigen ESM

1. Rechtliche Basis des EFSF und des ESM

Die rechtliche Basis für die EFSF und den ESM wurde – vorbehaltlich der schwebenden Zustimmung auf nationaler Ebene (vgl. Art. 23 GG) – durch eine Entscheidung des Europäischen Rates vom März 2011 geschaffen, die Art. 136 AEUV ergänzt.[44] Diese Ergänzung beruht auf Art. 48 (6) EUV, nach dem der Rat durch einstimmigen Beschluss, nachdem er zuvor das Parlament, die Kommission und (in bestimmten Fällen) die EZB konsultiert hat, ergänzende Ver-

---

[42] *Draghi*, Introductory statement to the press conference (with Q&A) and transcript of the questions asked and the answers given by *Mario Draghi*, President of the ECB, and *Vítor Constâncio* Vice-President of the ECB, 9 February 2012 (http://www.ecb.int/press/pressconf/2012/html/is120209.en.html): „It depends, if you make a loss on the sales (to the FSFS which he sates is „like a government") that is monetary financing."; *Jens Weidemann*, „Ein Forderungsverzicht ist uns nicht erlaubt", Handelsblatt vom 15.2.2012, S. 6: „Ich habe kein Problem damit, Risikopositionen, die wir ohnehin nur zögerlich eingegangen sind, wieder aus der Bilanz zu nehmen – solange die Herausnahme zu keinem Verlust führt. Der entscheidende Punkt ist, dass es uns nicht erlaubt ist, auf Forderungen gegenüber einem Staat zu verzichten. Das wäre eine Form der monetären Staatsfinanzierung".

[43] Transcript of the questions asked and the answer given by *Jean Claude Trichet*, President of the ECB, 4.8.2012 (http://www.ecb.int/press/pressconf/2011/html/is110804.en.html).

[44] Entscheidung des Europäischen Rats vom 25. März 2011 (2011/199/EU), Amtsblatt der EU, 06.04.2011, L 91/1; vgl. hierzu *Kube*, WM 2012, 245, 246 f.

tragsänderungen im Dritten Teil des AEUV vornehmen kann. Durch die besagte Ratsentscheidung wurde ein neuer Absatz in Art. 136 AEUV eingeführt: „3. Die Mitgliedstaaten, deren Währung der Euro ist, können einen Stabilitätsmechanismus einrichten, der aktiviert wird, wenn dies unabdingbar ist, um die Stabilität des Euro-Währungsgebiets insgesamt zu wahren. Die Gewährung aller erforderlichen Finanzhilfen im Rahmen des Mechanismus wird strengen Auflagen unterliegen."

Fraglich ist jedoch, ob diese Regelung, die eine spezielle Rechtfertigung für die EFSF und den ESM im Primärrecht schaffen sollte, ausreichend legitimiert ist. Angesichts der Tatsache, dass sowohl die EFSF als auch der ESM neue finanzielle Verpflichtungen für die Staaten der Eurozone begründen, die keinen anderen Zweck haben, als den Krisenstaaten der Eurozone zu helfen, kann man kaum abstreiten, dass sie in einem gewissen Spannungsverhältnis zur ursprünglichen Idee der No-Bail-Out Klausel stehen (Art. 125 AEUV).[45] Dieser latente Konflikt erscheint unter Legitimationsgesichtspunkten deshalb als besonders problematisch, weil das vereinfachte Vertragsänderungsverfahren ohne volle demokratische Legitimation (Art. 48 (5) EUV) nicht genutzt werden darf, um die Kompetenzen der EU im Primärrecht zu erhöhen. Rein technisch betrachtet ist dies nicht der Fall, denn weder durch den Vertrag zur Errichtung/Modifizierung der EFSF noch durch denjenigen zur Errichtung des ESM werden neue Kompetenzen auf die europäischen Institutionen übertragen.[46] Beide Rettungsfonds stehen außerhalb des Primärrechts. Dennoch haben diese zwischenstaatlichen Organisationen erhebliche Auswirkungen auf die Funktionsweise der Währungsunion. Diese wird vertieft und gleichzeitig wird der Weg in eine Fiskalunion vorgezeichnet. Deshalb sollten diese Organisationen, speziell der dauerhafte Rettungsfonds ESM, sobald wie möglich in europäische Institutionen auf Basis des AEUV umgewandelt werden. Die gegenwärtige Konzeption als zwischenstaatliche Einrichtung außerhalb des Primärrechts passt nicht in den institutionellen Rahmen der EU. Die logische Konsequenz sind politische und rechtliche (womöglich sogar gerichtliche) Streitigkeiten über das Verhältnis der Rettungsfonds zu den bestehenden Institutionen der Europäischen Verträge und ihren tragenden Regelungen.[47]

Man kann sogar noch einen Schritt weiter gehen und folgende Frage stellen: Wenn der ESM keine europäische Institution im Sinne des EUV und des AEUV ist, weshalb brauchen wir dann den neuen Absatz 3 des Art. 136 AEUV? Mei-

---

[45] Art. 125 AEUV kann nicht als Verbot des finanziellen Beistandes der Eurostaaten untereinander interpretiert werden. Obwohl dies weithin anerkannt ist, gibt es vereinzelte Gegenstimmen wie *Seidel*, Die „No-Bail-Out"-Klausel des Art. 125 AEUV als Beistandsverbot, EuZW 2011, 529–530.

[46] Ebenso *Kube*, WM 2012, 245, 246.

[47] Zur kritischen Position des britischen Premierministers *David Cameron* vgl. http://www.bbc.co.uk/news/uk-politics-16807226

nes Erachtens nur deshalb, weil die Eurostaaten eine pro forma Rechtfertigung für die de facto Verletzung der No-Bail-Out Klausel schaffen wollten. Will man zu einem konsistenten und demokratisch legitimierten Rechtsrahmen für die Währungsunion zurückkehren und einen solchen für die künftige Fiskalunion schaffen, ist es unumgänglich, für eine klassische Vertragsänderung zu kämpfen, durch die der ESM mittelfristig in den tradierten institutionellen Rahmen der EU integriert wird.

2. Die Funktion der EZB unter dem reformierten EFSF- und dem neuen ESM-Vertrag

Gemäß Art. 13 (1) ESM-Vertrag beginnt das Verfahren zur Vergabe von Stabilitätshilfen wie folgt: „Ein ESM-Mitglied kann an den Vorsitzenden des Gouverneursrats ein Finanzhilfeersuchen richten. Bei Erhalt eines solchen Ersuchens überträgt der Vorsitzende des Gouverneursrats der Europäischen Kommission, *im Benehmen mit der EZB* die folgenden Aufgaben: (a) das Bestehen einer Gefahr für die Finanzstabilität des Euro-Währungsgebiets insgesamt zu bewerten, es sei denn, die *EZB* hat bereits eine Analyse nach Art. 18 (2) vorgelegt."

Daraus ergibt sich, dass die EZB maßgeblich in die Entscheidung einbezogen ist, ob die Grundvoraussetzung für Finanzhilfen gegeben ist, nämlich eine „Gefahr für die Finanzstabilität des Euro-Währungsgebiets insgesamt" (vgl. Art. 136 (3) AEUV). Die Formulierung „im Benehmen mit der EZB" gibt ihr eine stärkere Stellung als das übliche Recht, konsultiert zu werden[48]: Die EZB und die Kommission werden praktisch auf dieselbe Stufe gestellt und können nur durch Konsens das Bestehen des erforderlichen Risikogrades feststellen. Sofern diese Grundvoraussetzung für Finanzhilfen gegeben ist und der ESM anstrebt, in den Zweitmarkt für Staatsanleihen des um Hilfe ersuchenden ESM-Mitglieds einzugreifen, wird die Stellung der EZB sogar noch prominenter. Gemäß Art. 18 (2) ESM-Vertrag fasst der ESM-Gouverneursrat den Beschluss über Sekundärmarktinterventionen zur Verhinderung einer Ansteckung auf der Grundlage einer Analyse der EZB. Darin müssen das Vorliegen *außergewöhnlicher Umstände auf dem Finanzmarkt* und Gefahren für die Finanzstabilität festgestellt werden. Folglich entscheidet die EZB über das Vorliegen einer Störung am Finanzmarkt sogar alleine. Der Interventionsmechanismus des reformierten EFSF-Vertrages sieht ganz ähnlich aus.[49]

---

[48] *Zilioli/Selmayr*, The Constitutional Status of the European Central Bank, CML Rev. 2007, 355, 381–386.

[49] Siehe Präambel 2: „purchase of bonds in the secondary markets on the basis of an ECB analysis recognizing the existence of exceptional financial market circumstances and risks to financial stability or facilities for the purchase of bonds in the primary market", und Art. 2 (1) (b): „Financial Assistance to a euro-area Member State may consist of facilities for the purchase of bonds in the secondary market to avoid contagion, on the basis of an ECB analy-

Daher hat die EZB den Finger am Abzug für Eingriffe in den Zweitmarkt. Diese Schlüsselrolle ist eine logische Folge des Prozesses, in dem die EFSF-Reform und der ESM-Vertrag entstanden sind. Ursprünglich war eine Intervention in den Zweitmarkt von Staatsanleihen nicht geplant, lediglich eine Intervention am Primärmarkt stand auf der Agenda. Erst durch kontinuierlichen Druck erreichte die EZB, dass sich die Eurostaaten bei ihrem Gipfeltreffen im Juli 2011 darauf einigten, auch die Zweitmarktintervention in den Werkzeugkasten der Rettungsfonds aufzunehmen. Daraus erklärt sich, weshalb der scheidende EZB-Präsident Jean Claude Trichet diesen Aspekt der institutionellen Reform auf seiner ersten Pressekonferenz nach dem Gipfeltreffen hervorhob. Dabei drückte er seine Erwartung aus, dass der reformierte EFSF (und der ESM) alsbald das SMP der EZB ersetzen würden.[50] Und in der Tat, der beschriebene Mechanismus im verbesserten EFSF- und im neuen ESM-Vertrag nährt diese Hoffnung. Theoretisch sind beide Rettungsfonds in der Lage, die EZB als liquidity provider of last resort am Markt für Staatsanleihen zu ersetzen, während die EZB – ohne selbst eingreifen zu müssen – noch immer die Macht hat, eine solche Intervention freizugeben oder zu verbieten.

Dennoch bleiben zumindest drei wesentliche Fragen offen: Werden der modifizierte EFSF oder der neue ESM die EZB-Bilanz säubern? Was geschieht, wenn sich der EFSF und der ESM als zu klein erweisen? Sind wir auf dem Weg zu einem illegalen Bail-out Regime?

3. Werden ESM/EFSF die Bilanz der EZB säubern?

Theoretisch könnten der ESM bzw. die EFSF die Staatsanleihen, die die EZB im Rahmen des SMP erworben hat, erwerben und dergestalt die Bilanz der EZB säubern, die mit minderwertigen Staatsanleihen („junk bonds") verschmutzt ist. Sowohl der modifizierte EFSF- als auch der neue ESM-Vertrag schweigen hierzu jedoch. Und angesichts der begrenzten Ressourcen, die den Fonds zur Verfügung stehen, erscheint es sehr unwahrscheinlich, dass die Fonds der EZB helfen werden, ihre Bilanz aufzuräumen. Im Gegenteil, die EZB könnte dazu gedrängt werden, sich an einem „freiwilligen" Schuldenschnitt („haircut") bei griechischen Staatsanleihen zu beteiligen.[51] Dann würde sich das schwelende Risiko des SMP sogar zum Leidwesen der EZB und ihrer Eigentümer realisieren.[52]

---

sis recognising the existence of exceptional financial market circumstances and risks to financial stability or by way of facilities for the purchase of bonds in the primary market." (http://www.efsf.europa.eu/attachments/20111019_efsf_framework_agreement_en.pdf).

[50] Transcript of the questions asked and the answer given by *Jean Claude Trichet*, President of the ECB, 04.08.2012 (http://www.ecb.int/press/pressconf/2011/html/is110804.en.html).

[51] Vgl. http://www.welt.de/wirtschaft/article13855765/Griechen-Umschuldung-kostet-Deutsche-25-Milliarden.html.

[52] Siehe oben II 1.

4. Was geschieht, wenn sich EFSF und ESM als zu klein erweisen?

Es ist eine Tatsache, dass weder der vergrößerte EFSF noch der ESM, wie er im ESM-Vertrag vom Januar 2012 konzipiert wurde, ausreichende Mittel haben, um einen Schutzschirm für Italien und Spanien aufzuspannen. Dieser Mangel an „Feuerkraft“ war von Anfang an offensichtlich und wurde z.B. von der Präsidentin des IWF klar angesprochen.[53] Angesichts dessen haben die ESM-Vertragsstaaten eine Klausel vereinbart, die es ihnen erlaubt, den ESM-Vertrag nachzujustieren. In Erwägungsgrund (6) des ESM-Vertrages heißt es wörtlich[54]: Das anfängliche maximale Darlehensvolumen des ESM wird auf 500 Milliarden EUR einschließlich der ausstehenden EFSF-Stabilitätshilfe festgesetzt. Die Angemessenheit des konsolidierten maximalen Darlehensvolumens des ESM und der EFSF wird jedoch vor dem Inkrafttreten des vorliegenden Vertrags neu bewertet werden. Falls dies angebracht ist, wird es ab Inkrafttreten des vorliegenden Vertrags gemäß Artikel 10 durch den Gouverneursrat des ESM angepasst.

Mit Blick auf diese Klausel haben die Vertreter verschiedener ESM-Vertragsstaaten unmittelbar nach der Vertragsunterzeichnung im Januar angekündigt, dass bereits beim nächsten Gipfeltreffen der Eurostaaten im März 2012 die Entscheidung fallen könnte, den EFSF und den ESM parallel zu betreiben, um dergestalt das insgesamt verfügbare Volumen zu steigern. Eine Alternative dazu könnte darin bestehen, das Eigenkapital des ESM über eine Banklizenz zu hebeln. Dieser Gedanke wurde vor allem im Herbst 2011 viel diskutiert, aber von einigen Eurostaaten, insbesondere von Deutschland, verworfen. Daher ist diese Art der Hebelung zumindest derzeit (Anfang 2012) von der politischen Agenda verschwunden. Dies ist zu begrüßen.

Würde man den ESM in eine Bank verwandeln, könnte der Rettungsfonds sowohl Kreditgeschäfte mit der EZB tätigen als auch Rückkaufvereinbarungen mit ihr abschließen. Durch den Einsatz von Staatsanleihen, die der ESM künftig im Erst- und Zweitmarkt erwerben darf, als zentralbankfähige Sicherheit („eligible asset“) könnte der ESM angesichts des relativ geringen Sicherheitsabschlags („haircut“ oder Übersicherung), der auf Staatsanleihen im Rahmen von Kreditgeschäften und Rückkaufvereinbarungen nach EZB-Regeln anzuwenden ist[55], sein begrenztes Kapital leicht um ein Vielfaches mit Hilfe von Zentralbankgeld hebeln. Derartige Hebeltechniken würden die EZB jedoch einem ho-

---

[53] Vgl. http://www.ft.com/intl/cms/s/0/52dcc61a-459f-11e1-93f1-00144feabdc0.html#axzz1mFeLpNbi and http://www.sueddeutsche.de/wirtschaft/iwf-chefin-fordert-aufstockung-des-esm-lagarde-setzt-merkel-unter-druck-1.1264793.

[54] Vgl. http://www.efsf.europa.eu/attachments/esm_treaty_en.pdf.

[55] Im Falle von Staatsanleihen (fixer Coupon) mit einem Rating zwischen AAA und A- (Kategorie I) und einer Restlaufzeit zwischen 3 und 5 Jahren beträgt der Sicherheitsabschlag („haircut“), der bei Rückkaufvereinbarungen angewandt wird, nur 2,5 % (bezogen auf den Marktwert). Siehe EZB-Richtlinien vom 20. September 2011 on monetary policy instruments and procedures of the Eurosystem, Official Journal EU, 14.12.2011, L 331/1, 47–48.

hen Risiko aussetzen und sie für die Finanzierung von Regierungen missbrauchen. Die EZB selbst hat diesen möglichen Missbrauch in ihrer Stellungnahmen zur Ratsentscheidung über die Änderung von Art. 136 AEUV hervorgehoben[56]: „Während die EZB gemäß Artikel 21.2 der Satzung des Europäischen Systems der Zentralbanken und der Europäischen Zentralbanken (...) als Fiskalagent für den ESM handeln darf, würde Artikel 123 AEUV in Bezug auf die Rolle der EZB und des Eurosystems dem ESM nicht erlauben, ein Geschäftspartner des Eurosystems im Sinne von Art. 18 der ESZB-Satzung zu werden. Bezüglich des Letzteren erinnert die EZB daran, dass das Verbot der monetären Finanzierung in Artikel 123 AEUV sowohl aus Gründen der Haushaltsdisziplin der Mitgliedstaaten als auch zur Erhaltung der Integrität der einheitlichen Geldpolitik und der Unabhängigkeit der EZB und des Eurosystems eine der Säulen der Rechtsstruktur der WWU ist."

Eine andere Möglichkeit zur Erhöhung der Feuerkraft des ESM besteht selbstverständlich darin, sein Eigenkapital zu erhöhen. Im gegenwärtigen politischen Klima erscheint es jedoch sehr unwahrscheinlich, dass die nationalen Parlamente der ESM-Vertragsstaaten einer solchen Erhöhung ihrer Beiträge zum ESM zustimmen würden. Vor diesem Hintergrund erscheint der parallele Betrieb von EFSF und ESM als die derzeit einzige praktikable Möglichkeit, um das Gesamtvolumen zu erhöhen. Das maximale Volumen, das sich auf diese Weise erreichen lässt, würde ca. € 750 Mrd. betragen. Selbst dieser Betrag wäre aber, was in der Wahrnehmung der Marktteilnehmer unstreitig ist, zu klein, um einen Rettungsschirm für Italien aufzuspannen. Möglicherweise würde er nicht einmal für Spanien genügen. Sollten die Zinsen für italienische und spanische Staatsanleihen gleichzeitig stark ansteigen und sich dieser Anstieg als robust erweisen, dann käme die EZB erneut unter Druck, selbst effektiv in den Zweitmarkt für Staatsanleihen einzugreifen. Folglich stellt die Errichtung des ESM keine Garantie dar, dass die EZB früher oder später wieder stärker auf das SMP setzen wird.

5. *Führt der ESM zu einem rechtswidrigen Bail-out Regime?*

Gemäß Art. 8 ESM-Vertrag beträgt das genehmigte Stammkapital des ESM € 700 Mrd. und ist aufgeteilt in sieben Millionen Anteile mit einem Nennwert von je € 100 000, die gemäß dem in Art. 11 ESM-Vertrag vorgesehenen und in Anhang I berechneten Erstbeitragsschlüssel zur Zeichnung zur Verfügung stehen.[57] Das genehmigte Stammkapital wird in eingezahlte Anteile und abruf-

[56] EZB-Entscheidung vom 17. März 2011 on a draft European Council Decision amending Article 136 of the Treaty on the Functioning of the European Union with regard to a stability mechanism for Member States whose currency is the euro (CON/2011/24), Nr. 9.

[57] Vgl. http://www.ft.com/intl/cms/s/0/52dcc61a-459f-11e1-93f1-00144feabdc0.html#axzz1mFeLpNbi.

bare Anteile unterteilt. Der anfängliche Gesamtnennwert der eingezahlten Anteile beläuft sich auf € 80 Mrd. Die Anteile des genehmigten Stammkapitals am anfänglich gezeichneten Stammkapital werden zum Nennwert ausgegeben. Andere Anteile werden zum Nennwert ausgegeben, sofern der Gouverneursrat nicht unter besonderen Umständen eine anderweitige Ausgabe beschließt. Die ESM-Mitglieder verpflichten sich unwiderruflich und uneingeschränkt, ihren Beitrag zum genehmigten Stammkapital gemäß ihrem Beitragsschlüssel in Anhang I zu leisten (Art. 8 (4) ESM-Vertrag). Der Gouverneursrat kann genehmigtes nicht eingezahltes Kapital jederzeit abrufen und den ESM-Mitgliedern eine angemessene Frist für dessen Einzahlung setzen (Art. 9 (1) ESM-Vertrag). Die Haftung der ESM-Vertragsstaaten bleibt jedoch unter allen Umständen auf ihren jeweiligen Anteil am genehmigten Stammkapital zum Ausgabekurs begrenzt (Art. 8 (5) ESM-Vertrag).

Für Deutschland bedeutet dies, dass im schlimmsten Fall ca. € 180 Mrd. verloren sind. Dieser Maximalverlust tritt ein, falls der ESM sein gesamtes Stammkapital eingesetzt hat, um Krisenstaaten dabei zu helfen, ihre aufgelaufenen Staatsschulden zu refinanzieren (in die Zukunft zu „rollen“) und diese Staaten trotzdem später ausfallen („default“). Immerhin lehrt uns die Geschichte, dass kaum ein Staatsbankrott mit einem Totalausfall endet. Aber Schuldenschnitte („haircuts“) von 50 % bis 70 % sind nicht ungewöhnlich.[58] Folglich begründet die Beteiligung am ESM für seine Aktionäre ein erhebliches Verlustrisiko.

Dieses Risiko lässt sich vereinfacht wie folgt darstellen: Hilfe bei der Refinanzierung von Staatsschulden bedeutet zunächst, dass ESM-Gelder in einem Zeitpunkt eingesetzt werden, in dem der betreffende Krisenstaat seine angehäuften Staatsschulden nicht mehr durch die Ausgabe neuer Staatsanleihen zurückbezahlen kann, wenn die alten Schulden fällig werden. Dies äußert sich darin, dass Investoren, wenn überhaupt, dann nur noch gegen Zahlung prohibitiv hoher Zinsen neue Staatsanleihen kaufen würden. Ferner bedeutet diese Hilfe, dass die Mittel des ESM benutzt werden, um die alten Gläubiger des Krisenstaates zu befriedigen, wenn ihre Ansprüche fällig werden (speziell am Laufzeitende der Anleihen). Im Austausch für das Bereitstellen von Not-Liquidität zwecks Befriedigung der Altgläubiger wird der ESM zum neuen Gläubiger des Krisenstaates, aber zu Bedingungen (Zinssätzen, Laufzeiten etc.), die nicht das Risikoniveau widerspiegeln, das der Markt dem betreffende Staat zuweist. Sobald diese Art der Schuldenrestrukturierung abgeschlossen ist, trägt der ESM (und seine Eigentümer) das volle Risiko eines (weiteren) Zahlungsausfalls des betreffenden Krisenstaates. Wie man es auch dreht und wendet, dies ist nichts anderes als ein Bail-out Regime. Allerdings ein Bail-out Regime außerhalb des EUV und des AEUV. Folglich verletzt es diese Verträge nicht direkt. Im Gegen-

---

[58] *Sester*, Beteiligung von privaten Investoren im Rahmen des ESM, WM 2011, 1057 ff. m.w.N.

teil, der neue Art. 136 (3) AEUV schafft eine rechtliche Basis im Primärrecht für dieses innovative Bail-out Regime. Letztlich kann aber niemand ernsthaft bestreiten, dass dies nichts mehr mit dem Geist von Art. 125 (1) AEUV zu tun hat.

6. Schlussfolgerung

Durch die Reform des EFSF und speziell die Errichtung des dauerhaften ESM – vom neuen Fiskalpakt gar nicht zu reden[59] – haben die Eurostaaten die Qualität der Währungsunion und letztlich auch der EU als Ganzes spürbar verändert. Folglich ist es unabdingbar, den ESM (und den Fiskalpakt) in den AEUV zu integrieren und das Verhältnis der Bausteinen (EFSF, ESM, SMP, Fiskalpakt) einer künftigen Fiskalunion zur No-Bail-Out Klausel zu klären. Dies erscheint nicht mehr länger sakrosankt. Der neue Art. 136 (3) AEUV, der 2011 im Wege des vereinfachten Vertragsänderungsverfahrens (Art. 48 (4) AEUV) ins Primärrecht gelangte, stellt keine ausreichende Legitimation für das neue Bail-out Regime dar, das durch den ESM-Vertrag geschaffen wurde. Nur ein klassisches Vertragsänderungsverfahren kann die fehlende Legitimation wieder herstellen und die Konsistenz mit dem Primärrecht sichern.

Einstweilen erscheint jedoch eine solche Vertragsänderung politisch unerreichbar. Erst wenn die gegenwärtige Staatsschuldenkrise in der Wahrnehmung der Marktteilnehmer und der (wahlberechtigten) Bürger weitgehend überwunden ist, werden Politiker es wagen, das Thema einer Änderung des Primärrechts ernsthaft anzugehen. Folglich wird die notwendige Vertragsänderung Teil der Nachkrisenwelt sein. Beim Entwurf dieser Welt sollte man nicht nur den institutionellen Schaden der Vergangenheit beseitigen, sondern auch das Fundament für eine echte Fiskalunion schaffen. Ohne eine solche Union wird es unmöglich sein, die großen ökonomischen Ungleichgewichte zwischen den Eurostaaten zu beseitigen, wie sie sich derzeit z.B. im TARGET2 System[60] und den Zinsunterschieden bei Staatsanleihen abbilden.[61] Dieser Abbau der Ungleichgewichte ist aber der Schlüssel zum langfristigen Bestand der Währungsunion und vielleicht sogar der ganzen EU, die ja auf Herstellung ähnlicher Lebensverhältnisse ausgerichtet ist. Eine Fiskalunion ist aber nicht denkbar, ohne dass ein gemeinsames Instrument der Staatsverschuldung geschaffen wird: die Eurobonds.

---

[59] Siehe http://www.european-council.europa.eu/media/579087/treaty.pdf.

[60] Anderer Auffassung *Sinn*, Das unsichtbare Bail-out der EZB (http://www.oekonomenstimme.org/artikel/2011/06/das-unsichtbare-bail-out-der-ezb/).

[61] ECB Financial Stability Review, June 2011, pp. 69–77.

IV. Die Welt nach der Krise: Fiskalunion und Eurobonds

Wie könnte die Struktur für die Emission von Eurobonds grob aussehen? Zunächst müsste eine Europäische Schulden Agentur (ESA) errichtet werden. Eine solche Agentur könnte an die 17 Eurostaaten bilaterale Kredite zur Finanzierung des Staatshaushaltes vergeben. Die notwendigen Mittel könnte sie sich durch die Ausgaben am Primärmarkt für Staatsanleihen beschaffen. Alle Zahlungsverpflichtungen der ESA müssten durch die 17 Eurostaaten in voller Höhe garantiert werden. Auf diese Weise könnten Eurobonds ein hohes Rating erreichen; idealerweise AAA. Zur Koordination und Überwachung der Kreditinanspruchnahme müsste eine gemeinsame Institution zur Kontrolle der Fiskalpolitik in den Eurostaaten geschaffen werden. Diese Institution wäre mit scharfen Kontroll- und schneidigen Interventionsrechten auszustatten. Die nationalen Parlamente würden also einen Teil ihrer Budgethoheit verlieren oder müssten diese zumindest dann mit einer europäischen Institution teilen, wenn sie bestimmte Solvenzkriterien verletzen (z.B. eine bestimmte Verhältniszahl zwischen Staatsverschuldung und BIP).

Man darf bezweifeln, ob die Bürger in den verschiedenen Eurostaaten jemals bereit sein werden, einem solchen Transfer von Souveränitätsrechten (durch ein Referendum) Legitimität zu verleihen, wenn dieser Transfer zugunsten des Europäischen Parlaments in seiner heutigen Form erfolgen würde. Was vielleicht mittelfristig erreichbar sein könnte, ist ein partieller Transfer der Budgethoheit (bezogen auf die Summe und nicht auf einzelne Posten des Haushalts) auf eine neue Art von Europaparlament mit föderaler Struktur. Dieses könnte als zweite Kammer des neuen Europäischen Parlaments konzipiert und mit Vertretern der nationalen Parlamente bzw. Regierungen besetzt werden.[62]

Bevor man sich an eine solche Herkulesaufgabe macht, muss man sich zunächst einmal fragen, ob und weshalb Eurobonds funktionieren könnten. Die öffentlichen Finanzen der Eurozone insgesamt sehen durchaus respektabel aus. Dies gilt zumindest, wenn man sie mit den Zahlen der USA, Japans und Großbritanniens vergleicht.[63]

---

[62] Vgl. auch *Peel*, Germany and Europe: A very federal formula, Financial Times, 09.02. 2012 (http://www.ft.com/intl/cms/s/0/31519b4a-5307-11el-950d-00144feabdc0.html); anders tendenziell *Monti/Goulard*, Die Demokratie neu denken, FAZ 15.2.2012: „Die nationalen Parlamente sind dazu aufgerufen, bei der Kontrolle, dass jeder Staat seinen Verpflichtungen nachkommt, eine wichtige Rolle zu spielen aber die Legitimation der kollektiven europäischen Entscheidungen kann nicht bei ihnen liegen."

[63] IMF World Economic Outlook (April 2011).

in % des BI	2010	2011	2012	2013
USA	91.6	99.5	102.9	105.6
GB	77.2	83.0	86.5	87.4
Japan	220.3	229.1	233.4	238.0
Eurozone	85.0	87.3	88.3	88.4

Außerdem könnte man durch Eurobonds den zweit- oder drittgrößten Markt für Staatsanleihen schaffen. Die Marktliquidität wäre dann schon allein wegen der schieren Größe des Marktes sehr hoch. Eine hohe Marktliquidität wirkt sich aber positiv auf die Anleihezinsen aus.[64] Ferner würde das enorme Volumen eines solchen Marktes das Leben von Spekulanten deutlich schwerer machen.

Indem Eurobonds für ein einheitliches Zinsniveau sorgen, könnten sie einen Beitrag dazu leisten, die bestehenden Ungleichgewichte nachhaltig abzubauen, und es der EZB ermöglichen, sich (wieder) auf die Geldpolitik zu beschränken. Bevor der erste Eurobond von einer künftigen ESA verantwortungsvoll emittiert werden kann, müssen jedoch eine Reihe wichtiger Vorbedingungen erfüllt sein. Zunächst müssen besonders hoch verschuldete Staaten ihren Schuldenstand drücken. Harte Sparprogramme und Maßnahmen zur Verbesserung der internationalen Wettbewerbsfähigkeit (z.B. Deregulierung der Arbeitsmärkte) sind notwendig, aber nicht hinreichend. Besonders Griechenland und Portugal müssen für ihre Volkswirtschaften ein neues Geschäftsmodell entwickeln. Und dennoch wird es in diesen extrem verschuldeten Staaten nicht ohne Schuldenschnitte gehen, wenn sie sich jemals für Eurobonds qualifizieren wollen. Weiter muss der Teufelskreis aus der Restrukturierung von Staatsschulden und Finanzinstitutionen durchbrochen werden. Dies setzt voraus, dass regulatorische Anreize, ohne echte Risikoprüfung in Staatsanleihen zu investieren, beseitigt werden.[65]

Schließlich müssen noch Vorkehrungen gegen Moral Hazard getroffen werden. Eine Möglichkeit zur Verhinderung gezielten Regelbruchs (insbesondere Verschuldungsgrenzen) durch einzelne Staaten, die auf Kosten der anderen Eurostaaten geht, könnte darin bestehen, denjenigen Eurostaaten, die über ein Top-Rating (insbesondere AAA) verfügen, im Primärrecht ein Vetorecht bei der Kreditaufnahme durch andere Staaten einzuräumen. Allerdings erscheint es unrealistisch, dass sich die 17 Eurostaaten jemals auf die Schaffung eines solchen Vetorechts einigen werden. Außerdem passt ein solches Recht für ei-

[64] Siehe http://ec.europa.eu/economy_finance/consultation/stability_bonds/pdf/green-pepr-stability-bonds_en.pdf.

[65] *Micossi/Carmassi/Peirce*, CEPS Policy Brief, On the Tasks of the European Stability Mechanism, No. 235, 8 March 2011.

nen kleinen Club von Staaten nicht in das Grundkonzept der EU, nach dem alle Mitgliedstaaten grundsätzlich gleiche Rechte und Pflichten haben. Und schließlich darf mit Fug und Recht bezweifelt werden, ob die Regierungen der Veto-Staaten es tatsächlich wagen würden, ihr individuelles Veto-Recht auszuüben, wenn dies aus ökonomischen Gründen geboten wäre: Der kritische Zeitpunkt wird nämlich vor allem in guten wirtschaftlichen Zeiten kommen, wenn sich Politiker wohl damit fühlen, exzessiv Kredite aufzunehmen. Eine effektive Lösung zur Reduktion des Moral Hazard kann aber nur eine Lösung sein, die von politischem Opportunismus abgekoppelt ist und auf die disziplinierende Kraft des Marktes setzt.[66]

Eine solche Lösung eröffnet der berühmte „Blue-Bond-Red-Bond" Vorschlag von *Delpla* und von *Weizsäcker*.[67] Danach können die 17 Eurostaaten nur einen Teil ihrer Staatsschulden über Eurobonds, die „Blue Bonds", finanzieren, die von der ESA emittiert und deren Emissionserlös über Kredite an die Eurostaaten weitergereicht würden. Die Finanzierungen des übrigen Teils würde weiterhin von ihrer individuellen Fähigkeit abhängen, am Primärmarkt klassische nationale Staatsanleihen, die sog. „Red Bonds" zu platzieren. Das Volumen, sich mit Hilfe von Blue Bonds zu verschulden, würde für jeden Staat auf 60 % seines individuellen BIP begrenzt. Die 60 %-Schwelle leitet sich aus den berühmten Maastricht-Kriterien ab[68], die von fast allen Eurostaaten seit Jahren verletzt werden, und zwar schon lange vor der Banken- und Staatsschuldenkrise.

Die Begrenzung der maximalen Verschuldung mittels Eurobonds würde für ein dauerhaft gutes Rating (idealerweise AAA) der Blue Bonds sorgen und gleichzeitig einen starken Anreiz dafür setzen, dass die Maastricht-Kriterien endlich ernst genommen werden. Die Wirksamkeit dieser Sicherung gegen Moral Hazard („laxe Fiskaldisziplin auf Kosten der seriösen Eurostaaten"), die auf der Marktdisziplin beruht, können dadurch verbessert werden, dass sich die Eurostaaten verpflichten (ebenso wie sie es bezüglich der Collective Action Clauses schon getan haben), künftig alle Red Bonds mit einer standardisierten Subordinationsklausel zu versehen. Darin würde sich der Emittent verpflichten, ab Verwirklichung eines Krisenindikators (Bruch von Financial Bond Covenants wie Debt-to-GDP-Ratio) seine Einnahmen ausschließlich zur Befriedigung der Blue-Bond-Gläubiger zu verwenden, bevor er mit dem Rest die Gläubiger der Red Bonds bedient.

---

[66] Vgl. in diesem Kontext *Issing*, Die Währungsunion im Spannungsfeld von Politik und Ökonomie, EWS 2011, 257, 260.

[67] *Depla/von Weizsäcker*, brugelpolicybrief, issue 2010/03, The blue bond proposal, (http://www.bruegel.org/publications/).

[68] Art. 126 (2) AEUV und Art. 1 Verordnung über das Verfahren bei einem übermäßigen Defizit http://eur-lex.europa.eu/LexUriServ/LexUriServ.do?uri=OJ:C:2010:083:0201:0328:DE:PDF.

Von vornherein kann kein Zweifel daran bestehen, dass dieser Mechanismus nicht für solche Staaten funktionieren kann, deren Staatsschulden mehr als ihr BIP betragen. Deshalb müssen diese Staaten erst einmal ihre Schuldenlast drücken, bevor sie in die Welt nach der Krise mit Eurobonds eintreten können. Auch wenn es schwierig ist, sollten alle Eurostaaten hart und gemeinsam auf diese Welt hinarbeiten, denn nur eine Fiskalunion, zu der unter anderem Eurobonds gehören, wird ein gewisses Gleichgewicht zwischen den Eurostaaten (wieder) ermöglichen. Ohne ein neues Gleichgewicht wird die Währungsunion zerfallen und alle ihre Mitglieder und die gesamte Weltwirtschaft beschädigen. Die künftige Fiskalunion sollte jedoch nicht jeden Wettbewerb zwischen ihren Mitgliedstaaten und den Regionen Europas beseitigen. Vielmehr sollte sie auf die Marktkräfte setzen, um die „big spender" unter den Politikern zu disziplinieren und nicht nur auf schöne Versprechungen und verfassungsrechtliche Schuldenbremsen setzen. Es geht nicht um Vollharmonisierung der Besteuerung und Verschuldungskonditionen, sondern um mehr Konvergenz. Eine starke föderale Struktur, wie die der Schweiz und ihrer Kantone, mit einer gut funktionierenden Währungs- und Fiskalunion, aber einem disziplinierenden Steuerwettbewerb, könnte als Modell dienen.

V. Fazit

Das ursprüngliche Konzept der europäischen Währungsunion ist an der Staatsschuldenkrise gescheitert. Diese wurde durch die Bankenkrise nur verschärft; sie hatte aber schon lange vor ihr begonnen. Die sog. „no-bailout"-Klausel des AEUV hat sich, jedenfalls wirtschaftlich betrachtet, als Illusion erwiesen.

Ein Scheitern der Währungsunion hätte katastrophale Folgen, nicht nur für das gemeinsame europäische Projekt, sondern vor allem auch für die deutsche Volkswirtschaft. Daher kann die Lösung nur darin liegen, die Währungsunion zu erhalten. Dies kann nur gelingen, wenn ihr ökonomisches und politisches Konzept grundlegend geändert wird. Zentral hierbei ist die Abgabe nationaler Haushaltsouveränität. Erst unter dieser Voraussetzung kann über eine gemeinsame Verschuldungspolitik bzw. Haftung nachgedacht werden. Ob man dies dann Fiskalunion nennt, mag dahinstehen.

Solange keine Einigung über das erforderliche neue ökonomische und politische Konzept erzielt und der Rechtsrahmen der Währungsunion nicht entsprechend geändert ist, trifft den Rechtsanwender eine besondere Verantwortung für den Fortbestand der Währungsunion und den Wohlstand der Unionsbürger. Dazu gehört, dass man das Zentralbankrecht als das erkennt, was es ist: nämlich vor allem als Organisationsrecht. Wer es stattdessen zu starren „Verfassungs"-Prinzipien stilisiert und damit die EZB in einer Notsituation zur Passivität verurteilt, mag sich zwar als exzellenter Verfassungsrechts- und Verwaltungsrechtsdogmatiker profilieren; er übernimmt dann aber auch die Verantwortung für alle wirtschaftlichen und sozialen Folgen, die mit dem Zusammenbruch der Währungsunion verbunden wären. Die EZB geht richtigerweise einen anderen Weg, indem sie ihren Rechtsrahmen im Sinne ihrer institutionellen Zwecksetzung interpretiert und dementsprechend handelt. So wird sie ihrer immensen gesellschaftlichen Verantwortung gerecht.

Wie könnte ein geordnetes Staatenresolvenzverfahren aussehen?

Christoph G. Paulus

I. Einschränkungen

Die Rede soll an sich hier sein von „der" Rückkehr des Rechts. Das ist zumindest dann, wenn man von der Bewältigung von Staatsbankrotten spricht, irreführend. Denn je nach Herkunft und Gusto: beschämender- oder erstaunlicherweise haben sich die Juristen unbeschadet der buchstäblich Jahrtausende zurückreichenden Geschichte faillierender Staaten dieses Phänomens nie wirklich angenommen. Auch wenn es weltweit (nach einer durchaus konservativen Zählung) 277 Staatspleiten allein seit 1800[1] gegeben hat, hat sich diese Zunft bislang noch nicht genötigt oder dazu aufgerufen gefühlt, hier für Abhilfe zu sorgen. Letzterer Begriff ist mit Bedacht gewählt, denn „Abhilfe" sieht bei faillierenden Rechtssubjekten üblicherweise so aus, dass zumindest ein Verfahren zur Verfügung gestellt wird. Dessen unschätzbarer Wert liegt darin, dass es in einer verfahrenen, verworrenen Situation Orientierung anbietet; mit seiner Hilfe weiß man, was Schritt eins ist, was Schritt zwei usw. Kein tatsächliches Geschehen belegt diese Aussage mehr als die Gebaren der Politik in den letzten zwei Jahren.

Die folgenden Ausführungen sind dem Bemühen um die Antwort auf die Frage gewidmet, wie ein entsprechendes Verfahren aussehen könnte – ob insbesondere die der Politik offenbar vorschwebende Institution des ESM ein derartiges Verfahren darstellen oder ersetzen kann, oder ob nicht andere Maßnahmen ersonnen werden sollten. Zu dem Zweck sollen (sub B) noch einmal die Reaktionsmuster der Politik seit Ausbruch der Griechenlandkrise in groben Zügen vor Augen geführt werden, um anschließend auf dieser Basis die Vor- und Nachteile politischer Aktion (sub D) in Vergleich zu denen einer möglichen neutralen Instanz (sub E) zu setzen.

Bevor dies in Angriff genommen wird, verdient aber ein irritierender und verstörender Gedanke artikuliert zu werden, der sich angesichts der Krisenkontinuität von nunmehr fast vier Jahren seit Insolvenzanmeldung der US-amerikanischen Lehman Bank am 15. September 2008 gleichsam hinterrücks ein-

[1] Vgl. www.spiegel.de/wirtschaft/soziales/0,1518,813253,00.html.

schleicht und bösen Argwohn nährt: Muss nicht die Dauerhaftigkeit und Intensität der Finanz-, dann Haushalts- und dann beinahe Währungskrise zwingend die Frage aufkommen lassen, ob wir es hier tatsächlich „nur" mit der unglücklichen Verkettung von einer Vielzahl von Fehlläufern, Falschentscheidungen und einfach nur individuellen Missgriffen zu tun haben, oder ob nicht dahinter ein größeres und umfassenderes Phänomen steckt – nämlich der Zusammenbruch des kapitalistischen Weltbildes, so wie vor gut 20 Jahren das sozialistische Weltbild, freilich wesentlich eruptiver, gescheitert ist.[2] Je nachdem ist der bei den Juristen übliche Ansatz, nach individuellen Ausgleichsansprüchen Einzelner gegen Einzelne zu suchen, vollkommen deplatziert; denn dann geht es nicht um diese Kleinteiligkeit, sondern dann ist ein Großes und Ganzes gefragt.

Eine alternative, zwar weniger globale, dafür aber gleichwohl immer noch bemerkenswert irritierende Frage ergibt sich aus den jüngsten Vorkommnissen gerade nur in Europa, ob sie nicht vielleicht ein Indiz dafür abgeben, dass die Krisen in den hinlänglich bekannten mediterranen Staaten solche ihrer demokratischen Strukturen[3] sind? Dafür spricht immerhin, dass es in Italien eines nicht gewählten Premierministers Monti bedarf, um dieses Land aus der Problemzone herauszuführen – oder es zumindest zu versuchen. Vergleichbares ließe sich wohl auch für das griechische Interregnum unter Papademos sagen, auch wenn der weniger allem Anschein nach erfolgreich ist als sein italienisches Pendant. Aber doch: Durch diese höchst undemokratischen Initiativen sind Änderungen möglich geworden, die sich zu den vorherigen Perioden „normaler" Demokratie politisch nicht haben durchsetzen lassen, auch wenn sie nicht wenigen Wissenden schon lange als unabdingbar gegolten hatten.[4]

Nachdem wir uns gegenwärtig noch mitten im krisengeschüttelten Geschehen befinden, ist es zwangsläufig unmöglich, definitive Antworten auf diese fundamentalen Fragen zu geben. Unbeschadet dessen lässt sich gleichwohl schon jetzt sagen, dass das Ausmaß der gegenwärtigen Probleme bedingt, dass die traditionellen Lösungsmechanismen höchstwahrscheinlich nicht ausreichen. Die Zeit ist reif – überreif sogar – dafür, mit neuen Lösungswegen aufzuwarten. Demgemäß wird im Folgenden (sub C) untersucht, ob die Etablierung

---

[2] S. hierzu *K. Schmidt*, Finanzkrise und Wirtschaftsrecht – Überlegungen über die Aufgabe von Juristen in Anbetracht des aktuellen Krisengeschehens, in: FS Hellwig, 2010, S. 311, 312 f.

[3] Speziell zu Griechenland s. nur den eindringlich-irritierenden Beitrag von *Richter*, Athener Klientelismus, 96 Lettre International (2012).

[4] Hinter diesen Beobachtungen stecken spannende Fragen globalen Ausmaßes: Wenn das 19. Jahrhundert das europäische genannt werden kann, gilt entsprechendes für das 20. Jahrhundert: Das war das US-amerikanische. Vieles deutet darauf hin, dass das 21. Jahrhundert das chinesische werden wird. Welche Implikationen hat das dann a) für die Demokratie und b) für die dominierende Herrschaftsform? Fragen, die bereits die großen Philosophen der Antike intensiv beschäftigt haben.

des European Stability Mechanism (ESM) eine solche erforderliche Innovation darstellt, oder ob nicht weiterhin nach Alternativen gesucht werden muss.

II. Der Umgang mit der griechischen Krise durch die Politik

Auch wenn wohl hinlänglich bekannt, erscheint es doch angezeigt, die Entwicklungen noch einmal in aller Kürze Revue passieren zu lassen,[5] die seit dem Ausbruch der griechischen Haushaltskrise zu der Situation geführt haben, in der wir uns heute – im Frühjahr 2012 – befinden.[6]

1. Von der Schaffung der Währungsunion bis zur öffentlichen Verlautbarung der Krise durch Papandreou im April 2010

Wie andere Mitglieder der Währungsunion auch, etwa Irland und Spanien, erlebte Griechenland bis zum Ausbruch der globalen Finanzkrise Ende 2008 eine recht kontinuierliche Periode wirtschaftlichen Aufschwungs. Die Steigerungsrate des Bruttosozialprodukts betrug in den Jahren von 1997 bis 2007 um die 4 % und lag damit sogar über dem Durchschnitt anderer Mitgliedstaaten. Ursache dafür waren vorrangig Bruttoinlandsinvestitionen sowie Regierungsausgaben. Damit kontrastierten der private Konsum, der unterdurchschnittlich war, und die negative Nettoexportrate. Infolgedessen lag eigentlich schon von Anfang an die wunde Stelle der griechischen Wirtschaftssituation in der hohen öffentlichen Verschuldung und in der zunehmenden Verschlechterung der Wettbewerbsfähigkeit der griechischen Wirtschaft.

In Anbetracht dieser an sich alarmierenden Faktoren erwies sich bei Eintritt der Krise als fatales Versäumnis, dass die griechischen Regierungen die Perioden relativen Wohlstands zu keiner Zeit dazu genutzt hatten, die öffentliche Schuldenlast zu reduzieren oder auch nur ein effizientes Steuereintreibungssystem zu etablieren. Der Finanzbedarf wurde stattdessen durchgängig mittels Fremdgeldern, also Darlehensaufnahme, gedeckt, was zwangsläufig

---

[5] S. auch die entsprechenden Darstellungen von *Sester*, S. 176 ff. und *Siekmann*, S. 112 ff. in diesem Band.

[6] Die nachfolgende Darstellung speist sich aus verschiedenen Quellen; zu ihnen gehört etwa *Kadelbach*, Einleitung: Die Finanzkrise, die Politik und das Recht, in: Kadelbach (Hrsg.), Nach der Finanzkrise, 2012, S. 9 ff.; *Busch*, Scheitert der Euro? – Strukturprobleme und Politikversagen bringen Europa an den Abgrund, Friedrich Ebert Stiftung publication Febr. 2012. Eine ausführliche Liste der Ereignisse findet sich bei *Schwarzer*, Die Eurozone zwischen Krisenmanagement und Reformanstrengungen, in: Kadelbach, op. cit., S. 21 f.

natürlich zu einer Vergrößerung des Haushaltsdefizits führte.[7] Rückblickend betrachtet, ist es mithin nicht weiter verwunderlich, dass all diese Haushaltssünden offenbar wurden, als die Krise ausbrach. Sie waren gravierend genug, so dass es nicht wie etwa in Spanien oder Irland noch zusätzlich einer Immobilienblase bzw. deren Platzens bedurfte. Die Anfang 2010 noch verlautbarte Ankündigung solider Sparprogramme durch den gerade frisch gewählten Papandreou konnte die Investoren nicht mehr beruhigen; die Glaubwürdigkeit war allzu sehr beschädigt.

2. *Vom chaotischen Aktionismus zum ESM*

Der Wechsel der Regierung im Herbst 2009 führte zu der eingestandenen Fehlinformation über das Ausmaß der griechischen Staatsverschuldung. Gleichwohl dauerte es noch mehrere Monate, bis korrekte Zahlen bekannt gemacht wurden. In der Zeitspanne von 2. Hälfte 2008 bis Frühjahr 2010 „wuchs" demnach das Haushaltsdefizit von 2 % auf 15 %.[8] Es steht zu vermuten, dass die in Gestalt einer „Salamitaktik" vorgetragenen, immer schlechter werdenden Aussagen erheblich zu dem zuvor schon erwähnten Misstrauen der Investoren beigetragen haben, was zur Folge hatte, dass die verlangten Zinsen immer höher wurden. Folge dessen war, dass Griechenland Anfang Mai 2010 praktisch vom Kapitalmarkt ausgesperrt war und deswegen um Hilfe nachsuchen musste. Diese wurde von dem Internationalen Währungsfonds (IWF) und Mitgliedstaaten der Währungsunion auf bilateraler Basis[9] gewährt in Gestalt der Bewilligung einer Gesamtsumme von € 110 Mrd. Diese Hilfe wurde mit strikten Bedingungen (conditionality) verknüpft, die die EU-Kommission in enger Zusammenarbeit mit dem IWF entworfen hatte.

Als Bestandteil des Krisenmanagements entschied der Europäische Rat auf einer Sitzung am 8. und 9. Mai 2010, als Stabilisierungsmaßnahmen die European Financial Stability Facility (EFSF) sowie den European Financial Stability Mechnism (EFSM) mit einer Kreditvergabekapazität von € 750 Mrd. zu gründen. Dabei sollten beide Institutionen vorübergehender Natur sein und durch den endgültigen ESM Mitte 2013 abgelöst werden. Letzteres wurde im

---

[7] Dazu, dass dieses *deficit spending* ein keineswegs nur auf Griechenland beschränktes Phänomen war und ist, s. etwa *di Fabio*, Europa in der Krise, ZSE 2011, 459.

[8] Allgemein zu den „Defizitkriterien des Europäischen Primärrechts" *Dittrich*, ZSE 2011, 574 ff.

[9] Die verschiedentlich unternommenen Versuche, dieses Vorgehen mit der „No-Bail-Out"-Klausel des Art. 126 AEUV als gerade noch im Einklang stehend darzustellen, rufen mahnend in Erinnerung, was mir Prof. Riesenfeld aus Berkeley von seinem seinerzeitigen Unterricht an der Friedrich-Wilhelms-Universität erzählt hat. In einer seiner Vorlesungen sagte demnach Kohlrausch: „Meine Herren, denken Sie immer daran: Wir (d.h. die Juristen) sitzen auf dem Kutschbock und fahren, wohin die Herrschaft befiehlt." S. bereits *Paulus*, in: Kadelbach, Nach der Finanzkrise, 2012, S. 105 ff.

Juli 2011 von den betroffenen Mitgliedstaaten vereinbart; Termin für die Ratifizierung dieses Abkommens sollte Ende 2012 sein. Weiterer Bestandteil dieses Abkommens ist eine Ergänzung des Art. 136 AEUV, die die Verträglichkeit des neuen Instrumentariums mit der „No-Bail-Out"-Klausel in Art. 126 AEUV sicherstellen soll. Im Herbst 2010 kam Irland ins Straucheln, im Frühjahr 2011 Portugal, so dass beide Staaten sukzessiv Hilfe von den neu geschaffenen Institutionen erbitten mussten.

Im Laufe des Frühsommers 2011 wurde immer deutlicher, dass die auferlegten Bedingungen bezüglich struktureller Reformen und Einsparungen in praktisch allen unterstützten Mitgliedstaaten zu einer Negativspirale der jeweiligen einheimischen Wirtschaften führten; die Ausnahme davon war Irland. Diese Maßnahmen erstickten und ersticken heute immer noch jegliches wirtschaftliches Wachstum im Keime, mit der Folge, dass die „Troika" in periodisch wiederkehrenden Abständen das Datum für die zu erwartende Rückkehr zur wirtschaftlichen „Normalität" nach hinten verschieben muss(te); sobald eine Schätzung verkündet wurde, musste sie auch schon wieder korrigiert werden – bezüglich Griechenlands im Spätsommer 2011 gleich um 8 Jahre, von 2013 auf 2021! In Spanien verursachte (und verursacht immer noch) die Sparpolitik eine Arbeitslosigkeitsrate von über 20 %, unter den Jugendlichen gar von 50 %.

Die Europäische Zentralbank (EZB) nahm sich der Irritationen des Kapitalmarktes und seiner Befürchtungen vor möglichen Ansteckungsgefahren dergestalt an, dass sie enorme Mengen spanischer und italienischer Staatsanleihen aufkaufte.[10] Zwischenzeitlich ging jedoch die Bevölkerung nicht nur in Griechenland, sondern auch in Portugal, Spanien und Italien immer häufiger auf die Straße, um – zunehmend aggressiver – gegen die ständig sinkenden Löhne, Umsatzsteuererhöhungen, Renteneinsparungen und andere Sparmaßnahmen zu demonstrieren. Entgegen allen Vorhersagen und Erwartungen verschlechterte sich die Situation in Griechenland in einem solchen Ausmaß, dass das bis dahin stigmatisierte Thema einer Beteiligung („hair-cut") des privaten Sektors (PSI = Private Sector Involvement) im Juli 2011 auf die politische Agenda gesetzt wurde. Aber auch dabei war wieder das gewohnte Schema zu beobachten: Man startete mit der Ankündigung eines als notwendig erklärten Verzichts von 21 %, um in der Folge auf 50 % zu gehen und schließlich bei über 70 % zu landen. In diesem Kontext wurde EFSF und EFSM gestattet, zum Zwecke der Stabilisierung des jeweiligen Banken- und Versicherungssektors Kredit auch solchen Staaten zu gewähren, die nicht aktuell in Zahlungsschwierigkeiten waren, sondern nur drohten, in diesen Status hineinzurutschen.[11]

[10] Zur Rolle der EZB in diesem gesamten Kontext s. auch *Sester*, Die Rolle der EZB in der europäischen Staatsschuldenkrise, EWS 2012, 80 ff.

[11] Ein zusätzliches Problem ergab sich daraus, dass alle Versuche, einen Maßnahmenkatalog aufzustellen, die Besonderheiten der griechischen Wirtschaft und Gesellschaft außer Acht ließen und sich stattdessen stark an den eigenen Wirtschaftsstrukturen orientierten. S. den in

Sobald das Juli-Gipfeltreffen abgeschlossen war, verstärkte sich die Krise sogar noch. Die EZB musste ihre Aufkaufpolitik noch intensivieren, hauptsächlich hinsichtlich italienischer und spanischer Anleihen. Das freilich bedingte im Zusammenhang mit den ungelösten Problemen, dass an den meisten Börsen dieser Welt erhebliche Kursverluste zu verzeichnen waren. Zeitgleich begannen Diskussionen darüber, dass die europäischen Banken rekapitalisiert werden müssten, und dass das Kreditvolumen der EFSF vergrößert werden müsse. Die meisten südeuropäischen Mitgliedstaaten taumelten in Richtung Rezession, was durch die globale Dämpfung des Wirtschaftswachstums und die jeweiligen Sparpolitiken (durch deren negativen Multiplikatoreffekt) natürlich beschleunigt wurde.

Im Oktober 2011 wurde ein erneuter Versuch zur endgültigen Lösung der Krise gestartet. Die Regierungschefs beschlossen, dass das Portfolio des EFSF auf über € 1 Bil. aufgestockt werden solle, dass die europäischen Banken eine Eigenkapitalquote von 9 % vorzuhalten hätten und dass der vorerwähnte haircut auf 50 % angehoben werden solle. Doch auch diese Maßnahmen erwiesen sich binnen kurzer Zeit als verlorene Liebesmüh. Was sich besonders negativ bemerkbar machte, war die dramatische Situation (politisch wie wirtschaftlich) speziell Italiens zu dem damaligen Zeitpunkt.

Ein neuerliches Treffen der Regierungschefs nur wenige Monate später, im Dezember 2011, wurde unausweichlich, um die Kapitalmärkte erneut zu beruhigen. Dabei wurde als eine der unseligen Konsequenzen die Spaltung des Vereinigten Königreichs von der EU offenbar. Ohne englische Beteiligung wurde an der Schaffung eines Fiskalpakts gezimmert, der im März 2012 in Kraft treten sollte (nunmehr verschoben auf Anfang 2013).[12] Prominenter Bestandteil dieses Paktes ist die Schuldenbremse,[13] auf die man sich freilich schon zuvor, im September 2011, im Rahmen des sog. „Six-Pack“ verständigt hatte.

Zum gegenwärtigen Zeitpunkt (April 2012) ist es unmöglich, Prognosen über Erfolg oder Misserfolg all dieser Maßnahmen anzustellen. Skeptiker argumentieren, dass auch dieser Fiskalpakt zu spät kommt – wie alle anderen Maßnahmen zuvor auch schon. Gleichwohl zeigte im Februar 2012 das PSI insofern Erfolg, als die weit überwiegende Mehrzahl der Gläubiger einem hair-cut zustimmte, der Griechenland eine Reduzierung seiner Schuldenlast um € 110 Mrd. bescherte. Seit Anfang 2012 signalisieren allerdings die Kapitalmärkte wieder

---

diesem Kontext aufschlussreichen Beitrag von *Doxiadis*, Kleinunternehmer, Rentiers, Opportunisten – Institutionen, Mentalitäten, 94 Lettre International (2011), 18 f.

[12] Hierzu etwa *Calliess/Schoenfleisch*, Auf dem Weg in die europäische „Fiskalunion“? – Europa- und verfassungsrechtliche Fragen einer Reform der Wirtschafts- und Währungsunion im Kontext des Fiskalvertrages, JZ 2012, 477 ff.

[13] Aufschlussreich hierzu *Pünder*, Staatsverschuldung und Generationengerechtigkeit, in: Bucerius Law School (Hrsg.), Begegnungen im Recht, Ringvorlesung der Bucerius Law School zu Ehren von Karsten Schmidt anlässlich seines 70. Geburtstages, 2011, S. 275 ff.

Irritationen, diesmal hauptsächlich in Bezug auf Spanien und Italien. Die Kreditzinsen steigen seither Besorgnis erregend. Die Rede ist erneut davon, dass der Rettungsschirm weiter gespannt werden müsse.

III. ESM

1. Das juristische Gebilde

Teil der bislang beschriebenen Re-Aktionspolitik war, dass der Termin um ein Jahr auf Juli 2012 vorverlegt wurde, zu dem der ESM seine Tätigkeit aufnehmen soll. Ein auch nur kursorischer Blick in den ESM-Vertrag lässt erkennen, dass es sich dabei um nicht viel mehr als eine leere Hülse handelt, unter der als die eigentlichen Akteure diejenigen auftreten, die auch schon die vergangenen zwei Jahre die Geschicke geleitetet haben – die Politiker.

Gemäß Art. 3 besteht der Zweck des ESM darin, „to mobilise funding and provide financial assistance, under strict economic policy conditionality, to the benefit of ESM Members which are experiencing or are threatened by severe financing problems, if indispensable to safeguard the financial stability of the euro area as a whole." ESM Members sind all diejenigen Staaten, die die gemeinsame Währung Euro haben. Weitere EU-Staaten werden allerdings eingeladen, bei den jeweiligen Treffen als Beobachter teilzunehmen.

In seiner Struktur durchaus vergleichbar dem IWF, soll der ESM gemäß Art. 4 einen Board of Governors, einen Board of Directors, einen Managing Director sowie Personal haben. Entscheidungen sind nach näherer Maßgabe des Art. 5 entweder einstimmig auf Grund qualifizierter oder auf Grund einfacher Mehrheit zu treffen.[14] In eben dieser Vorschrift ist auch vorgesehen, dass die Finanzminister den Board of Governors konstituieren. Jeder Gouverneur bestimmt die Direktoren aus seinem jeweiligen Staat, Art. 6. Die Ernennung sowohl der Gouverneure als auch der Direktoren ist ausdrücklich als jederzeit widerrufbar deklariert. Der Managing Director wird von den Gouverneuren ernannt; er muss entsprechende Qualifikationen aufweisen, muss die Nationalität eines der Mitgliedstaaten haben und darf weder Gouverneur noch Direktor sein, Art. 7.

Art. 18 bis 25 regulieren das Finanzmanagement des ESM und Art. 8 bis 11 legen die Details für den Kapitalstock fest; sie werden wohl noch des Öfteren geändert werden. Für den vorliegenden Kontext sind demgegenüber die Art. 12 ff. von größerem Interesse; sie enthalten die Handlungsanweisungen (Operations) an den ESM. Art. 12 enthält die Grundprinzipien: Nicht nur, dass praktisch alle Euro denominierten Staatsanleihen künftighin Umschuldungsvereinbarungen

[14] Dass hierbei die demokratische Legitimation, insbesondere das Budgetrecht der jeweiligen Parlamente, erhebliche Einbußen erfährt, soll hier nicht weiter vertieft werden.

(Collective Action Clauses = CACs)[15] enthalten sollen, und nicht nur, dass finanzielle Unterstützung nur unter strikter Konditionalität gewährt wird; die Vorschrift spricht in ihrem 2. Abs. auch die Einbeziehung des privaten Sektors (PSI) an. Dies soll offenbar nur und erst dann geschehen, wenn Schuldentragfähigkeit (debt sustainability) anderenfalls nicht erzielt werden kann; ist das der Fall, muss der diesen Schritt vornehmende Staat zugleich mit dem entsprechenden Vorschlag präsentieren: „(a) credible plan for restoring debt sustainability and demonstrating sufficient commitment to ensure adequate and proportionate private-sector involvement. Progress in the implementation of the plan will be monitored under the programme and will be taken into account in the decisions on disbursements."

Die weiteren Vorschriften brauchen an dieser Stelle nicht vorgestellt zu werden, da sie nur weitere technische Details enthalten, die für den vorliegenden Kontext von geringer(er) Bedeutung sind.

2. *Schlussfolgerung*

Zusammengefasst zeigt sich, dass der ESM eine bezüglich seiner Ausstattung wie seines Mandats hochpolitische Institution ist. Entscheidungen oder Aktionen werden initiiert und ausgeführt durch den ESM oder andere politische Institutionen wie die Europäische Kommission oder den Europäischen Rat. Durch den Aufbau des ESM ist sichergestellt, dass die wahren Akteure in einem Hilfeszenario Politiker sind. Der Unterschied zu den vergangenen zwei Jahren wird also nur darin bestehen, dass künftighin die Rede vom ESM sein wird, wo zuvor einzelne Politiker bei ihrem Namen genannt wurden.

Das PSI soll demgegenüber eine allenfalls nachgeordnete Rolle spielen. Dem um Hilfe ersuchenden Mitgliedstaat kann die Pflicht auferlegt werden, mit seinen Privatsektorgläubigern in „good faith" Verhandlungen einzutreten, um auf diese Weise einen hair-cut herbeizuführen. Der private Sektor ist also, mit anderen Worten, nur insofern bedeutsam, als er auf seine Rechte – ganz oder partiell – verzichten soll; er hat aber danach keine eigenen Rechte gegen den Schuldnerstaat oder den durch den ESM repräsentierten öffentlichen Sektor, kann also seinerseits keinerlei Gegenforderungen erheben; dieses Recht ist für den ESM reserviert.

Vergleicht man diese Konstellation mit dem herkömmlichen Insolvenzrecht (etwa der Insolvenzordnung oder jeglichen sonstigen weltweiten Insolvenzgesetzen), erkennt man, dass dort statt drei nur zwei Antipoden – Gläubiger

---

[15] Zu diesen Klauseln s. etwa *Bradley/Gulati*, Collective Action Clauses for the Eurozone: An Empirical Analysis, abrufbar unter: http://papers.ssrn.com/sol3/papers.cfm?abstract_id=1948534; *Hofmann/Keller*, Collective Action Clauses, ZHR 175 (2011), 684 ff.

hier, Schuldner da – um eine einverständliche Lösung ringen. Sie tun das unter der Aufsicht einer neutralen Instanz, dem Gericht. Darauf wird zurückzukommen sein.

IV. Sollte die Politik das Szenario lenken? Für und Wider

Das bislang Vorgetragene muss nicht notwendigerweise als eine klare Absage an ein Politiker-betriebenes Verfahren verstanden werden. Dementsprechend sollen nunmehr Argumente dafür und dagegen vorgestellt und bedacht werden.

1. Argumente dafür

Auch wenn es wie eine Marginalie erscheinen mag: Man sollte nicht die gleichsam subkutane Macht negativer Wortkonnotationen unterschätzen – auch und gerade nicht in dem ersten Anschein nach so rational auftretenden Bereichen wie der Politik. Wie in weiten Teilen auf diesem Globus auch ist in Europa Begriff wie Phänomen der „Insolvenz" ganz erheblich negativ besetzt. Bei auch nur oberflächlicher Beobachtung kann man in allen Ecken der betroffenen Gesellschaften Tabuisierungstendenzen beobachten. Das hat historische Gründe,[16] die man klugerweise nicht leugnen sollte. Aus diesem Grund ist es gar nicht schlecht, wenn Politiker die Situation eines strauchelnden Staates zu ordnen versuchen, weil das bis zu einem gewissen Grad der Umwelt die Kontinuität der bisherigen Beziehungen suggeriert; es ist ein bisschen so wie „übliches Geschäftsgebaren" unter leicht veränderten Bedingungen. Wenn es demgegenüber ein explizit als „Insolvenzverfahren" deklariertes Verfahren gäbe, steht zu vermuten, dass auch hier jede nur erdenkliche Anstrengung unternommen würde, nur ja nicht hinein zu geraten.

Damit eng verbunden könnte es möglicherweise noch weitere Vorteile geben, etwa dass bei (mehr oder minder) gleich bleibenden Akteuren diese das Gefühl haben, bessere Kontrolle über einige wesentliche Faktoren zu bekommen/zu behalten: etwa über die chaotische Situation, wie sie paradigmatisch zuvor beschrieben ist; oder über die Rating-Agenturen und die Reaktionen auf den Credit-Default-Swap(CDS)-Markt. Zudem: Wenn die Politiker weiterhin die Zügel in der Hand halten, können sie Kontrolle über den Schuldnerstaat ausüben – am wirkungsvollsten in Gestalt der Konditionalität. Denn ganz grundsätzlich ist jede Gläubiger-Schuldner-Beziehung von Macht und Kontrolle ge-

---

[16] Zur Geschichte der Stigmatisierung der Insolvenz vgl. *Paulus*, Ein Kaleidoskop der Geschichte des Insolvenzrechts, JZ 2009, 1148.

kennzeichnet.[17] Das gilt ganz besonders im zwischenstaatlichen Bereich: Da hat jede finanzielle Unterstützung mehr als nur einen Touch von einem Kauf einer Einflussmöglichkeit auf den Kreditnehmer.[18] Ein schließlicher kontrollbezogener Vorteil könnte in den Augen der Politiker darin liegen, dass sie durch ihr Verbleiben in der bisherigen Handlungsposition zumindest die Hoffnung hegen dürfen, damit die Stabilität und Vertrauenswürdigkeit ihrer Staatsanleihen garantieren zu können. Denn auch wenn es evidentermaßen und historisch wieder und wieder belegt ist, dass diese Unterstellung unzutreffend ist: Das Vorspiegeln einer völlig risikofreien[19] Staatsanleihe als Kapitalanlage ist ein unglaublich wichtiger Faktor im politischen wie wirtschaftlichen Bereich. Denn damit sollen natürlich Investoren angelockt werden, um das vom Staat dringend benötigte Kapital zu liefern (Zwangsanleihen sind nicht wirklich eine tragfähige und dauerhafte Alternative); und es erlaubt den Banken, solche Anleihen wie Eigenkapital ausweisen zu können.

Es gibt aber noch ein weiteres, weniger offensichtliches Argument pro – die wirtschaftlichen Kosten einer staatlichen Zahlungsunfähigkeit sind ausweislich der bisherigen Beispiele deutlich geringer, als das üblicherweise angenommen wird.[20] Natürlich gibt es unterschiedliche Kostenfaktoren, etwa Reputationskosten, Ausschluss von internationalen Kapitalmärkten, Kosten der inländischen Wirtschaft durch das Finanzsystem oder politische Kosten; doch haben Borenszstein und Panizza gezeigt, dass die wirtschaftlichen Kosten natürlich nicht unbedeutend, dass sie aber kurzzeitig sind; sie kontrastieren diese mit den politischen Konsequenzen, die besonders die Regierungen und hier insbesondere die Finanzminister zu spüren bekommen.[21]

Natürlich könnte man bezüglich des letzteren Argumentes einwenden, dass vergangene Erfahrungen für die gegenwärtige europäische Krise wenig taugen; denn Griechenland ist in der bislang einzigartigen Situation,[22] nicht mehr die Herrschaft über die eigene Währung zu haben und damit der Möglichkeit be-

---

[17] Vgl. hierzu besonders eindringlich *Westbrook*, The Control of Wealth in Bankruptcy, Texas L. Rev. 82 (2004), 795.

[18] Heutzutage liefert die chinesische Kreditvergabepolitik in Afrika dafür einen eindringlichen Beleg, vgl. *Paulus*, Responsible Bilateral Lending and Borrowing – an Approach to a Legally Binding Concept (in Kürze erscheinend in: Festschrift für Rolf Knieper, 2012); *ders.*, What Constitutes a Debt in the Sovereign Debt Restructuring Context?, in: Ligustro/Sacerdoti (eds.), Liber amicorum in onore di Paolo Picone, 2010, S. 231 ff.

[19] Gemäß Art. 79 Abs. 1 lit. a Bankenrichtlinie (RiLi 2006/ 48/EG vom 14. Juni 2006) i.V.m. Nr. 1 Anhang VI ist die Risikogewichtung zumindest bei Forderungen gegen den eigenen Staat gleich 0 %.; s. auch § 26 Nr. 2 SolvVO.

[20] Dazu s. *Borensztein/Panizza*, The Costs of Sovereign Default, IMF Staff Papers Vol. 56 No. 4, 2009, S. 683 ff.

[21] Weiterführend s. auch *Panizza/Sturzenegger/Zettelmeyer*, The Economics and Law of Sovereign Debt and Default, Journal of Economic Literature 2009, 47.3, S. 653, 694.

[22] Freilich sollte diese nicht überschätzt werden. Im 19. Jahrhundert wurden zahlreiche Staaten der USA zahlungsunfähig und überlebten, ohne dass der Dollar abgewertet werden

raubt zu sein, die eigenen Schulden „wegzuinflationieren". Gleichwohl sollte man im Auge behalten, dass allem Anschein zum Trotz das Ausmaß der jeweiligen Katastrophe geringer zu sein scheint als befürchtet und üblicherweise dargestellt.

2. *Argumente dagegen*

Das aus der Perspektive der Jurisprudenz vorrangige Gegenargument gegen ein Politiker-betriebenes Verfahren ist eine Grundfeste der Rechtsstaatlichkeit:[23] Politiker sind Gläubiger (bzw. deren Vertreter) und verfolgen somit dem Schuldner diametral entgegengesetzte Interessen. Sofern ein Schuldner und ein Gläubiger Probleme miteinander haben, hat sich seit buchstäblich Jahrtausenden der Mechanismus etabliert und bewährt, dass nämlich ein Richter – oder allgemeiner: eine neutrale Instanz – vorgesehen wird, die besagte Probleme auf der Basis klarer, transparenter und somit einkalkulierbarer Regeln zu lösen versucht. All dies sind, wie schon erwähnt, Grundfesten der Rechtsstaatlichkeit, die dazu führen, dass sie die schon einleitend hervorgehobene Struktur in die chaotische Situation eines zahlungsunfähigen Staatswesens bringen. Denn in solch einem Staatswesen geht es insoweit nicht anders zu als bei jedem faillierenden Unternehmen. Jeder Insolvenzpraktiker kann endlose Geschichten über die verschiedenen Erscheinungsformen derartigen Chaos berichten.

Es kommt hinzu, dass (aktive) Politiker nicht eine neutrale Position einnehmen können. Sie sind schließlich als Politiker, die sich periodisch zur Wiederwahl stellen müssen, unweigerlich in einen Interessenkonflikt eingezwängt. Die vorbeschrieben letzten zwei Jahre in Europa legen dafür paradigmatisches Zeugnis ab: Politiker handeln nicht nur als Staatsvertreter, sondern auch als Interessenvertreter ihrer Wähler. Durch diese Position sind sie in die Zwickmühle verbannt, einen Ausgleich finden zu müssen zwischen dem Willen, wiedergewählt zu werden, und der Notwendigkeit, mit dem zahlungsunfähigen Staat nicht alle, in der Zukunft wohl noch dringend benötigten Brücken abzubrechen. Folge dieser unseligen Kombination ist nahezu unvermeidlich, dass viel politisches Porzellan zerbrochen wird. Es genügt vorliegend, in Erinnerung zu rufen, was viele deutsche Politiker über die Arbeitsmoral der Griechen in aller Öffentlichkeit gesagt haben, und welche Reaktion darauf erfolgte: eine in Nazikleidung karikiert dargestellte Kanzlerin. Das Porzellan, das zuvor über Jahrzehnte mühsam entworfen worden war, wurde hier binnen kurzem zerdeppert.

---

musste. Dazu siehe auch *Waibel*, Sovereign Defaults before International Courts and Tribunals, 2011, S. 3 ff.

[23] Vgl. *Paulus*, A Standing Arbitral Tribunal as a Procedural Solution for Sovereign Debt Restructurings, in: Braga/Vincelette (Hrsg.), Sovereign Debt and the Financial Crisis – Will This Time be Different?, 2010, S. 317 ff.

Eng mit dem Voranstehenden verbunden ist eine Lektion, die sich aus dem „Vorbild" Argentiniens Anfang des gegenwärtigen Jahrtausends erlernen lässt.[24] Auch wenn dieses Paradebeispiel für ein Schuldner-gesteuertes Vorgehen weit davon entfernt war, irgendwie als Ideal wirken zu können, wies es doch den unschätzbaren Vorteil einer klaren Linie auf. Anstelle der immer wieder bis zur Kakophonie reichenden Vielstimmigkeit des Chores der (divergierenden Interessen folgenden) Gläubiger gab es dort nur die eine Stimme, die die Richtung unmissverständlich vorgab. Um das klarzustellen: Argentinien ist insoweit nur eines unter vielen möglichen Beispielen; es gibt andere, weniger populäre, dafür aber erfolgreichere Fälle.[25]

Wenn man den Restrukturierungsprozess rationalisiert und strafft, so reduziert das schließlich die Kosten. Ein erneuter Blick auf das oben beschriebene Geschehen belegt das: Was mit einem Kapitalspritzenbedarf Griechenlands von € 40 Mrd. im Frühjahr 2010 begann, war Anfang 2012 zu einem Bedarf von € 350 Mrd. angewachsen. Das ist ein wahrlich hoher Preis für den Luxus, den sich Politiker mit der Suche nach einer endgültigen Lösung leisten. Es steht zu vermuten, dass die Kosten umso geringer sind, je schneller das Verfahren initiiert und dann über die Bühne gebracht wird. In diesem Kontext ist eine weitere Untersuchung zweier Ökonomen aufschlussreich:[26] Sie untersuchen ‚the elusive costs of sovereign defaults' und kommen dabei zu dem Ergebnis: „defaults have no significant negative impact on successive output growth and, if anything, mark the final stage of the crisis and the beginning of economic growth." Letzteres mag mit dem schon eingangs erwähnten Phänomen zusammenhängen, dass eine Krise politische und wirtschaftliche Maßnahmen möglich macht, die unter „normalen" Umständen nicht realisierbar zu sein scheinen.

V. Wie ein Verfahren aussehen könnte

Wenn man diese Vor- und Nachteile eines Politik(er)-betriebenen Verfahrens zueinander in Bezug setzt, überwiegen die Nachteile doch wohl recht eindeutig – zumindest aus der Perspektive eines Juristen. Wenn man dieser Schlussfolgerung zu folgen bereit sein sollte, erhebt sich natürlich die weitere Frage, wie ein alternatives Verfahren aussehen könnte. Das soll in Gestalt eines so genannten „Resolvenzverfahrens" im Folgenden dargestellt werden.[27] Diese neue Be-

---

[24] Vgl. *Paulus*, Staateninsolvenzen: Gläubiger oder neutrale Instanz – wer soll das schlingernde Schiff steuern?, ZSE 2012, 30 ff.

[25] Z.B. Polen 1997.

[26] *Yeyati/Panizza*, The elusive costs of sovereign defaults, Journal of Development Economics 2010.

[27] Der Vorschlag ist eine Modifikation eines weiteren Modells, welches der Autor gemeinsam mit Steve Kargmann (New York) in Kürze veröffentlichen wird und welches sich an ei-

nennung trägt dem zuvor (sub D I) schon einmal angesprochenen Phänomen der Macht und Gewalt negativ besetzter Wörter („Insolvenz" oder „Konkurs") Rechnung. Das Resolvenzverfahren muss so ausgestaltet sein, dass es die Anforderungen eines fairen, transparenten und damit kalkulierbaren Verfahrens erfüllt – es muss, mit anderen Worten, den Geboten der Rechtsstaatlichkeit entsprechen.

An diesem Punkt angekommen, wird es im Grunde genommen recht einfach: Man benötigt nämlich nur drei Schritte, um das Resolvenzverfahren zu etablieren: eine Vertragsklausel (I), ein Resolvenzgericht (II) und eine Verfahrensordnung eben dieses Gerichts (III). Was im Folgenden allerdings nicht näher ausgeführt wird, ist die mit der Einführung eines Resolvenzverfahrens verbundene Notwendigkeit, ein Abfederungssystem für den Finanzdienstleistungssektor zu etablieren. Denn es ist wohl unausweichlich, dass im Falle der Durchführung eines Resolvenzverfahrens dieser Kernbereich des Wirtschaftsgeschehens unmittelbar und massiv mitbetroffen ist. Es muss an dieser Stelle der Hinweis genügen, dass zum einen die Lehman-Pleite von 2008 auch den europäischen Gesetzgeber auf den Plan gerufen hat – ganz abgesehen von entsprechenden nationalen Bemühungen;[28] zum anderen ist die schon eingangs erwähnte enorme Fülle an bisherigen Staatspleiten bislang noch immer ohne einen Totalkollaps des Bankensystems abgewickelt worden. Das ändert freilich nichts an der Wichtigkeit des Gebots, kann aber doch ein wenig Druck von der Dringlichkeit nehmen.

I. Vertragsklausel

In ihrer schlichtesten Version könnte die Vertragsklausel etwa lauten: „In cases of default, the issuing sovereign is permitted, alternatively to activating the Collective Action Clauses, to activate a resolvency proceeding by filing a respective petition with the Resolvency Court."

---

nen globalen, nicht nur an einen europäischen Adressatenkreis richtet: Reforming the Process of Sovereign Debt Restructuring: A Proposal for a Sovereign Debt Tribunal as a Means of Resolving Sovereign Debt Disputes.

Speziell zum europäischen Resolvenzverfahren s. etwa *Paulus*, Die Eurozone und das größere Thema eines Staateninsolvenzrechts, in: Kodek/Reinisch (Hrsg.), Staateninsolvenz, 2011 (2. Aufl. 2012), S. 9 ff.; *ders.*, Prolegomena für die Schaffung eines Resolvenzrechts für Staaten, in: Kadelbach (Hrsg.), Nach der Finanzkrise, 2012, S. 105 ff.; *ders.*, Lehren aus den vergangenen Krisen und neue Ansätze zur Staatenresolvenz, in: Giegerich (Hrsg.), Internationales Wirtschafts- und Finanzrecht in der Krise, 2011, S. 135 ff.; *ders.*, Rechtliche Handhaben zur Bewältigung der Überschuldung von Staaten, RIW 2009, 11 ff.; *ders.*, Geordnete Staateninsolvenz – eine Lösung mit Hilfe des Vertragsrechts, ZIP 2011, 2433 ff.

[28] Speziell zum deutschen Kreditinstitute-Reorganisationsgesetz s. etwa *Paulus*, Brooklyn Journal of Corporate, Financial & Commercial Law 2011, 171 m.w.N.; ferner *Kenadjian* (Hrsg.), Too Big To Fail – Brauchen wir ein Sonderinsolvenzrecht für Banken?, 2012.

Warum aber überhaupt eine derartige Klausel, worin läge ihr Vorzug? Die Antworten hierauf haben mit der Entwicklung zu tun, die die Diskussion um Staatspleiten in den letzten gut zehn Jahren genommen hat: Zu Beginn dieser Periode steht der vom IWF im Zusammenhang mit der Argentinienkrise unterbreitete Vorschlag, ein Sovereign Debt Restructuring Mechanism (SDRM) zu etablieren. Die daraufhin einsetzende öffentliche Diskussion ließ sich in zwei Lager unterteilen, nämlich die, die eine statuarische Lösung propagierten, und die, die für eine vertragliche Herangehensweise plädierten.[29] Ein wenig vereinfachend gesprochen, besteht der Hauptunterschied zwischen beiden Lagern in der Grundlage der jeweiligen Bindungswirkung. Der IWF beispielsweise wollte eine derartige Bindungswirkung durch eine Ergänzung seiner Statuten erreichen; ein anderer Vorschlag lautete, ein Modellgesetz zu entwerfen, das nur geringen Spielraum für individuelle Anpassungen bietet.[30] Beide Vorschläge fallen in die Kategorie der statuarischen Lösung, die aus diversen, hier nicht nachzuzeichnenden Gründen vorzugswürdig ist. Ihr großer Nachteil jedoch besteht darin, dass zu ihrer Umsetzung ein erheblicher Aufwand an Anstrengung und Zeit notwendig ist.

Die vertragliche Herangehensweise, die am prominentesten von den oben schon einmal angesprochenen CACs repräsentiert wird, überlässt es den jeweiligen Akteuren bzw. Staaten, das avisierte Verfahren jeweils vertraglich zu determinieren. Unbeschadet nicht unbeträchtlicher Defizite dieser Herangehensweise (die Vertragsklauseln eröffnen keine neue Geldquelle, und sie adressieren allein das Schuldenproblem, nicht aber die schuldnerischen Wirtschafts- und Strukturprobleme) stellt sie zum gegenwärtigen Zeitpunkt so etwas wie den „state of the art" dar. Wie schon erwähnt, sieht der ESM-Vertrag in Art. 12 Abs. 3 ausdrücklich die Einführung von CACs vor.[31]

Nachdem die Dinge sich nun einmal in diese Richtung entwickelt haben, springt der vorliegende Vorschlag auf diesen Zug auf, zumal sich das erstrebte Ziel mit seiner Hilfe schneller und leichter realisieren lässt.[32] Es bedarf schließlich keines wie auch immer gearteten völkerrechtlichen Vertrages oder eines neuen Gesetzes. Es ist vielmehr allein schon damit getan, dass in jede Darlehensvereinbarung (damit sollen auch Staatsanleihen und sonstige Kreditverträge gemeint sein)[33] eine entsprechende Vertragsklausel aufgenommen wird. Eines multilateralen Gesetzgebungsaktes bedarf es mithin gerade nicht.

---

[29] Für alles Folgende vgl. *Paulus*, A Statutory Proceeding for Restructuring Debts of Sovereign States, RIW 2003, 401 ff.

[30] *Paulus*, Rechtlich geordnetes Insolvenzverfahren für Staaten, ZRP 2002, 383 ff.

[31] S. dazu in dem Entwurf eines Gesetzes zur Änderung des Bundesschuldenwesengesetzes die geplanten §§ 4a ff. BSchuWG.

[32] Vgl. *Malaguti*, Sovereign Insolvency and International Legal Order, Int'l Comm.L.R. 11, 2009, S. 307 ff.

[33] S. nur § 4 BSchuWG.

2. Resolvenzgericht

Die soeben beschriebene Reduzierung einer ambitionierten, derzeit offenbar noch anachronistischen Regelung setzt sich im Folgenden fort. Denn anstelle hoch komplexer materieller Regelungen beschränkt sich der hier unterbreitete Vorschlag darauf, ein Resolvenzgericht zu schaffen. Eine solche Selbstbeschränkung ist übrigens nicht ohne Vorbild: So war etwa in den 60er-Jahren des vergangenen Jahrhunderts im Zusammenhang mit der damaligen Dekolonialisierungspolitik eine höchst intensive Diskussion um den völkerrechtlichen Investitionsschutz entbrannt. Die gegenläufigen Interessen der neu gegründeten (befreiten) Staaten einerseits und der Investoren andererseits bedingten ein hoch komplexes Amalgam schier unlösbarer Probleme. Die Lösung dieser scheinbaren Patt-Situation wurde in der Weise gefunden, dass die Weltbank eine Schiedsgerichtsplattform gründete, das International Centre for the Settlement of Investment Disputes (ICSID). Diese neu geschaffene Institution stellt eine prozedurale Basis zur Verfügung, nicht aber irgendwelche materiellen Regeln. Das hatte zur Folge, dass sich aus – vornehmlich – den hier ergangenen Schiedssprüchen zwischenzeitlich eine veritable Masse an substantiellem Völkerinvestitionsrecht herausgebildet hat.[34] Es ist dieses Vorbild, aus dem der vorliegende Vorschlag seinen Optimismus speist, dass sich mit Hilfe eines Resolvenzgerichts eines künftigen Tages auch einmal ein Staatenresolvenzrecht herausbilden wird.

ICSID ist freilich nicht das einzige Vorbild für das Resolvenzgericht; dazu gehören vielmehr auch Schiedsgerichte wie der Iran-US-claims Tribunal[35] oder dessen deutlich weniger bekannter Gegenpart für die irakische Entschuldung nach 2003.[36] Und schließlich hatte auch der SDRM des IWF seinerzeit die Schaffung einer eigenen gerichtsähnlichen Institution vorgesehen.[37] Und genau dieses letztgenannte Dispute Resolution Forum (DRF) sollte für die Ausgestaltung des Resolvenzgerichts Pate stehen. Demgemäß besteht das Gericht aus einem Präsidenten und einem Pool von 20 bis 30 Richtern. An diesem Gericht wären fest angestellt nur der Präsident und das Personal, nicht aber die Richter. Sie würden vielmehr in ihren jeweiligen Positionen verbleiben und würden zu aktuellen Richtern vielmehr erst und nur dann, wenn der Präsident sie in einem

---

[34] S. etwa *Griebel*, Internationales Investitionsrecht, 2008; *Herdegen*, Internationales Wirtschaftsrecht, 6. ed. 2007, S. 238 ff.; *Krajewski*, Wirtschaftsvölkerrecht, 2006, S. 167 ff. Zusätzlich *Tietje*, Grundstrukturen, Rechtsstand und aktuelle Herausforderungen des internationalen Investitionsschutzrechts, in: Giegerich (Hrsg.), Internationales Wirtschafts- und Finanzrecht in der Krise, 2011, S. 11 ff.

[35] Vgl. www.iusct.net.

[36] *Deeb*, Project 688: The Restructuring of Iraq's Saddam-Era Debt, Cleary Gottlieb Restructuring Newsletter Winter 2007, p. 3 ff.

[37] Für weitere Details s. *Paulus*, Die Rolle des Richters in einem künftigen SDRM, in: Gerhardt/Haarmeyer/Kreft (Hrsg.), Insolvenzrecht im Wandel der Zeit, Festschrift für Hans-Peter Kirchhof, 2003, S. 421 ff.

konkret anstehenden Fall dazu ernennen würde. Je nach Komplexität des Falles würden auf diese Weise drei oder fünf Richter das Resolvenzgericht darstellen bzw. wären der für den Fall zuständige Resolvenzsenat. Vorteil dieser Einteilung wäre die Kostenersparnis; die Richter würden nur im Fall ihrer konkreten Ernennung in dem jeweiligen Fall bezahlt, und dies auch noch vom Schuldnerstaat als Bestandteil der Resolvenzkosten.

Abgesehen davon, dass die in dem Pool zusammengefassten Richter natürlich sowohl in persönlicher wie professioneller Hinsicht eine makellose Reputation vorweisen müssen, sollten sie schnellstmöglich Expertise gewinnen können. Deswegen der zuvor schon genannte kleine Kreis. Die Auswahl muss diversen Diversifizierungskriterien genügen – etwa in nationaler, beruflicher, geschlechtlicher etc. Hinsicht.

Die seinerzeit gemachten Erfahrungen mit dem IWF-Vorschlag belegen, dass auch die Verortung des Resolvenzgerichts eine keineswegs unbedeutende Frage ist. Auf Grund rechtsstaatlicher Bedenken darf das Gericht in keinem Fall irgendwie mit der EZB in Frankfurt a.M. verbunden sein; ähnlich wie bei den Brüsseler Behörden wäre damit zumindest dem Argwohn nach eine zu große Nähe mit einer interessengeleiteten Institution verbunden. Demgemäß wäre die wahrscheinlich optimale Lösung die, am EuGH in Luxemburg eine eigenständige Kammer als Resolvenzgericht einzurichten. Weil das aber wohl mit einem aufwendigen legislativen Akt verbunden wäre, Art. 257 AEUV, ist die wohl realistischste und pragmatischste Alternative, das Resolvenzgericht am Permanent Court of Arbitration (PCA) in Den Haag zu verankern. Damit würde sich übrigens ein historischer Kreis schließen: Denn offenbar wurde die Idee, ein Staatenbankrottgericht zu errichten, bereits vor gut 110 Jahren für den damals in Gründung befindlichen PCA propagiert.[38]

Alternativ könnte der Gerichtsort aber gut und gerne auch etwa die Schweiz oder Norwegen sein. Beide Länder zeichnen sich durch ihre Neutralität einerseits und ihre Nähe zum Euroraum andererseits aus und würden somit dem Resolvenzgericht allein schon dadurch eine gewisse Vertrauenswürdigkeit verleihen.

3. *Verfahrensordnung*

Der letzte Schritt hin zu einem Resolvenzregime besteht darin, dass sich das Gericht eine eigene Verfahrensordnung geben muss.[39] Der oben angestellte Bezug zu ICSID legt nahe, dass sich die Verfahrensregeln darauf beschränken sollten,

[38] Vgl. *Manes*, Staatsbankrotte, 3. Aufl. 1923, S. 208.

[39] Zur Zulässigkeit solch autonomer Satzungserstellungsbefugnis s. nur Art. 30 Abs. 1 ICJ Statute; Art. 16 of the Statute of the International Tribunal for the Law of the Sea; Art. 3 Abs. 2 of the Claims Settlement Declaration of the Iran-US-Tribunal.

eine Plattform bereit zu stellen, auf der die Betroffenen der staatlichen Zahlungsunfähigkeit gehalten sind, unter der Aufsicht des Resolvenzerichts gemeinsam eine Lösung der Situation herbeizuführen. Das ist allein schon deswegen eine vernünftige Ausgangsposition, als die vergangenen (mindestens) 100 Jahre im Umgang mit Staatspleiten zeigen, dass der mit Abstand dominierende und erfolgversprechendste Lösungsmechanismus der der Verhandlungen ist.[40]

In Anbetracht dieses Ausgangspunktes empfiehlt es sich, die Verfahrensregeln in vorsichtiger und behutsamer Anlehnung an das herkömmliche Insolvenzrecht zu entwerfen. Denn diese Rechtsmaterie hat innerhalb der letzten Jahrzehnte ihren Anwendungsbereich fast schon dramatisch verändert und modernisiert. Während für buchstäblich Jahrtausende die Liquidation (des Schuldners bzw. seines Vermögens) die einzige Option gewesen ist, tritt seit dem zunächst in den USA eingeführten Chapter 11-Verfahren – und seither in vielfältigen Abwandlungen in praktisch weltweit allen Rechtsordnungen, in Deutschland in Gestalt des Planverfahrens[41] – gleichberechtigt an deren Seite die Sanierung des Schuldners. Dadurch, und nur dadurch, kann diese Rechtsmaterie vorliegend als Modell dienen, weil es zwangsläufig bei einem Resolvenzverfahren immer nur ausschließlich um eben eine solche Sanierung oder eben Resolvenz gehen kann. Um keine Missverständnisse aufkommen zu lassen, sei noch einmal wiederholt, dass selbstverständlich eine derartige Vorlage nicht eins zu eins übernommen werden kann. Vielmehr müssen aufgrund der Besonderheiten einer staatlichen Zahlungsunfähigkeit zahlreiche Modifikationen gegenüber dem Modell vorgenommen werden. Doch zeigt die in nicht wenigen Ländern bestehende (und auch hierzulande zunehmend thematisierte)[42]

---

[40] Gerade Deutschland kann darauf im Hinblick auf das Londoner Schuldenabkommen ein Hohelied singen: Abkommen über deutsche Auslandsschulden, London, den 27.2.1953, BGBl. II, S. 333 (umgesetzt durch Gesetz betr. das Abkommen vom 27. Februar 1953 über deutsche Auslandsschulden vom 24.8. 1953, BGBl. II, S. 331); dazu etwa Abs, Entscheidungen 1949 – 1953: Die Entstehung des „Londoner Schuldenabkommens", 1991. Ferner Monatsbericht 02.2003 des Bundesministeriums der Finanzen, S. 91 ff.: 27. Februar 2003 – 50 Jahre Londoner Schuldenabkommen. Zu Alternativen zur konsensualen Lösung vgl. etwa *Hornfischer/Skauradszun*, Von der Staateninsolvenz zur Insolvenzfähigkeit von Staaten, KTS 2012, 1, 6 ff.

[41] Es ist mehr als nur von akademischem Interesse, dass zu dem Zeitpunkt, zu dem sich Europa mit der Idee einer Resolvenz für Staaten vertraut macht, in den USA eine intensiv geführte Debatte über den Sinn und Unsinn der Einführung eines Insolvenzverfahrens für ihre Mitgliedstaaten eingesetzt hat. Dazu auch *Skeel*, State Bankruptcy from the Ground Up, http://ssrn.com/abstract=1907359.

[42] Dies verweist auf Chapter 9 des U.S. Bankruptcy Code. Zur Übertragbarkeit auf Deutschland vgl. nur *Naguschewski*, Kommunale Insolvenz – Untersuchungen zu einem Insolvenzverfahren nach Vorbild des US-amerikanischen Chapter 9, 2011, S. 27 ff. S. außerdem *v. Lewinski*, Öffentlichrechtliche Insolvenz und Staatsbankrott – Rechtliche Bewältigung finanzieller Krisen der öffentlichen Hand, 2011, S. 29 ff.; *Hornfischer*, Die Insolvenzfähigkeit von Kommunen, 2010; *Cranshaw*, Insolvenz- und finanzrechtliche Perspektiven der Insolvenz von juristischen Personen des öffentlichen Rechts, insbesondere Kommunen, 2007; *Frielinghaus*, Die kommunale Insolvenz, 2007; *Paulus*, Überlegungen zur Insolvenzfähigkeit

Insolvenzfähigkeit von Gemeinden, dass die Sonderprobleme eines souveränen Schuldners mit diesem Modell gemeistert werden können.

Um den zu unterbreitenden Vorschlag als Leser dieser Überlegungen besser in seiner Kohärenz einschätzen zu können, erscheint es angebracht, zunächst einmal im Zusammenhang darzustellen, wie das avisierte Verfahren aussehen soll, bevor anschließend einige der gravierendsten Detailprobleme gesondert angesprochen werden.

a. Das Resolvenzverfahren

Eingeleitet wird das Resolvenzverfahren durch einen Antrag des betreffenden Schuldnerstaates. Mit dem Antrag muss die Vorlage eines ausgefeilten und präzise Vorgaben enthaltenden Planes einhergehen, aus dem sich ergibt, wie der Staat sich seine Restrukturierung vorstellt; in dem Plan muss also angegeben sein, welche Beiträge der Staat sich von Seiten der Gläubiger erwartet (und warum), sowie welche politischen, wirtschaftlichen und sonstige Maßnahmen er selber zu unternehmen gedenkt, um die Situation nachhaltig zu verbessern. Wohlgemerkt, zu diesem Eingangsstadium ist dieser Plan nichts anderes als ein vorläufiges Diskussionspapier, das natürlich im Rahmen der nachfolgenden Verhandlungen mit den Gläubigern vielfältigen Modifikationen oder gar Änderungen und Ergänzungen unterliegt. Trotz dieser gewissen Vorläufigkeit muss der Plan die erwähnte Ausführlichkeit aufweisen; denn er dient nicht nur als Diskussionsgrundlage, sondern auch gewissermaßen als Seriositätskontrolle. Denn erste Aufgabe des Resolvenzgerichts (genauer: des frisch konstituierten Senats) ist die Prüfung, ob der Plan fair, angemessen und vernünftig ist.

Die Gläubiger – und zwar grundsätzlich[43] alle[44] Gläubiger des Staates – werden in Gruppen eingeteilt, wobei diese Einteilung selbstverständlich überprüfbaren Kriterien zu genügen hat.[45] Diese Gruppenbildung ist für den Ablauf des Verfahrens von essentieller Bedeutung, weil die Diskussion über den Plan und die schließliche Abstimmung darüber eben in diesen Gruppen erfolgt. Selbst wenn sämtliche Gruppen dem Plan sollten zustimmen müssen, bedeutet die Gruppenbildung, dass doch nicht jeder einzelne Gläubiger zustimmen muss. Denn es reicht eine (wie auch immer festzulegende) qualifizierte Mehrheit innerhalb der Gruppe, damit deren Votum als Zustimmung gilt.

Bevor es jedoch zu der Abstimmung überhaupt kommt, müssen Schuldner und Gläubiger zusammensitzen und über die Details des Planes diskutieren. Um die Komplexität der Massen zu reduzieren, könnten bzw. sollten nach dem

---

von Gemeinden, ZInsO 2003, 869; *ders.*, Insolvenzfähigkeit von Gemeinden – pro, NordÖR 2010, 338.

[43] Zum Problem, wer Gläubiger in einer Staateninsolvenz sein kann, siehe *Paulus*, wie in Fn. 18.

[44] Dies soll eine Segmentierung verhindern, wie sie im Pariser Club oder seinem Londoner Pendant erfolgt.

[45] Dieses Vorgehen ist dem Insolvenzrechtler aus dem Planverfahren vertraut, § 222 InsO.

Vorbild etwa des Schuldverschreibungsgesetzes, § 7 SchVG, besondere Stellvertreter jeder Gruppe die tatsächlich handelnden Akteure sein. Natürlich werden diese Verhandlungen intensiv geführt werden; denn aller Wahrscheinlichkeit nach wird jeder Beteiligte versucht sein, für sich und seine Seite das Beste herauszuholen – und sei es auch zu Lasten der anderen. Und doch sollte das Resolvenzgericht bei diesen Verhandlungen seine Rolle auf die Kontrolle der Rechtmäßigkeit des Verfahrensfortgangs beschränken und keine materiellen Vorgaben machen. Das ist umso wichtiger, als es keine Gleichbehandlung der Gruppen (anders freilich innerhalb der Gruppen) geben wird. Diese letztere Besonderheit erlaubt es übrigens, einem gerade unter Politikern weit verbreiteten Bedenken Rechnung zu tragen, dem Schutz der Kleinanleger. Diese können nämlich in eine Gruppe zusammengefasst und mit einer Befriedigungsquote von 100 % bedacht werden, während andere Gruppen etwa nur 30 % erhalten. Die Flexibilität der in dem Plan möglichen Varianten ist in etwa so weit wie die Optionen, die sich für eine Vertragsgestaltung aus der Vertragsfreiheit ergeben.[46]

Auch wenn es nicht zwingend erforderlich ist, ist es doch vielleicht zweckmäßig, diese Verhandlungen mit denjenigen zu verbinden, die der Staat parallel mit neuen Kreditgebern – etwa IWF, ESM oder sonstigen Anbietern (China) – führen muss, weil er unter den gegebenen Umständen dringenden Finanzbedarf[47] hat. Übrigens kann bei effizienter Ausgestaltung und Anwendung des Verfahrens nicht einmal ausgeschlossen werden, dass nicht auch der Kapitalmarkt auf diesen Schritt, ein Resolvenzverfahren durchzuführen, positiv reagiert und wieder Geld zu akzeptablen Konditionen zur Verfügung stellt. Wer immer der neue Geldgeber ist, er könnte an einer Beteiligung an den Plandiskussionen interessiert sein. Der Vorteil für die Verfahrenstringenz bestünde darin, dass dies einen zusätzlichen disziplinierenden Druck auf den Schuldnerstaat ausüben würde.

Nach einer festgelegten Zeitspanne muss die Abstimmung durchgeführt werden. Aus der Notwendigkeit, dass der Schuldner die Zustimmung der Gläubiger benötigt, ergibt sich ein weiterer Disziplinierungsdruck auf den Schuldner. Schließlich ändert sich die Schuldenlage des Staates nicht ohne eine derartige Zustimmung. In diesem Zusammenhang liegt ein gewisser Ausgleich für etwas, was weiter unten detaillierter zu erläutern sein wird: dass nämlich der einzige Antragsberechtigte der Schuldnerstaat selbst ist. Freilich zeigt erneut

---

[46] Zuletzt und ausführlich zum Insolvenzplan als vertragsähnliches Gebilde *Madaus*, Der Insolvenzplan, 2011.

[47] Mit diesem Bedarf ist die praktisch eminent wichtige Frage verbunden, welche Sicherheiten der Staat einem Neugläubiger anbieten kann? Das wird zum einen sicherlich die Einräumung einer Superpriorität, also Vorrang vor allen anderen Gläubigern, sein, und könnte zum anderen bis hin zur Verpfändung von künftigen Steuereinnahmen (Tax-farming) reichen.

das allgemeine insolvenzrechtliche Modell (vgl. die „cram-down-rule" des § 245 InsO), dass diese Abhängigkeit des Schuldners gemildert werden kann, indem das Gruppenvotum der Gruppen nicht einstimmig zu sein braucht. Eine Planannahme könnte mithin auch dann als erfolgt angesehen werden, wenn nur eine qualifizierte Mehrheit der Gruppen dem Plan zustimmt.

Ist der Plan einmal akzeptiert, muss das Resolvenzgericht die Rechtmäßigkeit des Vorgehens noch einmal überprüfen und bestätigen. Infolgedessen ist es angezeigt, dass die Richter ohnedies an den Verhandlungen beteiligt sind, vermutlich als Moderatoren. Wenn jedoch die erforderliche Mehrheit für die Annahme nicht erreicht wird, sollte eine zweite Chance eingeräumt werden, wenn auch mit einem begrenzteren Zeitrahmen. Sollte auch diese Chance nicht genutzt werden können, wäre die Europäische Währungsunion gegenüber anderen zahlungsunfähigen Staaten in der spezifisch vorteilhaften Lage, eine ganze Reihe von nachfolgenden Sanktionen bis hin zum Ausschluss aus der Union vorzusehen. Sofern freilich die Abstimmung deswegen fehlgeschlagen ist, weil einzelne Gläubiger etwa eine Blockadehaltung eingenommen haben, könnte den Richtern die Befugnis eingeräumt werden, etwa das Stimmrecht einzuschränken oder gar das „nein" in der Abstimmung in ein „ja" umzubiegen. Auf diese Weise würden beide Seiten diszipliniert.

b. Ausgewählte Sonderprobleme

Eine Fundamentalfrage eines jeden Verfahrens besteht darin, unter welchen Voraussetzungen es eingeleitet werden kann. Das herkömmliche Insolvenzrecht etwa Deutschlands bietet drei Optionen an: Zahlungsunfähigkeit, drohende Zahlungsunfähigkeit oder Überschuldung, §§ 17 bis 19 InsO. Keine davon taugt zur Übernahme auf den staatlichen Kontext und ein Resolvenzverfahren. Der IWF sprach in diesem Kontext von der ‚unsustainability of debts' und meinte damit in etwa, dass die Schuldenlast ein solches Ausmaß erlangt hat, dass nicht einmal mehr die Zinsen vollständig beglichen werden können, dass man also, gewissermaßen klassisch, in der Schuldenfalle gefangen ist.

Freilich könnte man sich anstelle dessen fragen, ob es denn überhaupt eines derartigen fixierten Grundes bedarf oder ob es nicht genügt, einfach nur eine Missbrauchskontrolle vorzusehen.[48] Nachfolgend wird ausführlicher dargelegt, dass es eine der vordringlichsten Aufgaben des Resolvenzgerichts ist, die Eröffnungsvoraussetzungen zu überprüfen. Liegen die nicht vor, wird kein Verfahren eröffnet und der Schuldnerstaat muss nach anderen Optionen für die Lösung seiner Probleme Ausschau halten. Das könnte eine hinreichend unattraktive Alternative zum Missbrauch des Verfahrens sein.

---

[48] Vgl. *Paulus* (Fn. 30), S. 385. Alternativ könnte die Festlegung eines Eröffnungsgrundes, englischem Vorbild folgend, vgl. *Steffek*, KTS 2009, 317, 348, 352, den Parteien überlassen werden.

Der SDRM des IWF sah ebenfalls das Recht zur Verfahrenseröffnung ausschließlich beim Schuldnerstaat.[49] Unter dem Aspekt der Disziplinierung ist das zu bedauern, die Besonderheiten der staatlichen Souveränität gebieten es jedoch. Anderenfalls würde ein Gläubigerantrag einen Schuldnerstaat in ein Handlungskorsett hineinzwingen, das schlimmstenfalls gar nicht erforderlich wäre. Außerdem ist die politische Akzeptanzfähigkeit einer anderslautenden Regelung gleich null. Deutschland, Frankreich, oder welch anderes Land auch immer würde schwerlich sich je dazu verstehen, einer entsprechenden Regel ihr Plazet zu erteilen.[50]

Wenn also nur ein Schuldnerantrag die realistische Option ist, ergibt sich daraus eine gewisse Disziplinierungsverzerrung. Denn damit hat es allein der Schuldner in der Hand, mit dem Resolvenzverfahren etwa bei Verhandlungen vor dem Pariser oder dem Londoner Club zu drohen. Gläubiger können dem nichts entgegensetzen. Und doch, dieses Ungleichgewicht ist aus den gegebenen Gründen hinzunehmen; es muss an anderer Stelle kompensiert werden – etwa bei dem zuvor schon adressierten Zustimmungserfordernis.

In Anbetracht der bloß prozeduralen Ausgestaltung der Verfahrensordnung ist die Kompetenzzuweisung an das Gericht natürlich von ausschlaggebender Bedeutung für Erfolg oder Misserfolg des Resolvenzverfahrens. Zum gegenwärtigen Zeitpunkt der Entwicklung bzw. Realisierung des Verfahrens ist jedoch vorsorglich anzumerken, dass derzeit nur ein grober Überblick beabsichtigt ist. Zu gegebener Zeit müssen diese Kompetenzen noch präziser und umfassender ausgestaltet werden.

– Die wohl wichtigste Aufgabe des Gerichts besteht in der Überprüfung dessen, ob der Antrag des Schuldnerstaates missbräuchlich ist. Ist das der Fall, wird der Plan abgewiesen. Demgemäß hat der Senat also auf der Grundlage des Planes zu überprüfen, ob die behauptete Resolvenzbedürftigkeit tatsächlich besteht. Anhand dieser Aufgabe zeigt sich übrigens ganz besonders deutlich, wie sorgsam die Kandidaten für den Richterpool ausgewählt werden müssen; intensives politisches, wirtschaftliches und rechtliches Wissen muss da zusammenkommen. Schließlich muss hier beispielsweise geprüft werden, ob der Staat auch tatsächlich alle bestehenden Einnahme- bzw. Geldschöpfungsquellen schon ausgenutzt hat. Der Variantenreichtum ist kaum überschaubar: (weitere) Privatisierungen[51] können hier angezeigt sein oder Steuererhöhun-

---

[49] S. zusätzlich *Hornfischer/Skauradszun* (Fn. 40), 16 f.

[50] Dasselbe gilt natürlich auch für eine Vielzahl weiterer Länder, allen voran wohl die USA, sofern der Vorschlag auf einer globalen Ebene umgesetzt werden sollte. Freilich gibt es in der Währungsunion die spezifische Besonderheit, dass ein Antragsrecht etwa auch dem Europäischen Rat eingeräumt wird.

[51] Bezüglich der Privatisierungen gerade in Griechenland s. nur *Kargmann/Potamitis*, A New Approach to Privatisation: An Unexplored Option for Greece in Privatising Troubled State-Owned Enterprises, International Corporate Rescue 2011, 389.

gen, Einsparmöglichkeiten können sich beispielsweise aus Streichungen des 13. Monatsgehalts im öffentlichen Sektor ergeben, bestimmte Rohstoffe sind noch nicht (völlig) ausgeschöpft oder Goldreserven sind noch zur Versilberung vorhanden etc. Um die Weite der sich hier offenbarenden Möglichkeiten ermessen zu können, empfiehlt sich ein Blick in die Konditionalitätskataloge des IWF oder der Weltbank, die diese bislang anlässlich Unterstützungsanfragen erstellt haben.[52] Sind diese Möglichkeiten von dem Antrag stellenden Staat ungerechtfertigter Weise noch nicht völlig ausgeschöpft, wird sich der Antrag womöglich als unberechtigt erweisen.

– Die Forderungsfeststellung könnte ebenfalls eine der Schlüsselaufgaben des Resolvenzgerichts sein. Hier steckt wiederum der Teufel im Detail: Welche Forderungen sollen im Verfahren einbezogen werden – nur inländische oder auch ausländische, Forderungen nur gegen den Staat oder auch solche gegen Untergliederungen (Länder, Provinzen, Fueros, Regionen etc. oder die Staatsbank bzw. staatseigene Betriebe), nur vertragliche oder auch außervertragliche Forderungen?[53]

Die vorzugswürdigen (aber gewisslich nicht allein diskutablen) Antworten auf diese Fragen lauten: Wenn man richtigerweise die sektoralen Beschränkungen der Gläubiger im Pariser bzw. Londoner Club überwinden und nach einer allumfassenden Lösung suchen will, sollten sämtliche Forderungen einbezogen werden, also die in- wie ausländischen (möglicherweise unter Einschluss der Steuer- und Gehaltsforderungen); unter den Begriff „Schuldner" sollten all diejenigen Entitäten fallen, die keine eigenständige juristische Existenz haben bzw. nicht vom allgemeinen Insolvenzrecht erfasst sind; dafür sollte es aber eine Beschränkung auf vertragliche Ansprüche geben, weil zum gegenwärtigen Zeitpunkt die Gerichtskompetenz allein auf Vertrag gegründet sein kann.

– Eine nicht unbedeutende weitere Aufgabe des Gerichts besteht in der Moderation der Verhandlungen und der Rechtmäßigkeitskontrolle der Gruppenbildung, ob also objektiv nachprüfbare, tragfähige Selektionskriterien angewandt wurden. Auch an dieser Stelle dient das Verfahren also einer Missbrauchskontrolle und somit der Disziplinierung des Schuldners.

– Eine schließliche Kompetenz des Gerichts könnte in der Streitentscheidung innerhalb des Verfahrens bestehen. Um sich diese Aufgabe vergegenwärtigen zu können, sollte man einen Blick auf diejenigen Länder (USA, Österreich, u.a.m.) werfen, in denen die Insolvenzgerichte eine derartige Kompetenz haben – üblicherweise *vis attractiva concursus*[54] genannt. Dadurch beschleunigt man

---

[52] Die Richter werden mindestens an dieser Stelle nicht umhin können, in enger Zusammenarbeit mit dem IWF und Eurostat vorzugehen. Denn diese Institutionen haben einzigartige Informationsquellen, auf die man wird zugreifen müssen.

[53] S. dazu nur *Hagan*, Designing a Legal Framework to Restructure Sovereign Debt, 36 Georgetown Journal of International Law (2005), 299 ff.

[54] S. nur *Paulus*, Insolvenzrecht, 2. Aufl. 2012, Rz. 47.

das Verfahren und macht es geschmeidiger. Zusätzlich zu solch einer Streitentscheidung ließe sich dem Gericht auch noch die Aufgabe anvertrauen, als Mediatoren oder Conciliatoren zu wirken; das wäre eine direkte Referenz zu den Aufgaben, die ICSID seinen Richtern auferlegt.

Es ist schon zuvor erwähnt worden, dass der Zeitfaktor bei jeder Restrukturierung und damit auch im Resolvenzverfahren eine Schlüsselrolle spielt. Aus diesem Grund sollte die Verfahrensordnung recht strikte zeitliche Vorgaben enthalten. Dies empfiehlt sich allein schon deswegen, um strategischen Missbrauch irgendeiner der involvierten Parteien zu unterbinden. Vermutlich würde es aber immer der Schuldnerstaat sein, der auf Beschleunigung drängt; denn je schneller das Verfahren beendet ist, desto früher kann der Staat damit beginnen, die im Plan vorgesehenen Maßnahmen umzusetzen. Aus dieser Perspektive sollte die Terminierung also als Disziplinierungsmaßnahme der Gläubiger fungieren. Die Regeln könnten beispielsweise vorsehen, dass die Richter gegebenenfalls intervenieren können, oder dass sich nach bestimmter Zeit die Mehrheitserfordernisse ändern etc.[55]

Sofern der Plan in der vorgeschriebenen Weise angenommen und durch das Gericht die Rechtmäßigkeit des gesamten Verfahrensgangs bestätigt worden ist, stellt der entsprechende Feststellungsbeschluss des Gerichts die Rechtsgrundlage für sämtliche planmäßigen Veränderungen dar. Der jeweilige hair-cut der Gläubiger wird ebenso wirksam wie die Stundungen oder sonstigen Änderungen ihrer Rechtslagen. Gleiches gilt aber natürlich auch für den Schuldnerstaat; er muss nunmehr all diejenigen Maßnahmen umzusetzen beginnen, zu denen er sich in dem Plan verpflichtet hat – also etwa Gehaltskürzungen vornehmen, Privatisierungen in die Wege leiten, Eröffnung neuer (oder Ausweitung bestehender) Steuerquellen etc.[56]

Allerdings ist es – gerade auch nach den im Europa der letzten Jahre gemachten Erfahrungen – ein nicht völlig unwahrscheinliches Szenario, dass der Eifer zu der Durchführung dieser dem Staat obliegenden Verpflichtungen in dem Moment zu erlahmen beginnt, in dem der Plan seine Rechtswirksamkeit durch den Gerichtsbeschluss zu entfalten beginnt. Mit einem Mal mag es besser erscheinen, dass mit der Steuererhöhung noch bis nach der nächsten Wahl abgewartet werden wird, oder dass der Verkauf bestimmter Betriebe derzeit nicht der rechte Zeitpunkt ist usw. Gegen ein derartiges verzögerndes Verhalten könnten sich die Gläubiger möglicherweise vor Gerichten zur Wehr setzen,

---

[55] Falls der Schuldnerstaat den Zeitrahmen missbrauchen sollte, könnte das Gericht möglicherweise befugt sein, die Fristen zu verlängern.

[56] Einige dieser Aktionen sind bereits zuvor (sub 2 c) schon einmal erwähnt worden. Das ist deswegen nicht weiter verwunderlich, weil die politischen Chancen zu ihrer Realisierung möglicherweise größer sind, wenn sie in einer Krisenzeit wie dem Resolvenzverfahren vorgenommen werden, also nach der Bereitschaftserklärung der Gläubiger, das Ihre zur Restrukturierung des Staatshaushalts zu tun.

müssten aber wohl Monate, wenn nicht Jahre auf das Resultat warten. Da das aus nahe liegenden Gründen nicht angehen kann, muss auch hier für disziplinierende Abhilfe gesorgt werden. Sie könnte so aussehen, dass ein dem § 255 InsO[57] entsprechender Mechanismus eingreift. Das Gericht müsste für diesen Fall die Befugnis haben, den Plan in toto zu widerrufen, mit der Folge des Wiederauflebens der Rechtslage vor Planbestätigung.

VI. Abschließende Überlegungen

1. Disziplinierungsfunktion

Fasst man die hier vorgetragenen Überlegungen zusammen, kommt man wohl unweigerlich zu dem Resultat, dass eine Situation wie die der letzten beiden Jahre in der europäischen Währungsunion besser den Politikern aus den Händen genommen wird und die Geschehnisse eher einer neutralen Instanz überantwortet werden. Das wäre zwar nicht die Rückkehr zum Recht, es wäre aber die Hinwendung zum Recht. Wiederholt wurde auf die Disziplinierungsfunktion des Resolvenzverfahrens rekurriert, die auch daraus resultiert, dass das Phänomen des Bankrotts, historisch bedingt, stigmatisiert ist. Angesichts dessen wäre es sogar ein voller Erfolg eines ins Werk gesetzten Resolvenzregimes, wenn es in der Weise abschreckend wirken würde, dass es gar nicht zur Anwendung käme. Das würde seinerseits freilich voraussetzen, dass das zwischenzeitlich eingebürgerte exzessive Kreditverhalten sowohl auf Gläubiger- wie Schuldnerseite zurückgefahren wird;[58] denn die Erfahrung lehrt, dass Zahlungsunfähigkeitsperioden sich intensivieren nach Phasen von Kreditvergabebooms.[59] Da die Anhäufung von Staatsschulden weltweit, und damit auch in Europa, schwindelerregende Höhen erreicht hat, scheint es eine kluge Strategie zu sein, Maßnahmen zu entwickeln und zu ergreifen, die dieser Entwicklung effektiv Einhalt gebieten; das Resolvenverfahren könnte wohl eine solche Maßnahme darstellen.

Um allerdings eine solche Rolle spielen zu können, müsste das Resolvenzverfahren – es ist bedauerlicherweise auf Grund der vergangenen Erfahrungen mit dem ignorierten Sanktionspotential der Art. 122 ff. AEUV angezeigt, diese Banalität gesondert hervorzuheben – eine glaubhafte Drohung (credible threat) sein. Mit anderen Worten, die Bereitschaft, ein einmal eingeführtes Resolvenzverfahren auch tatsächlich anzuwenden, müsste von Anbeginn an be-

---

[57] Am Rande sei vermerkt, dass die jüngste Änderung der italienischen Verbraucherinsolvenzgesetzgebung in Art. 14 eine ganz entsprechende Regelung vorsieht, lege 212/2011.

[58] Zu einem entsprechenden Versuch durch UNCTAD s. *Paulus* (wie Fn. 18).

[59] Vgl. *Borensztein/Panizza*, The Costs of Sovereign Default, IMF Staff Papers Vol. 56 No. 4, 2009, 683, 689.

stehen. Nur dann kann es seine disziplinierende, abschreckende Wirkung entfalten. Welcher Regierungschef würde in diesem Fall denn schon gerne vor die Kameras dieser Welt treten, um die Notwendigkeit eines Resolvenzantrags zu verkünden. Demnach wäre das eingeführte Resolvenzverfahren dann sogar am effizientesten, wenn es niemals angewendet werden würde. Das wäre vergleichbar mit der Militärstrategie in den 60er und 70er Jahren des vergangenen Jahrhunderts: Friede durch Abschreckung.

2. *Weiterungen*

Der oben gegebene Hinweis auf die Vorbildfunktion von ICSID hinsichtlich der Evolution eines Völkerinvestitionsrechts impliziert übrigens noch eine weitere Konsequenz des hier unterbreiteten Vorschlags. Wie dort auch, könnte ein in Europa etabliertes Resolvenzregime Vorbildcharakter für den Globus insgesamt haben. Auch wenn es banal erscheint – bei aller Europafixierung der gegenwärtigen Probleme sollte nicht vergessen werden, dass zahlungsunfähige Staaten ein Problem allüberall darstellen. Und es ist nicht minder nur anscheinend banal, dass alle außereuropäischen notleidenden Staaten durch die Hilfe der Bretton-Woods-Institutionen geschützt seien. Das Gegenteil ist richtig: der Bedarf für ein Resolvenzregime ist ebenso global wie drängend.[60]

Ganz in diesem Sinne sind die hier angestellten Überlegungen so konzipiert, dass sich das Modell unschwer auf einen größeren Rahmen erstrecken ließe.[61] Sein wahrer Ehrgeiz liegt also darin, so etwas wie eine Blaupause für ein globales Resolvenzverfahren abzugeben.

---

[60] Man bedenke, dass die gegenwärtige Regierungskoalition in Deutschland in ihrer Regierungsvereinbarung 2009 den Passus aufgenommen hatte, dass sich die Regierung um die Etablierung eines Staateninsolvenzsystems bemühen werde. Für die Schweiz gilt, dass auf einen Antrag Ende September 2011 hin der Bundesrat beauftragt wurde, „einen Vorschlag für ein faires und unabhängiges internationales Insolvenzverfahren für Staaten vorzulegen, das auch private Investoren einbezieht und dazu beiträgt, künftige Schuldenkrisen zu vermeiden und stabile Währungs- und Finanzverhältnisse zu gewährleisten. In seinem Bericht soll der Bundesrat zudem darlegen, wie er sich auf internationaler Ebene für eine Unterstützung und Umsetzung seines Vorschlags einsetzen will", vgl. http://www.parlament.ch/d/suche/seiten/geschaefte.aspx?gesch_id=20114033.

[61] Vgl. *Kargman/Paulus* (Fn. 27).

Neue Gefahren –
Rechtliche Grenzen einer Transferunion

Das Verständnis des Bundesverfassungsgerichts vom Kompetenzgefüge zwischen der EU und den Mitgliedstaaten

Konsequenzen für die Bewältigung der Finanzkrise

Peter M. Huber

I. Von Maastricht zur Griechenland-Hilfe

Seit sich das Bundesverfassungsgericht mit der europäischen Integration beschäftigt, d.h. seit Anfang der 1970er Jahre, hat sich seine Sicht auf das Kompetenzgefüge zwischen der Europäischen Wirtschaftsgemeinschaft, später der Europäischen Union und den Mitgliedstaaten, nicht grundlegend geändert. Der Tonfall mag in den vergangenen 40 Jahren gewechselt haben, die Eckpfeiler haben es nicht. Wesentliche Etappen auf diesem Weg sind vor allem das Maastricht-Urteil vom 12. Oktober 1993[1], das Lissabon-Urteil vom 30. Juni 2009[2] und das Urteil zur Griechenland-Hilfe und zum Euro-Rettungsschirm vom 7. September 2011.[3]

1. Der Anwendungsvorrang des Unionsrechts

Ausgangspunkt dieser langen Rechtsprechungslinie ist insoweit, dass die Europäische Union ein Staaten- und Verfassungsverbund ist, in dem die Mitgliedstaaten Herren der Verträge sind und aus dieser Rolle, zumindest was Deutschland angeht, nur durch einen Akt der verfassungsgebenden Gewalt verdrängt werden können, also durch ein Referendum nach Art. 146 GG. Konsequenterweise verfügt die Europäische Union auch nur über solche Kompetenzen, die ihr die Mitgliedstaaten übertragen haben (Grundsatz der begrenzten Einzelermächtigung); und nur soweit dieses Integrationsprogramm reicht, ist ihre Tätigkeit auch demokratisch legitimiert.

---

[1] BVerfGE 89, 155 ff. – Maastricht.
[2] BVerfGE 123, 267 ff. – Lissabon.
[3] BVerfGE 129, 124 ff. – Griechenland-Hilfe und Euro-Rettungsschirm.

Im Rahmen des Integrationsprogramms kommt dem Unionsrecht freilich ein Anwendungsvorrang zu, der sich grundsätzlich auch auf das nationale Verfassungsrecht erstreckt.[4]

2. *Verfassungsidentität und Integrationsprogramm als Grenzen des Anwendungsvorrangs*

Grundlage des Anwendungsvorrangs ist freilich in allen Mitgliedstaaten der – im Detail unterschiedlich ausgestaltete[5] – nationale Rechtsanwendungsbefehl, in Deutschland also das Zustimmungsgesetz zum EWGV und seinen nachfolgenden Änderungen. Nimmt man dies zur Kenntnis, so erscheint es unausweichlich, dass sich aus dem nationalen Recht auch Grenzen dieses Anwendungsvorrangs ergeben können, wobei sich in den letzten 20 Jahren vor allem die nationale Verfassungsidentität[6] und das Integrationsprogramm als relevante Grenzen herauskristallisiert haben.

a) Die Rechtsprechung des EuGH zum Vorrang des Unionsrechts auch gegenüber dem nationalen Verfassungsrecht hat in den Mitgliedstaaten daher im Grundsatz keine Gefolgschaft gefunden. Insoweit stehen das BVerfG mit seiner *Solange*- und *Maastricht*-Doktrin sowie die italienische Corte costituzionale mit ihrer „controlimiti"-Lehre[7] heute in einer Linie mit dem Conseil constitutionnel[8], dem griechischen Staatsrat, dem House of Lords[9], dem polnischen Verfassungsgerichtshof[10] und der überwiegenden Zahl der Verfassungs- und Obergerichte der übrigen Mitgliedstaaten.[11] Das gilt auch für den österreichischen Verfassungsgerichtshof. Zwar erkennt dieser den mit dem EU-Beitritts-B-VG verfassungsrechtlich verankerten Vorrang des Unionsrechts auch gegenüber

---

[4] EuGH, Rs. 6/64, *Costa/E.N.E.L.*, Slg. 1964, 1251 (1269); Rs. 11/70, *Internationale Handelsgesellschaft*, Slg. 1970, 1125, Rn. 3; Rs. 106/77, *Simmenthal*, Slg. 1978, 629, Rn. 17 ff.

[5] Siehe *Huber*, Offene Staatlichkeit: Vergleich, in: v. Bogdandy/Cruz Villalón/Huber (Hrsg.), IPE II, 2008, § 26 Rn. 34.

[6] Siehe *Huber*, (Fn. 5) § 26 Rn. 83 ff.

[7] *Panara*, Offene Staatlichkeit: Italien, in: v. Bogdandy/Cruz Villalón/Huber (Hrsg.), IPE II, § 18 Rn. 20 ff., 34, unter Hinweis auf die Urteile *Frontini, Granital* und *Fragd v. Amministrazione delle Finanze Nr. 232.*

[8] *Haguenau-Moizard*, Offene Staatlichkeit: Frankreich, in: v. Bogdandy/Cruz Villalón/Huber (Hrsg.), IPE II, § 15 Rn. 28.

[9] *Birkinshaw/Künnecke*, Offene Staatlichkeit: Großbritannien, in: v. Bogdandy/Cruz Villalón/Huber (Hrsg.), IPE II, § 17 Rn. 17.

[10] PolnVerfGH, K 18/04, EuR 41 (2006), S. 236; *Biernat*, Offene Staatlichkeit; Polen, in: v. Bogdandy/Cruz Villalón/Huber (Hrsg.), IPE II, § 21 Rn. 45.

[11] *Mayer*, Europäische Verfassungsgerichtsbarkeit, in: v. Bogdandy/Bast (Hrsg.), Europäisches Verfassungsrecht. Theoretische und dogmatische Grundzüge, 2. Aufl. 2009, S. 559 (578 ff.); *Sommermann*, Offene Staatlichkeit: Deutschland, in: v. Bogdandy/Cruz Villalón/Huber (Hrsg.), IPE II, § 14 Rn. 61.

dem nationalen Verfassungsrecht an;[12] sieht man genauer hin, so gilt dies jedoch nur mit Blick auf den mit dem EU-Beitritts-B-VG gebilligten gemeinschaftlichen Besitzstand (*acquis communautaire*), nicht dagegen für spätere Vertragsänderungen und das auf ihrer Grundlage gesetzte Sekundärrecht.[13]

Zur Vollständigkeit des Bildes gehört freilich auch, dass bislang noch kein (Verfassungs-)Gericht einen konkreten Konflikt zwischen dem (vorrangig) zu beachtenden Unionsrecht und den (Mindest-)Anforderungen des nationalen Verfassungsrechts riskiert hat. BVerfG[14], Conseil constitutionnel, House of Lords[15], die italienische Corte costituzionale, das dänische Højesteret wie auch die Gerichte anderer Mitgliedstaaten haben den Konflikt mit dem EuGH bei der Entscheidung konkreter Streitfragen bislang weitgehend vermieden – sei es durch eine unionsrechtskonforme Interpretation des nationalen Verfassungsrechts, sei es durch eine verfassungskonforme Interpretation des Unionsrechts. Sie haben dabei – wie die deutsche *Solange*-Rechtsprechung[16] oder der „cammino communitario" der Corte costituzionale[17] zeigen – einen Lernprozess durchlaufen, der im Ergebnis in eine Zurücknahme der materiell-rechtlichen Anforderungen an das Unionsrecht mündete. Der (Anwendungs-)Vorrang des Unionsrechts ist damit i.d.R. gesichert, ein Konflikt mit dem EuGH auf wirkliche Ausnahmefälle begrenzt.

Mittlerweile verpflichten die Verträge auch ausdrücklich zu dieser Rücksichtnahme auf die nationale Identität der Mitgliedstaaten (Art. 4 Abs. 2 Satz 1, Abs. 3 EUV), und der EuGH trägt dem auch (ein wenig verkniffen) Rechnung.[18]

b) Die zweite, und für den vorliegenden Zusammenhang nicht minder bedeutsame Ausnahme vom Anwendungsvorrang des Unionsrechts, bildet ein Ultra-vires-Handeln von EU-Organen. Denn was der EU an Zuständigkeiten nicht übertragen worden ist, kann auch nicht durch das jeweilige nationale Zustimmungsgesetz gedeckt sein.

Es ist unvermeidlich, dass die Einhaltung der den EU-Organen zugewiesenen Kompetenzen, die Reichweite des „Integrationsprogramms", immer wieder Gegenstand von Auseinandersetzungen wird. Verfassungsrechtliche Brisanz

---

[12] *Grabenwarter*, Offene Staatlichkeit: Österreich, in: v. Bogdandy/Cruz Villalón/Huber (Hrsg.), IPE II, § 20 Rn. 50, 53.

[13] *Grabenwarter*, (Fn. 12) § 20 Rn. 55, 69.

[14] Zuletzt BVerfGE 102, 147 ff. – *Bananenmarkt*.

[15] *R. v. Secretary of State for Transport ex parte Factortame*, [1991] AC 603; [1991] 3 All ER 769.

[16] BVerfGE 37, 271 (280) – Solange I; BVerfGE 52, 187 ff. – Vielleicht; BVerfGE 73, 339 ff. – Solange II.

[17] *Panara*, (Fn. 7) § 18 Rn. 20 ff.

[18] EuGH, Rs. C-36/02, *Omega*, Slg. 2004, I-9609 Rn. 39; Rs. C-208/09, Sayn-Wittgenstein./.Landeshauptmann von Wien, Slg. 2010, I-13693, Rn. 25 ff., 92 ff.; weitere Nachweise *Huber*, in: Streinz (Hrsg.), EUV/AEUV, 2. Aufl. 2011, Art. 19 EUV Rn. 65.

erhält dies vor allem dann, wenn der auch zur Kompetenzkontrolle der EU-Organe berufene EuGH (Art. 19 Abs. 1 Satz 2 EUV) dermaßen ausbrechende Rechtsakte billigt und selbst ultra vires handelt. Die (Verfassungs-)Gerichte nahezu aller Mitgliedstaaten nehmen für sich in Anspruch, aus dem Integrationsprogramm ausbrechenden, d.h. „ultra-vires" einzuordnenden Maßnahmen von EU-Organen, die Anerkennung in ihrem Hoheitsbereich zu versagen. Auch diese – im Maastricht-Urteil erstmals explizit formulierte,[19] im Lissabon-Urteil bekräftigte[20] und im Honeywell-Beschluss näher konturierte[21] – Kanalisierung der Öffnung der Staatlichkeit durch das Bundesverfassungsgericht hat in anderen Mitgliedstaaten breite Gefolgschaft gefunden – in der schwedischen[22] und in der ungarischen[23] Integrationsgesetzgebung, in der Maastricht-Entscheidung des dänischen Højesteret sowie jüngst in einer Entscheidung des Tschechischen Verfassungsgerichts, das zum ersten Mal ein Urteil des EuGH als Ultra-vires-Akt qualifiziert hat.[24]

Auch wenn der Fall bislang singulär geblieben ist – das Bundesverfassungsgericht hatte mit Blick auf die Mangold-Rechtsprechung des EuGH ein ultra-vires-Handeln bekanntlich mehrheitlich verneint[25] – bedeutet das nicht, dass dieser Vorbehalt keine Wirkung hätte. Allein die Tatsache, dass die überwiegende Zahl der nationalen (Verfassungs-)Gerichte für sich in Anspruch nimmt, ein Ultra-vires-Handeln des EuGH am Maßstab des nationalen Rechts zu messen, veranlasst ihn dazu, solche Konflikte zu vermeiden. So hat er das Abtreibungsverbot in der irischen Verfassung mit einer europarechtlich eher holprigen Begründung nicht angetastet,[26] und das im deutschen Grundgesetz bis ins Jahr 2000 enthaltene Verbot für Frauen, Dienst an der Waffe zu tun (Art. 12a Abs. 4 Satz 2 a.F.), erst als Verstoß gegen die RL 76/207/EWG qualifiziert, als der Generalanwalt festgestellt hatte, dass es sich bei diesem Verbot nicht um eine integrationsfeste Regelung i.S.v. Art. 79 Abs. 3 GG handelte.

[19] BVerfGE 89, 155 (188, 195, 210) – Maastricht.

[20] BVerfGE 123, 267 (398 ff.) – Lissabon.

[21] BVerfGE 126, 286 ff. – Honeywell; dazu *Proelß*, Zur verfassungsgerichtlichen Kontrolle der Kompetenzmäßigkeit von Maßnahmen der Europäischen Union: Der „ausbrechende Rechtsakt" in der Praxis des BVerfG, EuR 46 (2011), 241 ff.

[22] *Nergelius*, Offene Staatlichkeit: Schweden, in: v. Bogdandy/Cruz Villalón/Huber (Hrsg.), IPE II, § 22 Rn. 21.

[23] *Sonnevend*, Offene Staatlichkeit: Ungarn, in: v. Bogdandy/Cruz Villalón/Huber (Hrsg.), IPE II, § 25 Rn. 24 f.

[24] Tschech. VerfG Pl. ÚS 5/12 – Slovak Pensions.

[25] BVerfGE 126, 286 (308 ff.); siehe aber das Sondervotum *Landau*, S. 318 ff.

[26] EuGH, Rs. C-159/90, *Grogan u.a.*, Slg. 1991, I-4685.

3. Die Verfassungsidentität des Grundgesetzes (Art. 79 Abs. 3 GG)

Die – ausweislich von Art. 23 Abs. 1 Satz 3 GG integrationsfeste – Verfassungsidentität der Bundesrepublik Deutschland wird durch die sog. Ewigkeitsklausel bestimmt, und zwar nur durch sie. Das ist im Übrigen kein deutsches Spezifikum. Die überwiegende Zahl der nationalen Verfassungen enthält ausdrückliche oder implizite – durch Rechtsprechung und Rechtswissenschaft herausgearbeitete – Bestimmungen über die Grenzen der Integration. Wo sie konkret verlaufen, ist bis heute allerdings in keinem Mitgliedstaat wirklich geklärt.[27]

a) In Griechenland sind die Menschenrechte und die Grundlagen der demokratischen Staatsordnung integrationsfest ausgestaltet (Art. 28 Abs. 2 und 3 GriechVerf) sowie die in Art. 110 Abs. 1 GriechVerf aufgeführten Schutzgüter der „präsidierten" parlamentarischen Demokratie, die Menschenwürde, der gleiche Zugang zu öffentlichen Ämtern, die freie Entfaltung der Persönlichkeit, die Freiheit der Person oder die in Art. 26 GriechVerf verankerte Gewaltenteilung.[28] In Dänemark ist es das Erfordernis souveräner Staatlichkeit,[29] in Großbritannien die Sovereignty of Parliament,[30] in Italien und Frankreich[31] die republikanische Staatsform, in Österreich die „Baugesetze der Bundesverfassung" in der Form, die sie durch das EU-Betritts-BVG 1994 erhalten haben.[32] Die schwedische Regierungsform benennt „die Prinzipien betreffend den Zustand des Staates" als Grenze für die Integration (Kapitel 10 § 5), wozu die Literatur vor allem die Druckfreiheitsverordnung, die Transparenz und den Zugang zu Dokumenten rechnet,[33] während in Spanien das Tribunal Constitucional einen „Kern" von integrationsfesten „Werten und Prinzipien" der

---

[27] *Huber*, (Fn. 5) § 26 Rn. 83; für eine restriktive Interpretation in Deutschland: *Sommermann*, (Fn. 11) § 14 Rn. 25.

[28] Zu den Auslegungsproblemen *Iliopoulos-Strangas*, Offene Staatlichkeit: Griechenland, in: v. Bogdandy/Cruz Villalón/Huber (Hrsg.), IPE II, § 16 Rn. 41 ff.

[29] Oberster Gerichtshof, Højesteret, Urt. v. 6.4.1998 I 361/1997, EuGRZ 1999, S. 49, 52 Rn. 9.8; *Thomas*, Das Maastricht-Urteil des dänischen Obersten Gerichtshofs vom 6. April 1998, ZaöRV 58 (1998), 879 (898).

[30] Zu der Frage, ob es verfassungsrechtliche Prinzipien gibt, die auch das souveräne Parlament nicht abschaffen darf, *Birkinshaw/Künnecke*, (Fn. 9) § 17 Rn. 41.

[31] Art. 89 FrzVerf.; *Flauss*, Rapport francais, in: Schwarze (Hrsg.), Die Entstehung einer europäischen Verfassungsordnung, 2000, S. 25, 79: „... la principe de la souveraineté du peuple français ou/et le principe démocratique ne pourraient être abrogés que par le corps électoral agissant non pas dans le cadre d'un acte de révision constitutionnelle, mais au moyen d'un acte constituant nullifiant la constitution préexistante".

[32] *Grabenwarter*, (Fn. 12) § 20 Rn. 34, 55; *Öhlinger*, Verfassungsrechtliche Aspekte des Vertrages von Amsterdam in Österreich, in: Hummer (Hrsg.), Die Europäische Union nach dem Vertrag von Amsterdam, 1998, S. 297 (300 f.).

[33] *Nergelius*, (Fn. 22) § 22 Rn. 19, 34.

spanischen Verfassung erkennt, dessen genauere Konturierung jedoch offen gelassen hat.[34]

b) In Deutschland hat das Bundesverfassungsgericht in einer langen Rechtsprechungslinie[35] immer wieder betont, dass die mit der Europäisierung einher gehende Relativierung grundgesetzlicher Maßstäbe Grenzen hat. Schon zu der bis 1992 maßgeblichen Integrationsermächtigung des Art. 24 Abs. 1 GG hat es ausgesprochen, dass dieser nicht dazu ermächtige, „im Wege der Einräumung von Hoheitsrechten für zwischenstaatliche Einrichtungen die Identität der geltenden Verfassungsordnung durch Einbruch in ihr Grundgefüge, in die sie konstituierenden Strukturen, aufzugeben“[36]. Der verfassungsändernde Gesetzgeber hat diese Rechtsprechung in Art. 23 Abs. 1 Satz 3 GG kodifiziert und bestimmt, dass für „[...] die Begründung der Europäischen Union und für die Änderung ihrer vertraglichen Grundlagen, durch die [... das] Grundgesetz seinem Inhalt nach geändert oder ergänzt wird oder solche Änderungen oder Ergänzungen ermöglicht werden, [...] Art. 79 Abs. 2 und 3“ gelten.[37] Insoweit sind „die Gliederung des Bundes in Länder, die grundsätzliche Mitwirkung der Länder bei der Gesetzgebung oder die in Art. 1 und 20 niedergelegten Grundsätze“ auch für den Integrationsgesetzgeber tabu. Die dem verfassungsändernden Gesetzgeber gezogenen Grenzen gelten m.a.W. auch mit Blick auf den Fortgang der europäischen Integration.

aa) Im Lissabon-Urteil hat das Bundesverfassungsgericht dies näher auszubuchstabieren versucht und herausgearbeitet, dass das Grundgesetz die (souveräne) Staatlichkeit der Bundesrepublik Deutschland garantiert[38] und den verfassungsändernden wie den Integrationsgesetzgeber bindet. Bundestag, Bundesrat und Bundesregierung, die sog. pouvoirs constitués, sind konsequenterweise natürlich nicht dazu ermächtigt, Deutschland als souveränen Nationalstaat über die Köpfe des Volkes hinweg zu beseitigen; vielmehr bedarf es dazu einer Betätigung der verfassungsgebenden Gewalt, des pouvoir constituant (Art. 79 Abs. 3, 146 GG).[39] Es hat ausgesprochen, dass die Europäische Union allen sich um den Begriff des „Multi-level-constitutionalism“ rankenden Utopien zum Trotz

[34] STC 64/1991; DTC 1/2004; *López Castillo*, Offene Staatlichkeit: Spanien, in: v. Bogdandy/Cruz Villalón/Huber (Hrsg.), IPE II, § 24 Rn. 21, 63 ff.

[35] BVerfGE 37, 271 ff. – Solange I; 73, 339 ff. – Solange II; 75, 223 ff. – 6. UStRiL; 80, 74 ff. – e. A. Fernsehrichtlinie; 89, 155 ff. – Maastricht; 123, 267 ff. – Lissabon.

[36] BVerfGE 73, 339 (375 ff.) – Solange II.

[37] Für einen eher spielerischen Umgang mit diesen Grenzen *Schwarze*, Ist das Grundgesetz ein Hindernis auf dem Weg nach Europa?, JZ 1999, 637 (640).

[38] BVerfGE 123, 267 (346 ff.) – Lissabon; früher schon *Huber*, Maastricht – ein Staatsstreich?, 1993, S. 22 ff.

[39] BVerfGE 123, 267 (348 f.) – Lissabon; erstmals wohl *Huber*, Bundesverfassungsgericht und Europäischer Gerichtshof als Hüter der gemeinschaftsrechtlichen Kompetenzordnung,

ein Staaten- und Verfassungsverbund auf völkerrechtlicher Grundlage ist und deshalb auch in Zukunft von den Staaten getragen wird, die – wie es schon in der Entscheidung zur 6. Umsatzsteuerrichtlinie heißt – „Herren der Verträge“[40] sind und bleiben, und dass das Demokratieprinzip des Grundgesetzes (Art. 20 Abs. 1 und 2 GG) den gesetzgebenden Körperschaften eine besondere Integrationsverantwortung auferlegt und eine aktivere Rolle der nationalen Parlamente in europäischen Angelegenheiten fordert. Das ist nichts anderes als die – auch in Art. 23 Abs. 2 bis 6 GG verankerte – verfassungsrechtliche Entsprechung der Rolle, die Art. 12 EUV und die Protokolle über die Rolle der nationalen Parlamente in der EU und über die Anwendung der Grundsätze über die Subsidiarität und die Verhältnismäßigkeit heute auch unionsrechtlich fordern.[41]

Mit Blick auf das Kompetenzgefüge zwischen EU und Mitgliedstaaten bedeutet dies, dass Letztere das Recht zum einseitigen Austritt behalten müssen, so wie es heute in Art. 50 EUV auch ausdrücklich niedergelegt ist, dass der EU keine Kompetenz-Kompetenz eingeräumt werden darf, sondern der Kompetenzverteilung das Prinzip der begrenzten Einzelermächtigung zugrunde zu legen ist[42] und dass den Mitgliedstaaten – wie es im Maastricht-Urteil heißt – ein „Übergewicht von Aufgaben und Befugnissen“ verbleiben muss.[43] Diese – zugegebenermaßen diffuse – Formel hat das Lissabon-Urteil durch die exemplarische Auflistung bestimmter Politikbereiche zu konkretisieren versucht – der Staatsbürgerschaft, des zivilen und militärischen Gewaltmonopols, der Einnahmen und Ausgaben einschließlich der Kreditaufnahme sowie der für die Grundrechtsverwirklichung maßgeblichen Eingriffstatbestände, vor allem bei intensiven Grundrechtseingriffen wie dem Freiheitsentzug in der Strafrechtspflege oder bei Unterbringungsmaßnahmen, kulturellen Fragen wie der Verfügung über die Sprache, die Gestaltung der Familien- und Bildungsverhältnisse, die Ordnung der Meinungs-, Presse- und Versammlungsfreiheit oder den Umgang mit religiösen oder weltanschaulichen Bekenntnissen.[44]

bb) In jüngster Zeit hatte das Gericht Gelegenheit, vor allem die budgetäre Dimension der Verfassungsidentität näher zu konturieren. In den Entscheidungen zur Griechenlandhilfe und zum Euro-Rettungsschirm[45] sowie zum ESM[46] hat es dabei vor allem die Budgetverantwortung des Deutschen Bundestages als we-

AöR 116 (1991), 210 (250); *ders.*, in: Sachs (Hrsg.), GG, 1. Aufl. 1996, Art. 146 Rn. 19; *Dreier*, in: ders. (Hrsg.), GG, Band III, 1. Aufl. 2000, Art. 146 Rn. 16.

[40] BVerfGE 75, 223 (242) – 6. USt.-RiL; 89, 155 (190) – Maastricht; *P. M. Huber*, Recht der Europäischen Integration, 2002, § 5 Rn. 13 ff.

[41] Siehe dazu BVerfG, NVwZ 2012, 954 Rn. 98 – Informationsrechte.

[42] Früher schon BVerfGE 75, 223 (242) – 6. USt.-RiL.

[43] BVerfGE 89, 155 (186) – Maastricht.

[44] BVerfGE 123, 267 (358 f.) – Lissabon.

[45] BVerfGE 129, 124 (179 ff.) – Griechenlandhilfe und Euro-Rettungsschirm.

[46] BVerfG, NJW 2012, 3145 ff. – ESM-Vertrag, Fiskalpakt.

sentlichen Teil der deutschen Verfassungsidentität herausgearbeitet und seine haushaltspolitische Gesamtverantwortung für unverfügbar erklärt. Wörtlich heißt es insoweit:

„Vor diesem Hintergrund darf der Deutsche Bundestag seine Budgetverantwortung nicht durch unbestimmte haushaltspolitische Ermächtigungen auf andere Akteure übertragen. Insbesondere darf er sich, auch durch Gesetz, keinen finanzwirksamen Mechanismen ausliefern, die – sei es aufgrund ihrer Gesamtkonzeption, sei es aufgrund einer Gesamtwürdigung der Einzelmaßnahmen – zu nicht überschaubaren haushaltsbedeutsamen Belastungen ohne vorherige konstitutive Zustimmung führen können, seien es Ausgaben oder Einnahmeausfälle. Dieses Verbot der Entäußerung der Budgetverantwortung beschränkt nicht etwa unzulässig die Haushaltskompetenz des Gesetzgebers, sondern zielt gerade auf deren Bewahrung.“[47]

II. Demokratieprinzip und Verfassungsidentität

1. Sonderstellung des grundgesetzlichen Demokratiekonzeptes

Hinter dieser Rechtsprechung steht ein spezifisch deutsches Demokratiekonzept, das, auch wenn es in seinen Wurzeln schon im KPD-Urteil[48] nachweisbar ist, sich erst nach der Wiedervereinigung so klar herausgebildet hat und im Kern darauf hinausläuft, dass hinter der Gewährleistung des Demokratieprinzips und der Volkssouveränität in Art. 20 Abs. 1 und 2 GG der in der Würde des Menschen (Art. 1 Abs. 1 GG) wurzelnde Anspruch auf politische Selbstbestimmung steht und in der Tendenz, wie die Grundrechte, auf eine tendenzielle Ausweitung der damit verbundenen Möglichkeiten drängt.[49] Demokratie in Deutschland ist deshalb nicht nur ein abstraktes Zurechnungsprinzip, dem man mit irgendwie gearteten Wahlen Rechnung trägt; sie nimmt den Einzelnen auch als Wähler, als Citoyen ernst und will ihn auch tatsächlich aus der Rolle des Untertanen, des Objekts staatlicher Steuerung und Bevormundung, befreien.

Mit diesem anspruchsvollen Konzept steht Deutschland, steht das Bundesverfassungsgericht, im europäischen Vergleich freilich ziemlich allein. Den demokratischen Grundsätzen im Sinne der Art. 9 ff. EUV wie auch den Demokratiekonzepten der anderen Mitgliedstaaten fehlt es an einer vergleichbaren Dichte und dogmatischen Durchdringung.[50] Das „demokratischste“ Land Eu-

---

[47] BVerfGE 129, 124 (179 ff.) – Griechenlandhilfe und Euro-Rettungsschirm.

[48] BVerfGE 5, 85 (204 f.) – KPD-Urteil.

[49] Grundlegend BVerfGE 107, 59 (91 f.) – Wasserverbände NRW; 123, 267 (342 ff.) – Lissabon; *Huber*, Demokratie in Europa – Zusammenfassung und Ausblick, in: Bauer/ders./Sommermann (Hrsg.), Demokratie in Europa, 2005, S. 491 (495 f.); *Unger*, Das Verfassungsprinzip der Demokratie, 2008, passim.

[50] *Huber*, in: Streinz (Hrsg.), EUV/AEUV, 2. Aufl. 2011, Art. 10 EUV Rn. 9 ff.

ropas, die Schweiz, kennt dagegen überhaupt kein *Demokratieprinzip*.[51] Demokratie erschöpft sich dort darin, dass die zur demokratischen Willensbildung vorgesehenen Verfahren angewandt werden.

Die besondere Konzeption der Demokratie in Deutschland hat historische Gründe und ist, wie Historiker sagen würden, „pfadabhängig". Sie ist eine Konsequenz der spezifisch deutschen „Juridifizierung" von Politik, die *Immanuel Kant* eingefordert hat,[52] die ihre Wurzeln freilich schon in den Erfahrungen des Alten Reichs seit dem 14. Jahrhundert findet und im Reichskammergericht und im Reichshofrat auch sichtbaren Ausdruck gefunden hatte. Noch prägender dürfte die spezifisch deutsche Hervorbringung des Rechtsstaats im 19. Jahrhundert sein,[53] die mit dem Vorrang und dem Vorbehalt des Gesetzes dem Bürgertum den Verzicht auf die Demokratie erträglich gemacht und unseren Glauben an das Recht und die Gerichte in eine nachgerade quasireligiöse Funktion gehoben hat. Demokratie in Deutschland ist eben nicht nur das Ringen um politische Mehrheiten, sondern auch Problembewältigung mit Hilfe des Rechts.

2. *Demokratische Drei-Stufen-Theorie*

Konkreter betrachtet – und hier gleicht das Demokratieprinzip des Grundgesetzes wieder dem in anderen Staaten – statuiert es abgestufte Anforderungen an die Legitimation politischer Entscheidungen und die Übertragung von Hoheitsrechten auf die Europäische Union, die sich im Grunde an dem Kriterium der „Wesentlichkeit" orientieren.

a) Auf der ersten Stufe bedürfen reguläre politische Entscheidungen typischerweise der einfachen Mehrheit im Parlament (Art. 42 Abs. 2 Satz 1 GG), mitunter auch der Mehrheit der gesetzlichen Mitgliederzahl (Art. 121 GG). Das gilt grundsätzlich auch für die Übertragung von Hoheitsrechten (Art. 23 Abs. 1 Satz 2 GG).
b) Wird dagegen – gleichsam auf der zweiten Stufe – in die Verfassung eingegriffen oder werden solche Eingriffe der Sache nach ermöglicht – sei es durch ein das Grundgesetz förmlich änderndes Gesetz (Art. 79 Abs. 1 GG), sei es durch die Übertragung von Hoheitsrechten (Art. 23 Abs. 1 Satz 3 GG) – dann bedarf es dazu einer Zwei-Drittel-Mehrheit in den gesetzgebenden Körperschaften (Art. 79 Abs. 2 GG).

---

[51] *Sommermann*, Demokratiekonzepte im Vergleich, in: Bauer/Huber/ders. (Hrsg.), Demokratie in Europa (Hrsg.), S. 191 ff.

[52] *Kant*, Werke in Zwölf Bänden, Band 7, Über ein vermeintes Recht aus Menschenliebe zu lügen, S. 642: „Das Recht muss nie der Politik, wohl aber die Politik jederzeit dem Recht angepasst werden."

[53] Siehe *Stahl*, Philosophie des Rechts, 3 Bde., 1830–1837.

c) Soll dagegen in die Identität der Verfassung eingegriffen werden, und das wäre die dritte Stufe, so bedarf es nach Art. 146 GG einer freien Entscheidung des Volkes selbst. Zwar sollte es Art. 79 Abs. 3 GG nach der ursprünglichen Ansicht des Bundesverfassungsgerichts ausschließen, „ein verfassungsänderndes Gesetz, das den veränderungsfesten Kern des Grundgesetzes antastet, im Wege des Volksentscheides zu legitimieren",[54] so dass Art. 146 GG – wenn nicht verfassungswidrige Verfassungsnorm[55] – so doch nur ein funktionsloser lakonischer Hinweis darauf wäre, dass das Recht der Macht letztlich immer zu weichen hat. Dies kann jedoch nicht das Ergebnis einer methodengerechten Verfassungsauslegung sein,[56] denn eine solche Auslegung verkennt die Normativität der Verfassung und ihren umfassenden Geltungsanspruch. Zudem bietet sich eine sinnvolle Lösung an, wenn man Art. 146 GG zu Art. 79 Abs. 3 GG in Beziehung setzt und ihm – ähnlich wie Art. 44 Abs. 3 ÖstB-VG, Art. 193 SchweizBVerf 2000 oder Art. 168 SpanVerf[57] – die Ermächtigung zu einer Totalrevision des Grundgesetzes entnimmt, auf deren Grundlage sich das Volk über die Ewigkeitsgarantie des Art. 79 Abs. 3 GG hinwegsetzen und die Verfassungsidentität der Bundesrepublik Deutschland verändern kann.

Erkennt man, dass es das Anliegen des GG ist, der Bundesrepublik Deutschland auch in Zeiten politischen Umbruchs ein Höchstmaß an Stabilität zu sichern,[58] so wird deutlich, dass sich das Grundgesetz die Unterscheidung zwischen „pouvoir constituant" und „pouvoirs constitués" durchaus zu eigen gemacht hat[59] und dass die Trennlinie zwischen beiden „Gewalten" genau hier verläuft. So verstanden zieht der materiell-rechtliche Gehalt von Art. 79 Abs. 3 GG (lediglich) den Gestaltungsmöglichkeiten der verfassten Staatsgewalt eine definitive Grenze.[60] Er trifft damit zugleich eine negative Kompetenzentscheidung, indem er für Eingriffe in die Schutzgüter der Ewigkeitsgarantie auf die Zuständigkeit der verfassungsgebenden Gewalt verweist.[61] Für diese Deutung spricht auch eine demokratiespezifische Überlegung. Entscheidungen, die einen Ein-

---

[54] So noch BVerfGE 89, 155 (180) – Maastricht.

[55] *Bartlsperger*, Verfassung und verfassungsgebende Gewalt im vereinten Deutschland, DVBl 1990, 1285 (1300 f.); *Kempen*, Grundgesetz oder neue deutsche Verfassung?, NJW 1991, 964 (966 f.).

[56] Zu dem methodischen Gebot BVerfGE 8, 210 (221).

[57] Siehe auch *Dreier*, in: ders. (Hrsg.), GG, Band III, 2. Aufl. 2008, Art. 146 Rdn. 17 mit weiteren Beispielen.

[58] *Huber*, Die Anforderungen der Europäischen Union an die Reform des Grundgesetzes, ThürVBl. 1994, 1 (8).

[59] *Kirchhof*, Die Identität der Verfassung in: Isensee/ders. (Hrsg.), HStR II, 3. Aufl. 2004, § 21 Rn. 21.

[60] *Erichsen*, Die Verfassungsänderung nach Art. 79 GG und der Verfassungsbeschluß nach Art. 146 GG, Jura 1992, 52 (53).

[61] *Huber*, (Fn. 58), ThürVBl. 1994, 1 (7).

griff in den durch Art. 79 Abs. 3 GG geschützten Bereich beinhalten, mag man zwar auch durch einen allmählichen interpretatorischen Wandel legitimieren können,[62] was letztlich darauf hinausläuft, das Bundesverfassungsgericht oder die Hälfte eines Senats an die Stelle des Volkes zu setzen. Das erscheint jedoch wenig angemessen: Für Staat und Gesellschaft so existenzielle Schritte wie die Neubestimmung der grundgesetzlichen Identität bzw. der Übergang in eine andere Republik, und nichts anderes wäre ein Eingriff in die Ewigkeitsgarantie des Art. 79 Abs. 3 GG, fordern eine im öffentlichen Diskurs gereifte bewusste politische Entscheidung auf breitester demokratischer Grundlage,[63] die allein durch das Volk getroffen werden kann.

3. Politische Bedeutung der nationalen Demokratiekonzeption

Die starke Betonung des demokratischen Prinzips in der hier skizzierten Ausgestaltung sowie seine differenzierten Anforderungen an die politische Entscheidungsfindung sind freilich nicht nur das Ergebnis juristischer Konstruktionsfreude. Hinter ihnen steht die erfahrungsgesättigte Einsicht, dass die Anwendung des Mehrheitsprinzips und, damit verbunden, die Bereitschaft, sich majorisieren zu lassen, historische, kulturelle, wirtschaftliche und politische Voraussetzungen haben, die ein gewisses Maß an sozialer Kohäsion und Interessengleichklang erfordern. Im (deutschen) Nationalstaat ist dies gewährleistet und über bald 150 Jahre erfahrbar geworden.

In welchem Umfang dies auch für die Europäische Union gilt, ist dagegen offen und wird sich nicht pauschal beantworten lassen, sondern von den einzelnen Politikfeldern abhängen. Die Unterwerfung der Deutschen unter Mehrheitsentscheidungen auf europäischer Ebene wird jedenfalls nur dann Sinn machen, wenn sie bzw. die Einzelnen auch eine realistische Chance haben, zur Mehrheit zu gehören und wenn die Europäisierung ihnen auch nachhaltige Vorteile gegenüber dem Status quo bringt. Die platte Forderung nach „mehr Europa" ist vor diesem Hintergrund zumindest unterkomplex.

Ob dies hinsichtlich der Fiskalpolitik der Fall ist, ist derzeit kaum abzuschätzen. Die Erfahrung mahnt jedenfalls zur Vorsicht. Die alte Verschuldungsgrenze in Art. 115 GG, nach der die Neuverschuldung durch die Summe der Investitionen begrenzt wurde und Ausnahmen nur bei einer Störung des gesamtwirtschaftlichen Gleichgewichts möglich waren, hat nie etwas bewirkt.[64]

---

[62] Europäische Staatlichkeit und die Identität des Grundgesetzes, in: FS für Redeker, 1993, S. 131 (141).

[63] *Huber,* Recht der Europäischen Integration, 2. Aufl. 2002, § 4 Rn. 65 f.; *Tomuschat,* Das Endziel der Europäischen Integration, DVBl 1996, 1073 (1078 f.).

[64] BVerfGE 79, 311 (338) – HHG 1981; 119, 96 (137 ff.) – HHG 2004 mit Sondervotum *Di Fabio* und *Mellinghoff.*

Berlin hatte verfassungswidrige Haushalte, die der Berliner Verfassungsgerichtshof für nichtig erklärt hat – ohne nennenswerten Effekt; ähnlich war es in Nordrhein-Westfalen gelaufen. Der Stabilitäts- und Wachstumspakt sowie die Regelungen zur Vermeidung übermäßiger Defizite in Art. 126 AEUV sind seit 1997 ca. sechzigmal gebrochen worden.

III. Griechenlandhilfe und Rettungsschirm im Lichte des Demokratieprinzips

Der bislang wichtigste Fall, in dem diese Fragen praktisch wurden, ist das Urteil des Bundesverfassungsgerichts vom 7. September 2011 zur Griechenlandhilfe und zur Beteiligung Deutschlands an der Europäischen Stabilisierungsfazilität.[65] In ihm hat das Bundesverfassungsgericht nicht nur deutlich gemacht, dass sich die der Integration gezogenen Grenzen aus Art. 23 Abs. 1 Satz 3 i.V.m. Art. 79 Abs. 3 GG nicht durch ein Ausweichen auf das Völkervertragsrecht umgehen lassen, sondern auch, dass der Einzelne ein aus Art. 38 Abs. 1 Satz 1 GG abgeleitetes subjektives Recht auf ihre Einhaltung besitzt. Gegen Kritik aus dem Schrifttum wird diese abermalige Erweiterung wie folgt gerechtfertigt:

> „Der letztlich in der Würde des Menschen wurzelnde Anspruch des Bürgers auf Demokratie [...] wäre hinfällig, wenn das Parlament Kernbestandteile politischer Selbstbestimmung aufgäbe und damit dem Bürger dauerhaft seine demokratischen Einflussmöglichkeiten entzöge. Das Grundgesetz hat den Zusammenhang zwischen Wahlrecht und Staatsgewalt in Art. 79 Abs. 3 und Art. 20 Abs. 1 und Abs. 2 GG für unantastbar erklärt [...]. Der verfassungsändernde Gesetzgeber hat bei der Neufassung des Art. 23 GG deutlich gemacht, dass der Auftrag zur Entwicklung der Europäischen Union an die dauerhafte Einhaltung bestimmter verfassungsrechtlicher Strukturvorgaben gebunden ist (Art. 23 Abs. 1 Satz 1 GG) und dass hier durch Art. 79 Abs. 3 GG eine absolute Grenze zum Schutz der Identität der Verfassung gesetzt ist (Art. 23 Abs. 1 Satz 3 GG), die jedenfalls insoweit nicht etwa erst in Fällen einer drohenden totalitären Machtergreifung überschritten ist. Gegen eine mit Art. 79 Abs. 3 GG unvereinbare Entäußerung von Kompetenzen durch das Parlament muss sich der Bürger verfassungsgerichtlich zur Wehr setzen können. Ein weitergehendes Rügerecht sieht das Grundgesetz nicht vor. Die abwehrrechtliche Dimension des Art. 38 Abs. 1 GG kommt daher in Konstellationen zum Tragen, in denen offensichtlich die Gefahr besteht, dass die Kompetenzen des gegenwärtigen oder künftigen Bundestages auf eine Art und Weise ausgehöhlt werden, die eine parlamentarische Repräsentation des Volkswillens, gerichtet auf die Verwirklichung des politischen Willens der Bürger, rechtlich oder praktisch unmöglich macht. Die Antragsbefugnis ist folglich nur dann gegeben, wenn substantiiert dargelegt wird, dass das Wahlrecht entleert sein könnte. Die Beschwerdebefugnis über Art. 38 Abs. 1 GG kann auch dann gegeben sein, wenn, was hier allein in Rede steht, Gewährleistungsermächtigungen gemäß Art. 115 Abs. 1 GG, mit denen völ-

---

[65] BVerfGE 129, 124 ff. – Griechenlandhilfe und Euro-Rettungsschirm.

kervertragliche Vereinbarungen umgesetzt werden, nach Art und Umfang zu massiven Beeinträchtigungen der Haushaltsautonomie führen können.“[66]

Sachlicher Dreh- und Angelpunkt dieser vor allem auf Art. 20 Abs. 1 und 2 sowie Art. 79 Abs. 3 GG gestützten Entscheidung ist, dass der Deutsche Bundestag seine Budgetverantwortung nicht durch unbestimmte haushaltspolitische Ermächtigungen auf andere Akteure übertragen und sich keinen finanzwirksamen Mechanismen ausliefern darf, „die – sei es aufgrund ihrer Gesamtkonzeption, sei es aufgrund einer Gesamtwürdigung der Einzelmaßnahmen – zu nicht überschaubaren haushaltsbedeutsamen Belastungen ohne vorherige konstitutive Zustimmung führen können“.[67] Vor diesem Hintergrund hat das Gericht ausgeschlossen, dass dauerhafte völkervertragsrechtliche Mechanismen begründet werden, die auf eine Haftungsübernahme für Willensentscheidungen anderer Staaten hinauslaufen, vor allem wenn sie mit schwer kalkulierbaren Folgewirkungen verbunden sind. Darüber hinaus muss gesichert sein, dass ein hinreichender parlamentarischer Einfluss auf die Art und Weise des Umgangs mit den zur Verfügung gestellten Mitteln besteht.[68] Hinsichtlich der Wahrscheinlichkeit, ob die Bundesrepublik Deutschland für derartige Gewährleistungen einstehen muss, kommt dem Gesetzgeber natürlich ein erheblicher Einschätzungsspielraum zu. Dieser ist vom Bundesverfassungsgericht ebenso zu respektieren wie die Abschätzung der künftigen Tragfähigkeit des Bundeshaushalts und des wirtschaftlichen Leistungsvermögens der Bundesrepublik Deutschland.[69]

Die in Rede stehenden Gesetze – das Währungsunion-Finanzstabilitätsgesetz[70] und das Euro-Stabilisierungsmechanismus-Gesetz[71] – konnte der Senat im Wesentlichen billigen, weil die möglichen Verpflichtungen aus den angegriffenen Gesetzen hinreichend bestimmt waren – durch eine summenmäßige Begrenzung, eine zeitliche Limitierung, eine strikte Konditionalität und das Erfordernis der Einstimmigkeit.[72] Vor diesem Hintergrund schien es auch ausreichend, den Haushaltsausschuss mit der fortlaufenden Kontrolle des Vollzugs namentlich des Euro-Stabilisierungsmechanismus-Gesetzes zu betrauen; dass diese Kontrolle freilich *vor* der Übernahme von Gewährleistungen erfolgen muss, hat das Gericht aufgrund einer (zumindest grenzwertigen) verfassungskonformen Auslegung von § 1 Abs. 4 Satz 1 Euro-Stabilisierungsmechanismus-Gesetz sichergestellt.[73]

66 BVerfGE 129, 124 (169 f.) – Griechenlandhilfe und Euro-Rettungsschirm.

67 BVerfGE 129, 124 (179 f.) – Griechenlandhilfe und Euro-Rettungsschirm.

68 BVerfGE 129, 124 (180 f.) – Griechenlandhilfe und Euro-Rettungsschirm, unter Hinweis auf BVerfGE 123, 267 (356 ff.) – Lissabon.

69 BVerfG, aaO.

70 BGBl. I 2010, 537.

71 BGBl. I 2010, 627.

72 BVerfGE 129, 124, (184 ff.) – Griechenlandhilfe und Euro-Rettungsschirm.

73 BVerfGE 129, 124, (186) – Griechenlandhilfe und Euro-Rettungsschirm.

IV. Integrationsverantwortung und Sondergremium

Die im Rahmen der geschilderten engen Voraussetzungen zulässige Übertragung von Details der Integrationsverantwortung auf den Haushaltsausschuss wollte der Gesetzgeber zum Anlass nehmen, die parlamentarische Begleitung der Euro-Rettung insgesamt einem Sondergremium aus neun Abgeordneten zuzuweisen. Dies hat das Bundesverfassungsgericht nicht nur zum Erlass einer einstweiligen Anordnung gegen das Inkrafttreten der Novelle von § 3 Abs. 3 Euro-Stabilisierungsmechanismus-Gesetz veranlasst,[74] sondern auch zu einer grundlegenden Entscheidung über die Binnenorganisation des Deutschen Bundestages.[75] Kern dieser Entscheidung ist die Erkenntnis, dass der Deutsche Bundestag seine Repräsentationsfunktion grundsätzlich in seiner Gesamtheit wahrnimmt, durch die Mitwirkung aller seiner Mitglieder, nicht durch einzelne Abgeordnete, eine Gruppe von Abgeordneten oder die parlamentarische Mehrheit. Das gilt insbesondere auch für das Budgetrecht und die haushaltspolitische Gesamtverantwortung:

> „Budgetrecht und haushaltspolitische Gesamtverantwortung des Deutschen Bundestages werden grundsätzlich durch Verhandlung und Beschlussfassung im Plenum wahrgenommen […], durch den Beschluss über das Haushaltsgesetz, durch finanzwirksame Gesetze oder durch einen sonstigen, konstitutiven Beschluss des Plenums […]. Jeder Abgeordnete hat nach Art. 38 Abs. 1 in Verbindung mit Art. 77 Abs. 1 Satz 1 und Art. 110 Abs. 2 Satz 1 GG ein Recht auf Beurteilung des Haushaltsentwurfes der Bundesregierung und der hierzu eingebrachten Änderungsanträge. Der Abgeordnete soll seine Vorstellungen über die Verwendungsmöglichkeiten der Haushaltsmittel darlegen und dadurch die Entscheidung über den Haushaltsplan beeinflussen können […]. Darüber hinaus sind die Abgeordneten des Deutschen Bundestages berechtigt und verpflichtet, ihre Kontrollbefugnis über grundlegende haushaltspolitische Entscheidungen wahrzunehmen […].“[76]

Das gilt freilich nicht schrankenlos. Freiheit und Gleichheit des Mandats (Art. 38 Abs. 1 Satz 2 GG) können durch andere Rechtsgüter von Verfassungsrang begrenzt werden, etwa durch die Funktionsfähigkeit des Parlaments. Im Ergebnis läuft dies wiederum auf eine am Gedanken der Wesentlichkeit orientierte und durch den Grundsatz der Verhältnismäßigkeit gesteuerte Abstufung hinaus bzw. – in den Worten des Bundesverfassungsgerichts:

> „Soweit Abgeordnete durch Übertragung von Entscheidungsbefugnissen auf einen beschließenden Ausschuss von der Mitwirkung an der parlamentarischen Entscheidungsfindung ausgeschlossen werden sollen, ist dies nur zum Schutz anderer Rechtsgüter mit Verfassungsrang und unter strikter Wahrung des Grundsatzes der Verhältnismäßigkeit

---

[74] BVerfGE 129, 284 ff. – e. A. EFSF.
[75] BVerfG, NVwZ 2012, 495 ff. – Sondergremium.
[76] BVerfG, NVwZ 2012, 495 ff. – Sondergremium, Rdn. 110.

zulässig. Die Befugnis zur Selbstorganisation erlaubt es dagegen nicht, den Abgeordneten Rechte vollständig zu entziehen."[77]

V. Fazit

Das Grundgesetz enthält nicht nur substantielle Vorgaben für die Ausgestaltung des Kompetenzgefüges zwischen der EU und den Mitgliedstaaten, sondern als notwendige Folge davon auch an die demokratische Legitimation und Kontrolle unionaler Entscheidungen vor allem durch den Deutschen Bundestag. Das mag in der aktuellen Krise eine schnelle Erledigung von den Finanzmärkten tatsächlich oder vermeintlich geforderter Handlungsaufträge verzögern, so dass sich, wie die Präsidentin des IWF, *Christine Lagarde*, in einem Interview festgestellt hat, die Demokratie in der Tat als Hindernis bei der Krisenbewältigung erweist.[78] Allein – diesen Preis müssen wir zahlen – um unserer und unserer Kinder Freiheit und Selbstbestimmung willen. Nicht immer kommt, das darf man hier in Augsburg in Erinnerung an *Bertolt Brecht* sagen, wirklich erst das Fressen und dann die Moral!

---

[77] BVerfG, NVwZ 2012, 495 ff. – Sondergremium, Rdn. 119.

[78] *Lagarde*, 16.12.2011: „Demokratische Prozesse verhindern oft schnelle Entscheidungen. Der Zielkonflikt zwischen den Erwartungen der Märkte und der politischen Realität müsse gelöst werden."

Das Verständnis des Bundesverfassungsgerichts vom Kompetenzgefüge zwischen der EU und den Mitgliedstaaten

Ulrich Häde

I. Einleitung

Im Juli 1988 sprach Jacques Delors, der damalige Präsident der Europäischen Kommission, vor dem Europäischen Parlament die berühmten Worte: „In zehn Jahren werden 80 Prozent der Wirtschaftsgesetzgebung, vielleicht auch der steuerlichen und sozialen, gemeinschaftlichen Ursprungs sein."[1] Unabhängig von der Belastbarkeit dieser Prognose[2] könnte dieser Hinweis auf das quantitative Verhältnis zwischen europäischem und nationalem Einfluss den Eindruck eines unaufhaltsamen Vordringens des Unionsrechts erwecken, das unmerklich dazu führt, dass die Europäische Union die Mitgliedstaaten ablöst und in einen Bundesstaat mündet.

Diese Sicht der Dinge hat das Bundesverfassungsgericht nie geteilt. Es hat von Anfang an mehr oder weniger stark betont, dass die Übertragung von Hoheitsrechten Grenzen hat. Das Stichwort dafür lautet: Integrationsverantwortung. Im Zusammenhang mit der Europäischen Wirtschafts- und Währungsunion hat das Bundesverfassungsgericht allerdings deutlich auf Entwicklungsmöglichkeiten hingewiesen. Auch hier gibt es einen Leitbegriff, nämlich den der Stabilitätsgemeinschaft. Diese beiden Termini mögen durchaus schillernd und vielgestaltig sein; das Bundesverfassungsgericht hat sie zu Rechtsbegriffen gemacht.

---

[1] Verhandlungen des Europäischen Parlaments Nr. 2–367, Sitzungsberichte 4.-8.7.1988, S. 157. S. dazu u.a. *Mangold*, Gemeinschaftsrecht und deutsches Recht, 2011, S. 309 ff.; *Westerhoff*, Die Gestaltung der Wirtschaftspolitik bei wachsender internationaler Verflechtung, in: Eberwein/Kaiser (Hrsg.), Deutschlands neue Außenpolitik, 1998, S. 101, 107.

[2] Vgl. *König/Mäder*, Das Regieren jenseits des Nationalstaates und der Mythos einer 80-Prozent-Europäisierung in Deutschland, PVS 49 (2008), 438; *Töller*, Mythen und Methoden – Zur Messung der Europäisierung der Gesetzgebung des Deutschen Bundestages jenseits des 80-Prozent-Mythos, ZParl 2008, 3.

II. Die Grenzen der Übertragung von Hoheitsrechten

1. Integrationsverantwortung

Art. 24 GG eröffnet die Möglichkeit, Hoheitsrechte auf zwischenstaatliche Einrichtungen zu übertragen. Versteht man den Hinweis der Präambel des Grundgesetzes auf die Absicht, als gleichberechtigtes Glied in einem vereinten Europa zu wirken, als Programmsatz, dann stellen erst die Art. 24 bis 26 und seit 1992 auch Art. 23 GG die eigentlichen Regelungen dieser Integrationsbereitschaft dar.[3] In diesem Sinne spricht auch das Bundesverfassungsgericht von der in der Präambel des Grundgesetzes angelegten und in Art. 23 und 24 GG geregelten Offenheit für eine europäische Integration.[4] Es erkennt in Art. 23 Abs. 1 GG und in der Präambel sogar einen Verfassungsauftrag zur Verwirklichung eines vereinten Europas.[5]

a) Rechtsprechungslinie

In einer schon langen Rechtsprechungslinie sieht das Bundesverfassungsgericht aber zugleich die Möglichkeit, Hoheitsrechte auf zwischenstaatliche Einrichtungen zu übertragen, als begrenzt an. In einer Entscheidung aus dem Jahr 1967 kommt das nur ganz nebenbei zur Sprache. Dort heißt es:

> „Die von den Gemeinschaftsorganen im Rahmen ihrer vertragsgemäßen Kompetenzen erlassenen Rechtsvorschriften, das „sekundäre Gemeinschaftsrecht", bilden eine eigene Rechtsordnung, deren Normen weder Völkerrecht noch nationales Recht der Mitgliedstaaten sind."

Die Begrenzung ergibt sich insoweit aus der Wendung „im Rahmen ihrer vertragsgemäßen Kompetenzen"; denn daraus lässt sich schließen, dass außerhalb dieser Kompetenzen erlassene Rechtsvorschriften aus der Sicht des Bundesverfassungsgerichts auch außerhalb dieser Rechtsordnung stehen.

Sehr viel deutlicher formuliert das Bundesverfassungsgericht das in seinem Solange I-Urteil von 1974. Dort ist ausdrücklich davon die Rede, dass Art. 24 GG die Möglichkeit der Gemeinschaftsorgane, innerstaatlich geltendes Recht zu setzen, begrenzt.[6] Von hier aus führt dann eine Rechtsprechungslinie u.a. über die erste Eurocontrol-Entscheidung des Jahres 1981,[7] das Urteil zur Atomwaffenstationierung von 1984,[8] die Solange II-Entscheidung aus dem Jahr 1986[9]

---

[3] In diesem Sinne schon Giese, Grundgesetz, 3. Aufl., 1953, Präambel, Erl. 3.
[4] BVerfGE 89, 155 (175).
[5] BVerfGE 123, 267 (346), unter Hinweis auf *Schorkopf*, Grundgesetz und Überstaatlichkeit, 2007, S. 247.
[6] BVerfGE 37, 271 (279).
[7] BVerfGE 58, 1.
[8] BVerfGE 68, 1.
[9] BVerfGE 73, 339.

und das Maastricht-Urteil von 1993[10] bis zur Entscheidung über den Vertrag von Lissabon im Jahr 2009.[11]

b) Gesetzesvorbehalt

In der Eurocontrol-Entscheidung eröffnet das Bundesverfassungsgericht zwischenstaatlichen Einrichtungen zunächst Handlungsspielräume, indem es feststellt, dass ihr Gründungsvertrag nicht alle Einzelheiten regeln müsse. Sie dürfen demnach ihre Aufgaben wahrnehmen und sogar weitere Vollzugsschritte tun, auch wenn der Gründungsvertrag nicht „selbst jeden dieser Abläufe nach Inhalt, Form und Zeitpunkt festgelegt hat".[12]

Die Rechtsprechung begrenzt diese Spielräume aber gleichzeitig auch. Vollzugsschritte müssen – so das Bundesverfassungsgericht – „im Gründungsvertragswerk oder in dem dazu ergangenen Gesetz hinreichend bestimmbar angelegt sein". Soll die zwischenstaatliche Einrichtung Kompetenzen haben, die nicht bereits im Gründungsvertrag angelegt sind, ist eine entsprechende Übertragung von Hoheitsrechten auf der Basis eines Gesetzes nach Art. 23 oder 24 GG erforderlich.[13]

Das Bundesverfassungsgericht spricht in diesem Zusammenhang von dem im Gründungsvertrag festgelegten Integrationsprogramm. Für dieses „Integrationsprogramm und die damit einhergehende politische Bindung der Bundesrepublik Deutschland" tragen die Gesetzgebungsorgane eine maßgebliche Mitverantwortung.[14] Im Urteil vom 7.5.2008 zur Luftraumüberwachung in der Türkei heißt es dazu:

> „Mit der Zustimmung zu einem Vertragsgesetz bestimmen Bundestag und Bundesrat den Umfang der auf dem Vertrag beruhenden Bindungen und tragen dafür die politische Verantwortung gegenüber dem Bürger [...]. Die rechtliche und politische Verantwortung des Parlaments erschöpft sich insoweit nicht in einem einmaligen Zustimmungsakt, sondern erstreckt sich auf den weiteren Vertragsvollzug."[15]

Daran knüpft das Bundesverfassungsgericht im Urteil zum Vertrag von Lissabon an und gibt diesem Argumentationsmuster einen griffigen Namen. Seither spricht es nämlich von „Integrationsverantwortung".[16] Damit ist gemeint, dass Bundesregierung, Bundestag und Bundesrat gemeinsam die Verantwortung da-

---

[10] BVerfGE 89, 155.

[11] BVerfGE 123, 267.

[12] BVerfGE 58, 1 (37).

[13] BVerfGE 58, 1 (37); 68, 1 (113). Auf das Integrationsprogramm stellen auch ab BVerfGE 75, 223 (240); 104, 151 (195); 118, 244 (258).

[14] BVerfGE 121, 135 (157).

[15] BVerfGE 121, 135 (158). Ebenso schon BVerfGE 104, 151 (209); 118, 244 (260).

[16] BVerfGE 123, 267 (350). Näher zur Integrationsverantwortung *Engels*, Die Integrationsverantwortung des Deutschen Bundestags, JuS 2012, 210; *Wohlfahrt/Kottmann*, Der gespaltene Wächter? – Demokratie, Verfassungsidentität und Integrationsverantwortung im Lissabon-Urteil, ZaöRV 2009, 443.

für trifft, dass Maßnahmen der Europäischen Union, die im Integrationsprogramm noch nicht hinreichend angelegt sind, erst dann vorgenommen werden, wenn in Deutschland eine entsprechende Übertragung von Hoheitsrechten in Form eines Gesetzes auf der Grundlage von Art. 23 Abs. 1 GG erfolgt ist. Das gilt ebenso für andere zwischenstaatliche Einrichtungen, bei denen dann die ergänzende Übertragung von Hoheitsrechten auf der Basis von Art. 24 GG erfolgen muss.[17]

Das Lissabon-Urteil bezieht sich vor allem auf die im Unionsrecht vorgesehenen Instrumente zur Kompetenzergänzung oder -erweiterung in Form von besonderen Vertragsänderungsverfahren, Brücken-, Kompetenzerweiterungs- oder Flexibilitätsklauseln. Soweit es zu keinen Änderungen im Wortlaut des Primärrechts kommt, könnte man in diesem Zusammenhang von nur materiellen Vertragsänderungen sprechen. Der Bundesgesetzgeber hat die sich daraus ergebenden Folgerungen durch den Erlass des Integrationsverantwortungsgesetzes[18] gezogen. Das schließt es aber nicht aus, den Begriff der Integrationsverantwortung so zu verstehen, dass er auch jede im ordentlichen Änderungsverfahren erfolgende Modifizierung der Unionsverträge mit einbezieht. Dementsprechend hat das Bundesverfassungsgericht den Begriff der Integrationsverantwortung im Urteil von 2011 zu den Euro-Verfassungsbeschwerden[19] als die innerstaatlichen „Anforderungen an die besondere Verantwortung deutscher gesetzgebender Körperschaften im europäischen Integrationsprozess" umschrieben.[20]

Die Integrationsverantwortung der an der Gesetzgebung beteiligten Verfassungsorgane bezieht sich demnach auf alle wesentlichen Abweichungen vom bisherigen Integrationsprogramm. Es gilt nach wie vor, was das Bundesverfassungsgericht bereits 1984 folgendermaßen ausgedrückt hat:

„Besondere Gesetze [...] sind [...] nur dort entbehrlich, wo bereits der Gründungsvertrag selbst, dem durch Gesetz zugestimmt wurde, den künftigen Vollzugsverlauf hinreichend bestimmt normiert hat".[21]

---

[17] Vgl. *Häde*, Euro-Rettung zwischen Exekutivprimat und Parlamentsvorbehalt, 2012, S. 24.

[18] Gesetz über die Wahrnehmung der Integrationsverantwortung des Bundestages und des Bundesrates in Angelegenheiten der Europäischen Union vom 22.9.2009, BGBl. I S. 3022. S. dazu *Hahn*, Die Mitwirkungsrechte von Bundestag und Bundesrat in EU-Angelegenheiten nach dem neuen Integrationsverantwortungsgesetz, EuZW 2009, 758; *Nettesheim*, Die Integrationsverantwortung – Vorgaben des BVerfG und gesetzgeberische Umsetzung, NJW 2010, 177.

[19] S. dazu *Baumgart*, Die Zurückweisung der Verfassungsbeschwerden gegen Maßnahmen zur Griechenlandhilfe und zum Euro-Rettungsschirm, NJ 2011, 450; *Nettesheim*, „Euro-Rettung" und Grundgesetz, EuR 2011, 765; *Ruffert*, Die europäische Schuldenkrise vor dem Bundesverfassungsgericht – Anmerkung zum Urteil vom 7. September 2011, EuR 2011, 842.

[20] BVerfG, NJW 2011, 2946 (2949).

[21] BVerfGE 68, 1 (113).

c) Materielle Grenzen

Dieser Gesetzesvorbehalt wird ergänzt durch eine inhaltliche Grenze. Schon 1974 hat das Bundesverfassungsgericht nämlich betont, Art. 24 GG eröffne „nicht den Weg, die Grundstruktur der Verfassung, auf der ihre Identität beruht, ohne Verfassungsänderung, nämlich durch die Gesetzgebung der zwischenstaatlichen Einrichtung zu ändern". Sowohl Vertragsänderungen als auch der Erlass von Sekundärrecht seien unzulässig, wenn sie „die Identität der geltenden Verfassung der Bundesrepublik Deutschland durch Einbruch in die sie konstituierenden Strukturen aufheben" würden.[22]

In ständiger Rechtsprechung geht das Bundesverfassungsgericht seither davon aus, dass durch die Einräumung von Hoheitsrechten für zwischenstaatliche Einrichtungen „die Identität der geltenden Verfassungsordnung" nicht aufgegeben werden darf.[23]

Zu dem unaufgebbaren Kern zählt das Bundesverfassungsgericht zunächst den „Grundrechtsteil des Grundgesetzes"[24] und die Rechtsprinzipien, die ihm zugrunde liegen.[25] In späteren Entscheidungen wird aber deutlich, dass es unter der unübertragbaren und deshalb integrationsfesten Identität der Verfassung die von Art. 79 Abs. 3 GG vor Verfassungsänderungen geschützten Prinzipien versteht.[26]

Diese Linie setzt sich fort bis in die jüngste Rechtsprechung. Im Urteil vom 7.9.2011 hat das Bundesverfassungsgericht die haushaltspolitische Gesamtverantwortung des Deutschen Bundestages betont. Sie gehört aus der Sicht des Bundesverfassungsgerichts zum unaufgebbaren Identitätskern des Grundgesetzes. Deshalb sind Maßnahmen, die die haushaltspolitische Gesamtverantwortung berühren, grundsätzlich nur mit Zustimmung des Bundestages zulässig.[27] Gleichzeitig hat das Bundesverfassungsgericht auch insoweit angedeutet, dass es eine materielle Grenze gibt. Damit wird deutlich, dass die haushaltspolitische Gesamtverantwortung wohl einen speziellen Fall der allgemeinen Integrationsverantwortung darstellen soll.[28]

---

[22] BVerfGE 37, 271 (279).

[23] BVerfGE 73, 339 (375). S. auch BVerfGE 89, 155 (187). Näher dazu *Walter*, Integrationsgrenze Verfassungsidentität – Konzept und Kontrolle aus europäischer, deutscher und französischer Perspektive, ZaöRV 2012, 177.

[24] BVerfGE 37, 271 (280). S. auch BVerfGE 58, 1 (40).

[25] BVerfGE 73, 339 (375).

[26] BVerfGE 123, 267, Ls. 4, 350 et passim.

[27] BVerfG, NJW 2011, 2946 (2951). S. dazu *Calliess*, Der Kampf um den Euro: Eine „Angelegenheit der Europäischen Union" zwischen Regierung, Parlament und Volk, NVwZ 2012, 1 (4); *Mayer/Heidfeld*, Verfassungs- und europarechtliche Aspekte der Einführung von Eurobonds, NJW 2012, 422 (426).

[28] Vgl. BVerfG, NJW 2011, 2946 (2951), wonach die „den Deutschen Bundestag im Hinblick auf die Übertragung von Kompetenzen auf die Europäische Union treffende Integrationsverantwortung [...] hierin ihre Entsprechung für haushaltswirksame Maßnahmen vergleichbaren Gewichts" finde.

2. *Die EU ist kein Staat und darf kein Staat werden*

In der Präambel des Grundgesetzes zeigt sich das deutsche Volk „von dem Willen beseelt, als gleichberechtigtes Glied in einem vereinten Europa dem Frieden der Welt zu dienen". Die Bestimmung des Kompetenzgefüges zwischen der Europäischen Union als deutlichstem Ausdruck dieses vereinten Europas und den Mitgliedstaaten hängt aus deutscher Sicht sehr stark davon ab, ob das Grundgesetz die Errichtung eines europäischen Staates zulässt oder sogar vorgibt.

Die skizzierte Rechtsprechung des Bundesverfassungsgerichts, die die Grenzen für die Übertragung von Hoheitsrechten betont, führt in ihrer Konsequenz dahin, die Staatswerdung der EU auszuschließen. Soweit das Bundesverfassungsgericht früher auf diese Frage einging, begnügte es sich mit der Feststellung, dass die EWG oder die EG keinen Staat darstelle.[29] Eine solche Beschreibung der Situation ist zwar nicht gleichbedeutend mit dem verbindlichen Ausschluss einer Entwicklung zum Staat. Aus dem Zusammenhang lässt sich aber durchaus folgern, dass das Bundesverfassungsgericht seine Aussage nicht allein deskriptiv, sondern auch normativ verstand.

So geht es im so genannten Kloppenburg-Beschluss von 1987 davon aus, dass „der Gemeinschaft [...] durch den EWG-Vertrag nicht eine Rechtsprechungsgewalt zur unbegrenzten Kompetenzerweiterung übertragen worden" ist.[30] Und im Maastricht-Urteil von 1993 führt es aus, dass das „Erfordernis hinreichender gesetzlicher Bestimmtheit der eingeräumten Hoheitsrechte und damit der parlamentarischen Verantwortbarkeit dieser Rechtseinräumung [...] verletzt" wäre, wenn der Vertrag über die Europäische Union der Union eine Kompetenz-Kompetenz eingeräumt hätte.[31] Schon das legte nahe, dass die Europäische Union nach dem Verständnis des Bundesverfassungsgerichts kein Staat werden durfte.

Ausdrücklich entschieden hat das Bundesverfassungsgericht diese Frage allerdings erst 2009 in seinem Urteil zum Vertrag von Lissabon. Danach ermächtigt das Grundgesetz „die für Deutschland handelnden Organe nicht, durch einen Eintritt in einen Bundesstaat das Selbstbestimmungsrecht des Deutschen Volkes in Gestalt der völkerrechtlichen Souveränität Deutschlands aufzugeben."[32] Die Kompetenz-Kompetenz muss bei den Mitgliedstaaten bleiben.[33] Die EU darf sich nicht von ihren völkerrechtlichen Grundlagen lösen. Die Geltung und der teilweise Vorrang des Unionsrechts in Deutschland ergeben sich nach wie vor aus den Zustimmungsgesetzen zu den jeweiligen Verträgen und Ver-

---

29 BVerfGE 22, 293 (295); 75, 223 (242); 89, 155 (188).
30 BVerfGE 75, 223 (242).
31 BVerfGE 89, 155 (194). Vgl. schon BVerfGE 75, 223 (242).
32 BVerfGE 123, 267 (347 f.).
33 BVerfGE 123, 267 (349).

tragsänderungen.[34] Damit verbunden ist von Verfassungs wegen auch die Möglichkeit, wieder aus der Union auszutreten.[35]

Diese Kernaussage des Urteils zum Vertrag von Lissabon, dass die Bundesrepublik Deutschland ihre Staatlichkeit nicht aufgeben darf, fügt sich ohne Brüche in die bisherige Rechtsprechung des Bundesverfassungsgerichts zur Kompetenzverteilung zwischen der europäischen Ebene und den Mitgliedstaaten ein.

3. Kompetenzverteilung nach dem Prinzip der Einzelermächtigung

Weil die Übertragung von Hoheitsrechten begrenzt ist und die Mitgliedstaaten souveräne Staaten bleiben, betont das Bundesverfassungsgericht den unionsrechtlichen Grundsatz der begrenzten Einzelermächtigung. Es versteht ihn nicht allein als europarechtliches Prinzip, sondern als Ausdruck der Aufnahme mitgliedstaatlicher Verfassungsprinzipien.[36] Demnach verfügt die Union nicht über das für Staaten typische Recht zur selbstständigen Kompetenzerweiterung, sondern bleibt auf die Übertragung einzelner staatlicher Aufgaben und Befugnisse durch die Mitgliedstaaten angewiesen.

III. Konsequenzen für die Kompetenzverteilung im Rahmen der Wirtschafts- und Währungsunion als Stabilitätsgemeinschaft

Welche Konsequenzen hat diese Rechtsprechung für die Wirtschafts- und Währungsunion? Schon in seiner Maastricht-Entscheidung von 1993 hat das Bundesverfassungsgericht die Übertragung der währungspolitischen Befugnisse auf die europäische Ebene ausdrücklich akzeptiert.[37] Das Lissabon-Urteil bestätigt noch einmal, dass Art. 23 GG auch die „Bildung einer Wirtschafts- und Währungsgemeinschaft“ erlaubt.[38] Das Unionsrecht darf deshalb in Art. 3 Abs. 1 Buchst. c) AEUV die „Währungspolitik, für die Mitgliedstaaten, deren Währung der Euro ist,“ zu den Bereichen zählen, für die die Union die ausschließliche Zuständigkeit hat.

---

[34] BVerfGE 123, 267 (400). Vgl. dazu *Huber*, Europäisches und nationales Verfassungsrecht, VVDStRL 60 (2001), S. 194 (214 ff.). Anders z.B. *Pernice*, Europäisches und nationales Verfassungsrecht, VVDStRL 60 (2001), S. 148 (171).

[35] BVerfGE 123, 267 (350).

[36] BVerfGE 123, 267 (350).

[37] BVerfGE 89, 155 (199 ff.).

[38] BVerfGE 123, 267 (357).

Das Charakteristikum der Europäischen Wirtschafts- und Währungsunion ist es allerdings, dass dieser vollständigen Vergemeinschaftung der Währungspolitik keine entsprechende Wirtschaftsunion gegenübersteht.[39] Vielmehr sind die Zuständigkeiten im Bereich der allgemeinen Wirtschafts- und Fiskalpolitik bei den Mitgliedstaaten verblieben. Es gilt daher grundsätzlich das Prinzip der Selbstverantwortung jedes Mitgliedstaats nicht nur für die Gestaltung seiner Wirtschaftspolitik, sondern auch für deren Folgen.

Während die Bundesbank die Währungsunion immer als Schicksalsgemeinschaft beschrieben hat,[40] ein Begriff, in dem eine gewisse Nähe zum Bundesstaat oder jedenfalls zur politischen Union als Notwendigkeit mitklingt,[41] stellt das Bundesverfassungsgericht im Urteil von 1993 fest: „Die Währungsunion ist [...] als Stabilitätsgemeinschaft konzipiert, die vorrangig die Preisstabilität zu gewährleisten hat".[42] Es spricht dann vom „Grundkonzept der Währungsunion als Stabilitätsgemeinschaft".[43]

„Diese Konzeption der Währungsunion als Stabilitätsgemeinschaft ist" – so das Bundesverfassungsgericht – „Grundlage und Gegenstand des deutschen Zustimmungsgesetzes. Sollte die Währungsunion die bei Eintritt in die dritte Stufe vorhandene Stabilität nicht kontinuierlich im Sinne des vereinbarten Stabilisierungsauftrags fortentwickeln können, so würde sie die vertragliche Konzeption verlassen."[44] Und an anderer Stelle führt das Bundesverfassungsgericht aus:

> „Die Befürchtung eines Fehlschlags der Stabilitätsbemühungen, der sodann weitere finanzpolitische Zugeständnisse der Mitgliedstaaten zur Folge haben könnte, ist [...] zu wenig greifbar, als daß sich daraus die rechtliche Unbestimmtheit des Vertrages ergäbe."[45]

Inzwischen ist deutlich geworden, dass die Konzeption der Wirtschafts- und Währungsunion im Hinblick auf die Absicherung der Stabilitätsorientierung durch Haushaltsdisziplin und wirtschaftspolitische Koordinierung an Konstruktionsfehlern und Umsetzungsmängeln leidet. Damit wurden auch frühere Warnungen und der Hinweis der Bundesbank auf die Währungsunion als Schicksalsgemeinschaft bestätigt. Die erforderlichen Änderungen weisen in Richtung einer stärkeren politischen Union. Was sagt die Rechtsprechung des Bundesverfassungsgerichts zu den Möglichkeiten einer Intensivierung der Wirtschaftsunion?

---

[39] S. dazu *Hahn/Häde*, Währungsrecht, 2. Aufl., 2010, § 15, Rn. 2 ff.

[40] Vgl. nur Deutsche Bundesbank, Monatsbericht Februar 1992, S. 45 (53).

[41] Vgl. *Unruh*, Die Unionstreue – Anmerkungen zu einem Rechtsgrundsatz der Europäischen Union, EuR 2002, 41 (52).

[42] BVerfGE 89, 155 (200). Vgl. *Meier*, Die Europäische Währungsunion als Stabilitätsgemeinschaft und das Grundgesetz, NJW 1996, 1027.

[43] BVerfGE 89, 155 (202).

[44] BVerfGE 89, 155 (205).

[45] BVerfGE 89, 155 (204).

Im Maastricht-Urteil referiert das Bundesverfassungsgericht, es wiesen „gewichtige Stimmen darauf hin, dass eine Währungsunion, zumal zwischen Staaten, die auf eine aktive Wirtschafts- und Sozialpolitik ausgerichtet sind, letztlich nur gemeinsam mit einer politischen – alle finanzwirtschaftlich wesentlichen Aufgaben umfassenden – Union, nicht aber unabhängig davon oder als eine bloße Vorstufe auf dem Wege dahin verwirklicht werden könne." Das Bundesverfassungsgericht lässt auch selbst eine gewisse Sympathie für solche Gedanken erkennen und weist darauf hin, dass „es nachvollziehbare Gründe geben [mag], die Währungsunion könne politisch-faktisch nur bei alsbaldiger Ergänzung durch eine Wirtschaftsunion sinnvoll durchgeführt werden, die über eine Koordinierung der Wirtschaftspolitik der Mitgliedstaaten und der Gemeinschaft hinausgeht."[46]

Dann macht das Bundesverfassungsgericht jedoch deutlich, dass mit solchen Überlegungen „keine verfassungsrechtliche, sondern eine politische Frage aufgeworfen" werde. Und es führt dann aus:

> „Die Währungsunion ohne eine gleichzeitige oder unmittelbar nachfolgende politische Union zu vereinbaren und ins Werk zu setzen, ist eine politische Entscheidung, die von den dazu berufenen Organen politisch zu verantworten ist. Stellt sich heraus, daß die gewollte Währungsunion in der Realität ohne eine (noch nicht gewollte) politische Union nicht zu verwirklichen ist, bedarf es einer erneuten politischen Entscheidung, wie weiter vorgegangen werden soll."

Diese Worte des Bundesverfassungsgerichts passen recht gut zur derzeitigen Situation. Die Mitgliedstaaten und die Unionsorgane versuchen nicht nur, die akute Krise zu bekämpfen, sondern auch die Währungsunion dauerhaft abzusichern. Das Bundesverfassungsgericht hat sich schon 1993 zu der Frage der rechtlichen Realisierbarkeit einer politischen Union geäußert. Es betont: „Für diese Entscheidung ist rechtlich Raum." Dazu sei eine Vertragsänderung erforderlich, „an der die nationalen staatlichen Organe einschließlich des Deutschen Bundestages" mitwirken müssten. „Diese Entscheidung" sei „dann wiederum – im Rahmen des verfassungsrechtlich Zulässigen – politisch zu verantworten."[47]

Der Hinweis auf den Rahmen des verfassungsrechtlich Zulässigen deutet an, dass das Bundesverfassungsgericht hier selbstverständlich keine Blankoermächtigung ausstellen konnte und wollte. Aber die Aussage, es sei rechtlich Raum für weitere Schritte in Richtung einer wirtschaftspolitischen Union ist zugleich deutlich genug, um daraus ableiten zu können, dass eine Intensivierung der politischen Union mit dem Ziel, die Konzeption der Wirtschafts- und Währungsunion als Stabilitätsgemeinschaft nachzujustieren und auszubauen, verfassungsrechtlich jedenfalls nicht von vornherein unzulässig wäre. Ganz im Gegenteil, denn das Bundesverfassungsgericht hat die Fortentwicklung „im Sinne

---

[46] BVerfGE 89, 155 (206).
[47] BVerfGE 89, 155 (207).

des vereinbarten Stabilisierungsauftrags“[48] als geradezu verfassungsrechtlich geboten bezeichnet.

Während das Maastricht-Urteil somit die Möglichkeiten einer stärkeren politischen Union hervorhebt, lassen sich dem Lissabon-Urteil eher die Grenzen entnehmen. Grundsätzlich zeigt jedoch auch diese Entscheidung, dass noch Raum ist. Dort heißt es nämlich: „Die von Art. 23 Abs. 1 Satz 1 GG erlaubte Mitwirkung Deutschlands an der Entwicklung der Europäischen Union umfasst neben der Bildung einer Wirtschafts- und Währungsgemeinschaft auch eine politische Union.“[49]

Diese politische Union darf allerdings nach Ansicht des Bundesverfassungsgerichts nicht dazu führen, „dass in den Mitgliedstaaten kein ausreichender Raum zur politischen Gestaltung der wirtschaftlichen, kulturellen und sozialen Lebensverhältnisse mehr bleibt.“ Und dann folgt eine Aufzählung von Bereichen, die in der Zuständigkeit der Mitgliedstaaten verbleiben müssen. Dazu rechnet das Bundesverfassungsgericht auch die „Einnahmen und Ausgaben einschließlich der Kreditaufnahme“.[50] An anderer Stelle konkretisiert es diesen Gedanken. Entscheidend soll demnach sein, „dass die Gesamtverantwortung mit ausreichenden politischen Freiräumen für Einnahmen und Ausgaben noch im Deutschen Bundestag getroffen werden kann.“[51]

Damit sind die abstrakten Maßstäbe für die Möglichkeiten einer Intensivierung der wirtschaftspolitischen Union vorgegeben. Solange dem Bundestag noch genügend Freiräume bleiben, um seine haushaltspolitische Gesamtverantwortung wahrzunehmen, dürfen weitere Hoheitsrechte im Bereich der Wirtschafts- und Fiskalpolitik auf die Union übertragen werden, um die Stabilitätsorientierung der Währungsunion abzusichern und fortzuentwickeln. Dasselbe sollte gelten, wenn der wirtschafts- und fiskalpolitische Handlungsspielraum der Mitgliedstaaten durch Vereinbarungen außerhalb des EU-Rahmens eingeschränkt wird.

Vor diesem Hintergrund sollten etwa die intensivere Koordinierung und Überwachung der Wirtschafts- und Haushaltspolitik im Europäischen Semester[52] oder durch den Fiskalpakt[53] grundsätzlich mit deutschem Verfassungsrecht vereinbar sein. Auch die Maßnahmen zur Krisenbewältigung[54] hat das

---

[48] BVerfGE 89, 155 (205).

[49] BVerfGE 123, 267 (357).

[50] BVerfGE 123, 267 (358).

[51] BVerfGE 123, 267 (362). S. auch BVerfG, NJW 2011, 2946 (2950 f.); BVerfG, NVwZ 2012, 495 (497, Rn. 109).

[52] Eingeführt durch die Verordnung (EU) Nr. 1175/2011 des Europäischen Parlaments und des Rates vom 16. November 2011 zur Änderung der Verordnung (EG) Nr. 1466/97 des Rates über den Ausbau der haushaltspolitischen Überwachung und der Überwachung und Koordinierung der Wirtschaftspolitiken, ABl. 2011 Nr. L 306/12.

[53] BT-Drs. 17/9046; BGBl. II 2012, S. 1006.

[54] Näher dazu *Häde*, Rechtsfragen der EU-Rettungsschirme, ZG 2011, 1, m.w.N.

Bundesverfassungsgericht in seinem Urteil vom 7.9.2011[55] akzeptiert. Für den dauerhaften Rettungsschirm in Form des außerhalb der EU angesiedelten Europäischen Stabilitätsmechanismus (ESM)[56] dürfte grundsätzlich nichts anderes gelten, sofern eine ausreichende Beteiligung des Deutschen Bundestages erfolgt.

Etwas anderes gilt für das so genannte sixpack, das Paket von sechs Rechtsakten, mit dem die Union insbesondere die multilaterale Überwachung der Wirtschaftspolitik der Mitgliedstaaten und den Stabilitäts- und Wachstumspakt verschärft hat. Einige Verordnungen führen neue oder frühere Sanktionen ein und weichen auch hinsichtlich des Abstimmungsverfahrens von den primärrechtlichen Vorgaben der Art. 121 und 126 AEUV ab. Art. 136 Abs. 1 AEUV, auf den sich die Unionsorgane stützen, ermächtigt dazu nicht.[57] Und wenn er es doch tun sollte, dann würde es sich um eine neue Variante einer rein materiellen Vertragsänderung handeln, die die Integrationsverantwortung der an der Bundesgesetzgebung beteiligten Verfassungsorgane in Deutschland aktivieren müsste. Entweder sind diese Maßnahmen deshalb ohnehin mangels Rechtsgrundlage unionsrechtswidrig. Oder sie verstoßen zumindest gegen deutsches Verfassungsrecht, weil sie der Union zusätzliche Hoheitsrechte übertragen, die im Integrationsprogramm der Unionsverträge noch nicht hinreichend angelegt sind.

IV. Schwachstellen der Rechtsprechung

Die Rechtsprechung zur grundsätzlichen Kompetenzverteilung zwischen den Mitgliedstaaten und der Europäischen Union ist konsequent und in sich schlüssig. Sie hat allerdings auch Schwachstellen.

1. Selbstbefassungsrecht über Art. 38 GG

Das Bundesverfassungsgericht legt grundsätzlich Wert darauf, die jeweilige Funktion der einzelnen verfassungsgerichtlichen Verfahrensarten zu wahren. Im Hinblick auf die Verfassungsbeschwerde hat es festgestellt, dass diese „Verfahrensart regelmäßig der Durchsetzung höchstpersönlicher Rechte dient."[58] Ihre Funktion beschränkt sich demnach im Wesentlichen auf die Gewährleistung von Individualrechtsschutz.[59]

---

[55] BVerfG, NJW 2011, 2946.

[56] BT-Drs. 17/9045; BGBl. II 2012, S. 981.

[57] Ausführlich dazu *Häde*, Art. 136 AEUV – eine neue Generalklausel für die Wirtschafts- und Währungsunion?, JZ, 2011, 333.

[58] BVerfGE 109, 279 (304).

[59] Vgl. nur *Bethge*, in: Maunz/Schmidt-Bleibtreu/Klein/Bethge, Bundesverfassungsgerichtsgesetz, § 90 (Bearbeitung Oktober 2009), Rn. 8.

Im Zusammenhang der europäischen Integration hat das Bundesverfassungsgericht die Verfassungsbeschwerde jedoch immer mehr zu einem Instrument der objektiven Rechtmäßigkeitskontrolle ausgestaltet. Die materielle Aufladung des Art. 38 Abs. 1 GG hat dem Bundesverfassungsgericht eine Art Selbstbefassungsrecht verschafft, das es ihm ermöglicht, die Kontrolle über die weitere Entwicklung zu behalten.

Dass Karlsruhe über die Staatlichkeit der Bundesrepublik Deutschland wacht, ist im Ergebnis durchaus positiv. Dies jedenfalls so lange, wie das Bundesverfassungsgericht seine Macht besonnen und vorsichtig einsetzt. Und es ist gut nachvollziehbar, dass die Einigkeit der politischen Eliten über Fragen der europäischen Integration vor allem die abstrakte Normenkontrolle weitgehend leer laufen lässt und das Gericht deshalb einen anderen Weg finden musste oder zumindest wollte, um diesen Prozess weiter begleiten zu können.

Aber gerade weil das Bundesverfassungsgericht vor allem mit dem Demokratieprinzip argumentiert, kann es nicht befriedigen, wenn ein nur indirekt demokratisch legitimiertes Verfassungsorgan Entscheidungen des direkt gewählten Bundestages außerhalb oder jedenfalls am Rande der dafür durch Verfassung und Gesetz geschaffenen Verfahrensarten am Maßstab des Demokratieprinzips misst und korrigiert.

Nach der Rechtsprechung des Bundesverfassungsgerichts soll jedermann mit der Behauptung, „das Demokratieprinzip sei unter dem Aspekt der Aushöhlung der Kompetenzen des Deutschen Bundestages verletzt“, eine Verletzung seines Wahlrechts substantiiert darlegen und deshalb Verfassungsbeschwerde erheben können.[60] Ein Bundestagsabgeordneter, der mit dem gleichen Vorbringen einen Organstreitantrag stellt, wird demgegenüber auf die Möglichkeit der Verfassungsbeschwerde verwiesen, weil für seinen Antrag „neben der Verfassungsbeschwerde kein eigenständiges statusspezifisches Rechtsschutzinteresse“ bestehe.[61] Man sollte überlegen, ob es den Funktionen der Verfahrensarten nicht besser gerecht würde, im Organstreitverfahren die Antragsmöglichkeiten einzelner Abgeordneter so zu erweitern, dass auf Art. 38 Abs. 1 GG gestützte Verfassungsbeschwerden, die letztlich auf die Wahrung der Kompetenzen des Bundestages und damit der Abgeordneten zielen, nicht mehr zugelassen werden müssten.

2. *Die Scheinlösung über Art. 146 GG*

Es lässt sich nicht ausschließen, dass die Mitgliedstaaten eine Übertragung von Hoheitsrechten erwägen könnten, die die Union die Grenze zum Bundesstaat überschreiten ließe. Das wäre durchaus auch im Bereich der Wirtschafts- und

---

[60] So aber BVerfGE 123, 267 (330).
[61] BVerfGE 123, 267 (337).

Fiskalpolitik vorstellbar. Dabei ginge es nicht um einen zentralen Haushalt und ein umfassendes Steuererhebungsrecht für die EU, sondern um zusätzliche Eingriffs- und Durchgriffsrechte.

Nach der Rechtsprechung des Bundesverfassungsgerichts wäre ein solcher Schritt in den europäischen Bundesstaat aber selbst im Wege der Verfassungsänderung nicht zulässig. Deshalb könnte eine Situation entstehen, in der eine nach Ansicht der politischen Akteure notwendige Übertragung von Kompetenzen auf die Europäische Union blockiert wird.

In den Medien ist nicht selten die verkürzte Aussage verbreitet worden, der Eintritt in einen europäischen Bundesstaat sei im Wege der Volksabstimmung möglich. Das ist jedoch ein Irrtum. Im Urteil zum Vertrag von Maastricht hat das Bundesverfassungsgericht deutlich gemacht, dass Art. 79 Abs. 3 GG „der verfassungsändernden Gewalt Grenzen" zieht und es damit ausschließt, „ein verfassungsänderndes Gesetz, das den veränderungsfesten Kern des Grundgesetzes antastet, im Wege eines Volksentscheides zu legitimieren."[62]

Als Ausweg kommt daher nur Art. 146 GG in Betracht.[63] Nach dieser Vorschrift verliert das Grundgesetz „seine Gültigkeit an dem Tage, an dem eine Verfassung in Kraft tritt, die von dem deutschen Volke in freier Entscheidung beschlossen worden ist." In diesem Sinne hat das Bundesverfassungsgericht in seinem Lissabon-Urteil ausgeführt:

> „Die Wahlberechtigten besitzen nach dem Grundgesetz das Recht, über den Identitätswechsel der Bundesrepublik Deutschland, wie er durch Umbildung zu einem Gliedstaat eines europäischen Bundesstaates bewirkt werden würde, und die damit einhergehende Ablösung des Grundgesetzes „in freier Entscheidung" zu befinden. [...] Es ist allein die verfassungsgebende Gewalt, die berechtigt ist, den durch das Grundgesetz verfassten Staat freizugeben, nicht aber die verfasste Gewalt."[64]

Art. 146 GG führt demnach nicht nur zur Volksabstimmung, sondern auch zur Verfassungsablösung. Das klingt nach Revolution. Vielleicht könnte man eine Verfassungsablösung aber auch so ausgestalten, dass der neue Verfassungstext dem Grundgesetz entspricht und nur eine zusätzliche Klausel enthält, die den Eintritt in einen europäischen Bundesstaat zulässt.

Ganz so einfach dürfte der Weg in die Vereinigten Staaten von Europa aber nicht sein. Das Bundesverfassungsgericht sieht als wesentliche Hürde nämlich das Demokratieprinzip. Es verankert zudem den „Anspruch auf freie und gleiche Teilhabe an der öffentlichen Gewalt [...] in der Würde des Menschen (Art. 1 Abs. 1 GG)".[65] Und da es sowohl das demokratische Prinzip als auch die Menschen-

---

[62] BVerfGE 89, 155 (180).

[63] Kritisch dazu *Herbst*, Legale Abschaffung des Grundgesetzes nach Art. 146 GG?, ZRP 2012, 33.

[64] BVerfGE 123, 267 (331 f.).

[65] BVerfGE 123, 267 (341).

würde als nicht abwägungsfähig und unantastbar versteht,[66] müsste eine neue Verfassung, die Deutschland in einen europäischen Bundesstaat einfügt, an dieser Hürde scheitern. Denn es erscheint unvorstellbar, eine deutsche Verfassung anzustreben, die den Kern des Demokratieprinzips und die Menschenwürde nicht achtet. Das Bundesverfassungsgericht lässt es im Lissabon-Urteil denn auch ausdrücklich offen, ob „diese Bindung schon wegen der Universalität von Würde, Freiheit und Gleichheit sogar für die verfassungsgebende Gewalt gilt".[67]

Möglicherweise liegt hier deshalb eine weitere Schwachstelle der Rechtsprechung. Muss man den angeblich im Wahlrecht verankerten Anspruch auf Beibehaltung der deutschen Souveränität tatsächlich mit der Menschenwürde verbinden und dadurch dermaßen überhöhen, dass jede Lösung unmöglich wird?

Setzt man voraus, dass eine auf der Basis von Art. 146 GG geschaffene neue deutsche Verfassung die Demokratie und die Menschenwürde weiterhin achtet, dann wäre die Errichtung eines europäischen Bundesstaates wohl nur dann möglich, wenn die europäische Bundesverfassung den Anspruch des Einzelnen auf freie und gleiche Teilhabe an der öffentlichen Gewalt ebenso erfüllen könnte, wie es das Grundgesetz bisher garantiert. In diese Richtung zielt schon jetzt Art. 23 Abs. 1 Satz 1 GG, der von der Entwicklung einer Europäischen Union spricht, die demokratischen, rechtsstaatlichen, sozialen und föderativen Grundsätzen verpflichtet ist.

Insoweit gibt es allerdings noch erhebliche Hürden, die das Bundesverfassungsgericht in seinen Urteilen zu den Verträgen von Maastricht und Lissabon recht anschaulich beschrieben hat.[68] Solange das Europäische Parlament nicht wirklich die Vertretung eines europäischen Volkes darstellen kann, dürfte ein europäischer Staat auch auf dem Weg über Art. 146 GG kaum erreichbar sein. Diese Vorschrift bietet derzeit nur eine Scheinlösung.

V. Ausblick

Die eingangs erwähnten Worte des Kommissionspräsidenten Jacques Delors stehen in deutlichem Zusammenhang mit der politischen Union. Der Hinweis auf die zunehmende Bedeutung des Gemeinschaftsrechts war wohl als Begründung für die Forderung nach einer europäischen Regierung gemeint. Delors war kurz vorher für eine weitere Amtsperiode ernannt worden. Er war zum Vorsitzenden der Sachverständigenkommission berufen worden, die ein Jahr später

---

[66] Für das Demokratieprinzip: BVerfGE 123, 267 (343). Für die Menschenwürde: BVerfGE 93, 266 (293).

[67] BVerfGE 123, 267 (343).

[68] BVerfGE 89, 155 (184 ff.); 123, 267 (370 ff.). S. auch *Lübbe-Wolff*, Europäisches und nationales Verfassungsrecht, VVDStRL 60 (2001), S. 246 (248 ff.).

den so genannten Delors-Bericht vorlegen sollte, der den stufenweisen Weg zur Wirtschafts- und Währungsunion vorzeichnete.[69]

Die seinerzeitige Perspektive der Kommission, dass jeder Integrationsschritt nur als Zwischenetappe zu verstehen sei, dem stets weitere folgen müssten, war schon damals umstritten.[70] Heute sind es nicht zuletzt Mitglieder des Bundesverfassungsgerichts, die in öffentlichen Stellungnahmen betonen, dass der verfassungsrechtliche Spielraum für weitere Integrationsschritte nur noch gering sei.[71] Auf der anderen Seite haben sich die Staats- und Regierungschefs der Eurozone im ständigen Krisenabwehrkampf zumindest in Richtung einer europäischen Regierung entwickelt. Steuert die Entwicklung auf einen großen Konflikt zwischen Politik und Bundesverfassungsgericht hin, der dann letztlich doch zu einer neuen deutschen Verfassung führen muss? Um das zu vermeiden, sollte die Politik nicht über eine Ablösung des Grundgesetzes nachdenken, sondern alle Mühe darauf verwenden, die Union mit den Kompetenzen auszustatten, die sie braucht, um das Konzept der Währungsunion als Stabilitätsgemeinschaft dauerhaft zu sichern, ohne damit die Grenze zur Staatlichkeit zu überschreiten. Und an das Bundesverfassungsgericht richtet sich die Erwartung, weiterhin nicht zu schnell vom Überschreiten der „roten Linie“ auszugehen.

---

[69] Vgl. *Stabenow*, Die Kommission, Jahrbuch der Europäischen Integration 1988/89, S. 56 ff.

[70] *Stabenow*, a.a.O., S. 59.

[71] Vgl. *Voßkuhle*, Frankfurter Allgemeine Sonntagszeitung vom 25.9.2011; Interview mit Verfassungsrichter *Huber*, Süddeutsche Zeitung vom 19.9.2011, S. 6.

Gemeinschaftssolidarität und finanzpolitische Eigenverantwortung in der europäischen Integration

Charles B. Blankart

I. Gemeinschaftssolidarität aus staatsrechtlicher und ökonomischer Sicht

Gemeinschaftssolidarität ist ein positiv belegter Begriff. Die meisten Menschen sind der Ansicht, dass Gemeinschaftswerke wie die Europäische Integration umso eher gelingen, je mehr Gemeinschaftssolidarität vorhanden ist. Bekannte Wissenschaftler wie *Ernst-Wolfgang Böckenförde* sind dieser Ansicht. In einem kürzlich erschienenen Aufsatz „Bedingungen europäischer Solidarität" nennt *Böckenförde* sechs Postulate als „Faktoren [...] die die notwendige politische Solidarität [...] für die Europäische Union hervorbringen und tragen müssen" (*Böckenförde*, 2009, S. 24):

1. Eine gemeinsame Religion.
2. Der gemeinsame kulturelle Boden Europa.
3. Die gemeinsame Geschichte.
4. Europa als Wertegemeinschaft.
5. Die Nation der Europäer.
6. Der politische Wille zu Europa.

Auch Ökonomen verwenden Postulate. Aber sie verstehen sie als Theorien, mit denen sie die Wirklichkeit zu erklären versuchen. Je nach der Erklärungsleistung eines Postulats erhalten sie dieses aufrecht oder sie verwerfen es.

Was das Postulat der Gemeinschaftssolidarität zur Erklärung der politischen Integration leistet, sei an drei historischen Beispielen betrachtet: am Römerreich, am Europa von Karl dem Großen und an den Nationalstaaten in der jüngsten Vergangenheit.

1. *Das Römerreich*: Die derzeitige europäische Einigung ist nicht die erste in der Geschichte. Schon vor 2000 Jahren gelingt es den Römern, Europa (und darüber hinaus den ganzen Mittelmeerraum) zu einigen und über 300 Jahre vereint zu halten. Die Römer sind erfolgreich, ohne auf ein einziges von Böckenfördes Postulaten zu bauen. Der Erfolg der Römer ist im Wesentlichen darauf begründet, dass sie die eroberten Provinzen in Ruhe las-

sen, ihnen ihre überkommenen Institutionen belassen und von ihnen lediglich Steuern und die Kapitalgerichtsbarkeit abverlangen. Sie fragen sich nicht, wie viel Gemeinschaftssolidarität zum Imperium Romanum ein Untertan aufbringen soll, sondern was sie nach errungenem Sieg von den Untertanen maximal fordern können, ohne die Stabilität ihrer Herrschaft zu gefährden. In der Literatur wird zwar viel von Ausbeutung durch die römischen Statthalter geschrieben, dabei aber übersehen, dass die römische Herrschaft den Untertanen ein neues, nicht unattraktives Arrangement eröffnet: Sie von der Notwendigkeit befreit ihre Verteidigung durch Eigenleistung zu erbringen und ihnen stattdessen Schutz und Verteidigung durch das römische Reich im Austausch gegen Steuern gewährt, die sie ihrerseits erwirtschaften können, weil ihnen die Römer zur Aufrechterhaltung ihrer eigenen Militärlogistik eine Infrastruktur von Straßen und Brücken bereitstellen, die auch dem Handel der Einheimischen dient, zum Wachstum der Wirtschaft beiträgt, die Geldwirtschaft fördert und damit die Steuerzahlung der Untertanen erst ermöglicht (*Volckart*, 2002a und b).

Wären die Römer der Überlegung von *Böckenförde* gefolgt und hätten sie von ihren Untertanen einen Katalog von Gemeinschaftssolidaritäten abverlangt, so wären sie wohl schon gleich zu Beginn gescheitert. Der Erfolg der Römer liegt, wie *von Ungern-Sternberg* (2011) zeigt, in der Beschränkung ihrer Macht.[1,2]

Allerdings ändert sich das in der römischen Spätzeit. Unter dem Druck einfallender Germanenstämme werden die Steuern immer mehr erhöht. Die römischen Kaiser verlangen Gemeinschaftssolidarität und scheitern dabei. Ihre Besteuerung überschreitet die „Spitze der Lafferkurve" (die den maximalen Steuerertrag erklärt). So legen sie die Grundlage ihres eigenen Untergangs. Immer mehr der peripheren Provinzen sagen sich vom römischen Reich los. Denn ihre wirtschaftlichen Perspektiven sehen unter den Germanen nicht schlechter aus als unter den Römern.

2. Später gelingt die europäische Einigung noch einmal unter *Karl dem Großen*. Gemeinschaftssolidarität lässt sich auch in seinem Reich schwerlich verorten. Karls Reich war – wie auch das damalige Lehnswesen überhaupt – charakterisiert durch ein Netz von privatwirtschaftlichen Schutzverträgen,

---

[1] *von Ungern-Sternberg* (2011, S. 18) fasst wie folgt zusammen: „Die bestehenden Rechte zu achten und auf ihnen aufzubauen, war eben eine bewährte römische Herrschaftsmaxime.".

[2] Aus den Reden *Marcus Tullius Ciceros* gegen Gaius Verres ist bekannt, dass dieser als Legat zuerst die Provinz Kilikien in Kleinasien und dann als Statthalter die Provinz von Sizilien (73 bis 71 v.Chr.) ungehörig ausbeutete, wofür ihn das Gericht nach der Anklage Ciceros verurteilte und in die Verbannung schickte (*Lamer* 1933). Typischerweise betreffen diese Fälle aber mehr die inneren, eingeschlossenen Provinzen des Reichs und weniger die äußeren, die eher hätten vom Reich abfallen können. Zu vermuten ist daher, dass die Höhe der Besteuerung einer Provinz ceteris paribus proportional von der Zentralität ihrer Lage abhängt.

Schutz im Austausch gegen Arbeitsleistungen, die sich auf der oberen Stufe in einem Gewährleistungsvertrag zwischen Vasallen und Lehnsherren fortsetzten. Wettbewerb entsteht, weil auf der unteren Stufe Land reichlich und Arbeit knapp sind und der Ausbeutung daher Grenzen setzen und auf der oberen Stufe weil auch zwischen Vasallen und Lehnsherren eine Art Wettbewerb herrscht (*Blankart* 2011)[3].

3. In den folgenden Jahrhunderten bleibt die europäische Einigung ein fernes, nie mehr erreichtes Ideal. Die Chancen einer europäischen Einigung gehen sogar merklich zurück. In der neuesten Zeit, von der Mitte des 19. bis zur Mitte des 20. Jahrhunderts, dominieren in Europa die *Nationalstaaten*. Dass die Nationalstaaten ein Unglück für Europa darstellen, wird heute allgemein anerkannt. Aber warum ist diese Konstruktion ein Fehler? Die Ökonomik hat hierfür eine einfache Erklärung: Nationalstaaten stellen Clubgüter für ihre Mitglieder bereit. Das sind im Wesentlichen der Rechtsstaat und der Leistungsstaat. Sie sollen dem Wohl der Einheimischen dienen, nicht aber den Fremden. Fremde auszuschließen und wirtschaftlich zu diskriminieren, stellt ein legitimes Recht des Nationalstaates dar. Was für einen einzelnen Staat verständlich aussieht, ist für die Staatenwelt als Ganze verderblich. Denn untereinander befinden sich Nationalstaaten in einem Gefangenendilemma. Die Vorleistung des einen gegenüber dem anderen ist riskant, denn keiner weiß, ob sie erwidert wird. Deshalb wagt es keiner, den ersten Schritt zu tun. Wie zwei Gefangene in Untersuchungshaft sich gegenseitig verraten, weil jedem von ihnen bei Denunziation Straferleichterung versprochen wird, verhalten sich auch die Nationalstaaten. Sie kooperieren nicht. Dass aus einem solchen Misstrauen vor allem Krieg erwachsen kann, ist nicht weiter verwunderlich. Leider braucht es zwei Weltkriege, bis sich diese Erkenntnis in Europa durchsetzt. Kurz: Was im Europa der Nationalstaaten noch zu wenig entwickelt ist, ist der Tausch.

Ziel dieses Beitrags

Geschichtliche Erfahrung und Beobachtungen von heute deuten auf zwei Europakonzeptionen: Ich nenne sie *Europa 1* und *Europa 2*.

Europa 1 ist das Europa der privaten Güter. Es gelingt einen Rahmen für private europaweite Märkte zu schaffen, die dem Wirtschaftswachstum förderlich sind. Sichtbarer Erfolg ist die Errichtung des EU-Binnenmarktes im Jahr 1992. Entsprechend zuversichtlich ist die öffentliche Meinung. Der deutsch-amerikanische Meinungsforscher *Richard C. Eichenberg* findet am Anfang der 1990er Jahre eine nachhaltige bis wachsende Unterstützung für Europa in der öffentlichen Meinung.[4]

---

[3] Kapitel 10 und dort angegebene Literatur.

[4] „Maastricht treaty and the end of the cold war, recent EC reforms that increase monetary stability, intra-European trade and political attention are all likely to maintain or increase citizen support for the EC."

Europa 2 ist das Europa der öffentlichen Güter. Hier gibt es kaum sichtbare Zeichen des Erfolgs. Der Euro befindet sich jetzt im dritten Jahr der Krise, die Gemeinsame Außen- und Sicherheitspolitik, die Zusammenarbeit auf dem Gebiet der Justiz, die Lissabon-Agenda, sie alle stehen mehr auf dem Papier als in der Wirklichkeit, die Klimapolitik findet keinen Konsens. Enttäuscht stellt das *Eurobarometer* im September 2010 fest: „Weniger als die Hälfte der Europäer sind noch davon überzeugt, dass die EU ein positives Unterfangen ist."

Graphisch lässt sich in Abbildung 1 die Zufriedenheit der Bürger mit Europa in der Form eines umgekehrten U darstellen.

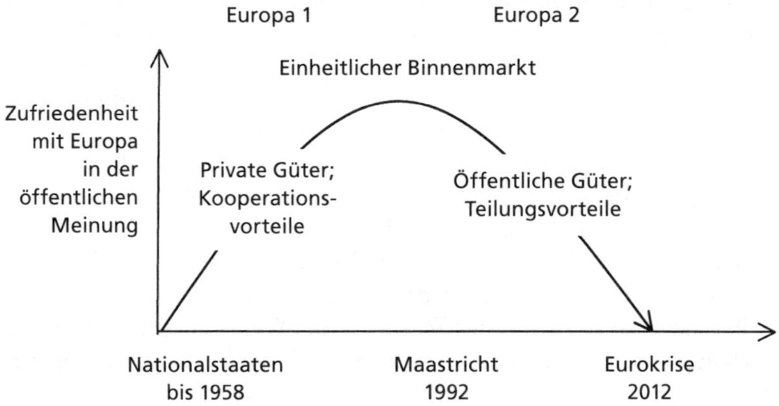

Abb. 1: Zufriedenheit mit Europa 1958–2012

Im folgenden Teil II dieses Aufsatzes möchte ich zeigen, dass *Europa 1* floriert, weil private Güter im Vordergrund stehen. Sein Nutzen entsteht im Kern aus Konsens und Vertrag zwischen zweien, die miteinander Handel treiben, und breitet sich dann immer weiter aus. In Teil III wird dann das Europa der öffentlichen Güter, wie es derzeit en vogue ist, erörtert. Der Nutzen entsteht dann nicht mehr aus Tausch, sondern aus der gemeinsamen Nutzung eines für alle bereitgestellten öffentlichen Gutes. Erforderlich sind nicht mehr nur der Konsens zwischen zweien, sondern Einstimmigkeit und Vertrag unter allen Beteiligten, die das öffentliche Gut nutzen. Ein solcher Beschluss oder Vertrag ist oft schwierig zu erreichen, noch schwieriger ist allerdings ihn wieder zu lösen, wenn sich die Verhältnisse zwischenzeitlich verändert haben und der geltende Beschluss oder Vertrag die Interessen der Beteiligten nicht mehr widerspiegelt. In Teil IV wird das Zustandekommen und die Tragik der Währungsunion erörtert. In Teil V werden die Schlussfolgerungen gezogen.

II. Die Überwindung des Nationalstaates. Eine europäische Erfolgsgeschichte

Auf dem Weg zu Europa muss erstens ein Rechtsrahmen geschaffen werden, in dem es sich nicht mehr lohnt, Ausländer zu diskriminieren und so das Gefangenendilemma des Nationalstaates zu überwinden. Ich möchte dies an drei Schritten illustrieren:

a) Das Zauberwort, um Diskriminierung Fremder zu beenden, lautet Reziprozität. D.h. der vom Nationalstaat den Einheimischen gewährte Schutz wird gegenseitig auf Fremde im Inland ausgedehnt. Inhaltlich bedeutet dies insbesondere, Fremden Zoll- und Niederlassungsfreiheit zu gewähren, z.B. einem französischen Klempner zu erlauben, seine Armaturen nicht nur zollfrei nach Deutschland einführen, sondern sie hier auch gegen Entgelt zu montieren und vice versa für einen deutschen Klempner in Frankreich.
b) Diese beiden Freiheiten reichen aber nicht aus. Denn Interessengruppen werden hier wie dort Wege finden, die neuen Freiheiten zu unterlaufen. Sie werden einwenden, Zoll- und Niederlassungsfreiheit würden zum Import schlechter Qualität missbraucht. Statt die neuen Bestimmungen nach Treu und Glauben mit Leben zu erfüllen, setzen die deutschen Klempner ihre Innung in Bewegung, um zu belegen, dass die französischen Klempner Armaturen von minderer Qualität montieren, wodurch der Wettbewerb zu Lasten der deutschen Konsumenten verzerrt wird und vice versa auf der französischen Seite.
Das Problem liegt darin, dass die deutschen bzw. französischen Klempner die neuen Freiheitsregeln nicht, wie sie sollten, in die Tat umsetzen, sondern zu Ausflüchten greifen. Wiederum liegt die Lösung in der Reziprozität. Der Europäische Gerichtshof entschied im Jahr 1979 im sogenannten Cassis-de-Dijon-Fall: Was Frankreich seinen Bürgern zumutet, muss auch Deutschland seinen Bürgern zumuten. Der in Frankreich zugelassene Likör Cassis de Dijon darf in Deutschland nicht verboten werden. Angewandt auf das Beispiel der Klempner bedeutet das: Die in Frankreich zugelassenen Armaturen müssen auch in Deutschland zugelassen werden und vice versa.
c) Doch sehr bald verstehen es die Anbieter beider Seiten sich in Kartellen abzusprechen. Um auch solchen Machenschaften einen Riegel vorzuschieben, bedarf es eines unabhängigen Schiedsrichters. Wir nennen ihn EU-Kommission. Sie wird als Wettbewerbsbehörde eingesetzt und mit Kompetenzen versehen. Verstöße gegen die Wettbewerbsregeln des EU-Vertrags werden von ihr geahndet. Daher wird sie auch Hüterin der Verträge genannt. Ihr obliegt es ferner den grenzüberschreitenden Wettbewerb auch dort zu fördern, wo keine der beiden Seiten aus ihrem nationalen Nest ausbrechen will: Das ist vor allem im Bereich der öffentlichen und regulierten Unternehmen, der Da-

seinsvorsorge oder, wie es im Vertrag heißt, den Dienstleistungen von allgemeinem wirtschaftlichen Interesse der Fall (Art. 14 und 106 AEUV).

Das beschriebene Vorgehen a bis c betrifft ausschließlich private Güter. Es besteht kein Zwang. Wer will, kann mitmachen und am Binnenmarkt teilnehmen. Die Politik begnügt sich mit kleinen Schritten. Nach jedem Schritt wird nach dem minimal Erforderlichen gefragt, um einen Schritt weiter zu kommen. Diese Entwicklung der Europäischen Union ist mit der Errichtung eines freien Binnenmarktes im Vertrag von Maastricht von 1992 und den nachfolgenden Aufräumarbeiten bis zum Ende der 1990er Jahre abgeschlossen.[5]

III. Unteilbare öffentliche Güter: Eine Gefahr für Europa

Die Jahre nach 2000 charakterisieren das Europa der öffentlichen Güter: allen voran der Währungsunion mit der Europäischen Zentralbank. Andere Gebiete wie die Gemeinsame Außen- und Sicherheitspolitik, die Lissabon Agenda u.a.m. habe ich schon erwähnt.

Ich bezeichne diese Institutionen als „öffentliche Güter“, weil sie unteilbar sind. Sie stehen allen EU- oder Euro-Staaten bzw. ihren Bürgern gemeinsam zu und lassen sich nur als Ganzes und nicht in individuellen Scheibchen konsumieren. Es geht nicht wie zuvor um Kooperationsvorteile, sondern um Teilungsvorteile, so genannte *sharing economies*. Kurz, es stehen nicht verschiedene Europäische Zentralbanken zur Auswahl, sondern nur eine, die alle zusammen finanzieren und deren Vorteile sie gemeinsam nutzen

Über jedes öffentliche Gut muss in der Europäischen Union einzeln entschieden werden. Denn die Union verfügt nicht über eine Allzuständigkeit, sondern nur über eine begrenzte Einzelermächtigung, die ihr einzeln von den Mitgliedstaaten zugeteilt wird (Art. 5 EUV). Eine Einzelermächtigung kommt nur zustande, wenn sie einstimmig (von jedem Mitgliedstaat) erteilt wird.[6]

So harmlos die Einstimmigkeit auf den ersten Blick aussieht, sie ist es in praktischer Anwendung nicht. Es geht nämlich genau betrachtet nicht nur um eine, sondern um drei Einstimmigkeitsregeln:

1. *Die gebundene Einstimmigkeit* besagt, dass eine EU-Kompetenz zwar nur bei Einstimmigkeit entsteht, dass aber auch Einstimmigkeit erforderlich ist, um sie wieder aufzuheben. Gebundene Einstimmigkeit gilt bei fast allen öffentlichen Gütern, die auf EU-Ebene neu eingerichtet werden. Die Beschlüsse gehen dann in den acquis communautaire, den Bestand aller EU-Rechtsre-

---

[5] Wenn auch noch nicht in allen Bereichen erreicht.

[6] Vgl. als Ausnahmen die sogenannte Abrundungskompetenz in Art. 352 AEUV.

geln, ein, was verdeutlichen soll, dass sie eigentlich gar nicht mehr aufgehoben werden sollen, es sei denn im Konsens. Würde das Prinzip der einstimmigen Auflösung nicht bestehen, so könnten einzelne Mitglieder Teile des Vertragswerks willkürlich auflösen, andere würden ihrerseits Regeln außer Kraft setzen usw. bis das Gesamtwerk auseinanderfällt.

Das Prinzip der gebundenen Einstimmigkeit hört sich einfach an, es wirft aber in der Praxis erhebliche Probleme auf. Verändern sich nämlich im Laufe der Zeit die Umstände und erweist sich eine Vereinbarung als überholt, so ist sie kaum mehr wegzubringen. Selbst wenn eine Aufhebung grundsätzlich als vernünftig erscheint, wird stets noch ein Vertragspartner auftauchen, der einen Umverteilungsvorteil aus der Vereinbarung zieht, und daher sein Veto einlegt. Er zwingt alle Vertragspartner weiterhin die Kosten mitzutragen, von denen aber nur er profitiert. Es herrscht die „Tyrannei der Einstimmigkeit". Sie entsteht nicht, weil ein öffentliches Gut nicht zustande kommt (damit lässt sich leben, denn meist gibt es private Substitute), sondern weil es sich nicht mehr rückgängig machen lässt, wenn es sich als Fehlschlag erweist. Der Schaden aus einem nicht oder nicht mehr erwünschten öffentlichen Gut kann erheblich größer sein als der entgangene Nutzen eines nicht bereitgestellten öffentlichen Gutes. *Bernholz* (2003) berichtet in einer Fallstudie von der Bank für Internationalen Zahlungsausgleich, die einst unter gebundener Einstimmigkeit errichtet worden ist und später nicht mehr zum Verschwinden gebracht werden kann, obwohl die Aufgabe, derentwegen sie gegründet worden ist, entfallen ist. Für die Staaten, die die Finanzierungslast tragen, läuft dies auf eine Gemeinschaftssolidarität wider Willen hinaus. In einer anderen Studie wird von der Unabänderlichkeit des DDT-Verbots[7] und dem damit verbundenen Wiederaufkommen der Malaria berichtet. Malaria war bis vor wenigen Jahren eine, dank des Einsatzes von DDT, ausgerottete Krankheit. Erst seit DDT, das bei übermäßigem Einsatz Schäden in Fauna und Flora verursacht und aus diesem Grund im Stockholmer POP-Abkommen der UNO einstimmig verboten worden ist, tritt die Krankheit wieder auf. Obwohl jährlich Millionen von Menschen daran sterben, ist es bisher nicht gelungen eine neuerliche Einstimmigkeit für eine Aufhebung des DDT-Verbots zusammenzubringen (*Blankart*, 2010).

2. *Bei ungebundener Einstimmigkeit* besteht eine solche Bindung nicht. Ein Vertrag wird von Anfang an so geschlossen, dass Staaten, die die Bedingungen erfüllen, beitreten können, aber auch automatisch ausscheiden, wenn sie die Bedingungen nicht mehr erfüllen. Von dieser Art ist das internationale Währungssystem EWS, der Vorgänger der Europäischen Wirtschafts- und Währungsunion, das von 1979 bis 1998 bestand.

---

[7] DDT steht für Dichlordiphenyltrichlorethan.

3. Bei gebundener Einstimmigkeit ist der *einseitige Austritt* aus einer Vereinbarung eigentlich nicht möglich. Doch wenn ein Partner dennoch den Austritt erklärt, lässt sich schwer gegen ihn vorgehen. Daher wird ihm der Austritt möglichst teuer gemacht. Der Austretende verliert in der Regel seinen Vermögenseinsatz und muss mit Vertragsstrafen rechnen, je nachdem ob sich diese durchsetzen lassen oder nicht. Anderseits spart der Austretende lange Verhandlungskosten. Der einseitige Austritt zeigt, dass sich Gemeinschaftssolidarität nicht unbegrenzt erzwingen lässt.

Zusammenfassend lässt sich festhalten, dass Arrangements, die unter gebundener Einstimmigkeit geschlossen werden, durchaus ihren Sinn haben. Die Gefahr liegt in der Unumkehrbarkeit. Die Verhandlungsführer müssen aufpassen, dass sie sich durch das Abkommen nicht in eine Einbahnstraße und von dort in eine Sackgasse manövrieren lassen. Dies ist allerdings nicht immer einfach, denn der Vertrag wird unter unvollständiger Information geschlossen. Die unterzeichnenden Mitgliedstaaten wissen zu Beginn nicht, was noch kommen wird. Daher sollten in solche Abkommen stets Revisionsklauseln eingefügt werden. Allerdings steht zu Beginn nicht immer fest, was später einmal zu revidieren ist. Einbahnstraße und anschließende Sackgasse sind daher oft unvermeidbar. Einmal dort gelandet, gibt es nur noch Ausbeuter und Ausgebeutete. Fragt sich nur, wer in welche Rolle gerät.

Ex ante betrachtet spielen Vorteil, Absicht, Geltungsdrang, Leichtsinnigkeit, Zufall, Täuschung, Nichterfüllung und Ausbeutung eine große Rolle: Alle diese Faktoren lauern bei gebundener Einstimmigkeit. Es braucht viel Kunst, um sie zu erkennen, richtig zu entscheiden und ihnen zu entgehen. Genau darauf kommt es bei einem öffentlichen Gut wie der Währungsunion an.

IV. Die Tragik der Deutschen Währungspolitik 1978–2012

Am Anfang der 1990er Jahre war Deutschland mit der Bundesbank und der D-Mark der unumstrittene Führer unter den Währungen Europas und neben den USA der einzig ernst zu nehmende währungspolitische Verhandlungspartner weltweit. Heute ist dieses einst bedeutende Land nicht nur international unerheblich. Es steckt auch mitten in der Euro-Krise und wird von peripheren Staaten erpresst und ausgebeutet. Wie ist dieser dramatische Absturz zu erklären? Wie konnte es soweit kommen, dass Deutschland in der Sackgasse steht und nicht mehr ein noch aus weiß?[8] Schuldzuweisungen sind hier nicht angebracht. Denn ich habe ja gezeigt, dass es sich beim Eurosystem um ein öffent-

[8] Ganz ohne Warnungen sind die Politiker nicht in den Euro geraten. Am 2. Februar 1998 unterzeichnete der Autor dieses Aufsatzes zusammen mit 154 Kollegen der Wirtschaftswissenschaften den Aufruf: „Der Euro kommt zu früh". Die Unterzeichner monieren vor allem

liches Gut handelt, bei dem von Anfang an eine prekäre Verhandlungssituation besteht, da unter gebundener Einstimmigkeit entschieden werden muss. Aber es lässt sich versuchen, die Geschichte Schritt für Schritt nachzuvollziehen, und so die Relevanz der Theorie der gebundenen Einstimmigkeit zu belegen.

Eine Zäsur im Weltwährungssystem stellt der Zusammenbruch des Systems von Bretton Woods im Jahr 1973 dar. Die Abhängigkeit der westlichen Währungen vom US-Dollar ist damit beendet. Die Zentralbanken der EU schicken sich an, sich neu zu orientieren. Nach einigen Erkundungen und Versuchen einigen sie sich 1978 auf das Europäische Währungssystem (EWS), das auf gegenseitiger Annäherung der Wechselkurse in einem Band von (anfänglich) +/– 2,25 % vom vereinbarten Mittelkurs beruht. Die Bundesbank verfolgt eine strikte Stabilitätspolitik und liegt mit ihrem Wechselkurs daher stets an der oberen Grenze des Interventionsbandes. Sie ist damit der unangefochtene Herr des EWS. Die schwächeren EWS-Staaten müssen der Bundesbank folgen und bei Kursschwäche mittels Devisen ihre eigene Währung solange aufkaufen, bis ihr Kurs wieder im vereinbarten Band liegt. Versäumen sie die Anpassung allzu lange, so erzwingen die Devisenmärkte eine Abwertung und es kommt zu einer Neupositionierung dieser Währung im EWS. Insofern hat jedes Land sein Schicksal in der Hand. Nach Währungsturbulenzen um das Jahr 1993 treten einige Zentralbanken, darunter die britische, aus. Wer drin bleiben will, kommt nicht darum herum, eine Stabilitätspolitik zu betreiben.

Die meisten Staaten entschließen sich, ihre Währungen an den Kurs der D-Mark anzubinden. Damit wird ihre Geldpolitik faktisch von der Deutschen Bundesbank in Frankfurt bestimmt. Was Frankfurt am Montag beschließt, wird am Dienstag in Amsterdamm, Brüssel und Wien nachvollzogen. Nur Frankreich ist mit dem EWS unzufrieden. Ihm missfällt die Dominanz der Bundesbank: „Le dictat allemand". Gäbe es die Bundesbank nicht, so bestünde nicht der Zwang zur Disziplin. Aus Frankreichs Sicht sollte daher die Deutsche Bundebank abgeschafft werden, damit an ihrer Stelle alle (damals 15) Mitgliedstaaten die Geldpolitik gemeinsam festlegen. Alle sollten mitreden, so Frankreichs Wunsch. Ein Weichwährungsverbund unter französischer Führung droht sich herauszubilden. Als Ausweg entwickelt die deutsche Bundesregierung im Verein mit der Bundesbank das Euro-Modell, in dem die Geldpolitik wie von Frankreich gewünscht (unter Aufgabe der Führungsrolle der Bundesbank) gemeinsam im EZB-Rat beschlossen wird, dessen ordnungspolitische Rahmenbedingungen aber eins zu eins aus den Statuten der Bundesbank übernommen werden. Das bedeutet: Im EZB-Rat verfügt jeder Mitgliedstaat über eine Stimme.[9] Zwar ist Deutschland damit im EZB-Rat weit unterrepräsentiert.

---

die notorisch defizitären Haushalte, die einen Start zum 1.1.1999 als zu riskant erscheinen lassen. http://www.glasnost.de/db/DokZeit/9802euro.html.

[9] Wobei über das Direktorium je nachdem noch eine Stimme dazukommt.

Bei einem DM-Geldkapitalanteil von 40 % des damaligen Eurogebiets beträgt Deutschlands Stimmkraft im EZB-Rat nur 11 % (und später noch weniger). Doch das wird deutscherseits hingenommen. Denn Vertrag und Statuten sehen vor, dass die Währungsunion von Anfang an als Stabilitätsunion konzipiert ist. Der EZB-Rat ist in seiner Autonomie beschränkt. Er kann nicht beschließen, was er will, sondern muss sich an Vertrag und Statuten halten, d.h. in seiner Geldpolitik Preisstabilität als erstes Ziel verfolgen, sich von politischen Einflüssen fernhalten und darf nationale Staatsschulden nicht monetisieren (Art. 123, 127, 130 und 282 AEUV).[10] Frankreich siegt also bei den prozessualen Regeln, Deutschland bei den statutarischen Regeln. In der Folge kommt es darauf an, was stärker hält: die prozessualen Regeln im EZB-Rat, hinter denen Frankreich steht und über die es seine geldpolitischen Vorstellungen einbringen möchte oder die statutarischen Regeln, die von Deutschland in den Vertrag eingebracht worden sind.

Zunächst geht alles nach Plan. Auf besonderen Wunsch von Bundekanzler *Helmut Kohl* vom Dezember 1991 startet der Euro spätestens am 1.1.1999, egal ob die Konvergenz zur Stabilitätsunion erreicht ist oder nicht. Eine Zusage, für die keinerlei Notwendigkeit besteht, die aber das deutsche Bestreben nach Stabilität unnötig schwächt. Denn die deutsche Seite muss nun mit dem Rücken zur Wand kämpfen. Sie kann nicht verhindern, dass auch Staaten mit mangelhafter Budgetdisziplin wie Italien, Spanien und Portugal in die Währungsunion aufgenommen werden. Das wirkt sich aber in den ersten zehn Jahren der Währungsunion noch nicht spürbar aus. Insbesondere profitieren die südlichen Mitgliedstaaten und Irland. Das Wechselkursrisiko scheint gebannt, die Zinsen fallen, das Anlagerisiko fällt, die Investitionen steigen, ziehen ausländisches Kapital an und lösen so einen nie dagewesenen Boom aus, derweil die Staatsverschuldung unbemerkt zunimmt. Auch die Bankenkrise von 2007/2008 berührt die Staaten zunächst nicht. In dem Augenblick jedoch, in dem die Eurofinanzminister am 13. Oktober 2008 als Reaktion auf die Bankenkrise beschließen, systemrelevante Banken nicht mehr Pleite gehen zu lassen, sondern auf eigene Rechnung zu retten, werden die Kapitalmärkte hellhörig. Sie zweifeln, dass schwächere Eurostaaten in der Lage sind, die Bürde der Bankengarantie zu tragen. Infolgedessen steigen die Zinsspannen zwischen den Staatsanleihen der schwächeren Euro-Staaten und den Staatsanleihen der stärkeren Staaten, insbesondere Deutschlands wieder an. Die höheren Zinszahlungen erfordern in den schwächeren Staaten eine höhere Verschuldung und leiten so ab Januar 2010 die Staatsfinanzkrise ein (vgl. Abbildung 2).

---

[10] Das wird ausführlich von *Degenhart*, S. 95 ff. (in diesem Band) dargelegt.

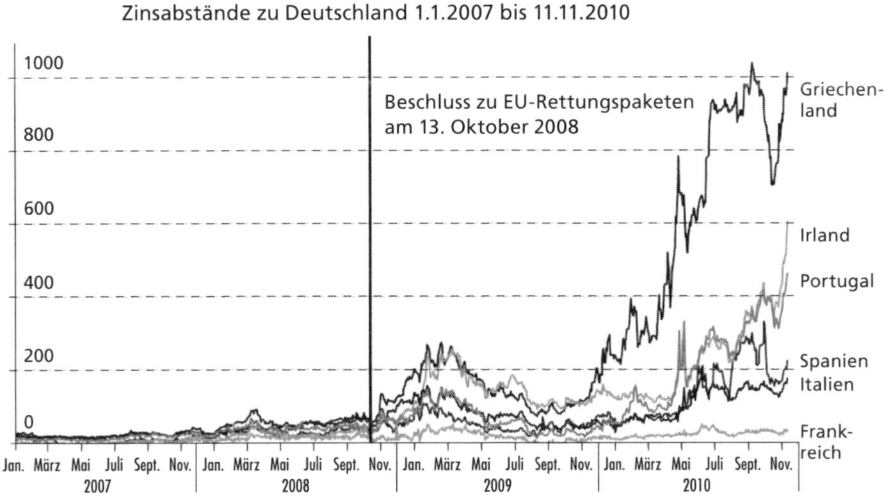

Abb. 2: Die Zinsabstände der Staatsanleihen von Euro-Staaten vom Zinsniveau deutscher Bundesanleihen (die auf null gesetzt sind) 2007–2010.[11]

Die schwächeren Euro-Staaten fürchten einen weiteren Anstieg der Zinssätze und damit ihre Insolvenz. Sie begrüßen daher jede Maßnahme der EZB, die ihre Kreditfinanzierung erleichtert, egal ob diese vertragskonform ist oder nicht. Damit ist für EZB-Präsident *Trichet*, der als ehemaliger französischer Finanzminister die französische Auffassung einer aktivistischen und nicht einer stabilitätsorientierten Geldpolitik vertritt, die Zeit gekommen, die von Deutschland oktroyierten Stabilitätskriterien durch Mehrheitsbeschluss im EZB-Rat über Bord zu werfen und ab Mitte Mai 2010 zum Direktkauf von Staatsanleihen überzugehen. In der Abstimmung im EZB-Rat am 7. Oktober 2010 widerspricht *Axel Weber*, der deutsche Vertreter im EZB-Rat, dieser Aktion. Doch er wird überstimmt und tritt folgerichtig zum 30. April 2011 zurück. Ihm folgt zum Ende des Jahres 2011 der Chef-Volkswirt der EZB *Jürgen Stark*.

Das Beispiel illustriert die Problematik der gebundenen Einstimmigkeit, mit der einst die EZB-Verfassung beschlossen worden ist. Zwar verletzt die EZB durch Beschluss des EZB-Rates die im Lissabon Vertrag niedergelegten statutarischen Normen. Doch was hätte Deutschland tun sollen? Die EZB wegen

---

[11] Der vorübergehende Rückgang der Spreads ab März 2009 geht wohl auf die Besänftigung der Anleger durch die EU-Kommission zurück, die verständlicherweise keine dauerhafte Wirkung ausüben konnte (vgl. *Blankart* und *Fasten*, 2009).

Vertragsverletzung vor dem EuGH zu verklagen, hätte nicht viel gebracht, weil die EZB (auf einstiges Verlangen Deutschlands) unabhängig und nach Art. 284 AEUV nur berichts- aber nicht rechenschaftspflichtig ist. Auch der Versuch die EZB-Verfassung noch einmal neu aufzurollen, wäre wegen der erforderlichen Einstimmigkeit zum Scheitern verurteilt gewesen. Das Ergebnis steht fest: Vor der Mehrheit der Problemstaaten, die für eine Monetisierung ihrer Schulden eintreten, hat Deutschland keine Chance. Es steckt in der Falle. Auch vom EZB-Präsidenten hat es nichts zu erwarten, wenn dieser vertragswidrige Staatsanleihekäufe in die Tagesordnung aufnimmt und der Mehrheit der Problemstaaten so die Chance gibt, die ihnen genehme Geldpolitik durchzusetzen. Entsprechend muss der deutsche Vertreter auch zusehen, wie 2011/12 durch Liquiditätspolitik eine unbeschränkte Kreditzuteilung an die Geschäftsbanken zu minderer Besicherung erfolgt und wie danach sogenannte ELA-Kredite (Emergency Liquidity Assistance) von den nationalen Zentralbanken vergeben werden. Wieder werden statutarische Normen verletzt, ohne dass Deutschland etwas einwenden kann.

Unbeschränkte Kreditexpansion zu fragwürdigen Sicherheiten hat für Deutschland weitere Nachteile. Die nationalen Zentralbanken können für die genannten Sicherheiten praktisch unbeschränkte Kredite vergeben und die dortigen Geschäftsbanken so vor dem Untergang retten. Die nationalen Zentralbanken finanzieren diese Kredite ihrerseits über das Euro-Zahlungssystem Target2[12] bei anderen nationalen Zentralbanken, insbesondere bei der Deutschen Bundesbank, die zur Kreditvergabe verpflichtet ist. Allein schon bei der Deutschen Bundesbank belaufen sich die Target2-Kredite auf derzeit 600 Mrd. Euro. Hierfür haftet die Gesamtheit der Euro-Staaten, weshalb auch von faktischen Eurobonds gesprochen werden kann.

Solange die nationalen Zentralbanken, die Target2-Schuldner sind, nicht ausfallen, mag alles gut gehen. Bei Bankrott einer dieser nationalen Zentralbanken, haften die übrigen nationalen Zentralbanken entsprechend ihrem EZB-Kapitalanteil. Ob sie aber in der Lage sein werden, die Last tatsächlich zu tragen, ist eher ungewiss. So bleibt der Hauptteil der Last vermutlich doch an Deutschland hängen. Deutschland sitzt in der „Target2-Falle“ und liefert ein erneutes Beispiel, welche unerwarteten Rückwirkungen von Verträgen ausgehen, die unter gebundener Einstimmigkeit geschlossen werden.

---

[12] Target2 steht für: Trans-European Automated Real-time Gross Settlement Express Transfer System, d.h. das Zahlungssystem der EZB im internationalen Verkehr.

Target 2 Saldo der Deutschen Bundesbank
www.querschuesse.de

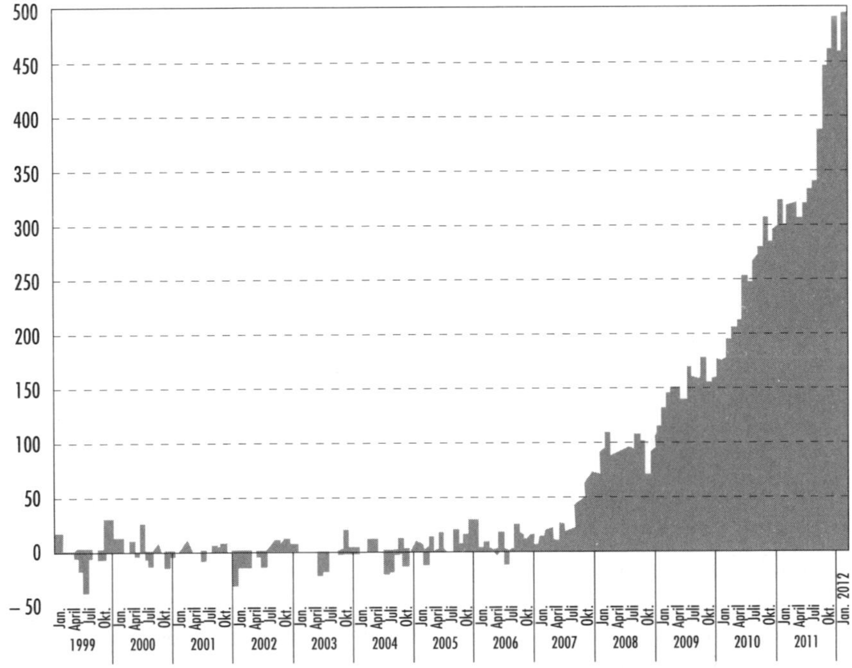

Abb. 3: Das Wachstum der T2-Salden bei der Deutschen Bundesbank
Januar 1999 bis Januar 2012
Quelle: www.querschuesse.de

V. Schlussfolgerungen

Über Gemeinschaftssolidarität zu einer europäischen Einigung zu gelangen, halte ich für utopisch. Alle verfügbare Erfahrung zeigt, dass Völker nicht über Gemeinschaftssolidarität, sondern über privat vorteilhafte Arrangements zur Einigung gelangt sind. Auch normativ halte ich den Begriff der Gemeinschaftssolidarität für nicht unproblematisch, da sich Gemeinschaftssolidarität nicht freiwillig ergibt, sondern in der Regel aus Indoktrination entsteht.

Die Europäische Integration bringt durch die Römischen Verträge große Erfolge hervor, solange sie sich auf private Güter beschränkt. Bei öffentlichen Gütern, wie sie etwa seit der Jahrtausendwende angegangen werden, versagt sie ziemlich. Das zeigen die Erfahrungen mit der Währungsunion. Verträge über öffentliche Güter sind voller Fallstricke, in die Deutschland auf tragische Weise geraten ist. Noch 1990 war Deutschland mit der D-Mark nach dem US-Dollar an erster Stelle unter den Weltwährungen. Seine Reputation hat es durch eine jahrzehntelange verantwortungsvolle disziplinierte Währungs- und Finanzpolitik erarbeitet. Indem es jedoch den Euro zuerst entwickelt und dann unter zu romantischen Vorstellungen angenommen hat, geriet es in einen Strudel, an dessen Ende es in der Euro-Falle landete. Die deutschen Politiker haben schlecht verhandelt. Ex post lässt sich festhalten, dass Deutschland niemals auf ein Vetorecht im EZB-Rat hätte verzichten dürfen. Auch der von Kanzler *Kohl* forcierte fixe Start des Euro zum 1.1.1999 war ein Fehler. Dadurch kämpfte Deutschland in den weiteren Verhandlungen mit dem Rücken zur Wand und konnte nicht verhindern, dass Staaten wie Italien, Spanien und Portugal den frühen Zugang zum Euro erhielten.

Nachdem das alles geschehen ist, ist guter Rat teuer. Die Kosten aus dem Euro herauszukommen müssten bis auf etwa 2,2 Billionen Euro veranschlagt werden. So hoch ist nämlich das in Hilfszahlungen und Garantien investierte Kapital. Erst wenn diese Zahlungen getätigt sind, könnte wieder auf dem Nullpunkt begonnen werden.

Doch welche Politik könnte dann verfolgt werden? Ich habe gezeigt, dass Europa mit privaten Gütern eine gute integrative Entwicklung erfahren hat. Dort gilt das Verfahren von Versuch, Irrtum und dezentralem Tausch. Erfolgreiche Entscheidungen werden aufrechterhalten, Fehlentscheidungen revidiert. So kommt Fortschritt zustande. Demgegenüber sind europaweite Entscheidungen zu öffentlichen Gütern riskant. Daher sollten sie vorsichtig und nicht um jeden Preis angegangen werden. Europa braucht eine Währungsordnung, die revidierbar ist. Mit dem Europäischen Währungssystem EWS war es ganz nahe dabei. Das EWS war ein föderalistisches System. Es erlaubte Ein- und Austritt und konnte sich so stets verbessern. Es wurde ohne Not preisgegeben und durch das Experiment mit dem Euro ersetzt. Doch in diese Richtung könnte vorangegangen werden.

Literatur

Bernholz, P. (2003), Are International Organizations Like the Bank for International Settlements Unable to Die? A historical Case Study of the BIS. The Review of International Organizations, Volume 4, Number 4, p. 361–381.

Blankart, Ch. B. (2011), Öffentliche Finanzen in der Demokratie, München 8. Aufl.

Blankart, Ch. B. (2010), Apropos Malaria, in: Silvio Borner, Ungesunder Menschenverstand. Einsichten eines liberalen Ökonomen, Zürich, S. 228–230.

Blankart, Ch. B. und *E. R. Fasten* (2009), Financial Crisis Resolution – The State as Lender of Last Resort? Economic Affairs, Vol. 29, Issue 3, p. 47–52.

Böckenförde, E.-W. (2009), Bedingungen Europäischer Solidarität, in: Matthias Theodor Vogt, Jan Sokol (Hrsg.), Bedingungen Europäischer Solidarität, Frankfurt M., S. 17–30.

Degenhart, Chr. (2012), Missachtung rechtlicher Vorgaben bei der Umsetzung der Währungsunion, erscheint in: Th. M. J. Möllers und F.-Chr. Zeitler (Hrsg.), Europa als Rechtsgemeinschaft, Währungsunion und Schuldenkrise, Tübingen.

Eichenberg R. C. und *Dalton R. J.* (1993) Europeans and the European Community: the dynamics of public support for European integration International Organization/ Volume 4, Issue 04, p. 507–534.

Lamer, H. (1933), Wörterbuch der Antike, Leipzig.

V. Ungern-Sternberg J. (2011), „Europäische Kapitulationsurkunden: Genese und Rechtsinhalt" Manuskr. Universität Basel.

Volckart, O. (2002a), Wettbewerb und Wettbewerbsbeschränkung im vormodernen Deutschland, S. 1000–1800, Tübingen.

Volckart, O. (2002b), Wettbewerb und Wettbewerbsbeschränkung in Politik und Wirtschaft: Deutschland im Mittelalter und früher Neuzeit, Marburg.

Eurobarometer, http://www.dieeuros.eu/Eurobarometer-Umfrage-Keine,3989.html.

Gemeinschaftssolidarität und finanzpolitische Eigenverantwortung

Christoph Ohler

I. Einführung

Das Spannungsverhältnis zwischen einheitlicher Geldpolitik und autonom verantworteter Haushalts- und Wirtschaftspolitik der Mitgliedstaaten kennzeichnet die Europäische Wirtschafts- und Währungsunion von Anfang an.[1] Sie birgt das Risiko, dass Entscheidungen in beiden Bereichen sich widersprechen und am Ende in politische Zwangslagen führen, die nach der historischen Erfahrung zulasten einer stabilitätsorientierten Geldpolitik gehen. Deutlich zeigte sich dieser Mechanismus, als sich die EZB ab dem Jahr 2010 gezwungen sah, auf den Finanzmärkten immer wieder massiv zu intervenieren, um die Folgen der Schuldenkrise einiger europäischer Mitgliedstaaten zu bekämpfen.[2] Die dezentrale Verantwortung für die Wirtschaftspolitik ist schließlich die Ursache dafür, dass Leistungsbilanzdefizite zwischen den Mitgliedstaaten überhaupt entstehen konnten. Im fünften Jahr der seit 2008 andauernden Finanz- und Schuldenkrise stellt sich die Frage nach der Berechtigung dieser getrennten Zuständigkeitsverteilung daher dringender denn je.[3] Verfassungspolitisch bedarf es zudem der Antwort, ob das geltende Modell überhaupt zukunftsfähig ist.[4] In Betracht kommen grundsätzlich drei Möglichkeiten: (1) die Beibehaltung des Status quo unter Inkaufnahme von begrenzten Korrekturen in Gestalt des ESM und des Fiskalvertrags, (2) eine Verstärkung des Integrationsprozesses durch Verlagerung haushaltspolitischer Zuständigkeiten auf die EU

---

[1] Vgl. *Häde*, Die Wirtschafts- und Währungsunion im Vertrag von Lissabon, EuR 2009, 200, 202: „Asymmetrie"; *ders.*, in: Calliess/Ruffert (Hrsg.), EUV/AEUV, 4. Aufl. 2011, Art. 119 AEUV Rdn. 17 ff.; *Thym*, Euro-Rettungsschirm: zwischenstaatliche Rechtskonstruktion und verfassungsgerichtliche Kontrolle, EuZW 2011, 167; siehe auch *Ruffert*, The European Debt Crisis and European Union Law, CMLRev. 2011, 1777, 1793 f.

[2] Beschluss der EZB vom 14. Mai 2010 zur Einführung eines Programms für die Wertpapiermärkte, ABl. 2010 L 124, S. 8.

[3] Zur Diskussion um die Theorie optimaler Währungsräume siehe *Krugman/Obstfeld*, Internationale Wirtschaft, 8. Aufl. 2009, S. 749 ff.; *Lastra*, Legal Foundations of International Monetary Stability, 2006, S. 203 f.

[4] Frühe Kritik bereits durch die Deutsche Bundesbank, Die Europäische Wirtschafts- und Währungsunion, 2005, S. 30.

und schließlich (3) der Rückbau der Währungsunion auf einen Binnenmarkt wie vor dem Jahr 1993.

II. Grundkonzeption: Wirtschaftspolitische Autonomie der Mitgliedstaaten

Das geltende Unionsrecht führt – trotz der Proklamation einer „Wirtschaftsunion" – nicht zu einer Übertragung der allgemeinen wirtschaftspolitischen Kompetenzen der Mitgliedstaaten auf die Union. Ebenso wenig legt es den Mitgliedstaaten stringente inhaltliche Pflichten auf, wie sie ihre nationalen Wirtschaftspolitiken zu gestalten haben. Damit unterscheidet sich die Wirtschaftsunion grundlegend von der vollständig vergemeinschafteten Währungsunion, mit der sie aber sachlich untrennbar verbunden ist.[5] Die vertragliche Dichotomie geht auf die Entscheidung der Vertragsparteien des Vertrags von Maastricht zurück, die Wirtschaftspolitik als Domäne der Mitgliedstaaten zu belassen.[6] Damit trugen sie einem Kernbereich staatlicher Souveränität Rechnung, indem sie die eigene Gestaltungsfreiheit auf wirtschaftspolitischem Feld wahrten. Hinter dieser Grundentscheidung der Verträge steht die Erkenntnis, dass zwischen den Mitgliedstaaten der Europäischen Union die wirtschaftspolitischen Vorstellungen außerordentlich weit auseinander klaffen. Die inhaltliche Divergenz betrifft sowohl die Frage, welche wirtschaftspolitischen Teilziele anzustreben sind, als auch welche Rolle dabei staatliche Interventionen spielen und wie das Verhältnis zu anderen Politikbereichen ausgestaltet werden soll.[7] Insgesamt lässt sich festhalten, dass die Rolle des Staates in der Wirtschaftsordnung aus historischen und kulturellen Gründen sowie aus gegensätzlichen, wirtschaftstheoretischen Grundüberzeugungen zwischen den Mitgliedstaaten sehr verschieden definiert wird.[8]

---

[5] *Lastra*, Legal Foundations of International Monetary Stability, S. 245.

[6] EZB, Monatsbericht, Mai 1999, S. 47; *Häde*, in: Calliess/Ruffert (Hrsg.), EUV/AEUV, 4. Aufl. 2011, Art. 119 AEUV Rdn. 6; *Hattenberger*, in: Schwarze (Hrsg.), EU-Kommentar, 2. Aufl. 2009, Art. 98 EGV Rdn. 4; *Kempen*, in: Streinz (Hrsg.), EUV/AEUV, 2. Aufl. 2012, Art. 121 AEUV Rdn. 1; *Nettesheim*, in: Oppermann/Classen/Nettesheim, Europarecht, 5. Aufl. 2011, § 18 Rdn. 16; *Schwarze*, Europäisches Wirtschaftsrecht, 2007, Rdn. 388.

[7] *Amtenbrink/de Haan*, Economic governance in the European Union – Fiscal policy discipline versus flexibility, CMLRev. 2003, 1075, 1078; *Hatje*, Wirtschaftsverfassung im Binnenmarkt, in: v. Bogdandy/Bast (Hrsg.), Europäisches Verfassungsrecht, 2. Aufl. 2009, S. 801, 823 f.; *Lastra*, Legal Foundations of International Monetary Stability, S. 246 f.

[8] *Nettesheim*, in: Oppermann/Classen/Nettesheim, Europarecht, 5. Aufl. 2011, § 18 Rdn. 3.

1. Bedeutung der Eigenverantwortlichkeit

Vor diesem Hintergrund ist es konsequent, dass der Grundsatz der wirtschaftspolitischen Eigenverantwortung die Währungsverfassung der Europäischen Union durchgängig prägt.[9] Dieser Grundsatz, der vom Schrifttum auch im Subsidiaritätsprinzip (Art. 5 Abs. 3 EUV) verortet wird,[10] bedeutet vorrangig, dass die haushalterischen wie gesamtwirtschaftlichen Kosten der eigenen Wirtschaftspolitik von jedem Mitgliedstaat selbst getragen werden müssen. Spiegelbildlich hierzu ist ein Mitgliedstaat nicht verpflichtet, zugunsten eines anderen Mitgliedstaats eigene wirtschaftspolitische Entscheidungen zeitlich zu verschieben, sachlich zu ändern oder in sonstiger Weise auf einen anderen Mitgliedstaat auszurichten,[11] solange er die Vorgaben der Art. 120 und 121 AEUV beachtet. Stattdessen besteht innerhalb des unionsrechtlichen Rahmens der Grundsatz des wirtschaftspolitischen Wettbewerbs der Mitgliedstaaten. Jeder Mitgliedstaat selbst bestimmt unter Beachtung dieser Vorgaben über Ziele und Instrumente seiner Wirtschaftspolitik, trägt die damit verbundenen Kosten und Risiken, profitiert aber auch von den eigenen politischen Entscheidungen. Insofern beruht das System der Art. 120 ff. AEUV grundsätzlich auf dem Gedanken des wirtschaftlichen Systemwettbewerbs der Mitgliedstaaten.[12]

2. Absicherung durch das Gebot fiskalischer Disziplin

Die Verfasser der Verträge haben das Spannungsverhältnis zwischen lediglich koordinierter, dezentral durchgeführter Wirtschafts- und Haushaltspolitik sowie einheitlicher Geldpolitik bewusst geschaffen und die damit verbundenen Risiken sehenden Auges in Kauf genommen.[13] Abgefedert wird die Gefahr einer Beeinträchtigung der europäischen Geldpolitik durch die umfassenden Verschuldungsverbote des Vertrages, insbesondere das Verbot der Zentralbankfinanzierung öffentlicher Haushalte (Art. 123 AEUV), das Bail-Out-Verbot

---

[9] BVerfG, Urt. v. 12.9.2012, NJW 2012, 3145, 3149; *Bandilla*, in: Grabitz/Hilf/Nettesheim, Das Recht der Europäischen Union, Stand März 2011, Art. 120 AEUV Rdn. 2; *Nettesheim*, Der Umbau der europäischen Währungsunion: Politische Aktion und rechtliche Grenzen, in: Kadelbach (Hrsg.), Nach der Finanzkrise: Rechtliche Rahmenbedingungen einer neuen Ordnung, 2012, S. 31, 32; *Wittelsberger*, in: v. d. Groeben/Schwarze (Hrsg.), EUV/EGV, 6. Aufl. 2003, Art. 98 EGV Rdn. 10.

[10] *Calliess*, Subsidiaritäts- und Solidaritätsprinzip in der Europäischen Union, 2. Aufl. 1999, S. 185 ff.

[11] A.A. *Bandilla*, in: Grabitz/Hilf/Nettesheim, Das Recht der Europäischen Union, Stand März 2011, Art. 121 AEUV Rdn. 5; *Hattenberger*, in: Schwarze (Hrsg.), EU-Kommentar, 2. Aufl. 2009, Art. 99 EGV Rdn. 3, die von einer Rücksichtnahmepflicht ausgehen.

[12] Hierzu vgl. *Mestmäcker/Schweitzer*, Europäisches Wettbewerbsrecht, 2. Aufl. 2004, § 2 Rdn. 66 ff.

[13] *Ruffert*, The European Debt Crisis and European Union Law, CMLRev. 2011, 1777, 1794; vgl. auch *Seidel*, ZEI Working Paper B 01/2008, S. 5 ff.

(Art. 125 AEUV) und das Verbot übermäßiger öffentlicher Defizite (Art. 126 AEUV). In der Theorie ergänzen sich damit verschiedene Disziplinierungswirkungen: Die unabhängige, auf Preisniveaustabilität ausgerichtete Geldpolitik steht den Mitgliedstaaten als Finanzierungsquelle nicht zur Verfügung. Die Märkte sorgen, gestützt durch den Schutzzweck des Art. 125 AEUV, für eine marktkonforme Verschuldung jedes Mitgliedstaats[14] und bewirken über den Zinsmechanismus gleichzeitig eine Disziplinierung staatlicher Haushaltspolitik.[15] Das Peer-Review Verfahren des Art. 121 Abs. 4 AEUV ermöglicht eine präventive Haushaltskontrolle, während das korrektive Verfahren bei einer übermäßigen Verschuldung nach Art. 126 AEUV, angereichert um die quantitativen Verschuldungsregeln, einen äußersten Schutzwall bilden soll.

3. Relativierungen: Koordinierungspflicht und Solidarität

Wirtschaftspolitischer Wettbewerb und haushaltspolitische Eigenverantwortlichkeit der Mitgliedstaaten werden relativiert durch das grundsätzliche Gebot, die nationalen Politiken an den gemeinsamen Zielen des Art. 3 EUV sowie am Grundsatz der offenen Marktwirtschaft mit freiem Wettbewerb im Sinne von Art. 120 AEUV auszurichten.[16] Überdies koordinieren die Mitgliedstaaten im Rat nach dem Verfahren des Art. 121 AEUV die Grundzüge ihrer Wirtschaftspolitik. Die damit beabsichtigten Wirkungen sind in der Praxis jedoch gering geblieben, da die vom Rat beschlossenen Grundzüge inhaltlich kompromiss- und formelhaft blieben und die Mitgliedstaaten der durch die Koordinierung ausgelösten politischen Selbstbindung wenig Beachtung schenkten.

Schließlich kann der Solidaritätsgedanke als Leitlinie für einzelne Hilfsmaßnahmen oder einzelfallbezogene Absprachen der Mitgliedstaaten und der Union herangezogen werden. Da das geschriebene Primärrecht zahlreiche spezielle, bereichsspezifische Ausprägungen dieses Gedankens kennt, liegt der Schluss nahe, dass dem Unionsrecht eine ungeschriebene, allgemeine Solidaritätspflicht zugrunde liegt.[17] Das unionsrechtliche Solidaritätsprinzip ist aber nicht dem Prinzip der Bundestreue im Grundgesetz vergleichbar, aus dem auch Leistungsansprüche einzelner Glieder erwachsen.[18] Es entfaltet weder zuguns-

---

[14] *Ohler*, Die fiskalische Integration in der Europäischen Gemeinschaft, 1997, S. 286.

[15] Erwägungsgrund 8 Verordnung (EG) Nr. 3603/93, ABl. 1993 L 332, S. 1; Delors-Bericht, Europa-Archiv, Folge 10/1989, D 292, Rdn. 30. Aus dem Schrifttum siehe *Lastra*, Legal Foundations of International Monetary Stability, 2006, S. 253; *Smits*, The European Central Bank, 1997, S. 77.

[16] Vgl. *Bandilla*, in: Grabitz/Hilf/Nettesheim, Das Recht der Europäischen Union, Stand März 2011, Art. 120 AEUV Rdn. 4, der von Gemeinschaftsdisziplin spricht.

[17] So explizit *Calliess*, Perspektiven des Euro zwischen Solidarität und Recht, ZEuS 2011, 213, 226; *Ruffert*, The European Debt Crisis and European Union Law, CMLRev. 2011, 1777, 1792.

[18] Vgl. *Kempen*, in: Streinz (Hrsg.), EUV/AEUV, 2. Aufl. 2012, Art. 125 AEUV Rdn. 2.

ten der Union einen zuständigkeitsbegründenden Charakter, noch ermächtigt es die Mitgliedstaaten, von verbindlichen Vorgaben der Verträge abzuweichen. Mit anderen Worten kommt das Solidaritätsprinzip nur innerhalb der Zuständigkeitsordnung und nach Maßgabe der materiellen Gebote und Verbote des Primärrechts zum Tragen. Im Rahmen der wirtschaftspolitischen Koordinierung ergibt sich die Wirkung des Solidaritätsprinzips aus dem Verweis des Art. 120 AEUV auf Art. 3 EUV, der in seinem Abs. 3 UAbs. 3 die Solidarität zwischen den Mitgliedstaaten nennt. Konkrete Pflichten der Mitgliedstaaten oder bestimmte Ansprüche entstehen hieraus freilich nicht, da Art. 3 Abs. 3 EUV insoweit nur als reine Leitlinie wirkt, deren Umsetzung allein mittelbar über das Koordinierungsverfahren nach Art. 121 AEUV erfolgt. Konkrete Beistandsleistungen bei Zahlungsbilanzschwierigkeiten ermöglicht dagegen Art. 143 Abs. 2 AEUV, der aber nur für Mitgliedstaaten außerhalb des Euroraums eingreift. Zu den speziellen Ausformungen des Solidaritätsprinzips zählt schließlich der Notfallmechanismus des Art. 122 Abs. 2 AEUV, von dem die Union im Zusammenhang mit der Schuldenkrise auch Gebrauch gemacht hat.[19] Eine Anwendung auf Haushaltsschwierigkeiten der Mitgliedstaaten lässt die Ausnahmeklausel nicht zu und auch die Abwehr eines Staatsbankrotts kommt nur unter den Voraussetzungen eines „außergewöhnlichen Ereignisses", das sich der Kontrolle des Mitgliedstaats entzieht, in Betracht.[20]

4. Verbot einer Transferunion?

Speziell dem Haftungsverbot des Art. 125 AEUV wird in der öffentlichen Diskussion überdies das Ziel zugeordnet, innerhalb der Union jegliche Form eines Finanztransfers zugunsten einzelner Mitgliedstaaten zu verhindern.[21] Hieran ist zunächst richtig, dass die gesamten Vorschriften der Währungsverfassung darauf zielen, die finanzpolitische Eigenverantwortung jedes Mitgliedstaats zu stärken, die wirtschaftliche Haftung für haushaltspolitisches Fehlverhalten bei ihm zu belassen und gleichzeitig die staatliche Verschuldung der Höhe nach

---

[19] VO (EU) Nr. 407/2010, ABl. 2010 L 118, S. 1.

[20] Differenzierte Analyse bei *Calliess*, Perspektiven des Euro zwischen Solidarität und Recht, ZEuS 2011, 213, 241 ff.; *Häde*, in: Calliess/Ruffert (Hrsg.), EUV/AEUV, 4. Aufl. 2011, Art. 122 AEUV Rdn. 16; *Ruffert*, The European Debt Crisis and European Union Law, CMLRev. 2011, 1777, 1787. Zweifelnd an der Rechtmäßigkeit auch *Thym*, Euro-Rettungsschirm: zwischenstaatliche Rechtskonstruktion und verfassungsgerichtliche Kontrolle, EuZW 2011, 167, 169; nunmehr auch EuGH, Rs. C-370/12, *Pringle*, Urt. v. 27.11.2012, Rdn. 118.

[21] Zum historischen Kern der Debatte anlässlich der Schaffung des Vertrags von Maastricht siehe *Pipkorn*, Legal Arrangements in the Treaty of Maastricht for the Effectiveness of the Economic and Monetary Union, CMLRev. 1994, 263, 274; vgl. auch *Häde*, Haushaltsdisziplin und Solidarität im Zeichen der Finanzkrise, EuZW 2009, 399, 402 f.

sinnvoll zu begrenzen.[22] Auch Art. 125 AEUV entspricht dieser Logik, indem er zum Ausdruck bringt, dass jeder Mitgliedstaat für seine finanziellen Verbindlichkeiten selbst verantwortlich ist und die damit verbundenen Lasten nicht auf andere Mitgliedstaaten oder die Union überwälzen kann. Die wesentliche Funktion des Art. 125 AEUV ist es daher, die marktmäßige Disziplinierung staatlicher Verschuldungspolitik rechtlich und wirtschaftlich abzusichern.[23] Die Wirkungen, die Art. 125 AEUV sichern soll, stoßen freilich an funktionale Grenzen, da die Disziplinierungsfähigkeit der Märkte begrenzt ist.[24]

a) Eurobonds

Auch freiwillige Hilfen der Mitgliedstaaten für die Bewältigung staatlicher Finanzschulden widersprechen dem Regelungszweck des Art. 125 AEUV. Zwar wurde die Freiwilligkeit der Hilfen für die Krisenländer immer wieder hervorgehoben, um die Vereinbarkeit der Rettungsmaßnahmen mit Art. 125 AEUV zu begründen.[25] Insofern ist das Haftungsverbot aber zugleich als Beistandsverbot zu lesen,[26] da ansonsten die von dieser Regel bezweckte Disziplinierungswirkung jederzeit umgangen werden könnte. Vor diesem Hintergrund sind erst recht sogenannte Eurobonds, die im Zusammenhang mit der Verschuldungskrise als mögliche Rettungsinstrumente diskutiert wurden, mit Art. 125 AEUV nicht vereinbar.[27] Nach ihrer Funktionsweise stellen Eurobonds gemeinsame Anlei-

---

[22] Vgl. *Häde*, in: Calliess/Ruffert (Hrsg.), EUV/AEUV, 4. Aufl. 2011, Art. 123 AEUV Rdn. 4; *Hattenberger*, in: Schwarze (Hrsg.), EU-Kommentar, 2. Aufl. 2009, Art. 103 EGV Rdn. 1.

[23] EuGH, Rs. C-370/12, *Pringle*, Urt. v. 27.11.2012, Rdn. 135; *Häde*, Haushaltsdisziplin und Solidarität im Zeichen der Finanzkrise, EuZW 2009, 399, 402; *Kempen*, in: Streinz (Hrsg.), EUV/AEUV, 2. Aufl. 2012, Art. 125 AEUV Rdn. 1; *Nettesheim*, Der Umbau der europäischen Währungsunion: Politische Aktion und rechtliche Grenzen, in: Kadelbach (Hrsg.), Nach der Finanzkrise: Rechtliche Rahmenbedingungen einer neuen Ordnung, 2012, S. 31, 57 f.

[24] *Häde*, Haushaltsdisziplin und Solidarität im Zeichen der Finanzkrise, EuZW 2009, 399, 402; *Nettesheim*, Der Umbau der europäischen Währungsunion: Politische Aktion und rechtliche Grenzen, in: Kadelbach (Hrsg.), Nach der Finanzkrise: Rechtliche Rahmenbedingungen einer neuen Ordnung, 2012, S. 31, 61 f.

[25] *Bandilla*, in: Grabitz/Hilf/Nettesheim, Das Recht der Europäischen Union, Stand März 2011, Art. 125 AEUV Rdn. 11; *Ekardt/Buschner*, Staatsschuldenrecht, Finanzkrise und Nachhaltigkeit, AöR 2012, 42, 69; *Herrmann*, Griechische Tragödie, EuZW 2010, 413, 415; *Mayer/Heidfeld*, Verfassungs- und europarechtliche Aspekte der Einführung von Eurobonds, NJW 2012, 422, 425.

[26] *Seidel*, Die „No-Bail-Out"-Klausel des Art. 125 AEUV als Beistandsverbot, EuzW 2011, 529. Ebenso *Häde*, in: Calliess/Ruffert (Hrsg.), EUV/AEUV, 4. Aufl. 2011, Art. 125 AEUV Rdn. 3; *Ruffert*, The European Debt Crisis and European Union Law, CMLRev. 2011, 1777, 1786; sowie *Calliess*, Perspektiven des Euro zwischen Solidarität und Recht, ZEuS 2011, 213, 260 f.; *Schorkopf*, Gestaltung mit Recht, AöR 2011, 323, 339.

[27] *Häde*, Haushaltsdisziplin und Solidarität im Zeichen der Finanzkrise, EuZW 2009, 399, 402; *Mayer/Heidfeld*, Verfassungs- und europarechtliche Aspekte der Einführung von Eurobonds, NJW 2012, 422, 425. Vorsichtig zweifelnd dagegen *Nettesheim*, „Euro-Rettung" und Grundgesetz, EuR 2011, 765, 780 f.

hen mehrerer Mitgliedstaaten dar, für die sie gesamtschuldnerisch haften.[28] Sie sollen ganz oder teilweise an die Stelle der nationalen Emissionen treten und nicht nur für bloße Notfälle zur Verfügung stehen. Die technisch einfachste Lösung besteht darin, eine rechtlich selbstständige Einrichtung zu schaffen, die mit Garantien der Mitgliedstaaten ausgestattet ist und die die Wertpapiere emittiert. Die Erlöse aus der Emission werden als Darlehen an die Mitgliedstaaten weitergereicht, deren Bedingungen hinsichtlich Laufzeit und Zins der Anleiheemission praktisch entsprechen. Die begünstigten Mitgliedstaaten zahlen die Darlehen daher so zurück, dass die Anleiheverbindlichkeiten rechtzeitig und vollständig bedient werden können. Für die Verbindlichkeiten aus der Emission der Eurobonds haften die Mitgliedstaaten daher nicht zwingend unmittelbar, aber zumindest nach dem wirtschaftlichen Gehalt dieser Konstruktion, weshalb sich die Bonität des zentralen Emittenten auch nach dem gewogenen Durchschnitt der Beteiligung der Mitgliedstaaten bestimmt. Im Ergebnis führt eine Emission von Eurobonds daher zu einer Umverteilung des Bonitätsrisikos von den schwächeren auf die wirtschaftlich leistungsfähigeren Mitgliedstaaten.[29] Für die schwächeren Mitgliedstaaten bedeutet dieser Vorgang eine Verbesserung der Finanzierungsbedingungen, weshalb eine solche Konstruktion mit Art. 125 AEUV nicht vereinbar ist. Auch der künftige Art. 136 Abs. 3 AEUV[30] ermöglicht keine dauerhafte Emission von Eurobonds,[31] sondern lässt nur sachlich und zeitlich beschränkte Krisenbekämpfungsmaßnahmen zu.

b) Zulässige Formen des Finanztransfers

Das Unionsrecht enthält dagegen differenzierte Lösungen, um zumindest einen indirekten Finanzausgleich von den leistungsfähigeren Mitgliedstaaten hin zu den leistungsschwächeren Mitgliedstaaten zu ermöglichen. Instrumente dieser Politik sind vor allem die diversen Strukturfonds, die der AEUV vorsieht,[32] und die als unselbstständige Teile des Unionshaushalts für die Projektförderung in strukturschwachen Regionen der Mitgliedstaaten herangezogen werden.[33] Auch die Projektfinanzierung durch die Europäische Investitionsbank

---

[28] Vgl. Kommission, Grünbuch über die Durchführbarkeit der Einführung von Stabilitätsanleihen, KOM(2011), 818 endg.

[29] *Horn*, Die Reform der Europäischen Währungsunion und die Zukunft des Euro, NJW 2011, 1398, 1402.

[30] Text siehe Beschluss 2011/199/EU, ABl. 2011 L 91, S. 1.

[31] *Mayer/Heidfeld*, Verfassungs- und europarechtliche Aspekte der Einführung von Eurobonds, NJW 2012, 422, 424.

[32] Insbesondere der Ausrichtungs- und Garantiefonds für die Landwirtschaft (Art. 40 Abs. 3 AEUV), der Sozialfonds (Art. 162 AEUV), der Regionalfonds (Art. 176 AEUV) und der Kohäsionsfonds (Art. 177 AEUV).

[33] *Häde*, Haushaltsdisziplin und Solidarität im Zeichen der Finanzkrise, EuZW 2009, 399, 400. Von einer Form materieller Solidarität spricht *Calliess*, Perspektiven des Euro zwischen Solidarität und Recht, ZEuS 2011, 213, 233. Ebenso *Ruffert*, The European Debt Crisis and European Union Law, CMLRev. 2011, 1777, 1792.

nach Art. 308 und 309 AEUV dient u.a. der Wirtschaftsförderung in den (tendenziell) ärmeren Mitgliedstaaten. Schließlich bewirkt das Eigenmittelregime nach Art. 311 AEUV zur Finanzierung des EU-Haushalts eine Umverteilung zwischen den Mitgliedstaaten, soweit die Eigenmittel am Maßstab der wirtschaftlichen Leistungsfähigkeit festgelegt werden, wie es nach dem gegenwärtigen Eigenmittelrecht der Fall ist.[34] Betrachtet man daher Art. 125 AEUV innerhalb des Systems der Verträge, lässt sich nur eingeschränkt schlussfolgern, dass die Vorschrift Ausdruck eines allgemeinen Transferverbots zwischen den Mitgliedstaaten sei. Vielmehr enthält das Unionsrecht ein durchaus komplexes, allerdings nur für spezifische Fälle geregeltes Geflecht von Transferregeln.

III. Krisenmaßnahmen nach dem ESM-Vertrag

1. Durchbrechung oder konsequente Ausnahme?

In diese Logik fügt sich grundsätzlich auch der EFSF bzw. künftig der ESM-Vertrag vom 2. Februar 2012[35] ein. Eine „Transferunion" wird dadurch nicht geschaffen.[36] Der künftige Art. 136 Abs. 3 AEUV macht zunächst deutlich, dass die Schaffung eines solchen Mechanismus primärrechtskonform und damit auch mit Art. 125 AEUV vereinbar ist.[37] Überdies stößt das Haftungsverbot auch ohne diese Klarstellung an rechtliche Grenzen, die im gemeinschaftlichen Interesse an einer funktionsfähigen Währungsunion liegen. Art. 125 AEUV gilt daher nicht absolut, sondern ist für den Fall einer schweren Finanzkrise einer teleologischen Einschränkung zugänglich.[38] Der Grund hierfür liegt darin, dass die einheitliche Geldpolitik, die die EZB verantwortet, zwingend auf die Existenz leistungsfähiger Finanzmärkte als Handlungsraum und auf handlungsfähige Banken als Geschäftspartner angewiesen ist. Art. 127 Abs. 5 AEUV

---

[34] Art. 2 Abs. 1 lit. c) Beschluss 2007/436/EG, ABl. 2007 L 163, S. 17 stellt auf das Bruttonationaleinkommen (BNE) als Bemessungsgrundlage ab.

[35] BT-Drs. 17/9045, S. 6 ff.

[36] Insoweit kritische Nachfragen durch *Ruffert*, The European Debt Crisis and European Union Law, CMLRev. 2011, 1777, 1791 f. Sehr kritisch auch *Horn*, Die Reform der Europäischen Währungsunion und die Zukunft des Euro, NJW 2011, 1398, 1402 f.; von einer grundlegenden Umgestaltung spricht BVerfG, NJW 2012, 3145, 3150.

[37] *Kempen*, in: Streinz (Hrsg.), EUV/AEUV, 2. Aufl. 2012, Art. 136 AEUV Rdn. 1; *Kube*, Rechtsfragen der völkerrechtlichen Euro-Rettung, WM 2012, 245, 245; *Thym*, Euro-Rettungsschirm: zwischenstaatliche Rechtskonstruktion und verfassungsgerichtliche Kontrolle, EuZW 2011, 167, 170.

[38] Im Ergebnis mittlerweile EuGH, Rs. C-370/12, *Pringle*, Urt. v. 27.11.2012, Rdn. 137; zur Notwendigkeit einer teleologischen Reduktion des Art. 125 AEUV *Häde*, in: Calliess/Ruffert (Hrsg.), EUV/AEUV, 4. Aufl. 2011, Art. 125 AEUV Rdn. 8. Von einem juristischen Zaubertrick spricht *Calliess*, Perspektiven des Euro zwischen Solidarität und Recht, ZEuS 2011, 213, 268. A.A. auch *Kempen*, in: Streinz (Hrsg.), EUV/AEUV, 2. Aufl. 2012, Art. 125 AEUV Rdn. 6.

deutet diesen Zusammenhang an, ohne ihn aber abschließend zu regeln.[39] Geldpolitische Maßnahmen können überhaupt nur dann greifen, wenn Banken die entsprechenden Offenmarkt- und Kreditgeschäfte mit der EZB abschließen. In dem Moment, in dem der EZB keine handlungsfähigen Finanzinstitute gegenüberstehen, bricht auch die von den Verträgen vorgesehene Geldpolitik zusammen. Angesichts der zentralen wirtschaftlichen Rolle, die die Geldversorgung in modernen Volkswirtschaften spielt,[40] und der Abhängigkeit aller sozialen Sicherungssysteme von der Leistungsfähigkeit der Wirtschaft, handelt es sich nicht um ein Randproblem, sondern eine Frage der Existenzfähigkeit der staatlichen und gesellschaftlichen Ordnung in den Mitgliedstaaten. Insofern geht es nicht primär um Fragen der Solidarität,[41] sondern um den Schutz der Funktionsfähigkeit europäischer Institutionen und des Binnenmarktes. Im Kern ist das die Bewältigung einer Notstandslage, für die aber die Rechtsordnung, hier mit den Instrumenten des Völkerrechts, ebenfalls zuständig ist.[42]

Die Logik der Stabilitätshilfen, wie sie der ESM-Vertrag nennt,[43] besteht daher darin, durch zeitlich und sachlich begrenzte finanzielle Unterstützung einen Zusammenbruch der Märkte zu verhindern, um Zeit für eine Sanierung der öffentlichen Haushalte in den Staaten zu gewinnen, die durch eine unsolide Finanzpolitik zu den Verursachern der Krise geworden sind.[44] Die Notfallmaßnahmen können sich sowohl an die notleidenden Staaten als auch die Märkte richten, was zwar in der Öffentlichkeit oftmals kritisiert wurde, aber aufgrund der bisherigen Erfahrungen mit der seit 2008 andauernden Zwillingskrise begründbar ist. Ziel ist es, die wirtschaftliche Abwärtsspirale zu verhindern, die durch eine systemische Finanzkrise ausgelöst werden kann. Ursachen und Verstärker solcher systemischen Krisen können aber sowohl Insolvenzen systemisch relevanter Finanzinstitute als auch die Zahlungsunfähigkeit überschuldeter Staaten sein. Schwer vermittelbar ist es in der Öffentlichkeit zwar, dass solche Krisenbewältigungsmaßnahmen sich möglicherweise über einen langen Zeitraum hinziehen können. Der Grund liegt darin, dass sich die strukturellen Ursachen der Krise nur langfristig beseitigen lassen. Das betrifft möglicherweise die Eigenkapitalausstattung der Finanzinstitute, die latent in ihrer Stellung als Gläubiger bedroht sind, solange die staatliche Zahlungsfähigkeit nicht dauerhaft wieder gesichert ist. Vor allem geht die lange Zeitdauer auf die innen- und sozialpolitischen Schwierigkeiten zurück, die mit der Sanierung ei-

---

[39] A.A. *Siekmann*, Missachtung rechtlicher Vorgaben des AEUV durch die Mitgliedstaaten und die EZB in der Schuldenkrise, S. 140 ff.

[40] Vgl. *Schinasi*, Understanding Financial Stability, in: IMF (Hrsg.), Current Developments in Monetary and Financial Law, Bd. 5, 2008, S. 65, 87.

[41] So aber *Calliess*, Perspektiven des Euro zwischen Solidarität und Recht, ZEuS 2011, 213, 269 f.

[42] Kritisch *Schorkopf*, Gestaltung mit Recht, AöR 2011, 323, 341 ff.

[43] Art. 3, 12 Abs. 1 ESM-Vertrag.

[44] Vgl. *Nettesheim*, „Euro-Rettung" und Grundgesetz, EuR 2011, 765, 778.

nes Staatshaushalts verbunden sind. Rasche Abhilfe ist daher faktisch nur selten möglich, selbst wenn die helfenden Mitgliedstaaten erheblichen Druck von außen aufbauen.

2. *Vertragliche Voraussetzungen der Hilfe*

Die Vertragsparteien sind nicht generell zu Stabilitätshilfen füreinander verpflichtet, sondern nur unter bestimmten, kumulativ zu erfüllenden Voraussetzungen. Hierzu zählen eine Gefährdung der Finanzstabilität des Eurowährungsgebiets insgesamt und seiner Mitglieder,[45] die Tragfähigkeit der Staatsverschuldung des begünstigten Mitgliedstaats,[46] ggf. eine Umschuldung durch Beteiligung des Privatsektors[47] und die Bereitschaft des Staates, sich den Sanierungsauflagen der Geberseite zu unterwerfen (Konditionalität).[48] Diese Bedingungen, jedenfalls solange sie vertragsgemäß durchgeführt werden, schließen es aus, dass eine „Transferunion" durch die Hintertür geschaffen wird. Stabilitätshilfen sind rückzahlbare Darlehen, die in einer wirtschaftlichen Ausnahmesituation unter strengen Auflagen gezahlt werden und daher weder wirtschaftlich noch funktional eine Form des Finanzausgleichs darstellen. [49]

a) Gefährdung der Finanzstabilität

Stabilitätshilfen des ESM dienen nicht allein der fiskalischen Stabilisierung des Empfängerstaats, sondern in erster Linie der Finanzstabilität des Euroraums insgesamt, wie aus der Vorgabe des Art. 136 Abs. 3 AEUV folgt. Die Sicherung von Finanzstabilität ist nach Art. 12 das Leitziel des ESM-Vertrags, der damit dem Schutz eines gemeinsamen öffentlichen Guts dient. Eine inhaltliche Konkretisierung fällt aber auch nach den Erfahrungen der letzten Jahre schwer. Negativ formuliert handelt es sich um einen Zustand, in dem Störungen des Finanzsystems auftreten, die das Potential haben, zu schwerwiegenden negativen Folgen für den Binnenmarkt und die Realwirtschaft zu führen.[50] In einem allgemeinen positiven Sinne bedeutet Finanzstabilität, dass die Finanzmärkte ordnungsgemäß funktionieren[51] und in der Lage sind, wirtschaftliche Schocks

---

[45] Art. 12 und 13 Abs. 1 lit. a) ESM-Vertrag.

[46] Art. 13 Abs. 1 lit. b) ESM-Vertrag.

[47] Erwägungsgrund 12 ESM-Vertrag.

[48] Art. 12 Abs. 1, Art. 13 Abs. 3 ESM-Vertrag.

[49] *Nettesheim*, Der Umbau der europäischen Währungsunion: Politische Aktion und rechtliche Grenzen, in: Kadelbach (Hrsg.), Nach der Finanzkrise: Rechtliche Rahmenbedingungen einer neuen Ordnung, 2012, S. 31, 64.

[50] Art. 2 lit. c) VO (EU) Nr. 1092/2010 über die Finanzaufsicht der Europäischen Union auf Makroebene und zur Errichtung eines Europäischen Ausschusses für Systemrisiken, ABl. 2010 L 331, S. 1.

[51] *Schinasi*, Understanding Financial Stability, in: IMF (Hrsg.), Current Developments in Monetary and Financial Law, Bd. 5, 2008, S. 65, 86.

zu verkraften.[52] Unter diesen Voraussetzungen ist eine geordnete Geldpolitik der Zentralbank möglich und refinanzierungsbedürftige, solvente Staaten haben Zugang zum Kapitalangebot auf den Finanzmärkten. Wann der Stabilitätszustand verlassen wird oder wann er Gefahren ausgesetzt ist, lässt sich nur anhand einer wirtschaftlichen Betrachtung darlegen, die auf wertende Urteile und Prognosen angewiesen ist. Rechtlich ist diese Beurteilung nur eingeschränkt kontrollierbar, so dass die Mitgliedstaaten, die EZB und andere Organe der europäischen Exekutive einen Einschätzungsspielraum genießen. Wie der Fall Griechenlands zeigt, kann aber selbst der drohende Bankrott eines kleinen Mitgliedstaats die Ursache für eine systemische Krise bilden, in deren Verlauf es zu einer Gefährdung der Finanzstabilität kommt.[53]

b) Tragbarkeit des Schuldenstands

Auslöser einer Anfrage um Stabilitätshilfe können Schwierigkeiten eines Mitgliedstaats sein, Zugang zu den Kapitalmärkten zu finden, um die staatlichen Refinanzierungsbedürfnisse zu befriedigen. In der Idealvorstellung unterstützt der ESM daher lediglich illiquide Staaten, die im Übrigen wirtschaftlich gesund und damit solvent sind. Der ESM-Vertrag verfolgt einen mittleren Weg, der der Vorgehensweise des IWF entspricht, indem er die Schuldentragfähigkeit („sustainability“) zur Voraussetzung für Hilfen macht.[54] Maßstab hierfür sind die Kriterien, die der IWF in seiner Praxis zum „fiscal sustainability assessment“ entwickelt hat und die sich am Konzept der intertemporalen Budgetbeschränkung orientieren.[55] Tragbar ist die öffentliche Verschuldung dann, wenn erwartet werden kann, dass der Staat angesichts der Finanzierungskosten am Markt langfristig in der Lage ist, seine Verbindlichkeiten zu bedienen, ohne dass es einer großen Korrektur bedarf, um Einnahmen und Ausgaben im Gleichgewicht zu halten.[56] Die Tragbarkeit ist nicht mehr gegeben, wenn eine Umschuldung bereits konkret erforderlich ist, wenn der Schuldenstand schneller wächst als die Fähigkeit, die Schulden zu bedienen, oder wenn der Schuldner in dem Wissen Schulden anhäuft, dass größere Einsparungen unumgänglich sind, um die Verbindlichkeiten bedienen zu können.[57] Die Tragbarkeitsanalyse umfasst daher sowohl Liquiditäts- als auch Solvenzaspekte, ohne trennscharf zwischen

---

[52] *Padoa-Schioppa*, Regulating Finance, 2004, S. 110. Ebenso die Arbeitsdefinition der Bundesbank, http://www.bundesbank.de/finanzsystemstabilitaet/fs.php.

[53] Hiergegen kritisch *Horn*, Die Reform der Europäischen Währungsunion und die Zukunft des Euro, NJW 2011, 1398, 1403.

[54] Art. 13 Abs. 1 lit. b) ESM-Vertrag.

[55] Vgl. hierzu *Ohler*, Die Finanzkrise als Herausforderung für die Nachhaltigkeit staatlicher Verschuldungspolitik, in: Kahl (Hrsg.), Nachhaltige Finanzstrukturen im Bundesstaat, 2011, S. 208, 210 f.

[56] IMF, Assessing Sustainability, 2002, S. 4 unter Punkt 7.

[57] IMF, Assessing Sustainability, 2002, S. 4 unter Punkt 7.

den beiden Konzepten zu unterscheiden.[58] Für die nähere Analyse des Ist-Zustands und die Prognose der künftigen Entwicklung zieht der IWF verschiedene Einzelkriterien heran, zu denen neben politischen und sozialen Kriterien das Haushaltsdefizit und der Schuldenstand in Relation zum BIP, der Primärsaldo des Haushalts, Zinskosten und bedingte Verbindlichkeiten (wie Pensions- und Rentenversicherungslasten oder staatliche Garantien für Banken) gehören.[59] Statistische Unsicherheiten und Prognoserisiken ziehen allen Erwägungen jedoch eine Erkenntnisgrenze.

c) Privatsektorbeteiligung

Ist eine staatliche Verschuldung nicht mehr tragfähig, bedarf es der Umschuldung, bevor Stabilitätshilfen aus dem ESM geleistet werden.[60] Diese Voraussetzung war noch explizit in der ersten Fassung des ESM-Vertrags vom 11. Juli 2011 festgehalten worden,[61] in der Fassung vom 2. Februar 2012, die den Mitgliedstaaten zur Ratifikation vorliegt, ist sie nur noch aus den Erwägungsgründen herauszulesen. Ausweislich der dort verwendeten Formulierung soll sie nur „in Ausnahmefällen" in Betracht kommen. Die damit verbundene juristische Abschwächung ist erheblich. Sie zielt auf eine Flexibilisierung des Verhältnisses von öffentlichen Hilfen durch den ESM und die Beteiligung des Privatsektors, ohne beide in ein eindeutiges zeitliches, quantitatives und qualitatives Verhältnis zu setzen. Materiell ist das Konzept aber nach wie vor in der Voraussetzung enthalten, dass nur Mitgliedstaaten mit einer tragfähigen Verschuldung unterstützt werden dürfen. Ist das nicht der Fall, muss der Staat faktisch zunächst Umschuldungsverhandlungen mit seinen Gläubigern herbeiführen, um den Schuldenstand auf ein tragfähiges Maß herabzuführen. Der ESM-Vertrag lässt es aber zu, dass Stabilitätshilfen gewährt werden, um einen Zusammenbruch des Mitgliedstaats während des Gangs der Umschuldungsverhandlungen zu verhindern.

Der Weg zu einer geordneten Beteiligung der Gläubiger soll durch die Einführung von Umschuldungsklauseln in den Anleihebedingungen rechtlich abgesichert werden,[62] wie Art. 12 Abs. 3 ESM-Vertrag vorschreibt. Keine Klärung der Rechtslage schafft der ESM-Vertrag dabei für die Umschuldung der Anleihen, die vor dem 1. Januar 2013 begeben wurden und die zum Zeitpunkt einer Umschuldung noch ausstehen. Keine weiteren Vorgaben enthält der ESM-Vertrag auch zu den weiteren Modalitäten des Umschuldungsverfahrens. Übereinstimmung dürfte zwar insoweit herrschen, dass eine ungeordnete Insolvenz

---

[58] IMF, Assessing Sustainability, 2002, S. 4 unter Punkt 7.

[59] IMF, Assessing Sustainability, 2002, S. 5 ff. unter Punkt 8 ff., S. 12 unter Punkt 25 ff.

[60] Vgl. *Ruffert*, The European Debt Crisis and European Union Law, CMLRev. 2011, 1777, 1784.

[61] Art. 12 Abs. 1 Satz 4 und 5 ESM-Vertrag in der Fassung vom 11. Juli 2011.

[62] Kritisch ablehnend zu dieser Konstruktion *Herdegen*, Der Staatsbankrott: Probleme eines Insolvenzverfahrens und der Umschuldung von Staatsanleihen, WM 2011, 913, 915 f.

aufgrund der damit verbundenen systemischen Risiken verhindert werden muss. Eine verfahrensmäßige oder inhaltliche Strukturierung des Umschuldungsprozesses schafft der ESM-Vertrag aber nicht. Die Antworten auf die damit verbundenen Fragen werden vielmehr in die Zukunft verlagert und in die Hände der Beteiligten gelegt.

d) Konditionalität

Die politisch anspruchsvollste Voraussetzung für die Gewährung von Stabilitätshilfen besteht in der Vereinbarung und Durchführung eines Sanierungsprogramms, wie es auch der langjährigen Praxis des IWF entspricht.[63] Es findet seinen Niederschlag in Auflagen an den Empfängerstaat, den Haushalt zu sanieren, Verwaltungsreformen durchzuführen und neue Gesetze zu erlassen. Quantitative und qualitative Kriterien dienen dabei als Zielmarken, die der Empfänger innerhalb einer bestimmten Zeit erreichen muss.[64] Rechtlich dient der Abschluss eines Memorandum of Understanding (MoU) zwischen Empfängerstaat und Kommission als Grundlage für die Auflagen, die mit der Gewährung der Hilfen verbunden sind. Das MoU ist rechtlich nicht verbindlich,[65] so dass eine Nichterfüllung der Auflagen durch den Empfänger der Hilfe auch keinen Rechtsverstoß begründet.[66] Die Nichterfüllung der Auflagen wird vielmehr dadurch sanktioniert, dass weitere Tranchen der Stabilitätshilfe nicht mehr ausgezahlt werden.[67] Das MoU verfolgt damit wesentliche politische und wirtschaftliche Zwecke. Aus Sicht des Empfängers soll sichergestellt werden, dass die Zustimmung zur Sanierung freiwillig erfolgt und gerade keinen „Octroi“ der Geberseite darstellt. Aus Sicht der Geber ist die Sanierung Voraussetzung dafür, dass die Hilfe zielgerichtet und mit Aussicht auf Besserung der wirtschaftlichen Lage erfolgt. Die Stabilitätshilfen sind in diesem Sinne Hilfe zur Selbsthilfe. Vor allem soll sichergestellt werden, dass das Vertragsziel des ESM-Vertrags, die Finanzstabilität im Euroraum, erreicht wird.[68] Gleichzei-

---

[63] Siehe *Lowenfeld*, International Economic Law, 2. Aufl. 2008, S. 645 ff. Detailliert *Leckow*, Conditionality in the International Monetary Fund, in: IMF (Hrsg.), Current Developments in Monetary and Financial Law, Bd. 3, 2005, S. 53 ff.

[64] *Leckow*, Conditionality in the International Monetary Fund, in: IMF (Hrsg.), Current Developments in Monetary and Financial Law, Bd. 3, 2005, S. 53, 56.

[65] Zur identischen Rechtslage bei den an den IWF gerichteten letters of intent siehe *Herdegen*, Internationales Wirtschaftsrecht, 9. Aufl. 2011, § 26 Rdn. 8; *Lowenfeld*, International Economic Law, 2. Aufl. 2008, S. 663.

[66] Vgl. zum IWF *Herdegen*, Internationales Wirtschaftsrecht, 9. Aufl. 2011, § 26 Rdn. 8; *Schlemmer-Schulte*, in: Tietje (Hrsg.), Internationales Wirtschaftsrecht, 2009, § 9 Rdn. 58.

[67] Dies entspricht der Paxis beim IWF, siehe *Leckow*, Conditionality in the International Monetary Fund, in: IMF (Hrsg.), Current Developments in Monetary and Financial Law, Bd. 3, 2005, S. 53, 59.

[68] Vgl. für die Vertragsziele des IWF *Leckow*, Conditionality in the International Monetary Fund, in: IMF (Hrsg.), Current Developments in Monetary and Financial Law, Bd. 3, 2005, S. 53, 54.

tig treten die Sanierungsauflagen an die Stelle von Sicherheiten,[69] die nach dem ESM-Vertrag gerade nicht vorgesehen sind. Im Ergebnis handelt es sich um einen Tausch von finanzieller Hilfe gegen Struktur- und Haushaltsreformen. Die Konditionalität stellt am Ende auch sicher, dass die begrenzten Mittel des ESM wirtschaftlich sinnvoll eingesetzt werden.[70] Das ist wiederum die Voraussetzung dafür, dass der ESM am Kapitalmarkt glaubwürdig ist,[71] wo er auf die Bereitschaft von Investoren angewiesen ist, ihm die notwendigen Mittel zur Verfügung zu stellen.[72] Schließlich ist eine strikte Konditionalitätspolitik auch der einzige Garant, dass die Existenz des ESM nicht selbst zum Auslöser eines neuerlichen „moral hazard" für dritte Mitgliedstaaten wird, von eigenen Reformanstrengungen abzusehen, weil sie damit rechnen, im Notfall gerettet zu werden.

Eine weitere Bedingung für die Gewährung von Stabilitätshilfen ergibt sich aus Erwägungsgrund 5 des ESM-Vertrags. Hiernach ist es „anerkannt und vereinbart, dass die Gewährung von Finanzhilfen im Rahmen neuer Programme durch den ESM ab dem 1. März 2013 von der Ratifizierung des [Fiskalvertrags] durch das betreffende ESM-Mitglied abhängt." Nach Ablauf der einjährigen Umsetzungsfrist müssen auch die in Art. 3 Abs. 2 Fiskalvertrag vorgesehenen Pflichten, nämlich die Verankerung einer verbindlichen Schuldenbremse im innerstaatlichen Recht, erfüllt sein.

3. Durchführungsmodalitäten

Keine nähere Auskunft gibt der ESM-Vertrag zu den Fragen, wie der Erfolg der Sanierungsmaßnahmen bewertet und wann die Hilfen eingestellt werden können.[73] Das nährt immer wieder Zweifel an der Leistungsfähigkeit des Notfallmechanismus und bildet den Grund für Befürchtungen, der ESM könne genutzt werden, um politisch notwendige, aber schmerzhafte Reformen in den Empfängerländern aufzuschieben.[74] Die juristische Unschärfe lässt sich indes kaum vermeiden, soll den handelnden Mitgliedstaaten ein Beurteilungs- und Entscheidungsspielraum bleiben. Solche Spielräume sind aber geboten, sollen

---

[69] So für den IWF *Lastra*, Legal Foundations of International Monetary Stability, 2006, S. 417; *Leckow*, Conditionality in the International Monetary Fund, in: IMF (Hrsg.), Current Developments in Monetary and Financial Law, Bd. 3, 2005, S. 53, 54.

[70] Vgl. *Lastra*, Legal Foundations of International Monetary Stability, 2006, S. 417.

[71] Vgl. *Lastra*, Legal Foundations of International Monetary Stability, 2006, S. 417 f.

[72] Siehe Art. 21 ESM-Vertrag.

[73] Kritisch ablehnend daher Centrum für Europäische Politik (cep), Freie Fahrt in die Schuldenunion, cep-Standpunkt vom 30. März 2011, http://www.cep.eu/fileadmin-/user_upload/Kurzanalysen/Standpunkt_Schuldenunion/cepStandpunkt_Freie_Fahrt_in_die_Schuldenunion.pdf.

[74] Vgl. *Horn*, Die Reform der Europäischen Währungsunion und die Zukunft des Euro, NJW 2011, 1398, 1402 f.

die politischen Zusammenhänge, die zur Entstehung von Schuldenkrisen geführt haben, angemessen gewürdigt werden. Beurteilungsspielräume sind auch dort geboten, wo es um die Auswirkungen einer Schuldenkrise auf die Stabilität der Finanzmärkte geht. Rechtlich festhalten lässt sich jedoch, dass die Voraussetzungen für weitere Hilfen entfallen, wenn der Staat sich aus eigener Kraft am Markt finanzieren kann, weil die Marktteilnehmer die Verschuldung wieder als tragfähig ansehen bzw. wenn keine Gefahren für die Finanzstabilität des Euroraums mehr bestehen. Der Schlüssel zu diesem Ziel liegt in der zeitnahen, schrittweisen Durchsetzung des Sanierungsprogramms und der Ankurbelung neuen Wirtschaftswachstums. Beide Ziele scheinen auf kurze Sicht miteinander unvereinbar zu sein, weil Einsparmaßnahmen zum Schrumpfen des Bruttoinlandsprodukts führen. Langfristig verringert sich der Zielkonflikt aber, was im genuinen Eigeninteresse des Empfängerstaats liegt. Die Schwierigkeiten liegen damit primär auf innen- und sozialpolitischem Gebiet, da der Reformweg regelmäßig gegen erhebliche Widerstände durchgesetzt werden muss. Angesichts dessen stellt sich aus deutscher verfassungsrechtlicher Sicht das Problem, dass der ESM-Vertrag unbefristet abgeschlossen wurde und keine Kündigungsmöglichkeiten vorsieht.[75] Das birgt das Risiko, dass den Vertragsparteien keine Reaktionsmöglichkeiten bleiben, wenn die tatsächliche Entwicklung des ESM nicht mehr den vertraglichen Grundlagen entspricht. In Antwort hierauf wird man den Vertragsparteien ein außerordentliches Kündigungsrecht nach allgemeinen völkerrechtlichen Regeln zugestehen müssen, wie es das BVerfG bereits in der Maastricht-Entscheidung zum Ausdruck gebracht hat.[76]

IV. Offene Fragen I: Bewältigung unterschiedlicher Wettbewerbsfähigkeit

Für die WWU insgesamt lautet die drängende Frage, ob mit der Einführung des ESM, der Vereinbarung des Fiskalvertrags und der Reform des sekundärrechtlich gewährleisteten Stabilitäts- und Wachstumspaktes die Ursachen der Krise und die Strukturschwächen des Primärrechts bewältigt sind. Die Antwort hierauf muss differenziert ausfallen. Wirtschaftlich geht die sog. Eurokrise auf mehrere Umstände zurück: Erstens sind das übermäßige Ansteigen der Schuldenstände und zu hohe strukturelle Defizite in vielen Mitgliedstaaten zu nennen. Mitursächlich waren zweitens der gleichzeitige Verlust von Wettbewerbsfähigkeit und drittens die hohen Kosten der Finanzkrise 2008/2009, die

[75] *Schorkopf*, Finanzkrisen als Herausforderungen der nationalen, europäischen und internationalen Rechtssetzung, VVDStRL 71 (2012), 183, 217.

[76] BVerfGE 89, 155, 204.

sich in Steuerausfällen, Arbeitslosigkeit und Ausgaben für konjunkturelle Programme und Bankenrettungsprogramme niederschlugen.

Greift man die mangelnde Wettbewerbsfähigkeit von einigen Mitgliedstaaten als Krisenursache heraus, so hat die Europäische Union darauf gesetzgeberisch reagiert. Neuer Bestandteil des reformierten Stabilitäts- und Wachstumspaktes ist die VO (EU) Nr. 1176/2011 über die Vermeidung und Korrektur makroökonomischer Ungleichgewichte.[77] Sie wird ergänzt durch die VO (EU) Nr. 1174/2011 über Durchsetzungsmaßnahmen zur Korrektur übermäßiger makroökonomischer Ungleichgewichte im Euro-Währungsgebiet.[78] Der Ansatz der VO (EU) Nr. 1176/2011 ist breit, denn er erfasst „alle Trends, die zu makroökonomischen Entwicklungen führen können, die sich nachteilig auf das ordnungsgemäße Funktionieren der Wirtschaft eines Mitgliedstaats oder der Wirtschafts- und Währungsunion oder der Union insgesamt auswirken oder potentiell auswirken können."[79] Eine vage Einschränkung erfolgt dadurch, dass die Ungleichgewichte „übermäßig" sein müssen, was die Verordnung als „schwere Ungleichgewichte" oder solche Ungleichgewichte definiert, die das ordnungsgemäße Funktionieren der WWU gefährden.[80] Eine inhaltliche Ausrichtung, welche Wirtschaftsentwicklungen maßgeblich sind, oder eine Priorisierung wichtiger Faktoren, findet sich nicht. Sie lässt sich aber teilweise aus Art. 4 VO rückschließen, der einen beispielhaften Katalog von Wirtschaftsfaktoren enthält. Hierzu gehören öffentliche und private Verschuldung, die Entwicklung der Finanz- und Anlagemärkte und des Wohnungswesens, die Entwicklung der Kreditströme und der Arbeitslosigkeit, die Entwicklung der Leistungsbilanzen der Mitgliedstaaten und der realen Wechselkurse und Veränderungen der Preis- und Kostenentwicklung. Die Überwachung dieses denkbar weiten Rahmens obliegt der Kommission, die zunächst ein Scoreboard mit dem Satz der Indikatoren entwickeln muss, um die frühzeitige Erkennung und Überwachung von Ungleichgewichten zu erleichtern.[81]

Richtig ist an dieser sekundärrechtlichen Konzeption, dass wirtschaftliche Ungleichgewichte unter den verschiedensten Gesichtspunkten entstehen können. Richtig ist auch, dass es sich keine Gesellschaft langfristig leisten kann, über ihren Verhältnissen zu leben und mehr zu konsumieren, als sie erwirtschaftet. Dennoch wirft das Regelungskonzept der VO (EU) Nr. 1176/2011 mehr Fragen auf, als es beantwortet.[82] In einer marktwirtschaftlichen Ordnung, wie sie Art. 119 und 120 AEUV vorsehen, wird der überwiegende Teil

[77] ABl. 2011 L 306, S. 25.
[78] ABl. 2011 L 306, S. 8.
[79] Art. 2 Abs. 1 VO (EU) Nr. 1176/2011.
[80] Art. 2 Abs. 2 VO (EU) Nr. 1176/2011.
[81] Art. 4 Abs. 1 VO (EU) Nr. 1176/2011.
[82] Kritische Sicht auch bei *Ruffert*, The European Debt Crisis and European Union Law, CMLRev. 2011, 1777, 1795 f.

der wirtschaftlichen Entscheidungen dezentral von privaten Unternehmen und privaten Haushalten getroffen. Sie sind Ausdruck grundrechtlicher Freiheit und durch die Garantie der Vertragsautonomie, der Berufsfreiheit und des privaten Eigentums geschützt. Die *komplette* Steuerung dieser privat verantworteten Entscheidungen kann der Staat faktisch nicht übernehmen, ohne sich zur Zentralplanungswirtschaft zu verwandeln. Unter geltendem Primärrecht führt hierhin kein Weg.[83] Steuerungsmöglichkeiten hat der Staat gegenüber den wirtschaftlichen Entscheidungen der Privaten daher meist nur indirekt über das Steuer-, Sozial- und Arbeitsrecht. In einzelnen Fällen kann die staatliche Rechtsordnung bereichsbezogen in wirtschaftliche Entscheidungen eingreifen, doch geschieht dies meist zur Durchsetzung nicht-wirtschaftlicher Ziele, z.B. im Umweltrecht, bei der Gewerbeaufsicht etc. Im Übrigen kann der Staat über seine eigene wirtschaftliche Betätigung als Nachfrager von Wirtschaftsleistungen auf den Wirtschaftskreislauf Einfluss nehmen. Insgesamt weisen in einer marktwirtschaftlichen Ordnung die Staaten aber bewusst „Steuerungsschwächen" auf, weil die Entscheidung über die Zweckmäßigkeit und Nützlichkeit wirtschaftlichen Handelns von den privaten Wirtschaftsteilnehmern getroffen werden soll. Die Aufgabe des Staates ist es vielmehr, den eigenen Haushalt im Gleichgewicht zu halten und für die private Wirtschaftstätigkeit einen angemessenen rechtlichen Ordnungsrahmen zu setzen, wozu auch die Funktionsfähigkeit der Wettbewerbsordnung gehört. Welchen Raum hat demzufolge staatliches Handeln, um die Wettbewerbsfähigkeit von Unternehmen zu steigern? Welchen Raum hat staatliches Handeln, um das Konsumverhalten von privaten Haushalten zu steuern?

Angesichts dessen stellt sich die Frage, wie es um die innere Plausibilität und Durchsetzbarkeit der makroökonomischen Überwachung bestellt ist.[84] Insbesondere die sekundärrechtliche Vorstellung, übermäßige Ungleichgewichte auch mit Geldbußen sanktionieren zu können, hängt entscheidend davon ab, dass es auf diese Frage plausible Antworten gibt. Auch in kompetentieller Hinsicht ist die Verhängung solcher Sanktionen zweifelhaft, denn dem Wortlaut des Art. 136 AEUV lässt sich nichts entnehmen, was auf die Zuständigkeit der EU verweist, solche Rechtsfolgen außerhalb des Art. 126 AEUV vorzusehen.[85]

---

[83] *Hatje*, Wirtschaftsverfassung im Binnenmarkt, in: v. Bogdandy/Bast (Hrsg.), Europäisches Verfassungsrecht, S. 801, 811; *Hattenberger*, in: Schwarze (Hrsg.), EU-Kommentar, 2. Aufl. 2009, Art. 99 EGV Rdn. 7; *Nowak*, Binnenmarktziel und Wirtschaftsverfassung der Europäischen Union vor und nach dem Reformvertrag von Lissabon, EuR 2009, Beiheft 1, 129, 149.

[84] Siehe *Ruffert*, The European Debt Crisis and European Union Law, CMLRev. 2011, 1777, 1803: „bürokratisches Monstrum".

[85] *Häde*, Art. 136 AEUV – eine neue Generalklausel für die Wirtschafts- und Währungsunion, JZ 2011, 333, 339; *Ohler*, Die zweite Reform des Stabilitäts- und Wachstumspakts, ZG 2010, 330, 338; *Ruffert*, The European Debt Crisis and European Union Law, CMLRev. 2011, 1777, 1800 f.; a.A. wohl *Piris*, The future of Europe, 2012, S. 107.

V. Offene Fragen II: Bewältigung übermäßiger Staatsverschuldung

Die zweite Kernfrage zur Zukunft der WWU betrifft den Umgang mit der bestehenden, übermäßigen Verschuldung in den Mitgliedstaaten. Bei einer verfassungsrechtlichen Ursachenforschung fallen in der Vergangenheit der laxe bis gleichgültige Umgang mit den Stabilitätspflichten des Art. 126 AEUV[86] und das Fehlen eines Restrukturierungsregimes für insolvente Mitgliedstaaten ins Auge. In Antwort hierauf besteht heute ein verschärfter Stabilitätspakt sowie, als ratifikationsbedürftiger, völkerrechtlicher Vertrag, der Fiskalpakt, der die Pflicht zur Einführung einer Schuldenbremse für das jährliche Defizit und den Abbau übermäßiger Schuldenstände vorsieht. Das Konzept einer Schuldenbremse ist überdies, wenngleich in den Umrissen vage, durch die neue RL 2011/85/EU abgesichert.[87] Auch das Problem der politisch motivierten Mehrheitsabstimmung im Rat wurde sekundärrechtlich durch die Technik des „reverse voting" beseitigt,[88] was – ungeachtet des sinnvollen Ansatzes – allerdings auf erhebliche Zweifel an der primärrechtlichen Zulässigkeit stößt.[89]

Rechtliche Defizite bestehen fort, soweit es um die Wirksamkeit von Sanktionen bei Verstößen gegen diese Pflichten geht. Das wichtigste Instrument bildet die unverzinsliche Einlage, die am Ende des Verfahrens bei einem übermäßigen Defizit in eine Geldbuße umgewandelt werden kann.[90] Ihre abschreckende Wirkung ist aber nach den Erfahrungen der vergangenen Jahre gering, zumal sie in einer Krise möglicherweise nicht den gewünschten Erfolg hat.[91] Dagegen bleibt das Problem ungelöst, warum die Anleihen von Staaten, deren Schuldenlast sich der Grenze zur Tragfähigkeit nähert, aufsichtsrechtlich nach wie vor eine Nullgewichtung genießen. Unbefriedigend ist auch, dass Mitgliedstaaten mit übermäßiger Verschuldung als systemisch relevante Teilnehmer des Finanzmarkts über ein erhebliches politisches Erpressungspotential verfügen. Im Falle ihrer drohenden Insolvenz ist eine Rettung durch den ESM unausweichlich, ohne dass im Vorfeld Handlungsalternativen bestünden. Hier stellt sich die Frage, warum nicht intensiver über die Schaffung eines Austrittsverfahrens aus der WWU nachgedacht wird, das künftig als Alternative zur solidarischen

---

[86] Statt vieler: *Schorkopf*, Gestaltung mit Recht, AöR 2011, 323, 331 f.

[87] ABl. 2011 L 306, S. 41.

[88] Art. 5 Abs. 2 und Art. 6 Abs. 2 VO (EU) Nr. 1173/2011, ABl. 2011 L 306, S. 3.

[89] *Häde*, Art. 136 AEUV – eine neue Generalklausel für die Wirtschafts- und Währungsunion, JZ 2011, 333, 339; *Ohler*, Die zweite Reform des Stabilitäts- und Wachstumspakts, ZG 2010, 330, 342; *Ruffert*, The European Debt Crisis and European Union Law, CMLRev. 2011, 1777, 1800 f.; a.A. wohl *Piris*, The future of Europe, 2012, S. 107.

[90] Art. 5 und 6 VO (EU) Nr. 1173/2011, ABl. 2011 L 306, S. 3.

[91] *Ruffert*, The European Debt Crisis and European Union Law, CMLRev. 2011, 1777, 1803.

Rettung durch den ESM gehandhabt würde. Damit verbunden ist das ebenso wenig gelöste Problem, wie ein Sanierungsverfahren aussehen müsste, das einen ungeordneten Zusammenbruch der Staatsfinanzen und, in der Folge, einen ungeordneten Zusammenbruch des Binnenmarkts für Finanzdienstleistungen verhindert. Erforderlich wäre daher auch ein grenzüberschreitendes Restrukturierungsverfahren für systemisch relevante Finanzinstitute.

Jenseits dieser rechtlichen Komplikationen stehen die europäischen Mitgliedstaaten zwei großen Entwicklungen gegenüber, auf die sie bislang keine Antworten kennen. Einmal handelt es sich um den seit Jahrzehnten stetig wachsenden Schuldenstand aller Mitgliedstaaten, bei dem eine Trendumkehr nicht sichtbar ist. Der zweite Prozess besteht in der wachsenden Alterung und Schrumpfung der europäischen Gesellschaften, der am Ende die wirtschaftliche Leistungskraft der Volkswirtschaften massiv beeinträchtigen könnte. Verlangsamte sich aus demographischen Gründen das Wirtschaftswachstum oder sänke das Bruttoinlandsprodukt sogar ab, wäre die Finanzierung der Schuldenstände zunehmend in Frage gestellt.

VI. Künftige Reformoptionen

Angesichts einer noch nicht vollständig überwundenen Schuldenkrise, noch nicht implementierter neuer Verschuldungsregeln und erheblicher wirtschaftlicher und demographischer Herausforderungen in der Zukunft drängt sich die Frage nach dem künftigen verfassungsrechtlichen Rahmen auf.

1. Wahrung des primärrechtlichen Status quo

Verfassungsrechtlich vorgezeichnet und politisch derzeit am wahrscheinlichsten ist die Wahrung des Status quo. Trotz der Krisenerfahrungen der vergangenen Jahre ist das aktuelle primärrechtliche Regime in sich schlüssig und funktionsfähig.[92] Politisch stellt es die Beteiligten aber vor erhebliche Herausforderungen, denn es verlangt den Mitgliedstaaten ein hohes Maß an fiskalischer Disziplin ab. Die Vermeidung übermäßiger Defizite und Schuldenstände bildet damit die conditio sine qua non für die Funktionsfähigkeit der Währungsunion. Unter dieser Voraussetzung, deren Einlösung auch unter Geltung nationaler und europäischer Schuldenbremsen ungewiss ist,[93] kann auch die Wirtschaftspolitik in der dezentralen Verantwortung der Mitgliedstaaten bleiben.

---

[92] A.A. *Piris*, The future of Europe, 2012, S. 41 f. Zu den bereits im Zusammenhang mit dem Vertrag von Maastricht geäußerten Zweifeln siehe BVerfGE 89, 155, 206 f.

[93] Ebenfalls skeptisch zur politischen Wirkung von Schuldenbremsen *Schorkopf*, Finanzkrisen als Herausforderungen der nationalen, europäischen und internationalen Rechtssetzung, VVDStRL 71 (2012), 183, 202.

2. *Europäischer Bundesstaat*

Die Alternative besteht in der Übertragung wirtschaftspolitischer Zuständigkeiten auf die Union, um den Spagat zwischen zentraler Geld- und dezentraler Wirtschaftspolitik zu verringern. Eine Vergemeinschaftung der Wirtschaftspolitik führte zu einem weitreichenden Verlust eigenständiger politischer Gestaltungsfreiheit der Mitgliedstaaten.[94] Gerade die Haushaltspolitik spiegelt im fiskalischen Bereich zahlreiche, politische Sachentscheidungen wider, deren Verwirklichung vom Einsatz finanzieller Mittel abhängt. Wäre den Mitgliedstaaten über die Vergemeinschaftung der Wirtschaftspolitik jegliche Gestaltungsfreiheit über ihren Haushalt genommen, verlören sie nicht nur ihre staatliche Eigenständigkeit, sondern auch weitgehend die Fähigkeit zur Gemeinwohlverwirklichung für ihre eigene Bevölkerung. Dieser Weg ist aus Sicht des deutschen Verfassungsrechts auf der Grundlage von Art. 23 GG nicht eröffnet,[95] sondern erfordert eine Volksabstimmung nach Art. 146 GG.

Jenseits der verfahrensrechtlichen Hindernisse stellt sich aber die Frage, ob ein europäischer Bundesstaat tatsächlich den Weg aus der Krise ebnen könnte. Damit er handlungsfähig wäre, müssten die Mitgliedstaaten ihm vor allem über Art. 113 und 115 AEUV hinaus Steuergesetzgebungszuständigkeiten und in erheblichem Umfang auch Steuerertragskompetenzen zuweisen. Der entsprechende Verlust an autonom verantworteten Haushaltseinnahmen auf Ebene der Mitgliedstaaten hätte zwingend eine Neuverteilung der bestehenden Sachaufgaben zur Folge. Soweit die heutigen Mitgliedstaaten dann noch politisch und rechtlich teilautonome Bundesglieder wären, bedürfte es überdies eines neuen Mechanismus zur vertikalen und möglicherweise auch horizontalen finanziellen Umverteilung. Verallgemeinernd lässt sich sagen, dass die Anforderungen an den Umverteilungsmechanismus steigen, je mehr Steuereinnahmen zunächst der zentralen Ebene zustehen. Wie das Beispiel der Bundesrepublik Deutschland zeigt, sind die Finanzbeziehungen innerhalb eines Bundesstaats daher von erheblicher rechtlicher und politischer Komplexität. Vor allem die Anforderungen an einen gleichzeitig solidarischen und dem Leistungsprinzip entsprechenden Finanzausgleich sind immens, was aus heutiger Sicht die Wahrscheinlichkeit gering erscheinen lässt, dass die Mitgliedstaaten hierauf überhaupt einvernehmliche Lösungen finden. Selbst wenn es gelingen sollte, für die unionsinternen Finanzbeziehungen einen angemessenen Verteilungsmechanismus zu finden, stellt sich die Frage, ob eine zentralisierte WWU besser in der Lage wäre, sich den großen Herausforderungen von demographischer Entwicklung, Bewältigung der Staatsverschuldung und Steigerung des Wirt-

---

[94] *Seidel*, ZEI Working Paper B 01/2008, S. 5 ff.

[95] BVerfGE 123, 267, 357 ff.; *Hahn/Häde*, Währungsrecht, 2. Aufl. 2010, § 15 Rdn. 9; *Häde*, in: Calliess/Ruffert (Hrsg.), EUV/AEUV, 4. Aufl. 2011, Art. 119 AEUV Rdn. 19.

schaftswachstums zu stellen. Hierfür finden sich weder theoretisch noch faktisch irgendwelche Anhaltspunkte.

3. Rückbau der EWU

Als dritte große Variante besteht die Möglichkeit, die WWU zurückzubauen, die gemeinsame Währung abzuschaffen und nur den Binnenmarkt fortzuführen. Politisch ist dieser Kurs heikel, weil möglicherweise nicht sichergestellt werden kann, dass der Prozess der Desintegration kontrolliert erfolgt. Auch wirtschaftlich könnten die notwendigen Währungsreformen erhebliche Verwerfungen auslösen. Wenn überhaupt, ist diese Option wahrscheinlich nur realistisch, wenn der Rückbau lediglich einige Mitgliedstaaten betrifft, die die WWU verlassen. Im Gegenzug kann das bedeuten, dass die verbleibenden Mitgliedstaaten sich stärker zusammenschließen und eine neue, zentrale Integrationsform schaffen.[96] Doch auch für diese Mitgliedstaaten bedarf es der Antwort auf die unter 2. gestellte Frage, ob eine weitgehende zentralisierte WWU tatsächlich leistungsfähiger ist als der Status quo.

VII. Ausblick

Die Schuldenkrise hat die Verfassungsordnung der Union auf eine Zerreißprobe gestellt und die Funktionsschwächen der WWU offen gelegt. Die bisherigen Reformbemühungen stellen den Versuch dar, Randkorrekturen vorzunehmen, ohne den Status quo grundlegend zu ändern. Auch die Konstruktionen außerhalb des Unionsrechts in Gestalt von ESM und Fiskalvertrag sind nur Versuche, das Grundproblem übermäßiger staatlicher Verschuldung mittels rechtlicher Steuerungsinstrumente in den Griff zu bekommen. Sie ändern nichts an dem Befund, dass es neben angemessenen Regeln gleichermaßen des politischen Willens bedarf, diese Regeln auch tatsächlich einzuhalten und eine im besten Sinne eigenverantwortliche Haushaltspolitik zu betreiben.

---

[96] Das ist der Kern des Analyse von *Piris*, The future of Europe, 2012, S. 121 ff.

Autorenverzeichnis

Prof. Dr. em. *Charles B. Blankart*
Senior Professur für Volkswirtschaft, Humboldt Universität zu Berlin.

Prof. Dr. *Christoph Degenhart*
Lehrstuhl für Staats- und Verwaltungsrecht sowie Medienrecht,
Universität Leipzig.

Professor Dr. *Ulrich Häde*
Lehrstuhl für Öffentliches Recht, insbesondere Verwaltungsrecht,
Finanzrecht und Währungsrecht, Europa-Universität Viadrina
Frankfurt (Oder).

Prof. Dr. *Peter M. Huber*
Bundesverfassungsrichter; Lehrstuhl für Öffentliches Recht und
Staatsphilosophie, Ludwig-Maximilians-Universität München.

Prof. Dr. *Markus Kotzur*, LL.M. (Duke)
Lehrstuhl für Europa- und Völkerrecht, Universität Hamburg.

Prof. Dr. *Thomas M.J. Möllers*
Lehrstuhl für Bürgerliches Recht, Wirtschaftsrecht, Europarecht,
Internationales Privatrecht und Rechtsvergleichung, Universität Augsburg.

Prof. Dr. *Christoph Ohler*, LL.M. (Brügge)
Lehrstuhl für Öffentliches Recht, Europarecht, Völkerrecht
und Internationales Wirtschaftsrecht, Friedrich-Schiller-Universität Jena.

Prof. Dr. *Christoph G. Paulus*, LL.M. (Berkeley)
Lehrstuhl für Bürgerliches Recht, Zivilprozess- und Insolvenzrecht sowie
Römisches Recht, Humboldt-Universität zu Berlin.

Prof. Dr. Dr. *Peter Sester*
Leiter des Zentrums für angewandte Rechtswissenschaft,
Karlsruher Institut für Technologie (KIT).

Prof. Dr. Dr. h. c. *Helmut Siekmann*
Professur für Geld-, Währungs- und Notenbankrecht,
Institute for Monetary and Financial Stability
Johann Wolfgang Goethe-Universität Frankfurt am Main.

Prof. Dr. *Rudolf Streinz*
Lehrstuhl für Öffentliches Recht und Europarecht,
Ludwig-Maximilians-Universität München.

Dr. *Theodor Waigel*
Bundesminister der Finanzen a.D.

Prof. Dr. *Franz-Christoph Zeitler*
Vizepräsident der Bundesbank i.R.
Staatssekretär a.D.

Sachverzeichnis